中國近代期刊彙刊·第二輯

# 國風報

## 六

第一年第二十五期——第一年第二十九期

中華書局

# 國風報

大清郵政局特准掛號認為新聞紙類
日本明治四十三年二月十三日第三種郵便物認可

每月三期逢壹日發行

宣統二年九月十一日

第一年第念伍期

## 定價表

| 項目 | 報資 |
| --- | --- |
| 全年三十五冊 | 六元五角 |
| 上半年十七冊 | 三元五角 |
| 下半年十八冊 | 三元五角 |

費須先惠逢閏照加

| | |
| --- | --- |
| 零售每冊 | 二角五分 |
| 本國郵費 | 每冊四分 |
| 歐美郵費 | 每冊七分 |
| 日本郵費 | 每冊一分 |

## 廣告價目表

| | |
| --- | --- |
| 一面 | 十元 |
| 半面 | 六元 |

惠登廣告至少以半面起算如登多期面議從減

宣統二年九月十一日出版

編輯兼發行者　何國楨

發行所　上海福州路　國風報館

印刷所　上海福州路　廣智書局

## 分售處

北京　桐梓胡同　廣智分局

廣州十八甫國事報館

廣州　雙門底聖賢里　廣智分局

廣州十八甫廣生印務局

日本東京中國書林

## 國風報

# 各省代理處

▲蕪湖 徽州碼頭 科學圖書社
▲四川 成都府學道街 輸文新社
▲四川 成都 正誼書局
▲四川 成都會府東街 華洋各報總派處
▲四川 成都南紗帽街 安定書屋
▲湖南 長沙 羣益圖書公司
▲湖南 常德府 中報館
▲南京 城夫子廟 啟新書局
▲南京 城淮情橋 莊嚴閣
▲南京 城花牌樓 崇藝書社
▲南京 城花牌樓 圖南書社
▲南京 奇望街 神州日報分館
▲江西 省城洗馬池 開智書局
▲江西 廣信府文昌宮 益智官書局

▲江西 南昌萬子祠橫盤巷內 廣益派報社
▲福州 督署後 教科新書館總派報處
▲廈門 關帝廟街 新民書社
▲溫州 府前街 日新協記書莊
▲溫州 瑞安太平石街 廣明書社
▲蘇州 圓妙觀西察院巷口 瑪瑙經房
▲揚州 古旗亭街 經理各報分銷處
▲常熟 常照派報處 朱乾榮君
▲常熟 寺前街 海虞圖書館
▲常熟 孚記書莊
▲星加坡 南洋總滙報
▲澳洲 東華報
▲金山 世界日報
▲紐約 中國維新報
▲香港 中環砵甸乍街 致生印字館

# 國風報第一年第二十五號目錄



滄江　滄江　明水　奇甫　茶圃

# 目錄

德國皇帝之家庭

VERLAG VON GUST. LIERSCH & CO
BERLIN S.W.
Kronprinzliche Familie.

德國皇太子及妃

# 諭旨

九月初九日　上諭湖北武昌鹽法道員缺著黃祖徽補授欽此　上諭孟冬時享太廟遣恭者恭代行禮後殿派遣勒赫行禮兩廡派錫明扎克丹各分獻欽此監國攝政王鈐章軍機大臣署名

十一日　上諭信勤現開署缺岫迦未到任以前綏遠城將軍著瑞良暫行署理並兼辦墾務事宜欽此監國攝政王鈐章軍機大臣署名

十二日　上諭瑞良現署綏遠城將軍吏部右侍郎著吳郁生署理欽此監國攝政王鈐章軍機大臣署名

十三日　上諭前陝西巡撫曹鴻勛由翰林入直上書房疊掌文衡外任道府洊陟疆圻嗣因開缺奉旨來京派充資政院協理宣力有年克勤厥職茲聞溘逝軫惜殊深加恩着照巡撫例賜邺任內一切處分悉予開復應得邺典該衙門查例具奏欽此監國攝政王鈐章軍機大臣署名

十四日　上諭盛京副都統兼守護大臣多文由防禦薦升翼長協領遞升盛京副都

統兼守護大臣老成穩練克勤厥職茲聞溘逝軫惜殊深加恩著照副都統例賜䘏任內一切處分悉予開復應得䘏典該衙門察例具奏欽此　旨盛京副都統著德裕補授並充福陵昭陵守護大臣欽此　上諭盛京副都統德裕著兼署金州副都統欽此

監國攝政王鈐章軍機大臣署名

十五日　上諭本日引見孝廉方正考取一等之舉貢朱炳靈陳序陶峻盧慶家黃澤深周鳳璋邱川華徐淮生徐讓孟振先教授葛潮縣丞張鼎瀛藍晉琦八品錄事王進賢敎諭夏文彬均著以知縣用廩增附監生魏炳文晏祖樹孫嘉錫王泰階項鼎馨羅萬藻沈樹楠譚瀛朱鳳翥曹徵藩張樹鼎鄭德佳蘇鍾正薛懋官聶辛錬陳光榮周紘順劉汝巖舒家駿黃鴻澄韓志璟曹官禮朱家訓王永晉湯松年劉振鏞單金銘曹汝驤李敬珍燕詒黃經閣古肇文李士選杜殿賢溫鳳翔均著以直隸州州判州判鹽運司經歷用考取二等之舉人劉慶鴻劉鑑古均著以直隸州州同布政司經歷理問用五貢安于恒高培英張業耀賈善政林挺芝閻士盼高祖謨鄒開俊王海山景藝林均著以直隸州州判州判鹽運司經歷用廩增附監生王調元王世澍王興仁吳琨梅贊

瑗曾韻松孟熒陳公宜邱昆玉羅錫華王錫圭蕭錫翰朱炳華羅紹文屈開坊劉震喻明德殷銘湛李錦心鄧振鰲饒應銘劉昶育洪紹慶翟相臣石鳳翥司春華游丙錕王培基焦懷炳劉澍杜疏清王亮臣許珪封張青選淩鴻鼎劉樹聲祝宗澧張錫鑾楊延俊張牧韓魏夢雲鄭敬濤房步瀛臺世楨趙麟臺裘章淦劉子鎮方道南王緒昌李學宗蘇鵬賡梁文禮尚桂文陳鸞諤張永源王任陳涵章陳仰辰余師端黃漢章趙澤春高世傑均著以府經歷縣丞州吏目縣主簿道庫大使用其餘未經錄取各員均著賞給六品頂戴該部知道欽此監國攝政王鈐章軍機大臣署名

十六日　上諭詔舉孝廉方正本係覃恩特典亟應嚴行甄覈切實選舉查此次各省所保多至百數十人少亦數十人雖因考試縮短年限亦豈可過於冒濫嗣後各省保舉此項員生著各督撫通飭所屬按照定例悉心選擇從嚴甄取必其人品行卓著鄉望素孚確有事實者方准列保以重名器而勵風俗欽此監國攝政王鈐章軍機大臣署名

論說壹

# 中國外交方針私議（續念四號）

滄江

六 中國因同盟所得之利益如何

今之同盟論。其尤昌則中美同盟論也。吾請先就中美同盟論以觀其利益。

(甲)消極的利益

今英法俄日方協以謀我。既有成言。其在我境內種種施設。旁若無人。我獨力不能抗之。聯美則能抗之。利一。

四國協商既已咄咄逼人。道路流聞。更有密約瓜分之慘。恐在眉睫。引美自衛。庶可戢其狡焉之心。利二。

(乙)積極的利益

交通機關國之血脉吾民力殫不能自致美以富聞可資挹注利三財政竭蹶百政隨廢得一同盟遂同金穴如彼貧俄獲法蘭西以爲外府利四

所謂同盟利益者當不出此而必拳拳於美者則又何也

(一)美國不加入四國協商之列無謀我之心

(二)美國素仗義喜爲人排難解紛

(三)美國豪於資外債取求可以不竭

(四)美國爲共和政體尊重人權我雖稍爲之下當不我阨

主張中美同盟論者其理由大畧如是其乘主張中德同盟論者則慮一美之力不足當協商之四國而並引德以爲重也吾請驗往事察趨勢以證論者之說果有當焉否也

## 七 中國無同盟國其所損失如何

今國中一般輿論一若以結同盟爲國家生存不可缺

之要素此吾所大惑不解也彼美國自建國以來始終曷嘗與他國結一同盟者此猶得曰僻處一隅也彼英國當歐洲縱橫捭闔之衝而數十年以名譽之孤立豪於天下又何以稱焉即彼日本普魯士撒的尼亞固大收結盟之效然其結盟之動機則在進取耳彼方磨劍欲試盤空欲擊疇昔本爲世所輕乃一舉而期自致於青雲斯不得不稍有所藉當其養晦淬厲時則豈聞有所待於外哉夫國家賴有同盟始能奮飛斯誠有之若非有同盟不能自存則其所以圖存者亦僅矣故我國人非首剗除此種謬見則其他更無可言者

國家既非恃同盟以圖存則同盟政策利害比較之程度固可得而論矣然則論者所舉同盟之利益果何如吾以爲此種利益有雖無同盟國而亦可以得之者有雖有同盟國亦恐不能得之者若其必

論說 四

**緣同盟而得緣無同盟而失者則以吾之愚苦不能逆睹也**

外債得所供給此論者所謂同盟利益之一也外債之得失吾將別論之今先爲簡單一言則吾固主張外債者之一人特今日漫無計畫之借法則非所敢附和耳第此勿深論惟吾有一言欲質論者論者之意得毋謂同盟條約成立後我遂能以我政府所指定之公債條件向紐約或柏林市場發行募集而應者如響乎昔俄與法結同盟而因仰給公債於巴黎前事之師也信能如是則吾於同盟論不惜距躍三百以贊成者也雖然吾有以知其決不能也彼若有餂我之心則一二千萬或所不吝（此猶是設辭耳實則並此而必不得）然借此區區吾以爲不如勿借今日不借債則已借則必當以萬萬計試問以我現政府財政上之信用欲借萬萬圓以上之公債其能無特別條件而與現今歐美諸國所謂國際流通證券同一位置乎夫以日本積屢勝之威其債尚有內外之別外債尚須以海關擔保而以普通公債之名義猶不能得一鎊金於其同盟之英國而謂我以一紙載書能收此奇效五尺之童知其誕矣 **此所謂雖有同盟國而**

**不能得之者也**然則今後如欲借債必仍須以各項稅源(如海關鹽稅等)或營造物(如鐵路等)作抵苟有優越之條件確實之保證則英法俄日之資本家豈患不趨之若鶩寗惟美德**此所謂雖無同盟而亦能得之者也**且論者亦曾記各國宣言莫不有機會均等一語乎我不借債則已欲借債則能容我獨向一二國乎昔丁酉戊戌間借債以應日本償款而英俄爲爭此權幾動干戈此稍留心時事者所當尙能記憶也一年以來緣川漢粵漢鐵路借債英法德美四國代表交鬨於北京至今未已又人之所共聞見也然則我雖以欲借債故與一二國結同盟及乎議訂質劑之時同盟以外諸國仍必起而爭爲債主質而言之則必英俄德法美日六國機會均等而已**有同盟與無同盟一也而同盟利益果何在焉**

促我同盟論之動機者莫如日俄新協約而最令我劌心怵目者莫如日俄在滿洲蒙古之行動凡列籍於中國之人苟有血氣誠宜不能忍與此終古也雖然欲洒此恥葆此權當求諸同盟政策乎抑當求諸同盟政策以外乎此最不可不審也今且勿論蒙

古專論滿洲彼日俄兩國犧牲數百兆金錢數十萬民命所得之權利我且歷歷以條約承認之者而謂以第三國之抗議能使其放棄乎若其能也則今春滿洲鐵路中立提議早爲成案矣**此所謂雖有同盟國而不能得之者也**然則我國今後保滿政策毋亦惟有急開鐵路與之爭地廣行移民與之爭人改良行政機關與之爭權雖管葛復生舍此無他長計也而欲使此政策有效則其所最急者一曰人才二曰資力人才匪可求諸同盟不待論矣資力則吾前所論外債與同盟之關係盡之矣**此又所謂雖無同盟而亦能得之者也**若謂所憂不僅在一隅懼協商之結果將使瓜分實現而思結同盟以禦之耶我國人能知懼若此國家之福矣然不求諸我而求諸同盟君子謂其不智矣苟四國協商瓜分已決斯必非一二國所能抗刀俎既具惟思分我一杯羹耳我誠能不與亂同道則傾而未顚決而未潰扶而坊之豈曰無術 **趨存趨亡事誠在我人無與焉有同盟與無同盟一也而同盟利益果何在焉**

## 八　中美德同盟之影響如何

上所論者同盟之無益也。**苟無益而亦無害。則得一膩友亦足自娛。雖然。吾見其害之不勝窮也。**凡結同盟者。必互有所賴而權利義務。恒期於相償。英日之同盟也。日賴英以制俄。英賴日以衛印度。略足相償也。俄法之同盟也。法賴俄之兵力。俄賴法之財力。略足相償也。若與我同盟者。則何賴於我乎。檀香山飛律濱告警。我能遣一樓船以爲美援乎。柏林受圍。我能命一旅以赴德難乎。抑紐約柏林金融竭蹶。我能輦銅山金穴之藏以周之乎。將又其尊俎之間有艱鉅。我一諾則重於九鼎。一怒則諸侯懼乎。既已無一。而欲仰首搖尾以與人同盟。見擯受辱則辱而已矣。尚無後災。若其降心相就。則意果何在者。虎羊結異姓昆弟。鷹雀訂刎頸交。羊與雀方以得承顧盼爲榮。而虎與鷹早有所以自處矣。故德美而不與我同盟則已。苟其與我同盟。**則其所責望於我者。豈有他。亦政治上生計**

上種種之特權而已藉曰予以特權而別有所責望於彼足以相償也其奈有機會均等主義立乎其後我雖欲以特權私諸所愛而不可得也漢詔不云乎死者不可復生斷者不可復續特權一去不可復歸我今日所爲呼號以求同盟之庇我者豈非以前此輕予人以特權今見壓而不能自拔乎欲自拔而仍以特權爲市且嚮昔一者而今五六之此其愚悖豈直抱薪救火之類而已

若夫我所責望於同盟國者毋亦將賴以保我未失之權利更進則賴以恢我已失之權利也雖論同盟國未必有愛於我就令有所保有所恢其結局終以自肥也藉曰惠而好我而其力願遂能逮乎他國既得權之非易剝奪前既言之矣而彼同盟國又不能不自取特權自取之則安能禁人之繼取欲奪人所已取或自取而禁人繼取其勢

非出於戰不休**則同盟國果能爲我戰乎此一疑問也戰而能勝乎又一疑問也勝而爲我福乎又一疑問也**英之與德日之與美皆如將門之雞或竦身矜豪或側睨伺殆稍明時局者固已憂其終不免於一戰顧所以盤馬彎弓故故不發者誠以今日戰禍之慘酷遠非前古之比交綏數月則十年之休養生息不足以爲償故無論何國皆憚之且英日德三國皆各各有其攻守同盟之國與一國戰即無異與兩國戰此造旣有兩國則彼造亦自必有兩國而新加入之第三國第四國又各各有其同盟焉**其勢非敺全世界之強國而戰之不止也**今試懸想英德政局而觀其趨勢英旣與德戰則日本爲英日同盟條約所束縛不得不起而援英故德不惟與一國戰也實兼與兩國戰德僅與一國戰除與俄戰外則奧意固可中立旣與兩國戰則奧意爲三國同盟條約所束縛不得不起而援德矣於斯時也美國本可中立也雖然德旣敵英日而英日所長在海英國海軍本常守二國標準非德之所易敵矣又益之以日本則未交綏而勝負可決

也故德人不戰英日則已欲戰英日非先與美有成言不可美不爲之援戰端不可得而啓也如是則黨於德者必不惟奧意也而更有美其時俄法本可中立也雖然德法積仇也而英法方睦德既奔命法必突起而議其後不待問矣法既起則俄爲俄法同盟條約所束縛又安得不起故其結局必成爲德奧意美與英法俄日之戰至易覩也此言夫英德肇釁也若日美肇釁亦若是則已爾於斯時也北海地中海大西洋印度洋太平洋之鮫鱷無一處得安睡亞細亞歐羅巴亞美利加之雞犬無寸刻得寧帖彌天際皆煙也盈大地皆血也言念及茲雖有賁獲亦將股慄而謂彼德美者能如馴象之犬聽我指嗾入林爲我逐狐兎以自陷於危此談何容易耶

夫我之求同盟不過欲保持我所未失者而恢復我所已失者而已而無論爲保持爲恢復決非能以一紙抗議奏效而決之必以戰同盟國之不易爲我一戰既洞若觀火然則同盟之結果除敬贈同盟國以種種特權且附贈同盟

以外諸國以種種特權外更何所得也

復次我所以欲與美德同盟者豈不以美德之强足以庇我乎哉且如論者所期美德肯爲我而戰也而美德之强又足恃乎竊嘗論之使以一德戰一英以一美戰一日勝負之數蓋未可知也英海軍雖常足以敵二國而屬地棋布備廣力分若『德之將來在於海上』德皇則既昌言之且瘏瘁求之德人應用科學之能度越他國其海軍日進不已今方集中於北海意欲何爲萬一德能仆英於海則其視英之陸軍若拉朽索耳此德有可勝之道也日本二十年間三戰三勝其銳罔不可當然今世戰爭以金爲彈以銀爲藥美之富力十倍日本但能持久則可以毋戰而使日成枯腊此美有可勝之道也吾故曰以一敵一勝敗之數未可知也然今日事勢必無以一敵一之局而兩造各有三四國在勢既萬不可避則以德美之海軍其足以敵英日之海軍乎英海軍常標準二國合以日則力敵三國矣以二敵三烏見其可況英夙爲海軍國之祖而日又積累次之經驗其戰術度越尋常乎美海軍若鑿滅則不惟檀香山飛律濱聽日人取攜而短小精悍之日本陸軍一旦在舊金山登陸以與美國執氷嬉戲之民兵相遇

其猶猛虎之入羊羣也況英之加拿大更議其後乎德在歐洲助之者惟奧意與意孱國也所助幾何德陸軍雖雄視全歐然其地則四戰之衝無險可守俄法起肘腋亦師子身中之蟲也已若是乎德美與英日之戰英日勝算十之六七而德美勝算不過十之三四也**我欲藉德美之強以爲我庇德美不爲我戰耶則庇我不過虛語其爲我戰耶且恐一戰而遂失其所以爲強然則我所獲於同盟者果安在吾之愚實無以測之**

論者或曰夷狄相殘中國之利也我若能以聯盟之故嗾德美奧意與俄法英日而鬥之吾因作壁上觀以乘其敝其或有意外之獲雖然此迂生之讆言也吾固言之矣今日事勢經強國一次協商之後而弱國之位置必一變經強國一次戰爭之後而弱國之位置亦必一變**今日我國所以能幸延殘喘者恃各國之憚**

於戰爭而和衷協商又非易易耳戰端一開則吾之運命定矣謂余不信則日俄之役之與朝鮮其前車也吾請更不憚詞費以說明之今茲倡同盟論者豈非欲以撓英法俄日之協商耶今且假定一前提曰四國協商欲以瓜分我徒梗於美德而未得逞也若夫一戰之後則何如德美而敗耶則作梗者去四國爲所欲爲我亡無日矣夫我既與德美同盟則不願德美之敗不待問也然則德美而勝又何如人有恒言古今不乏義俠之人古今從無義俠之國從井救人摩頂放踵以利天下在人道中固爲難能可貴自薄而厚其鄰國際道德所不許也今美與德方有所覬覦於我其所以噢咻我者無所不至我倚之不啻慈母也殷鑒非遠盍一念甲午以後團匪以前俄人之所以噢咻我何如矣持同盟論者必曰德美殆非俄比也則吾請與一讀脾力特列大王之遺詔請與一讀四十年來歐洲外交史觀柏林會議之事實考三國同盟成立前後之掌故則德國所謂義俠者何如可以見矣吾請與一讀近五年來盧斯福之演說集請與一

讀今年塔虎特所下於國會之敎令則美國所謂義俠者何如可以見矣夫吾非敢謂他國國際上之道義能優於美德蓋狡焉思啟何國蔑然顧吾國人必欲謂美德國際上之道義優於他國而尤恃美之必不我謀此其愚直等於黷貨之虞公而已而其尤鄙悖者乃至謂美爲共和政體尊重人權國均是亡册爵隸美此又如朝鮮人自謂合併日本後將成爲一等國民也嗚呼安得此不祥之言哉是故持同盟論者不過望同盟國之能爲我一戰也望其戰而勝也及其戰而勝而吾旰食之日方滋矣

吾固言今日我國所以幸延殘喘者恃各國之憚於戰爭而和衷協商又非易易雖然我國若一旦與他國結同盟則此局將立破何也我國與他國結同盟進焉可以挑發各國之戰爭退焉可

**以促各國協商之大成也**夫使其同盟而非攻守同盟耶則效力甚薄弱殊不能爲我助結之何爲（持同盟論者或多主張非攻守同盟之說果爾則直是兒戲更無可駁之價值矣）使其爲攻守同盟耶則以我現在之兵力既不能助人攻復不能助人守同盟國則何所得於我其所得於我者則必其戰爭前或戰爭中予彼以種種地勢之形便及軍食之供給而已夫德美之思一逞於東方匪伊朝夕其不敢發者徒以地利之不如人也一旦得此則蹶然以起亦意中事而全球振古未聞之大會戰交綏遂始而我亦隨而陷於旋渦**我獨何求乃無端而與英法俄日四豪結不解之讐乎**所謂以結同盟之故挑發各國之戰爭者此也雖然戰端之開或未必如此其易易也我以結同盟之故予同盟國以軍事上生計上或政治上種種之特權非同盟國必妒之妒必爭爭則戰機迫矣而當戰機將開未開之一刹那頃若韓魏之肘跗相接以謀智伯幡然一念謂吾儕何苦緣此區區投地之骨以致六七國數萬萬人肝腦塗地不如宰割而享之矣則協商自茲始矣**夫今日德美所以不加入四國協商之**

列者徒以四國協商各尊其既得權而德美之既得權未足以饜耳既已同盟則新得者將不劣於彼四國而協商之結果可以無偏枯而各得所欲以去矣所謂以結同盟之故促各國協商之大成者此也夫列强戰爭也列强協商大成也皆即我國滅亡之日也而結同盟兩足以致之吾故得下一斷語曰中美同盟論中德同盟論皆亡國之言也

## 九 中國今日之外交方針

我國大一統久矣環列皆小蠻夷文化心計遠出我下我視之蔑如也故以夷攻夷一語實爲我國千年來外交術之金科玉條近數十年與

群雄並立情勢稍異乃出春秋戰國時之舊思想欲爲優孟衣冠以搬演之**則遠交近攻一語又其枕中秘也**近世以外交界英物爲天下所指目者無過李文忠文忠一生得力舍此二語無有也然其效則旣可覩矣前乎文忠者則英法聯軍之役俄人虛言相助而坐得烏蘇里江東北數千里地痛毒至今矣緬甸之役勸緬人引法自衛而緬爲墟矣文忠之當國也朝鮮琉球之役日思嗾英美以制日而卒無效甲午之役不忍於一敗之辱重賂俄以圖一洩蓋人當困心衡慮之旣極往往不惜倒行逆施以珠彈雀殺子救飢文忠之賢顧不免乎而金甌一缺不可復完以有今日**文忠一誤矣今日甯堪再誤耶**夫投骨於地群犬爭焉以縱橫捭闔之術操縱其敵此亦外交家之通義至今未或能外者也雖然投骨嗾犬可也割臂飼鷹不可也何也所投者物之骨而所割者吾之臂也昔比斯麥與文忠齊名者也其雄才大畧好謀善斷兩公蓋相類然比公之憚法而思聯奧也其於柏林會議舉坡士維亞赫斯戈維納以畀奧人坡士維亞赫斯戈維納者何突厥之地俄人慫恿其作亂

經俄突戰爭之後將攫爲己有者也而比斯麥以之市恩於奧此投骨之說也文忠之憎日而思聯俄也乃舉祖宗發祥之地以畀之此割臂之說也今之持同盟論者其技果能有進於割臂乎吾竊惑之

抑李文忠之聯俄也猶曰吾用吾縱橫之術也今之持同盟論者則何足以語此質言之則倚賴心而已不自愛而冀人之吾憐也不自立而望人之吾庇也

自古及今以此亡其國者不知幾何姓矣其在近世則波蘭也緬甸也波斯也朝鮮也當其始託庇於一國曷嘗不自以爲安國家定社稷之遠猷及其既入笠從而招之則永世不能以自拔嗚呼其毋使後人而復哀後人哉

嗚呼外交之難也久矣而在今日爲尤難蓋國際無道德一語幾成爲世界之公理機械變詐排擠傾軋狠心辣手恬不爲怪所謂大外交家者蓋日日以賣人爲事而被賣者猶且德之及自覺其被賣則已無及者比比然也此豈必徵諸遠即

如現存之德奧意同盟意大利蓋純爲俾斯麥所賣意人以此同盟之結果所得者惟財政之窘迫商業之彫敝而同盟保障之利益絲毫無可見意人悔之不能追也又如最近奧大利之併吞坡士維亞赫斯戈維納其宰相埃連達公然賣俄之外相伊斯倭奇不以爲恥也其他事實類此者尙不可枚舉蓋外交家之視人國也不以爲一人格而以爲供己手段之一目的物質言之則外交家者以互相賣爲專業者也所謂並世外交界四俊物雖謂之爲人類中之四大毒虺可也互相賣而孰則爲能賣人者孰則爲被賣於人者則視其眼光之遠近伎倆之高下趨機之敏鈍以爲斷羣毒交處一室一噴氣皆足以殺人而毒與毒或相遇而相消而其博禍乃全中於馴善之輩昔人有言人心險於山川難於知天天猶有春秋冬夏旦暮之期人者厚貌深情又曰世路險巇一至於此太行孟門豈云嶮絕今世外交現象當之矣試問我國今日當外交之衝者爲何等人物其與當世各國外交家相較能否比其萬分一而乃云欲操縱他人利用之而收漁人之利於我寗非夢囈此如恒思叢神與悍少年博其不至枯悴以死焉不止也戰國策秦策。應侯謂昭王曰。亦聞恒思有神叢與。恒思有悍少年。請與叢博。曰吾勝叢。叢借我神三日。不勝叢。叢困我。乃左手爲叢投。右手自爲投。勝叢。叢借其神。三日。叢往求之。遂弗歸。五日而叢枯。七日而叢亡。而尤下愚者乃至欲布腹心而託焉以自庇此如獨坐窮山引虎自衛其不至終爲所搏噬焉不止也。

(說明一)柏林會議之役俾斯麥以處分周尼士之權兩許諸法意二國以挑其爭(此即投骨於地之術也)因以恐脅意大利使黨於德以敵法實則三國同盟在意無絲毫之利一八八六年(我光緒十二年即德意同盟成立後之第四年也)意相羅比倫告議院云『結盟以後吾國徒增陸戰之危險而海戰又曾不得保障』自悔、被賣、情見乎、詞矣且意國當同盟前(一八八二年)負債不過一億二千七百萬佛郎同盟後(一八八五年)驟增至二億一千二百萬佛郎又以法意商約變更之故(德意同盟之結果也)其影響直接及於意國市場前此自意國輸出於法國之額四億六百萬佛郎忽減爲二億千八百萬佛郎意人至、是大悔之然既已結怨於法遂不能不倚德以自固卒爲所刼者二十餘年此如張儀詐楚懷王使絕齊交也直至一九〇六年(光緒三十二年)法意之猜嫌漸釋意人與法結協商然後意乃漸始脫德之羈軛三國同盟之效力今漸減矣然形式猶未能脫離也一著不愼禍延數世有如此者

（說明二）一九〇八年。（光緒三十四年）奧國突然宣言。將坡士維亞赫斯戈維納二國合併於己。此二國本爲聖士的布那條約（俄土戰爭後兩國所結者）俄人所已得之權利。經柏林會議認爲奧之保護國。實俾斯麥賣俄之結果也。此次奧人合併二國。且承認布加利亞之獨立。而反對英俄所提之馬基頓改革案。出以迅雷不及掩耳之勢。將柏林會議之載書。視同無物。當其合併宣言之前一夕。俄國外務大臣方在奧境浴溫泉。與奧相埃連達尚與之會晤。談笑如平時。及明日而宣言已布。全球各國莫不驚奧相之譎而又歎其敏也。蓋全由德人爲之後援云。今世外交家之口蜜腹劍大都類是也。

（說明三）近世外交家之日以相賣爲事。其例不遑枚舉。如一八六七年（同治六年）英相的士黎里以術愚法人。一夕而盡買收蘇彝士運河之股份票。又如柏林會議時。（一八七八年我光緒四年）俾士麥外面處處若左袒俄國。（其時俄普奧三帝同盟尚存立。俾士麥常語俄以同盟之誼。引之甚親。）結局乃盡奪其權利予奧。致俄之縉衣宰相俄爾查哥夫引以爲畢生大恥。又俾士麥既賣俄以成德奧同盟。及盟約既訂。又賣奧而私與俄結密約。誓言德決不發難

論說

攻俄。茲事甚秘。十餘年世無知者。及德今皇嗣位。俾公免職。其事乃無端發露。又如光緒十年日本將朝鮮償還四十萬圓退還。此事與美之退還我償款絕相類未幾即有派兵突入朝鮮宮城之事。又如光緒二十一年。日本駐朝鮮公使三浦梧樓。忽結朝鮮逆黨。弒其閔妃。而日本政府旋將三浦逮捕以謝天下。最近則如德國忽出英俄之不意。借款與波斯。今年事凡此之類。機變之巧。殆無所不用其極。其對於我國。則如前此俄人乘英法聯軍之役。甘言相誘。割我數千里之地。咸豐七年日本欺我無國際法上之智識。與我結天津條約。光緒十一年爲後此吞韓之預備。俄法德乘我甲午之敗。索還遼東以市恩於我。而德人旋據膠州灣。俄人旋據滿洲全境。我之受創。已非一次。皆由我闇於情實。爲人所賣也。今豈有異於昔所云耶。

(說明四)並世所謂外交界四傑物者。一英國外務大臣格連。二俄國外務大臣伊斯倭奇。三奧國宰相埃連達。四法國外務大臣畢涉爾也。或益以日本之小村壽太郎。而稱五傑焉。德國則其皇帝。雖不徒以外交著。然其外交手段。趨時若騖鳥之擊。舉世莫不畏之。所謂江山如畫。一時多少豪傑也。其爲術。殆如西方眩人。

不可方物而其所以謀人家國者若矰繳彌天坎阱徧地一觸之立見隕絕而還觀吾國當折衝尊俎之任者果何等人耶以一飄蕩游魂而與百千之牛鬼蛇神相遇耗矣哀哉

然則今日我國之外交方針當何如我國今日雖積弱矣然使有非常之才以當外交之衝**則離間羣雄以自益豈曰無術** 彼維也納會議初開時法國正當大敗之後而其使臣達里蘭乃能操縱英俄普奧四雄若弄之於股掌之上此前事之師也雖然此其人固可遇而不可求抑其術又非可先事相告語 **不得已而思其次則亦惟效英國前此所謂名譽之孤立而已蓋我國今日所處之地位(第一)當保列國連雞不並棲之勢毋使得協以謀我(第二)當持五雀六燕之均衡毋使爭我之兩造有一焉獨能得志是故吾之外交方針以**

云進取則宜離間以云退嬰則宜中立若倚於一造而以身為彼造之的則計之拙無過是者吾之力排同盟論吾豈好辨哉吾不得已也

抑古之從政者貴周知四國之為國於今日之天下苟為國民者對於世界大勢無相當之常識猶將不足以自存而況於秉鈞當軸者乎今我國自外務部以迄駐劄列國之使館領事館奉公於其間者當不下數百輩試問能有國際公法上之智識者幾何人能有現行條約上之智識者幾何人能有近今外交史上之智識者幾何人夫雖有常識而舉而措之以致於用猶賴相當之才能若並常識而無之則安往而可我國人今日誠知外患之可以亡國而思為補牢之計乎則盍於改革外交機關淘擇外交人才之法一厝意焉而不然者靡論其所獻之策非策也即有良策一施行則僨張而已矣

凡欲爲國家建一政策必當衡審事理而毋或驅役於感情當爲百年久遠之謀而勿作得過且過之計言必慮其所敝行必極其所終凡百皆然而外交亦其一也是故施政之有方針者如縣誠陳則不可欺以曲直如量誠立則不可罔以長短吾自有吾國現在之位置若何將來之祈嚮若何先定一欲至之地而愼擇乎所以致之之途苟誠求焉將必有當大策既建則果志毅力以期其成有障礙則曲折以赴之可也有搖撼則鎭靜以持之可也若無方針者則異是自始未嘗爲有意識之行動也持一議而不審究其始卒舉一事而不逆計其流變樹一策而不擘析其條跗爲外境界風所激刺忽焉有所舉措激刺者轉其方嚮又旁皇無所爲計矣爲險艱困衡所逼迫貿然有所蠕動逼迫者弛其程度又疲薾不能自振矣今日中國之政治現象何一非此類耶即以外

交論二十年來國人心理之變遷蓋不知幾何度矣就中團匪禍作前後數年間若飲狂泉可勿深論甲午乙未間聯俄聯英之論大昌爲防日也壬寅癸夘間聯英聯日之論大昌爲防俄法德也今則聯美聯德之論大昌爲防英法俄日也**實則所以爲防者曷嘗一奏效而所以爲聯者則一失而不可復耳**嗚呼是亦不可以已乎

## 十　外交與內治

吾所以主張名譽孤立之外交政策者凡欲以保持現勢而利用之以圖整頓內治而己蓋以列强戰爭之不易而協商又難期於大成故吾猶得及此閑暇臥薪嘗膽以求一脫競爭客體之地位進而至競爭主體之地位非謂人之暫時不能逞志於我而我遂即安也夫英德之不兩大旣洞若觀火其戰機之伏於五洲各地者殆徧吾卽無所以挑撥之而終懼必有爆發之一日一發則我爲池魚之殃必矣況今日全世界之生

計畫以我爲尾閭而我之內治含有無量數擾亂之種子能致全世界於臲卼不安之域及夫土崩瓦解之象既已暴著則列強勢將不得不各捐小嫌共握手言誓以謀我**此其事豈在遠五稔之內將見之矣** 我國民而不急起直追以改良內治之組織也則外交雖有良策亦爲多言也已耳

（附言）吾之此論與時賢所倡導頗有異同非好爲立異心所謂危不敢默耳雖然吾所居者日本也而日本則最忌我與美同盟者也蓋其思所以妨害之破壞之者無所不用其極焉吾知國中意氣用事之輩覩吾此論或有疑爲黨於日而受其嗾使者雖然吾敢以一言正告國人曰**某雖不肖固猶是人也非禽獸也賣國以求容悅於人尚非所忍出** 且某居東十年言論行事與天下共見乎昔對於此邦人所以謀我者嘵音瘏口以爲國人告非止一再國人當能記憶之今必信誓旦旦

論說 二十八

者非懼人之以此譏我期勿以有所疑而廢吾言耳嗚呼甚矣進言之不易也吾國人有聽言之餘暇者既百不得一而聽言者又蔽於意氣之私什而八九焉方侈談輿論政治而言論自由之見壓迫乃校昔更甚匪獨政府也民間亦有然不見乎數年前之立憲論與革命論一二年內之借債論與拒款論乎一語未終拔刀相向者往往而見也夫天下事利害固有兩端類各能持之有故言之成理而權輕重於利害相衡之間則見仁見智存乎其人彼所見而勝於我耶我宜降心以從之彼所見而不逮我耶我宜強聒以喻之若彼此終不能棄其所信則各堅持之可也申辨之可也立憲國之常有兩政黨對峙豈不以此耶若理屈於人而欲以力取或爲蜚語以中之則賤丈夫之行耳豈所望於士君子哉我國民而欲爲立憲國民也欲覩輿論政治之成立也則立言與聽言之間其亦思所以自處矣因草此文概述所感如右

著者識

（完）

論說弍

# 外債平議

滄江

比年以來。司農仰屋於上。比戶懸磬於下。於是外債可否之論。遂成爲朝野囂囂之一大問題。外人日以此相餂。政府則漫無策畫。惟思急假以自蘇其舉措。本予人以可議。民間一部分人士。乃起而掎之掎之宜也。獨乃橫一成見。視同蛇蝎。一若外債之本質。與國家所以圖存之道。不能相容。既已不衷於學理。而又乖於史實。徒爲識者所笑。甚則意氣橫決。欲以暴力排異論。斯益非士君子之行也已矣。而矯其說者又若外債之爲物。利百而害無一。以謂國家百事可緩。惟舉債之爲急。債一舉則凡百迎刃而解。此又與於不祥之甚者也。夫道有陰陽。言非一端。而義之至者。恆存乎執中。常人之持論也。多有所爲。有所爲則有所蔽。有所蔽則雖至明者。不能自見其睫。而常人之聽言者。率皆非能深入乎事理之中。而察其是非也。而識足以佐其斷。

論說 二

者。益。萬。不。得。一。以。故。俗。論。最。爲。世。所。悅。而。眞。理。久。湮。晦。孔。子。所。以。惡。似。而。非。者。也。吾以。爲。今。之。借。款論。拒。款。論。皆。似。也而皆非。也。故折其。衷。以。作。平。議。抑古之欲明一義者。必始終其條理。乃能使聽者以無惑與其簡而漏。毋甯瀆而明。吾之此議。非爲學識圓贍之君子言之也。將以告凡衆也。其或傷蔓。非吾之所敢避矣。

一 公債之作用

二 公債之用途

三 外債之性質及其功用

四 各國外債利病實例及其受利受病之原因

五 中國宜借外債之故

六 中國不宜借外債之故

七 外債之先決問題

八 債權國之選擇

九 新債與舊債

## 一　公債之作用

國家曷爲而有公債乎。無論東西。其在古代。皆無公債也。有之自三數百年以來耳。古之有國者。以負債爲病。周赧之臺。良史垂戒。今則列强舉債。動累數十巨萬。安之若素也。此何故歟。蓋古代國家之政務。其範圍本甚狹。一切多聽民之自爲。計國家不過問也。今世欲舉其國以競於外。勢固不能純恃在宥以爲治。故政務日孳。而政費隨而日博。（國家政務範圍廣狹殊別之故可參觀本報第二十號節省政費問題篇自第二葉至第六葉）且同一政務也。而所以舉之者。今茲所需什伯於古。古者天子六軍。賦之邱甸而足。今則罄萬室之入。不能以練一鎮也。古者司空以時平治道路。使所在供徭役而已。今則散九年之蓄。不能以成一鐵道也。此銳增之費。在勢既非僅恃常歲正供所能給。而古之理財者。歲恒有所別儲以備非常。國家有大

論說 四

興作則出所儲以應之今之理財者則以出入適相覆為期而謂聚財於府庫有乖泉流布布之義足以梏民生也又以雖事別儲所儲究祇涓滴以資大興作等無濟也故毋甯勿儲焉而臨事乃圖舉債此公債之所由興也夫國為萬衆所託而其受命與天無極自非亂亡則逋責之憂末由而起是故信用博而稱貸易也而可以毋盡民力而能舉大政不責方今之民以所不能堪而弛負擔之一部分以遺其子孫則事弗廢而民弗病兩得之道也公債所以為財政一大妙用皆此之由

公債之用匪獨在財政也抑國民生計之滋長寔有待之夫民之生事愈進則其貨財之交易也愈繁欲為利用厚生之謀則以使之流通敏速為第一義見錢之數不必增其舊也（見錢二字見陸宣公奏議今稱現錢或稱現銀現乃後起俗字）而一日中流通之度數能倍於昔則母財不啻增一倍之用欲致此效其樞機在銀行固也而公債亦與有力焉民之持有見錢者貸諸國家而取其息則此見錢為母財而能殖子者一矣國家獲此見錢還以興業則其為母財而能殖子者二矣民以見錢易得債券脫有不時之需還可質債券以得見錢券息未虧而見錢復資以治產則其為母財而能殖子者三矣如是展轉相引可以以一

見錢而並時爲百數十人所利用則豈特管子所謂再其本三其本而已哉（見管子國蓄篇本謂貲本也）蓋公債之爲物今之學者名之曰有價證券有價證券之種類雖非一而用之博毋過公債苟一國而無公債則其國民生計之象將凝滯而不敏局促而不舒（本報第十四號有拙著公債政策問題一篇極論公債爲國民生計所必需列舉四綱二十三目可覆按）故今世各國之不諱舉債匪直以便計臣抑亦以前民用也

## 二　公債之用途

然則國家不擇時不擇事而舉債可乎曰、是大不可舉債必償天下之通義也匪直償本也而於未償之前且歲賦以息不逆計他日所以爲償者安出則償不能舉也不逆計未償以前歲賦之息安出則償不能舉也齊民之貿劑乞貸恒兢兢於是國家何獨不然且以政費所需不徑醵之於民而易之以債者果何爲也哉弛今日之負擔以移諸將來耳弛吾儕之負擔以遺諸子孫耳何也債之本息今日不償將來不得不償吾儕不償吾子孫不得不償也　**事僅爲今日之利者義不容以治事**

之費責諸將來僅爲吾畢生之利者義不容以其費諉諸吾子孫於是言理財者得一公例焉曰國之恒費以舉債爲厲禁惟特費爲得舉之恒費者何司農簿籍既有一定來歲不能殺於今歲者是也特費者何惟今歲或今後數歲特用之過此以往則當停廢者是也夫今世政費之歲增萬國同揆所增者非獨特費也即恒費亦有然而善理財者則謂當國家恒費之不給也無論若何竭蹶惟當取盈於租稅若增稅爲民力所不堪則節費以應之已耳而斷不容妄舉債以圖彌縫所以者何蓋恒費之性質非能用之以有所殖也常一往而不復則他日所以償本賦息者安出此其與舉債之旨不相容者一也既曰恒費則歲歲惟均今歲舉債以贍今歲之乏來歲又將若何況今歲舉債來歲應賦其息是愈以益來歲之乏也展轉相引則數歲以後將舉所入之半以賦息猶懼不蕆何以爲國此其與舉債之旨不相容者二也且以恒費所舉之政務凡以爲現在之國民捍患興利也而嫁其負擔於將來之國民豈得曰恕此其與舉債之旨不

相容者三也。是故恒費不能舉債。實爲言公債者之一大坊。苟踰此坊。則財政之基。未有不壞者也。（比年直隸湖北安徽之公債及最近湖南擬辦之公債皆踰此大坊者也）而又非謂特費之必當仰給於債也。一歲正供所入。恒以其一大部分支恒費。以其一小部分支特費。著諸預算案中。而復有所謂豫備金者以資不虞。則特費之小者。其有所出矣。然則特費之當仰給於債者維何。曰其事繫國家永世之利害。而其費非一二年間之民力所能任者是已。舉其大別。可得八焉。

一　殖利之業。造端宏大。需費至博者。如布築鐵路浚渫運河修治海塘等。

二　整飭財政。別造機軸。藉豐帑入者。如料地均賦肇制簿籍等。（日本所謂調製土地臺帳）

三　改革行政。廣設新職。以康庶務者。

四　增修軍備。設險儲力。以鞏國防者。如增置船械。增築壘港等。

五　應敵交戰。調兵轉饟。急於星火者。

六　喪亂災變。亟事振救。且謀善後者。

七　激勸民業。特給補助。獎其外競者。如補助航海。獎厲特種農工業等。

八　獎厲蓄藏。保聚游資。以養國力者。如郵政貯金換取公債及年金公債等。

八者有一於此。則可以舉債。此其理可得而說也。殖利之業。如鐵路運河等工。既竣。則緣此業而得莫大之歲入。足償本息而有餘。此如懋遷者貸母財以求贏。其不爲病明也。而此鐵路運河。閱百數十年。而猶資利用。吾子孫長食其賜。則分任其負擔之一部。亦義之宜。整飭財政機軸。如料地正籍等。勞費雖大。然國帑可緣而驟增。後此恒費賴之。（吾儕計吾國若行各國土地臺帳之法。調査一次。最少須費三萬萬金。然以後每年田賦所入。增於今者。亦當得二萬萬金。年以爲常。）憚勞費而不舉。則帑無自加。充。苟政務範圍日恢。恐財政之基。遂壞。而此等大舉。決非常歲正供所克任。非賴稱債實行難期也。改革行政。例如我國今日行政機關。校諸並世諸文明國。所闕滋多。義當補置。而所費不訾。此其事雖非徑能殖利。而常間接以長國力。如警察備。則民各安其居而業日以昌教育普則民能善其事而業日以進不備不普者反是夫以改革行政之故而民富增此人民將來之利也民富增斯稅源裕此國庫將來之利也故以公債舉之宜也以上三者辦理既著成效則國之歲入必加不患償本賦息之無出仰給公債無憂增累此易見矣若夫修軍備之費與戰時之費其性質皆一擲而不可復前三者譬猶出資播種可計日以期收穫也此二者譬猶投資塞河一沈沒而不再見也然則經一次舉債之後徒以重將來之負擔或累數世而不能卸其非福明矣然有時不可得避者國苟不競日以侵削則民將憔悴彫瘵以死更何力以供租稅故以戰自衛有國所不能免也而戎兵非詰於平時則未戰而先立於必敗故日討軍實毋使弱於其鄰又所謂武之善經也是故此等政務雖非能積極的濬發財源實能消極的保護財源而保護之效不僅在今日而兼在將來不僅在吾身而兼及吾子孫故舉債而使後之人共分其負擔不得云非義也若乃天地不虞之災變為人力之所不能禦非振救而圖善後則見毀之富源將不可復此其利害又現在與將來共之者也故舉債為宜又如國家經喪亂之後或以舊政府失政之故致帑藏空虛民力彫殘今僅恃租稅

論說

勢固不足以舉百廢則爲道亦不得不出於舉債此蓋前事不臧承其乏者無可如何而所以待之者則亦與驟蒙災變同例也若夫以獎厲特種產業之故給以補助在政府之意原非有所私於一人徒以此業克興則舉國之民將受其賜如各國獎厲航海獎厲造船日本在臺灣獎厲製糖種茶俄國獎厲遠洋漁業之類而利既在於方來則舉債亦所宜爾又節儉蓄藏殖富之本而非有以獎之則民性恒易流於侈耗獎之之術奈何宜使欲蓄藏者得至便之機關復措其所蓄藏於至安之地故各國咸有所謂年金公債者取便薄有資產而倦於營業之人復有所謂郵局貯金使婦孺咸得節日用之費以儲爲母財所積漸多則換給債劵凡此皆非有公債不能神其用者也八者有一於此則爲國家可以舉債之時非此而舉債則君子所不許也要而論之**國家之舉債以施政也其所施之政以能殖利於將來者爲歸**而所殖之利有直接者如辦鐵路等有間接者如改革行政等有積極者前所舉直接間接兩途皆屬之有消極者如戰爭救災等以此爲公債政策之標準其亦可以無大過矣

十

雖然公債政策之標準不能以此抽象的理論而遂足也更當徵諸事實焉例如以增修軍備鞏固國防故而舉債宜也然使其國爲不必廣設軍備之國而貿然擴張溢乎其度則所舉者爲浪費矣以改革行政藉康庶務故而舉債宜也然使其改革有名無實徒養冗員則所舉者爲浪費矣以殖產興業補助激勸故而舉債宜也然使舉辦諸業悉無實際無所得利或任事人絕無學識經驗以致失敗則所舉者爲浪費矣其他諸政悉以是推**要之所謂殖利於將來者尤必以將來所收效果確有把握爲歸** 蓋支應國費恒當以「生計主義」爲衡生計主義者何謂以最小之勞費得最大之效果也是故有勞費無效果者則爲浪費不須勞費而可以得同一之效果者則爲浪費以大勞費求小效果者則爲浪費此其費無論用租稅以支應用公債以支應而此原則固莫能易也（參觀本報第二十號論說節省政費問題）**是故恒費不能舉債既爲言公債者之一大坊特費之悖於生計主義者不能舉債又爲言公債者之一大坊謹此二坊**

然後舉債之塗術乃可得而議也

（附言）以上兩段本在本題範圍以外。徒以吾國人於財政上常識。多未具備。並此至淺近之原則而猶不解者。甚多。故不憚詞費。述之以爲立論之基礎。

（未完）

著譯

# 銀行業務論(續念四號)

明水

## 第二 期票折息 英名Discount 日名手形割引

期票折息者。銀行買進未到期之期票。由買進日起算至到期日止。扣去利息而以所餘之金撥入顧客淨存賬簿中。聽其隨時支取者是也。例如有期票百元。一年到期。其時息率周年五分。若持此票往銀行售之。銀行即扣出五元。而以九十五元交與其人。或不交見金而記入賬簿中。多少聽其隨時取用。是卽折息之意義也。質而言之。則銀行買得未來之債權。同時負現在之債務耳。此法今日東西各國銀行。靡不行之。而其息率亦非必與普通一律。必視普通息率稍高。如普通年息五分。則折息時年息在五分以外。爲銀行所得淨利。故亦名銀行折息法也。

折息之義既明。然果以何因緣而必行此法乎。是又不可以不論。大抵今日生計組織

著譯

除未開化國外凡百貨物非生產者與消費者直接交易也中間必隔一商人大者批發小者零售必有此一種人以爲之樞紐而期票所由起卽爲便於商人買賣貨物不必悉用見金也夫不用見金交易而以有信用之期票代之又有銀行爲之折息以得融通則百貨之孳生日阜而資本之效用日增蓋有不期然而然者矣且夫生計之要不外生產交易分配消費四者而已如何而可使生產繁殖如何而可使交易圓活如何而可使分配平均如何而可使消費之物價値低廉凡此皆生計學家所苦心研索而冀得良策以康民阜物也若行期票折息法乎則直接間接無非與此四者以莫大之利此致富之所以貴有術也

所謂折息能使生產繁殖者何也夫生產家所最苦者資本也而尤苦於資本之源源不絕若資本多而挹注不匱則所經營之業規模可擴之使極大而勞費反可縮之使極小規模大則生產日多勞費小則獲利日厚其樞機豈非全在資本乎然將操何術以使資本多而不竭則於折息外欲別有法以駕乎其上焉不可得矣何以言之假如今有一製造業者於此使無期票折息之法則彼凡與人交易不問爲買爲賣非盡用

二

見金則一物不可得如是彼即盡投其營業資本金而不能賡續其製造之事何也所製之物不論其既成與否要之出售之時不能即獲見金蓋今日通例多爲交貨若干日後始交欵也其應交未交之間此製造業者舍坐待外更有何術如欲賡續其製造勢必在經營之始即以其資本金分爲數部以次接濟乃不致臨時受困否則竟將工場停歇俟售貨收欵後再行開工工法未嘗不可變通然其損失則已不可計數矣設有折息之便則製造業者雖以其所集得之資本金掃數用盡亦未嘗不可賡續其業蓋貨成而售之隨售隨得期票隨即往銀行折息所損之息甚微所得之利甚大而其事業無中止之虞也故曰期票折息能使生產家資本豐實而又使之周轉無窮使人皆有興業之心我國大製造業所以萬不能辦者皆以無此機關金融動即澁滯也嘗見某銀行書中有曰公等日食折息之利故相忘於無形設一旦廢棄此法則不便將何如以彼斯言證吾情狀則其苦豈可勝道哉

所謂折息能使交易圓活者何也前既屢言之矣無折息則非見金將一物不可得是不徒生產者之窮於周轉而已卽在商人亦動須藉金市物豈惟不便抑亦至愚稍遇

支絀即彼此坐困如用期票折息法則無論工業商業其所以得資本之途甚多自能圓融而無障於以交易頻繁百貨競出利民福國胥是賴矣

所謂折息可使分配平均者何也夫折息之法直接受其利益者固爲商工家然使全社會金融活潑生計圓通則夫間接以食其福者即農夫士人下至勞傭之輩亦皆不致過於窘蹙蓋一生計社會猶人之一身也而金融即身中之血脈也血脈流通營衛全體其必顏澤而神完者可斷然矣

所謂折息可使消費之物價值低廉者何也凡生產之業規模愈大者生產費愈減生產費減則物價亦必隨之而減此盡人所能知者矣故折息法行則全國消費品值必不能過昂大之富家裝飾之須小之貧戶日用之品皆易於措置而間接以增一國之購買力焉

上所言四事則折息之利於衆人也雖然豈惟衆人即銀行亦受益甚博也何以言之銀行欲運用其基金（銀行基金者合資本與存款而言之也）蓋無有出折息之右者較諸借款於人其利尤厚故以妥實言以易換實幣言以息率較重言皆無過於折息之三者實銀行投資之

三要件而折息皆備焉故曰銀行受益亦博也請言其理

一由折息所得之債權不致固定易於周轉運用也蓋放款於人必有期限未至期而向人索還無是理也故放款雖爲銀行投資之一途然回復甚遲往往有失機之弊銀行雖至窘亦惟有向他處設法不能於借主前稍露齒牙也折息不然急則將期票轉售他行立有見金所謂再折息是也故銀行所放出之資收發可以自如而不虞固定也二由折息所生之債權比於放款其期限常短而且確實也向銀行借款之人多爲新營之業或雖舊有而今欲擴張者故通例期限甚長且往往有延宕不還求銀行展限者至於折息則多爲已成之業因買賣貨物而偶事融通者故其期限常短多於九十日以內支給且至期必可收款雖亦未嘗無一二延滯者然較之借款則有間矣

三縱令息率相等而折息較借款爲優也期票折息者折息之際銀行除去利息而以所餘之金交之待期票到期然後銀行向出此期票之人收還此款也故息率雖同而比之借款則銀行所獲較多何以言之如周年五分息之時借款百元與人到一年後始收得利五元不能先期取息也而折息不然銀行所支出者僅九十五元蓋當折息

著譯

時即將息銀五元取出矣以此五元置諸一年以後又可得息銀若干故同為年息五分一則僅得五元一則於五元外復有所得故曰折息優於借款也

四銀行賴折息以運用其基金較買賣公債票為尤確實也折息至期之日必可得期票額面之金故比買公債價格無變動之虞此其確實一矣又銀行有餘力之時必市塲金融緩慢之時公債價格例必騰貴以求之者多也反之銀行欲售其公債票以回復資金則必當市塲金融緊迫之會矣其時公債價格例必下落以供之者多也故銀行欲買賣公債居間以獲贏非甚機敏必招損失此其確實二矣折息所以優於公債者凡以此也

由是觀之期票折息之一法其利於生計社會者豈有涯涘上所述者不過擇其犖犖大端者言之耳若欲悉數雖更數僕而不能盡竊嘗謂吾國今日而欲振興實業不於此等機關整備完善雖曉音瘏口無補於成蓄折息者實業家之武器也無武器而望其殺敵致果蔑有濟矣若機關大備雖不提倡豈無興者生計學以利己心為人生天性而實業者所以使人牟利也爲有牟利之事而賴於上下督責父詔兄勉者哉書曰

六

因民之利而利之此之謂也

## 第三　放款（英名loans 日名貸付）

折息之優於放款前既言之矣故銀行務以多折息爲得策雖然放款亦銀行運用基金之一良法且爲興業一大利器未可漫然輕之也況銀行基金非能盡用之於折息之一途則放款亦烏可以已

放款有多種有須擔保物然後放者有不須擔保物但得保證人而亦放者有擔保物保證人皆不用惟憑借者之信用而放者有長期者有短期者有許顧客於浮存款項中長支者種類雖多其爲銀行供給之資本則一也故可進論其利益

放款與折息其截然不同之點則一爲帮助已成之業一爲帮助未成之業也故放款利益與折息利益性質逈異放款可補折息之所不及必兩者相須然後一國之生計可進於發達之域也然則其利益果何如乎請畧陳之

一曰以資本供給有爲之材使之從事產業也蓋一國之中富厚者未必即興業者而興業之人又未必皆富厚之人夫使富厚者而坐擁多金爲守財虜非一國之福也而

使興業者緣困乏故一籌莫展尤非一國之福有銀行以立乎其間以其信用足以招致富家之金而轉以供給於興業者使有為之材各盡所能則百產並興其生計之進步也必矣

二曰放欵能助有利之產業使之發達也銀行放欵非漫不加察盡人而借之也必其人為勤儉直諒之人其業為可大可久之業然後銀行許以融通而巧詐之徒無謂之事且因無資本而廢棄矣故其結果小之利及其人之身大之利溥一國之衆豈惟產業即風俗亦將受其影響矣

三曰放欵與折息如輔車相依驅一國之資本使投於最確實之途且使生產向於最有利之方也銀行日日所折之息所放之欵必細加考覈某人為某事借欵果可信乎某人持某期票折息果確實乎信矣確矣然後許諾其信也其確也必其業之可恃而不致拖累銀行者也苟不如是銀行必嚴拒故謂銀行所允折息放欵之業即為其國中最有利最確實之業焉無不可也

四曰放欵不僅當事者受其利且能增進一般社會之幸福也觀上述三事則因有放

款而產業興產業既興則物値必廉勞庸必高國民之富必增此有因必有果無可致疑者

放款之利於社會若是其偉矣而銀行自身之利益果何如乎大抵放款一事必銀行有餘力然後爲之所謂有餘力者即以其基金供折息之用而尚有餘之謂也故如銀行徒事折息不肯放款則當有餘之時即窖藏其基金而無所得利甚非計也故放款究不失爲銀行投資一良途此其利一借款尤爲幫助新生之產業苟產業日興富源日闢則人之所以利用銀行者必隨而夥顧緣是而存款益多折息益多銀行獲利益厚此其利二且也折息宜有種種注意如出期票人之資力如何期票眞僞如何當時市面情形如何在在皆宜留意苟有差誤則資金將不可復若放款則但視借主到期有償還之能力否其擔保物品性質價格究屬若何如是足矣此放款優於折息之點也此其利三不寗惟是凡放款利息必較折息稍高上言放款息率與折息相等則折息優於放款固矣雖然放款之爲道究竟偏於固定銀行有時窘急雖欲臨機應變而爲期限所格不可如何此所以普通放款之利息必較折息爲高也故當市場平靜無

著譯

事之時。苟不致過期不還者。則放款實優於折息也。此其利四。有此四利。則銀行亦烏可輕視放款哉。

上述三端。一曰存款。二曰折息。三曰放款。卽所謂銀行三大職務。而近今凡言銀行者。必首注重之者也。他如紙幣匯兌等事。則昔之銀行。固甚重之。而今則變爲坿庸矣。所以特重此三者之故。則爲其關係甚巨。利益甚博。具如前述。讀者緣此而稍得銀行之常識。知今日吾國於銀行之不可一日緩也。則記者之幸也。

(完)

十

# 日本名士統治朝鮮談

奇甫

日本併吞朝鮮。指揮既定。舉國上下。無不腐心焦慮。研求統治之方針。衆議院議員竹越與三郎者。政友會有數之人物。名重一時。而其言論。常能傾動朝野者也。頃見日本唯一之大雜誌「太陽」揭其所持對於朝鮮統治問題之政見。首置重遷朝鮮之首都於「平壤」以逼滿洲。次則力排同化主義。欲以朝鮮國土。爲日本之農塲。而以朝鮮人民。爲其農塲之牛馬。使其言而果現於事實也。則不惟朝鮮遺黎行將絕滅。其勢力更由滿洲南進。遠馭其銳。不復可當。而吾國亦將爲朝鮮之續也。故亟譯其文於左。使讀者知所警惕焉。

## 遷都平壤

朝鮮合併。余向所反對者也。今事已大定。豈容更有異議。惟望後此以大經綸一新朝鮮之天地而已。顧所謂一新朝鮮天地之大經綸者何。則遷都爲其第一要義矣。現時之京城。以之爲三韓之首都。固爲適當。然而朝鮮隸我領域以後。猶以京城爲首都。則未能適於控制何以言之今後之經營朝鮮卽包含滿洲不可視爲別一問題者也夫增進我國之勢力於滿洲其進行之方必當北守南進其得爲永遠之利與否雖難預定然既負經營之責任則惟有力謀進步期無放棄其責而已是以我國將來欲完成經營滿洲之責則於經營朝鮮之時斷不能置滿洲於不顧蓋今後之朝鮮非復前此半島之一小國實爲我日本領域之一部也朝鮮既爲我領域之一部則不可不求適於經營大陸之位置爲其首都其最適爲首都者無如平壤平壤者爲箕子建國之地而從來有交涉於大陸之朝鮮諸族皆都於此西北隔鴨綠江而接滿洲東襟日本海其南則大同江之下流有艮港鎭南浦對於北清及遼東方面占絕好貿易港之地位若合朝鮮與滿洲而並經營此實爲其中心點形勢之勝莫逾於此若我當局苟有遠圖則其第一着當遷其首都于平壤然我當局果有此宏遠之規模與否非所敢逆料也竊聞合併之期原在十月然於八月末而遽先舉行者非外部有特別之原因殆內政上有不得已之理由乎蓋政府之漸失人望欲借此誇其成功以爲挽回物望之一策更質言之不過水害後處分之一耳信如斯言則我所謂宏遠之規模者終非可望

於政府。而遷都之說。終不可期矣。然不欲施大經綸於朝鮮則已耳。果欲之也。吾敢斷言遷都爲第一要義。

## 勿施高等教育

朝鮮人之教育問題。世人輒曰同化。夫既爲我領土。而欲使之同化。吾亦豈能有異論。然而果操何道而使之同化乎。則莫不曰速施教育。雖然。吾且先問施行於朝鮮之法典。其將完全適用日本之法典乎。抑將別施行朝鮮文之法律乎。度不過以梅博士之草案。少加修正。而施行之耳。又試問朝鮮之關稅將若何乎。側聞英國之意向。但使二三年間。照舊施行。於願斯足。而我政府則豈爲十年仍舊。夫以朝鮮之貧瘠。直稅之收入極少。縱令革故從新。吾輩亦無異議。今既繼續舊法。則移出入於日本朝鮮間之貨物。若者免稅。若者仍當課稅。要不能以朝鮮與內地視爲同一者也。然則既施行特別之法典。特別之關稅。則教育亦當施行特別之教育。亦因其所。吾以爲與其郡縣朝鮮。不若。仍以之爲殖民地。之爲愈。然各國之經營殖民地也。有投資以起工業者。有爲商品之尾閭者。若朝鮮者。二者皆非所宜。以之爲農業的殖民地。其性質較爲適合。夫既。

以之爲農業殖民地則不必施高等之教育但使之爲善良之農民足矣苟能有農業上之智識則其他之智識皆可任其自然使其中優秀之才不滿於朝鮮所受之教育更欲來學日本別受高等之教育固所不禁然施教之方針則止期於養成農民之程度昔英國施高等教育於印度遂爲今日紛擾之大因此瑪可列等之一大失策也余夙持殖民地無教育之論今日統治朝鮮豈可蹈英人治印之覆轍哉

### 勿使日本語普及

統治朝鮮既不須授以高等教育至當圖日本語之普及與否亦不可不熟察者也日本著譯之書有言法國大革命者有言愛爾蘭之獨立者有表同情於波蘭而贊成激勵其獨立者其他鼓吹獨立思想革命思想之書亦復不少日本語既普及人人能讀日本文則雖禁其不讀此種書終不可得是以日本語之普及於商業之方面雖不無裨益若由統治上觀之則適爲後日之禍因而其禍之發也且非甚遠恐不出二三十年之後而朝鮮獨立之旗翻於全國矣世人動曰同化固謂易其民之思想風俗而使之混融於日本也故台灣人雖依舊垂辮髮朝鮮人雖依舊着白服苟能使習育王化

而回心內嚮。斯誠同化於我。苟事物之間。畛域未融。則同化正未易言。故同化者。止可託之空言。而不易收實效者也。要而言之。朝鮮者當先以之爲我農場。此幷非疎朝鮮而外之。亦猶謂我九州爲礦業地。謂我四國爲漁場云耳。經營朝鮮。千端萬緒。然非先定此方針。則進行必誤。台灣之所以有今日之發達者。由其初定此方針。唯舉全力而栽培沙糖。故能致此良果也。大凡政治者。必有重要之點。握要以圖。斯治績可舉。若一朝鮮也而農業工業商業教育。設施萬端。同時幷舉。則必至於事事蹉跌。而仍事事無成。故朝鮮預算之分顧。與權利之分營。皆失策之甚者也。欲完成其農業殖民地之經營。則惟視任事者實際設施之手腕。非筆舌空譚所能逆料者矣。

野水參差落漲痕
疏林欹倒出霜根
扁舟一棹歸何處
家在江南黃葉村

調查

# 中國礦業現狀調查記

茶圃

我國礦產。久以豐饒名於世界。然以物質之學。素不講求。故熟視無覩。貨棄於地。即間有採掘。亦只用拙劣之土法。用力雖勤。而所獲至寡。此礦業所以不能發達也。近十數年間。民智漸開。交通日便。國人漸知組織公司。採用西法。以經營礦業。故各種礦產。日漸發現。即如撫順之石炭。大冶之鐵礦。其品質之佳。礦脉之富。殆無儔匹。以中國之大。如撫順大冶者。何可勝紀。倘能實力振興。礦業出其無盡之藏。以破供求之平均。他日於世界礦業界。行一大革命。亦未可知也。現我國統計之學未明。全國礦山。每年產額幾何。每省出產若干。皆無從稽考。惟各省礦物之分布。礦業之盛衰。與鑛山之多少。於私人之著述及官書之報告。時有所紀。僅摭拾一二。以爲留心礦務者告焉。

## 各省鑛產之分布

一金鑛　金鑛多出於直隸山東奉天山西吉林黑龍江數省。然各省中尤以直隸爲最著。全省金坑之數。計三十有九。至中原則金礦絕少。只於四川省發見一二而已。若南方一帶。亦只兩粵時見金礦。

一銀礦　銀礦比之金礦。其分布極狹。除直隸山東兩省外。只奉天河南少有銀礦。至南方則尤寥寥若晨星矣。

一銅礦　銅礦分布之區域。比銀尤狹。雲南出產最多。舉國用銅。殆全仰給於此。湖北陝西四川貴州四省。雖少有採掘。然產額無多。至北方則惟直隸稍有之耳。

一鐵礦　我國礦產以鐵爲最富。各行省中。幾無一省不有鐵礦者。現在採掘之最有成效者。首推湖北。此外陝西盛京山東直隸數省。皆有採掘。

一硫黃　硫黃殆爲我國中原之特產品。以湖南湖北兩省之品質爲最佳。他地所產皆不足與爭衡也。

一鉛錫　鉛之產額。以山東湖北廣西奉天四省爲最富。廣東雖偶發見。然礦苗不旺。至錫則爲南方之特產。其品質則以雲南爲最佳。廣東所產。乃其次耳。

一石炭　石炭產額。其最多者。首推直隸。次則爲山西陝西山東河南。此外江西盛京。雖不能如以上各省之豐饒。然品質之佳。無甚軒輊也。

## 鑛山數與礦業之盛衰

我國礦業。邇來乃始萌芽。全國所採掘之礦山。雖有礦政調查局之報告。足供參考。然皆語焉而不詳。復多遺漏。今就耳目所及。約舉礦山之數。列如左表。其無確實可據稍涉影響者。寧付闕疑。

### 礦山一覽表

| | 金礦 | 銀礦 | 銅礦 | 石炭 | 鐵礦 | 雜礦 | 合計 |
|---|---|---|---|---|---|---|---|
| 直隸 | 三一 | 一二 | 二 | 四七 | 一 | 一 | 九四 |
| 安徽 | | | | 八 | | | 八 |
| 河南 | | 一 | | 二七 | | 八 | 三三 |
| 山東 | 一〇 | 一〇 | | 二七 | 七 | 一六 | 六四 |
| 江蘇 | | | | 二 | | 二 | 四 |

| | | | | | | |
|---|---|---|---|---|---|---|
| 盛京 | 六 | 一 | 一 | 一〇 | 七 | 二 | 二五 |
| 黑龍江 | 三 | | | 五 | | 四 | 一二 |
| 江西 | | | | 一四 | | 三 | 一七 |
| 雲南 | | | 四四 | | | 二 | 四六 |
| 貴州 | | | 二 | | | | 二 |
| 陝西 | | | 三 | 三四 | 九 | 三 | 四九 |
| 湖南 | | | | 三 | | 七 | 一〇 |
| 四川 | 一 | | 三 | 一 | | | 五 |
| 湖北 | | | 七 | 一〇 | 二 | 三一 | 五〇 |
| 合計 | 五二 | 二四 | 六二 | 一八八 | 二六 | 七九 | 四一九 |



總計十四省中鑛山之數。共四百十九。其鑛山最多者。則爲直隸。至鑛產之種類。則石

炭銅山。實占多數。惟我國鑛業。尚在幼稚時代。除雲南之銅。無足觀者。比年以來。我之鑛山採掘權。多被外人攘奪。我國鑛人憤利權之外溢也。於是由收回權利之熱心。生振興實業之思想。翻然改計。募集資本。試用新法。銳意經營。然自農工商部設立以來。鑛業公司之註冊者。數僅十五。資本亦僅五千餘萬。即經幾許艱難曲折。焦唇敝舌。自外人之手。攫奪而回者。亦視若石田。棄置弗顧。收回權利。雖告成功。而利用此結果之途。終未見有絲毫之實力。蓋鑛山之利。爲我國人所深知。然明知其爲大利之所在。而卒至熟視無覩者。其故當別有在矣。今將光緒三十二年後我國鑛山之已開未開及開而中止者。表之如左。

## 江西省

| | 金礦 | 銀礦 | 銅礦 | 石炭 | 鐵礦 | 雜礦 | 合計 |
|---|---|---|---|---|---|---|---|
| 開掘中 | 一 | \| | \| | 一四 | \| | 白土三 | 一七 |
| 未開者 | 一 | | \| | 一〇 | 一七 | 硫黃一 白土四 鉛一 水晶一 | 三五 |
| 中止者 | \| | 一 | | 七四 | 四 | 硫黃一 白土一 滑石一 水晶一 | 八四 |

| | 雲南 | | | 貴州 | | | 陝西 | | | 湖南 | | |
|---|---|---|---|---|---|---|---|---|---|---|---|---|
| | 開掘中 | 未開者 | 中止者 | 開掘中 | 未開者 | 中止者 | 開掘中 | 未開者 | 中止者 | 開掘中 | 未開者 | 中止者 |
| | ｜ | ｜ | | ｜ | ｜ | ｜ | ｜ | ｜ | ｜ | ｜ | ｜ | ｜ |
| | ｜ | ｜ | | | | | ｜ | ｜ | ｜ | ｜ | ｜ | ｜ |
| | 四四 | 三 | 三三 | 二 | ｜ | 一 | 三 | 一 | | ｜ | ｜ | ｜ |
| | ｜ | ｜ | ｜ | ｜ | ｜ | ｜ | | | | ｜ | ｜ | ｜ |
| | ｜ | ｜ | | ｜ | ｜ | ｜ | 三四 | 六 | 二 | ｜ | | |
| | 錫 二 | ｜ | 錫 七 | ｜ | ｜ | ｜ | 石油 九 | 二 | 六 | 鉛 一 硫黃 六 | | |
| | 四六 | 三 | 四〇 | 二 | ｜ | 一 | 四九 | 一六 | 八 | 一〇 | ｜ | ｜ |

調查

六

| | 四川 開掘中 | 四川 未開者 | 四川 中止者 | 湖北 開掘中 | 湖北 未開者 | 湖北 中止者 | 直隸 開掘中 | 直隸 未開者 | 直隸 中止者 | 安徽 開掘中 | 安徽 未開者 | 安徽 中止者 |
|---|---|---|---|---|---|---|---|---|---|---|---|---|
| | 一 | — | — | | — | | 三一 | 二 | 五 | — | — | 一 |
| | — | — | 一 | | — | | 一二 | — | 二 | — | — | 一 |
| | 三 | | 一 | 七 | 一三 | 一五 | 二 | — | 一 | — | 二 | 一 |
| | 一 | | 一 | 一〇 | 二六 | 一五 | 四七 | — | 二 | 八 | 一四 | 四六 |
| | — | 一 | — | 二 | 一三 | 三 | 一 | — | — | | 二 | 三 |
| | — | | 石油二 水銀一 | 硫黃三〇 鉛一 | 鉛六 洋泥一 黑鉛一 安摩尼一 硫黃四 | 鉛三 | 鉛一 | — | — | — | 硫黃一 | 硫黃三 鉛四 |
| | 五 | | 六 | 五一 | 七五 | 三三 | 九五 | 二 | 一〇 | 八 | 一九 | 九五 |

| | | | | | | | | |
|---|---|---|---|---|---|---|---|---|
| 河南 | 開掘中 | ｜ | 一 | ｜ | 二七 | ｜ | 硫黃 五 | 三六 |
| | 未開者 | 二 | ｜ | 一二 | ｜ | 一 | 黑鉛 三<br>鉛 六<br>硫黃 八<br>水晶 二 | 三〇 |
| | 中止者 | ｜ | ｜ | ｜ | ｜ | ｜ | ｜ | |
| 山東 | 開掘中 | 一〇 | 一〇 | ｜ | 二七 | 七 | 硫黃 一<br>鉛 一〇<br>明礬 三<br>砒煤 二 | 七〇 |
| | 未開者 | ｜ | ｜ | ｜ | ｜ | ｜ | ｜ | ｜ |
| | 中止者 | ｜ | ｜ | ｜ | ｜ | ｜ | ｜ | ｜ |
| 江蘇 | 開掘中 | ｜ | ｜ | ｜ | 二 | ｜ | 白土 一<br>玻璃沙 一 | 四 |
| | 未開者 | 二 | ｜ | ｜ | 四 | 二 | 硫黃 一 | 九 |
| | 中止者 | ｜ | ｜ | ｜ | 八 | ｜ | 白鉛 一<br>白土 一<br>鉛筆用鉛 一 | 一一 |

調查　八

| | 奉天 開掘中 | 奉天 未開者 | 奉天 中止者 | 黑龍江 開掘中 | 黑龍江 未開者 | 黑龍江 中止者 |
|---|---|---|---|---|---|---|
| | 六 | 六二 | 一 | 三 | 一〇 | 三 |
| | 一 | 七 | | \| | 三 | 一 |
| | 一 | 九 | | \| | 一 | |
| | 一〇 | 四四 | 一〇 | 五 | 四 | 一 |
| | 七 | 五 | | \| | 二 | \| |
| | 鉛 石綿 | 砟礦 鉛 錫 | 鉛 | 未詳 | 鹽 翠玉 水晶 硝石 硫黃 | |
| | 一 一 | 三 七 一 | 一 | 四 | 四 一 一 一 一 | \| |
| | 二七 | 一三八 | 二二 | 二二 | 二八 | 五 |

據前表觀之。開掘之鑛山四百十九。然開而中止者三百有奇。而尤以銅與石炭。尤居多數。是成功者僅百分中之四。而失敗者實百之九十六也。推原其故。固由辨鑛之學未精。分化之術未審。與採掘之法未得其宜。而資本之不充。實爲大梗。夫閉關時代。絕無競爭。故一切物品。雖粗劣。猶足以自存。逮乎世界大通。外國品紛至沓來。以相壓迫。

若非。厚。集。資。本。統一。於。大。企。業。之。下。以輕。其。本。值。而爲。之。敵。則內。國。物。品。將必。爲。其。壓。倒。不能。立。足。於。市。場觀。於。我。國。所。鑄。銅。元年約。二。百。億。而所。用。之。銅。不能。用。己。國。之。所。有。而必。遠。購。之。日。本。可以。鑒。矣。

法令

# 憲政編查館奏定各省會議廳規則

第一條　各省督撫應於署內設立會議廳會議全省之行政事務　第二條　會議廳以本省督撫爲議長其下分設兩科　一參事科　一審查科　第三條　參事科以左列各項人員承充　一司道及府廳州縣官　一各局所總辦　一督撫奏設之幕職　以上各員均由督撫遴派　第四條　審查科以左列各項人員承充　一司道及府廳州縣官　一通曉法律人員或現任司法官　以上兩項人員均由督撫遴充　一本省士紳　本項人員由諮議局按照督撫所定員數加倍公推呈請督撫遴選派充如該局所公推者係諮議局議員應開去議員之職　第五條　兩科人員由各督撫酌量該省事務之繁簡規定額數惟審查科人員應於本章第四條所載三項資格中按照總額各選三分之一充任之　第六條　兩科人員除司道外不得兼充

第七條　兩科人員每屆三年遴選一次選定後由督撫開列各員銜名咨送憲政編査館暨政院存案　第八條　兩科人員至少須過半數件在省城　第九條　參事科應辦事件如左　一凡　特旨交議事件及各部咨商事件遇督撫諮詢時由本科條議　一本省行政事件照章不經諮議局議決者由本科議決　一本省單行章程提交諮議局以前先由本科覈訂　第十條　審査科應辦事件如左　一本省諮議局議決議案呈請督撫核奪施行者應交本科審査　一行政審判廳未設以前所有行政審判事件暫歸本科處理仍俟此項法規規定後再行開辦　一關於本省單行章程規則及督撫衙門訓令等項經本科審査如有與　國家現行法令牴牾之處得呈請督撫核辦　第十一條　各省原設之憲政籌備處專辦籌備事宜其關於第九條所列各項悉劃歸參事科辦理　第十二條　諮議局議決案件經審査科審定應行公布或更正施行者呈請督撫照章辦理其尙待詳議者呈請交局覆議如該局所不應議決者即具理由書呈請行局聲明不交覆議　凡經該科審査之毋庸交議事件如諮議局尙有待申之義得由該科推選一二員到局以資質問　第十三條

會議日期由督撫指定分別召集兩科人員屆期到廳會議　會議時須有在省會員三分之二到會始得開議　第十四條　每開會時應行會議事件及其次序由督撫宣布分交兩科人員辦理　第十五條　兩科會議以到會員過半數之同意爲議決呈候督撫核奪施行　第十六條　兩科人員中如有對於本科會議事件與本省利害有關係者應卽迴避不得與議　第十七條　所有每次應行會議事件除督撫認爲應行秘密外得公布之　第十八條　兩科人員均爲名譽職不支薪水惟通曉法律及本省士紳兩項人員得由督撫酌定公費　第十九條　所有會議細則以及常年會期之長短由督撫各就本省情形詳細具擬並將細則報明憲政編查館暨資政院存案

## 法部奏定法官分發章程

第一條　凡法官分發統由法部按照本章程辦理　第二條　分發人員分左之三種（甲）第一次考試錄取人員（乙）照法院編制法第一百七條免第一次考試人員（丙）照法院編制法第一百十二條免第二次考試人員　第三條　分發京

師人員不論籍貫總以熟習官話爲限 第四條 分發本省人員准其自行呈請惟仍以地方以下各廳爲限 第五條 分發近省人員其配置方法由法部仿照吏部直州同以下各員專歸近省分發之例辦理 第六條 原有服官省分人員呈請仍留原省者應造具詳細履歷呈由法部查核確係人地相宜者准予分發 第七條 各員呈請願就現在流寓省分者應取具同鄉官印結呈由法部考驗確係熟諳該省語言習慣者准予分發 第八條 派考省分錄取人員除就近分發該省外其有援照第三條至第七條呈請分發者應由提法使查照各條所定分別考核詳由督撫咨部辦理合於第二條乙丙兩項資格在服官省分援照第三條至第七條呈請分發者應由該省提法使查照前項辦理 第九條 分發人員除京師各廳及在外省就近分發外均由法部發給憑照其前條呈請分發他省者應俟法部核准後將憑照發由各該省提法使轉給該員自領到憑照之日起統照第十條所定憑限到省後繳由該省提法使詳由督撫咨部核銷 第十條 分發人員到省憑限分左之二種(一)交通省分兩個月(二)非交通省分四個月遇有特別事故不在此限惟須取具所在地

方官印結報由該管督撫咨部備查　第十一條　分發人員已有原官或升銜者經分發後未補缺以前照法官考試任用暫行章程施行細則第三十七條辦理　第十二條　分發人員係受學部考驗得有舉人以上出身並經學部帶領引見者及曾經引見之職官經法官考試錄取者均毋庸帶領引見其僅受學部考驗得有舉人以上出身者及照法院編制法第一百十二條得免第二次考試者應由法部帶領引見並將原領畢業文憑分別呈驗　第十三條　法官考試錄取應行引見人員分別京外照法官考試任用暫行章程施行細則第三十八條辦理　第十四條　本章程自奏准之日施行其未盡事宜由法部隨時酌改奏明辦理

渴不飲盜泉水
熱不息惡木陰
惡木豈無枝
志士多苦心

## 文牘

# 署兩廣總督袁樹勛議復御史趙炳麟等條陳摺

奏爲遵　旨籌議逐年行政經費。並酌分緩急。詳晰臚陳。恭摺仰祈　聖鑒事。竊宣統二年四月十九日。軍機大臣欽奉　諭旨。御史趙炳麟奏請飭議確定行政經費一摺。著在京各衙門各省將軍督撫將九年籌備單內所開各條。某年某事需款若干。從何籌定。分年列表詳議具奏。欽此。由內閣恭錄并抄原摺咨行到粵。正在欽遵籌議間。又准續咨。六月初二日。軍機大臣欽奉　諭旨。湖北布政使王乃徵奏籌備憲政酌分緩急一摺。著在京各衙門各省督撫歸併御史趙炳麟條陳一併詳議具奏。欽此。等因。當即恭錄轉行各主管官廳一併欽遵籌議。茲據各該司道撮要議復。並將逐年款項可以預算者。分別列表。臣彙加閱核。就粵言粵。次第其輕重緩急。不敢謂各省皆然。惟困難情形。或亦不甚相遠。敬爲我　皇上縷晰陳之。查趙炳麟王乃徵前後兩摺。均注重於籌備憲政。目前財力。能否擔任。酌分緩急。次第施行。尤兢兢於紓民力。遏亂機。其言至爲詳盡沈痛。惟趙炳麟原奏。僅依據九年籌備清單。其實各部院尚各有分年辦事細表。故外省主管各官廳。均照細表籌備。九年籌備清單。不過挈其大綱而已。今既以財力能否擔任爲前提。則全國有全國之財力。一省有一省之財力。無論在九年籌備清單。或在各部院分年細表。或并未列入上項單表內者。均宜通盤籌畫。

就粵省財政而論。除關稅另列專冊外。目前統計經常臨時歲入各款。共庫平銀二千五百三十八萬有奇。今據各主管官廳呈列籌備事項。約計巡警一項。自開辦至宣統七年鄉鎮完備時止。籌自公家者。應六百七十萬零一千餘兩。籌自地方者。應一千八百四十五萬餘兩。每年勻攤約共三百五十九萬三千餘兩。調查戶口自開辦至宣統四年彙報總數時止。共需銀七十萬零一千餘兩。每年勻攤約十七萬五千餘兩。司法一項。各級審判廳及各項監所。自開辦至宣統七年全省成立時止。計臨時費共需銀一百六十六萬餘兩。經常費共需銀四百二十二萬五千餘兩。每年勻攤約共九十八萬餘兩。教育一項。合普通專門實業。預計自宣統三年至八年止。應籌自公家者。六百十一萬九千餘兩。籌自地方者。七千七百六十七萬二千餘兩。每年勻攤約共一千三百九十餘萬兩。地方自治一項。自本年起至宣統五年成立時止。應共需銀四十六萬九千七百餘兩。每年勻攤約十一萬七千餘兩。實業一項。除地方紳商組織及各團體辦理者不計外。照部表所列事項。自宣統三年至八年止。應共需銀二百六十五萬八千餘兩。每年勻攤約四十四萬三千餘兩、其不列在籌備清單者。如編練新軍一項。自本年起算至宣統六年練成兩鎮時止。共需銀一千五百二十五萬六千餘兩、每年勻攤約三百零五萬一千餘兩。海軍一項。計開辦費四年勻攤共一百二十萬兩。常年費歲二十萬兩。現在每年勻攤計五十萬兩。此皆出款之大者。如果同時舉辦。每年勻攤之數。約共需銀二千二百七十六萬左右。除巡警教育地方自治實業內有應籌自地方者。居大多數。尚難確指。出處外。其應籌自公家者。照上項所開。雖非確定。將來核實追加預算。爲數亦必不貲。按之粵省公家歲入之款。若以本年爲比例。除向來支出經常臨時各款。照清理財政表冊。凡官署公費各項行政經費本省水陸軍餉及解京正雜各款。解還賠款、各省協欵。補助賑邺等款。將占入款五分之四。所餘之數。以之舉辦

文牘 四

上項新政。固已岌岌不支矣。臣維原奏用意。既在分別緩急。次第施行。則自當於事實上。問其有益與否。此數年以來。所舉辦者。於國家人民究受若何之利益。抑受若何之損害。此正當及時研究者也。臣敢就所經驗而斷言。其必應辦而仍宜變通者有三。應辦而尚宜酌緩者有二。應辦而更宜審慎者亦有二。教育爲萬事之母。王乃徵原奏謂宜注重實業及國民學校。似已然不去科舉之獎勵。則牙科進士。織染翰林。取義已覺其無謂。甚或工商畢業。而予以民社之膺。則所用仍非所學矣。高等小學尚沿廪增之目。則其名更非其實矣。靡經費。固可惜。誤人才。尤可惜。應請

勅下學部將章程斟酌改良。並預計全國籌備期內教育經費。孰緩孰急。咨行各省。通力進行。此必應辦而仍宜變通者一也。巡警所以保治安而防危害。粵省匪黨充斥。出沒無常。非照章推廣鄉鎮巡警。則無成效之可言。然際此新陳代謝之時。一省之中。有編練之新軍。有未裁之防綠營。擔負方增加而未已。且糅雜羣居。兩不相下。各省遂時釀有兵警交鬨之案。故居今日而言。巡警遽責以搜捕鎮壓。尚非其時。然綠營既在必裁。新軍尚難得力。則維持地方。舍巡警又將誰屬。惟粵省沿邊數郡。如羅定信宜。既爲匪徒嘯聚。尚有十萬

大山。毘連桂越。幅幀綿長。目前情形。似只能分駐防營。而不能專恃巡警。將來逐漸推廣。一視巡警能否得力。再行酌量裁併。其繁盛城鎮。仍應照章依期辦理。此必應辦而仍宜變通者二也。司法獨立。凡立憲各國皆然。惟吾國當司法人材缺乏之時。而又當財力困窮之候。照章偏設。於事實上頗覺其難。臣在山東巡撫任內。曾奏陳變通府州縣審判廳辦法。酌量歸併。於全國司法經費。可銳減十分之九。嗣准部臣覈議。格未能行。今屆爲省城及商埠應設審判廳之期。而拮据情形。已不堪設想。此項經費。曾准部電須通籌核定。再咨行各省照辦。其監獄建設及獄官支配。所有經費。亦須候部議辦理。粵省惟看守所一事。業已辦有端緒。經臣於本年二月間奏明有案。按之事實。於罪犯大有裨益。歲費亦尚無多。自應賡續進行。爲監獄改良之入手。此必應辦而仍宜變通者三也。調查戶口。亦立憲各國所必有。事在吾國舊時。淸鄉保甲。藉以戢匪類而靖盜源。用意本亦相似。近則與選舉更有關係。而教育一項。所謂應有全國幾分之幾。又視此爲支配。然目前情形。舉辦各項新政。以此最爲有名無實。徼論各州縣編造各冊。其戶口之數。多不得實也。即使得實。而今日之戶。明日或遷徙矣。今日之口。明日或增減矣照章雖有賡續編訂之機關而纍纍之册目前已不能爲事實上之依據且各省因抗釘戶口門牌聚衆滋事者屢有所聞此非可專咎官紳辦理之不善也教育未能普及則編氓之知識既見少而怪多鄉鎭未設巡警則臨時之強制更無備而多患似宜暫予展緩或俟巡警徧設及識字學塾稍多之時再補行調查此應辦而宜酌緩者一地方自治如在富有知識之國民則藉此爲參預政治之練習亦何嘗不可吾國政體既不同蚩蚩者氓懷有政治思想者百不獲一非鄉黨自好即武斷橫行均不足語於自治之資格本年山東撫臣孫寶琦奏請變通地方自治一摺亦以緩設鄉會爲言誠見乎此也臣愚以爲地方自治之範圍無一不待財力而舉今地方附加各稅既未確定則將以何者爲舉辦之資而先爲集此數十百職員奔走號呶又歲需鉅款以爲薪膳之費恐舊有款項亦將剝蝕俱盡而未來者更不可知矣此應辦而尙宜酌緩者二至不在九年籌備清單而經費爲尤鉅者莫如海陸軍兩項陸軍創辦業已數年其中利害臣於新軍善後摺內曾剴切言之凡辦一事必有一事之目的陸軍之設非曰對內亦對外也吾國歷史最近如髮捻之亂以湘淮勁旅平之而有餘對內成效固

倘可睹今日新軍無意識之舉動既徧聞於各省甚有受外來之誘脅而心懷不軌者王乃徵原奏謂新軍成績可見而亂事屢出此亦可流涕太息者矣夫兵無新舊攻心爲上語云兩軍相對哀者勝矣今新軍入手卽染酣嬉傲惰之習不知何者爲哀其各級官長能練習行間與士卒共甘苦者更十不獲一今防營未撤而危機已如累卵將來全鎭練成誠未知收效何似以粵省財力而言僅成一鎭亦已精力俱疲其照原案應編兩鎭屆時酌量情形或當奏咨核減務求因時制宜有一兵得一兵之用此應辦而更宜審愼者一現在列强環伺所恃以縱橫角逐者陸軍而外海軍而已吾國亦嘗倣法泰西矣前大學士臣李鴻章於北洋創練海軍甲午一役全師俱燼固係輕於開釁所致而士卒之臨難授命者轉不如創平髮捻時之踵項相望者何哉威天下不以兵革之利苟非其人適以資敵耳今列强謀我益急海軍自係國防要圖應如何造就海軍人才製備海軍器械分年籌辦以自强之精神赴必達之目的尤要在任事諸人日日以殺敵致果爲心時時以致命遂志爲念一旅中興或在今日茲事體大似應

勅下軍諮處海軍籌辦處陸軍部切實統籌並預算歷年經費應占全國歲入幾分

文牘

入

之幾於吾國目前財力能否擔任此應辦而更宜審愼者二以上數項僅就臣見所及而酌分緩急並有僅切於粤省情事者抑又有說焉吾國當國家稅地方稅未分之時以上所籌事項即使權其緩急而次第施行究竟某項某費應出何處如全由政府擔任則吾國現時財政旣斷斷不及若謂地方亦有應籌之欵倘漫無限制則未予以憲法之權利而先欲易吾民之義務未必即人民所樂受而經濟界之恐慌尙有不止如王乃徵原奏所慮者故籌備淸單於確定預算決算旣在第九年而一切施行政策均在第九年以前宜乎有目前轇轕之現象今趙炳麟原奏旣請確定行政經費王乃徵復請提前設會計檢查院似皆有鑒於此而爲正當之救濟惟以臣所聞會計檢查院在各國對於行政官廳純然處於監督之地位原奏謂請　欽派政務大臣及度支長官充之則誰肯操矛而自攻其盾者似宜獨立一機關以尊崇其職務而微臣鰓鰓過慮則尙有不盡於此者夫各部院各有主管事務即各有籌備之事項而外省各主管官廳則一以各部院所定事項爲準其不肯退讓而居於人後者情也然欲盡照所列之事項而一一舉辦則此數年內入不敷出之數旣如前所云矣再合全國言之其

入不敷出亦猶是則必設一通力合籌之法使各部院咸承認何者先辦何者緩辦使全國財力偏重於最要最急之一端然後分別負擔何者屬於國家何者屬於人民故即就財政一項而論亦非組織內閣共負責任不能解決況地方應籌之款視公家爲尤多將來人民增加負擔誠慮如王乃徵所云是否吾民所欲此尤非由議院議決俾人民咸曉然於共同負擔之意不足示輿論之公而收推行之益現時國會未開或暫交資議院議員核議此亦趙炳麟原奏所已及而必不獲已之辦法也總之民爲邦本而聚人曰財如民且救死不贍則憲政於何有趙炳麟王乃徵均諄諄以亂機所伏爲言誠爲知本宋元豐熙甯間昌言變法元祐則盡反之至紹聖而又反元祐所爲迨建中靖國時又以元祐紹聖爲均有所失調停其間而是非愈淆宋亦因以不振蓋無確定之政策朝令夕更財力既銷歸於何有其禍遂中於國家孟子曰無政事則財用不足非細故也方今時局日艱必先有確定之政而後有確定之財顧爲政在人有人斯有財有財斯有用此尤理之不可易者臣既有所見不揣冒昧披瀝直陳除將各主管官廳開列細表分咨查照外所有遵

旨議復各緣由理合恭摺具陳伏乞皇

文牘

十

上聖鑒訓示。謹奏。

## 晉撫丁寶銓奏覆政費並敬陳管見摺

奏爲遵 旨詳議行政經費。並敬陳管見以備採擇。恭摺繕單。仰祈 聖鑒事。竊臣先後接准內閣咨開宣統二年四月十九日。欽奉 諭旨御史趙炳麟奏請飭議確定行政經費一摺著在京各衙門各省將軍督撫將九年籌備單內所開各款某年某事需款若干從何籌定分年列表詳議具奏等因。欽此。又六月初二日欽奉 諭旨湖北布政使王乃徵奏籌備憲政酌分緩急一摺著在京各衙門各省督撫歸并趙炳麟條陳一併詳議具奏欽此。恭錄並鈔原奏咨行到晉。仰見 朝廷注重憲政。博採羣言之至意。欽佩莫名。臣竊維立國之道。大要有三。曰治。曰富。曰強。國既治則貧弱者可以力求富強。國不治則富強者亦必轉爲貧弱。籌備憲政者。所以求爲治之方。而圖富強之本。東西各國。立憲宗旨。不外守法律範圍。定施行政策。而內閣有責任之實。人民得參與之權。內治脩明。實由於此。伏讀 先朝諭旨。大權統於朝廷。庶政公諸輿論。煌煌 垂訓。中外同欽。憲政之進行。以是爲準。則國家之富強。亦以是爲根本。我 皇上御極之初。特申詰誡。期於實力奉行。依限舉辦。凡屬臣僚。皆仰體　聖意。翊贊新猷。豈容畏難苟安。稍涉推諉。今趙炳麟以分別輕重緩急次第施行爲請。王乃徵以酌分緩急變通成案爲請。皆意在因事量財、就款辦事。按之今日國勢民力。實有不得不然之勢。臣竊以爲時局之阽危。財政之支絀。至今日而已極。亦盡人而皆知。特經費之難籌。如彼固不能無米爲炊。憲政之待舉如此。又豈能因噎廢食。臣在晉言晉。凡九年所籌備各部所奏定。除淸理財政。調查戶口。業經依次辦理。無需鉅款外。其條目尤繁。舉辦最急者。以司法自治爲最。敎育巡警次之。蓋司法自治與憲政有直接之關係。而事屬創始。前此從未籌備。至教育巡警。籌備已有端緒。進行幷無止境。無論立憲以前。及成立以後。均當視其國力。徐圖精進。之數者。推行雖有先後。而需款之鉅則一。就各項分籌而言。將來各需百餘萬或二百餘萬。就全年統計而言。目前已需百餘萬至二百餘萬。此後按年遞增。至憲政成立時。則每年非數百萬不辦。中國財力艱難、何能任此鉅款。似不僅晉省爲然。然當强鄰環伺。人心浮動之時。萬無再言緩進之理。而又却無急進之方。於是議論紛紜。莫衷一是。或以籌欵不易。力言同時幷舉之非。或謂欲速無成。姑爲目前展緩之計。而關懷大局。急圖自強者。乃激爲借數百兆外債之說。廣修鐵路。俾政令捷於影響。中央得以集權。夫中國。財政。底蘊。外人。久已。深知。各省。借款。內容。紳民。每多異議。若非預防流弊。恐致意外之虞。即使有百利。而無一害。借款築路。並可牽制均勢之局。爲伐交伐謀之策。然此特行政中之一端。非解決根本之至計也。其進於此者。如吉林撫臣陳昭常。兩廣督臣袁樹勛。雲南督臣李經羲。先後皆請建設責任內閣。其說頗近似矣。然有內閣以負責任而無國會以輔助之。恐各國亦無此憲法。蓋責任內閣所以立執行機關。國會所以立監察機關。二者相輔而行。當此內憂外患交迫迭乘。將欲立責任內閣。必須召集國會。乃可以救危亡而圖自立。內閣設國會開。上下均有責任。無款籌備之說。可以豁然解釋矣。即不得已而借外債。亦自可上下同情。輿論一致。東西各國。無國無公債。且無國無巨債。國會開。無論公債募之國中。或借之國外。皆由國會擔任。中國如借外債。彼不過以債票集款耳。我有國會。我即可自募公債。有國會。以保持之。亦不致啓國民之疑慮矣。然則豔開國會之說。遂謂國會一開。國即可強。民即可富。臣亦知其不必然也。然國會不開。而謂別有方法。國即可強。民即可富。危亡即可立救臣又知其必不能也夫立內閣開國會誠爲目前救時之策然其本不立其事不行欲救今日危亡之禍而有濟於實事必先有立乎其本者今有三事臣請剴切言之光願　皇上毅然行之一曰尙儉國奢示儉古今不易之理春秋傳記衛文之興國也農工商學諸政畢舉而首先書之曰大布之衣大帛之冠是知國家當多事之秋締造艱難以興庶政莫不以儉德爲先東西各國皇室經費至爲省約日本內閣總理大臣歲俸僅九千六百餘元其儉可知中國今日國用之急邦交之難不特近世所無且亦非歷代所有處數千年來非常之變局岌岌不可終日上自王公下至士庶宜如何刻苦自勵以奮發於危難之中但形端而後表正大法乃能小廉內閣總理之人必先剛明廉介躬行節儉則內外臣僚亦皆潔身自愛以操行相砥礪世變乃有轉移之機若今世士大夫多騖奔競習爲靡侈長此不變微特物力有所不給人才亦漸即耗亡雖日借外債其何能支況賠款外迫飢荒內閧亂階即由此而生惟能幡然改計上下皆務儉約儉則足以養廉廉則足以立事爲國之本將於是乎在一曰尙簡日本維新之初首定國是五事意大利中興之日頒行政策六條簡則易從古今一轍不獨漢初

約法三章。爲足取則也。今日新舊雜糅。法令繁多。朝頒一條教。夕定一章程。條目雖甚分明。事實每多矛盾。不特大小臣工。無所遵從。即各省議員士紳。亦無從研究。加以舊日文法。未見刪減。國民教育。亦未普及。官吏即有此精神。人民必無此知識。雖奏報迭上。於　朝廷。表冊紛騰於館部。要皆疲勞於虛文。而疏略於實事。非一切刪繁就簡。並舊日條例。酌量芟除。斷難言治。蓋所守者約。則人之精力。乃能貫澈於事爲之間。若新舊並行。繁縟無節。執行之際。動致牴牾。將救過之不暇。勢必巧爲趨避。相承以僞。究於政理何裨。語云。琴瑟不調。則改絃而更張之。否則更無入手之方也。一曰尚勞。孟子論天降大任。必曰苦心志。勞筋骨。動心忍性。增益其所不能。自古帝王將相。歷艱險。成功業。未有不由此者。近如俄主大彼得。憤國勢不強。親習製造。暹羅世子。慨本國積弱。游學水師。一則歸强其國。一則克保其國。其勞苦動忍爲何如也。西人平時治事。亦皆有一定之事。一定之時。故事無廢墜。而人亦習於勤勞。中國今日處多難之際。承創痛之餘。一切要政。亟待振興。急起直追以赴之。猶恐緩不及事。乃守舊者。囿習於因循。維新者。亦喜於夸毗。雖身居要職。兼任數差者。亦皆能言而不能行。遂致國家大政。悉墮壞於冥冥之中。即如憲政籌備各事宜。政府行之於各部。各部行之於各省。各省督撫又責之於主管司道。司道又責之于府廳州縣。內外上下。循例承轉。而初無精心毅力貫澈始終。於是奉行之吏。巧黠者徒飾外觀。無能者遂致放棄。名爲百廢具舉。而實則一無所成。則互相推諉。虛飾巧僞之習。誤之也。惟在上者。奮然有爲。躬任勞苦。而又綜覈名實。激揚清濁。則庶司百執事。莫不實事求是。各勤其職。斯足以振一世之頹靡。而發羣情之觀感矣。之三者。皆與憲政隱相維繫。果能實力推行。出之以至誠。持之以恆久。由是設立責任內閣。召集國會。則可以扶將傾之危局。而收未渙之人心。否則不務其本。而徒以設內閣開國會者。塗飾天下之耳目。仍恐於憲政無絲毫之裨。而危亡卒不可救。何也。內閣甫設。而政黨未歷艱難。其能力亦尚薄弱。國會雖開。而議員未經磨鍊。其議論亦必紛歧。昔華盛頓之興。由國民素有程度。故能以獨力抗列強。伊藤博文之起。由政黨爲之扶持。故令行而事無不舉。自來艱苦任事之人。莫不各有憑藉。而要其至誠足以動物。乃能百折不變。以底於有成。今如臣之所言。從根本上策勵之。以中國土地之大。人民之衆。果能上下一心。誓同艱苦。人人有臥薪嘗膽之志。持危扶顛之心。

衆志成城。力圖振作。則雖有敵國外患。亦豈有傾覆之虞者。孟子曰。能治其國家。誰敢
侮之。胥此謂也。或謂現在教育尚未普及。國會一開。難免紛擾。臣竊以爲不然。恭繹
先朝 諭旨。資政院爲上下議院基礎。其議員有 欽選民選之分。現開會伊邇。議員
闔集。資政院既無衝突。此後若開國會。亦自無紛擾之患。似可無庸過慮。且臣所謂設
立責任內閣。召集國會者。非縮短籌備年限。乃提前辦理。妥議逐年籌備事宜。俾用人
籌款。得根本上之解決耳。明知臣言戇直。罔識忌諱。特以時局日危。人心日渙。斷非空
言改革。虛僞相蒙。所能補救。 朝廷恢宏大度。虛己以聽。以趙炳麟王乃徵等摺。俯採
羣言。於內外臣工。各疆臣亦互相籌商。廣徵意見。若臣復以游移無據之詞。模棱兩可
之語。上瀆 宸聽。即 聖明不加斥責。臣心亦有所不安。故竭其千慮之得。以爲萬一
之報。語曰。狂夫之言。聖人擇焉。伏願 皇上俯鑒愚忱。 獨伸宸斷。毅然施行。上以成
先朝未竟之功。下以慰薄海維新之望。大局幸甚。臣民幸甚。臣無任屏營待 命之
至。除將表冊咨送憲政編查館查照外。所有遵 旨詳議。並敬陳管見緣由。理合恭摺
具陳。並將分年籌議行政經費繕具清單。敬呈 御覽。伏乞 皇上聖鑒訓示。謹 奏

# 度支部奏定兌換紙幣則例摺

奏爲釐定兌換紙幣則例。繕單具陳。恭摺仰祈聖鑒事。竊臣部釐訂幣制。酌擬則例一摺。於本年四月十五日具奏。欽奉諭旨中國國幣單位着卽定名曰圓暫就銀爲本位以一元爲主幣重庫平七錢二分另以五角二角五分一角三種銀幣及五分鎳幣二分一分五厘一釐四種銅幣爲輔幣圓角分釐各以十進永爲定價不得任意低昂著度支部一面責成造幣廠迅卽按照所擬各項重量成色花紋鑄造新幣積有成數次第推行所有賦稅課釐必用制幣交納放款亦然並責成大淸銀行會同造幣廠將新舊交換機關籌備完密等因欽此。仰見我皇上聖慮周詳。愼重幣制之至意。欽服莫名。竊維推行幣制。當以紙幣相輔而行。旣便人民之取攜。復省國家之鑄本。利益殊非淺鮮。惟是紙幣一項。學理旣極精深。事實尤爲繁賾。倘辦理不善。將利未見而害先形。唐代之飛錢。宋季之交會。元明之寶鈔。其用意未嘗不善。徒以法制未密。流弊遂滋。可爲前車之鑒。現在新幣業經開鑄。此項紙幣卽應次第發出。非博考各國之制度。恐未由採用其議。非參酌中國之情形。恐無以推行盡利。反覆詳求。期於有利無弊。謹撮舉要義。爲我皇上縷晰陳之。發行紙幣。固屬國家特權。而政府要不可自爲經理。近世東西各國。大都委之中央銀行。獨司其事。誠以紙幣關繫重要。倘發行之機關不一。勢必漫無限制。充斥市廛。物價因之奇昂。商務遂以不振。貽害於國計民生。何堪設想。現擬將此項紙幣一切兌換發行之事。統歸大淸銀行管理。無論何項官商行號。槪不准擅自發行。必使紙票於紛紜雜出之時。而立收集權中央之效。此其要義一也。紙幣發行總數。查東西各國。除法美二國外。大率無法律明文。預定發行數目。誠恐事變無常。需要之範圍。亦有所伸縮。中國事同一律。其在平時自應以準備數目爲發行數目。一遇銀根吃緊。需要較多。卽由銀行體察市情。酌量增發。其應如何明示限制之處。屆時由部核定。以資遵守。必使銀行任接濟市面之責。而仍不准有任意濫發之弊。此其要義二也。紙幣之流通。全恃兌換以維信用。倘聽其肆意發行。毫無準備。萬一變生不測。市面恐慌。兌現者紛至沓來。危險殊難言狀。查各國紙幣條例。規定綦詳。而於準備金尤爲最嚴之監察。中國發行紙幣。事屬創圖。萬不可稍涉空虛。致失國家信用。現擬於現款準備以外。槪以有價證劵作爲擔保。必使銀行於孳生利息之中。而仍不失保全信用之道。此其要義三也。發行機關。既已委之銀行。則酌收稅銀。亦屬國家應得之利益。惟收稅之法。考諸各國。不外發行稅餘利稅二種。揆之中國情勢。民力既瘠。利率復昂。倘更按發行成數以徵稅銀。則銀行必以借貸爲難。恐不免於農工商業。多所阻礙。應請於紙幣發行之次年起。視銀行所得餘利。按年徵收若干。並以稅率分作三期遞進。必使銀行於稅額增長之時。而仍不覺義務負擔之重。此其要義四也。茲經臣等督率幣制調查局各員。悉心研討。本此要義。釐訂兌換紙幣則例十九條。並加註案語。繕具淸單。恭呈　御覽。伏候　欽定施行。俾昭法守。此次奏頒則例後。凡新幣業經發行省分。所有賦稅課釐廉俸薪餉及商民交易。此項紙幣應與制幣並用。不准有所折扣。無論何地大淸銀行。應一律兌換。尤不得强分畛域。致礙流通。其僞造紙幣或變造紙幣者。應由京外各衙門。督飭所屬。隨時緝獲。按律從嚴治罪。不容稍有寬貸。至各省官商行號。所發銀錢各票。形式旣殊。價值復異。于推行紙幣前途。大有妨礙。除商號所發各票流行尚隘。仍令遵照臣部上年奏定通用銀錢票暫行章程。按年收回二成。期以五年收盡外。其官銀錢號所發各票。爲數較鉅。似不能不變通辦法。以收速效。應俟令下。由臣等咨商各將軍都統大臣各省督撫。妥籌收換方法。再行奏明辦理。前此大清銀行所發通用銀票。亦應陸續收回。以昭劃一。如蒙俞允。即由臣部行知京外各衙門。一體欽遵辦理。所有釐定兌換紙幣則例緣由。謹恭摺具陳。伏乞皇上聖鑒訓示。謹奏

特別紀事

# 葡萄牙革命記

元瑜

去年四月。土耳其革命。而土帝遜位於其弟。七月波斯革命。而波王禪位於其子。今十月三日。葡萄牙復有革命之變。葡王遜國而共和之政府遂成。二年之間。革命三起。而葡萄牙則變革尤劇者也。

葡萄牙革命之變、初無朕兆。突如其來。數月之間。遂乃顚覆王政。改設共和政體。其事變之暴劇。最足震聳天下之耳目。雖然。安者非一日而安。危者非一日而危。履霜堅冰。由來者漸。葡國之事變。必非突生於今日者也。葡萄牙之積弱久矣。其政治之腐敗。實足以召亂而速亡。名雖曰立憲政治。然政治之實權。下不在人民。上不在君主。全握於中間少數階級之人之手。其貴族之專橫。僧侶之跋扈、已足蠹國脈而渙人心。重以財政紛棼。生計窘難。租稅繁苛。民不堪命。而在上者侈縱無度。猶強求皇室經費之增加。

葡國之王家遂爲葡民之怨府矣光緒三十三年佛蘭克任總理大臣奮然從事於改革整理財政埽除積弊因將欲振國勢之衰頹然佛蘭克無政黨之後援而當時進步保守共和諸黨之議員各競私圖闇於大計鬨然反對佛蘭克之政策佛蘭格乃解散國會中止憲法毅然抗反對之輿論葡人謂佛氏將行獨裁政治也國論大譁共和黨人尤激昂不能少忍前年二月遂謀弑前王嘉羅士一世於茄奇佛蘭士亦棄官亡命於外國今王卽位懲於前王之覆轍力持自由主義以調和國民然諸黨軋轢內閣之更迭頻繁人心洶洶不可終日其後提梭士以非常之困難組織內閣新內閣有不正之舉動葡王復袒護之反對黨日與齟齬民心憤激亂機固已迫矣今年六月國會先被解散八月行總選舉共和黨得占多數其勢益張葡人久倦於腐敗之憲政共和黨利用此時機陰爲運動而復有積怨之軍隊助之張目於是前王以來人民敵視王室之怨憤磅礴鬱勃至此爆發而不可復制矣

十月三日革命黨舉事於里士本市事變猝起警察憲兵之力不足靖亂乃亟召集軍隊以禦之葡國軍隊廪給菲薄軍人蓄怨久矣革命事起軍隊之一部遂倒戈以從亂

黨軍艦三艘。亦與革命黨相聯合。於是革黨之勢大盛。攻宮城附近之防營拔而據之。進擊宮城。奪門而入。葡王馬那爾乘皇宮快艇。與皇太后太子同避亂於西勃拉打港。當是時。市內大擾。鐵道電線盡斷。砲聲終夜不絕。里士本市。死骸相枕藉。五日亂事稍定。共和黨組織假政府。舉元老院議員白拉卡爲大統領。布告各國。改設共和政體。全國之海陸軍。强半皆歸附於新政府。里士本市亦降。於是各部大臣。里士本知事皆就職。全國銀行復業。而葡萄牙之共和政府遂成。

葡國之王政既覆。共和之政府既立。自茲以往。葡國之共和政治。其遂能鞏固而成立乎。此固世人所共注視者也。葡亂之方殷也。英德諸國。堅守中立。外人干涉。自可無慮。至各國之承認其共和政府與否。則視其內治之何如。乃者新政府宣布政綱。謂當獎厲教育。整頓軍備。維持司法之獨立。發達殖民地之自治。實行普通選舉。廢除僧侶。分離政教。固將埽積弊而新之。其內治殆可煥然改觀矣。然革命事變之起也。實激於政府之腐敗。不勝困苦。咄嗟之間。遂行大事。固非必有建設共和政之大計畫。預之於先也。且共和黨員。其政見。非能一致。或挾排斥宗教之熱狂。或抱共和制度之理想。即同

特別紀事 四

主張共和政體矣或主模範法國或主規倣瑞士激烈穩和意見殊異其將調和政見同心協力革新政治以振積弱之國勢乎抑競於政爭內訌紛起致生反動之反動而禍變相尋乎此則視葡人政治能力之如何而非今日所能逆覩者矣

記者曰葡萄牙固歐洲立憲之國也今王即位以來持用自由主義且在位日淺春秋鼎盛未有失德之著聞也乃變亂突起演此革命之慘劇者何哉曰、葡國之革命植根於十年數十年以前磅礴抑鬱積而必發至今日而食其報者也葡國政體雖蒙立憲之名然其官吏之專橫政治之頹弛無不足以召亡而釀亂其人民久厭倦此憲政日謀更革之方今王雖無失德而初無整飭紀綱救弊起衰之能力坐視臣民之衝突而不能調和日任政紀之紛紊而不能斷制柔靡不振已足致亂而有餘寧必逞專制之淫威然後足以速敗哉今日環球之中何一非立憲之國然其盛衰治亂迥相懸絕者則視其國民之能力所以運用此憲政者為如何固非謂一襲立憲之名即可長治久安而不敝也殷鑒不遠在夏后之世嗚呼我后我大夫其亦可以鑒矣

# 中國紀事

諮●議●局●聯●合●會●對●於●各●省●督●撫●不●交●預●算●案●之●准●備●　直省諮議局聯合會。因探聞度支部以今年尚在試辦預算期內。諮議局常年會。不必提出交議之言。特公決預籌對待方法。通佈各議局。其法如下。(一)督撫不交預算案之對待方法。諮議局對於官廳應照常開議。一方詰問督撫。如何。同時電資政院。要求確實速覆。如係先期奉旨　不交。則各局應於九月初三日以內。互相電知。定初四日各局皆電資政院力爭。以必得爲止。如必不得請。則同時停議要求。(二)預算內容。如但有出入總表。而無分表之對待方法。(例如有教育費總數目、而無各學堂用費分數目、)　應同時交還督撫。一面電資政院請更正。仍互相電知。如必不得請。照前條辦理。(三)豫算案如但有歲出經費。而無歲入欵目之對待方法。應照第二條辦理。(四)豫算案之歲入類。如不分別國家稅地方稅。僅以一部分之歲入。作爲地方行政費交議之對待方法。此種預算案。可以承認。但會議時。不必拘守其所指定歲入數目之範圍。而將歲出各經費削減。若有不足應增時。應要求增撥。或就預算總冊內。指款請撥。如督撫不准。則電知資政院爭之。候其判斷。（五）參考總冊時。如發見支出款目。有不適當者之對待方法。應電資政院請撥回地方行政支用。（六）於預算案以外。遇有諮議局認爲應歸地方行政。而督撫列入總冊。作爲國家行政者。或幷不列總冊者。應要求督撫添入豫算案。一併交議。不得請。則電達資政院判斷照辦。

**度支部對於各省預算案交議之規避** 九年籌備清單。今年爲試辦各省預算決算之期。所有各省預算案。例應送交諮議局。度支部以預算案關係重大。日前特電致各省督撫。飭將地方行政經費。照錄一份。送交諮議局。觀此則諮議局所得預聞者。僅支出一項。而於收入則尚秘而不宣。且支出一項。亦祇限於政費。而於各差缺薪俸。尚未得預聞。恐各省諮議局未必如是之易與也。

**浙省諮議局爲路事停議** 浙省諮議局初三日開正式會。提議路事。要求增撫代奏。收回黜湯成命。並分電各省諮議局。暨資政院。並同鄉京官。謂郵部張奏鐵路公司與普通公司不同。實屬違法欺君。剝奪民權。請爲援助。隨卽宣告停議。以待後命。惟增撫不允代奏。並不認其停議。連日屢有劄文到局催令開議。又電咨資政院請示辦法。兩方面相持不下。將來不知如何解決。是亦一可憂之事也。

**蘇省諮議局呈請更正郵部申明商律奏案**　蘇省諮議局。以郵傳部日前片奏中明商律。謂鐵路公司與普通公司情形不同。深恐有碍於各省商辦之鐵路公司。特呈請資政院暨督撫奏咨更正。其所持論。略謂各省發起商辦之鐵路公司。人民入股者皆視公司律為根據。大部即欲特訂路律。別資遵守。亦當別有辦法。使根據前日之商律者。進退得以自由。不得令組織在前之股東。强遵頒布在後之路律。又謂現在路律未頒。祇因浙江一路之爭執。不惜弁髦欽定之商律。以應付之。似非政體所宜。似此持論。深與法律不溯及既往之原則相合。況路律未頒。今一旦取消公司律。是不啻以命令變更法律矣。原呈謂別有辦法。願郵部諸公細思之。

**蘇省諮議局質問滬道借債代償錢莊倒欠案**　上海自正元兆康謙餘三錢莊倒閉後。滬道蔡乃煌藉維持市面之名。朦禀江督電請度支部。以國家名義息借洋債三百五十萬兩。以一百四十萬兩代償三莊所欠外國銀行各債。其餘二百一十萬。則存各莊生息。似此辦法以商人倒欠商人欵項。而由國家借欵代償。無論商界與非商界。均不直之。此例一開。未及逾月。即有比領事以華比銀行。執有元豐等四家莊票十六萬。照請援正元等莊例辦理之事相詰問。此者蔡道爲此事經已奉旨革職。從嚴查辦矣。而蘇省諮議局仍恐其貽患之無窮也。特將此意提出質問案。呈請督撫批答。該案內議決之點有三。一請督撫札詢蔡革道辦理此案之理由。二還款時期。除息餘外。如何足數扣抵之款。（按蔡革道所借之洋款、計三百五十萬兩、以五年爲還期、每年行息四釐、計年需息銀十四萬兩、除代償外國銀行之一百四十萬兩外、尚有二百十萬、存莊生息、此項存款每年行息八釐、計年得息銀十六萬八千兩、除償還所借洋款十四萬兩息銀外、年餘二萬八千兩合五年共得十四萬兩、以十四萬兩扣抵代償銀行之一百四十萬兩、尙不敷一百二十萬兩、所謂除息餘外者即指此、）應責成蔡乃煌措置妥當。否則雖離本任。仍不得置身事外。三以後遇有各莊倒欠洋款。不得援以爲例。應責令蔡乃煌與洋商妥訂確據。詳由督撫奏咨立案。並通告各國公使領事。以杜流弊云云。

**湘省諮議局糾舉湘撫擅行奏辦公債之違法**　日前湘撫楊文鼎。奏請倣直鄂皖等省成例。發行公債一百二十萬兩。事前未交諮議局核議。湘局以其顯違局章第二十一第四項。諮議局有議決本省稅法及公債事件之權。特將湘撫侵權違法等情。呈請資政院核辦。似此煌煌局章。疆吏竟視若無睹。其有意蔑視耶。抑無心之失耶。

**粵省諮議局反對借款築路之見端**　粵省諮議局。聞錫瑞二督有借款築路之議。部臣亦有議准消息。深恐貽患無窮。特通函各省諮議局。徵集意見。以定挽回之策。其意畧謂我國向來所借外債。必附條件。必有抵押。條件既多。抵押既盡。則外人對於我國財政。無一不可加以干涉。似此持論。實驚弓之鳥所宜然。然近聞郵部有頒布借債條例說明書。則條件抵押二慮。或亦可免。特恐信用未立。債權者未必盡如吾意之所欲期耳。

**奉省諮議局設立銀行決議案**　此次奉省諮議局開常年會。錫督交議之案。以募集公債二百萬元。爲興業機關。及籌設勸業銀行二件。爲最關重要。已於初五日開議。首議公債。議員劉興甲等。極言奉省經濟危險。斷無力量辦此。議長孫百斛吳景濂。則謂直隸皖鄂諸省。當著成效。奉省亦可仿辦。雙方辯駁。議塲中頗有活動氣象。然仍未決。旋於初七日第二次開議。將募債案撤回。專議銀行設立案。復以興業勸業二者性質相別。主張分立合併。各持一見。最後投票取決。合併派得占多數。遂決議二種銀行並立。作爲通過。　按直皖鄂等省之募集公債。本報前曾力斥其非。今湘省倣之。奉省又欲倣之。所謂往車既覆。來軫方遒者非耶。則甚矣財政常識之難覯也

源豐潤銀號倒閉　源豐潤銀號。爲甯波某巨富所組織。全國分號共有十七處。其勢力之雄厚。幾與西號等。頃因滬上金融緊迫。市面恐慌。申號首當其衝。遂於初五晚停市。同時十七處分號。亦均停市。聞所倒欠各債約有二千萬。以粤海關存欵六百萬者爲最鉅。其次則漢口四百萬。滬關欵三百五十萬。其餘各埠。均數十萬不等。此風聲一播。於是京師甯波汕頭各銀號。皆有岌岌不可終日之勢矣。誰實爲之。孰令致之。而令市面若此。

郵部奏派粤路總協理　郵傳部於本月初二日。奏派粤路總協理。畧謂粤路總協理。本應公開選舉。因廣東民情渙散。選舉不甚合宜。迭起風潮。改爲將得票多數者二十

人。咨送臣部。由部擇其鄉望素孚者。酌加奏派。業經奏准在案。茲准粤督咨稱。經勸業道督同選定。將履歷票數。開送前來。擬即將詹天佑派充該路總理。黃仲良(候選道)派充協理。業已奉 旨依議矣。

**第三次國會請願上書記** 國會請願代表團。孫洪伊等二十餘人。於初五日賫書赴監國府呈遞。嗣因監國已赴三所。回事處未便收受。代表等公議辦法。酌留六人在府前露宿以俟。其餘歸寓。趕辦上資政院請願書及政務處書。烏纛承恪謹聞代表露宿。特派委員勸解。并爲代覓宿處。代表不允。後由肅邸躬自往慰。並力任初六日進三所代陳。代表方將書交肅邸而歸。初七日。各代表晉謁肅邸。聞肅邸云。初六早召見時。已將原書及當日情形面奏。監國頗爲動容。惟此項呈詞。不能據此以降上諭。尙須俟第三次請願書上奏之後。方能決定辦法云云。至上資政院請願書。則已於初七日下午呈遞。由秘書廳長金邦平。已出而收受矣。

**順直紳民之國會熱** 順直紳民。於初三日。糾合千數百人。齊赴督轅。呈請代奏。速開國會。並請求見。直督陳夔龍。特傳令領銜者數人入見。當接見時。陳督及幕僚與領銜者。辯良久。領銜諸君。反復哀懇。泣求代奏。聞陳督經已允准云。

# 世界紀事

英皇定期加冕　英皇及其后之加冕禮。定以明年六月二十一號舉行。

英國歲入增加　英國政府本年度前半期之歲入額。比之昨年之前半期。約增三千七百萬鎊。

英國與海上權　英國首相愛斯葵答海軍大將伯里斯科之上書。謂政府雖以維持海上之優越權。爲最重要之問題。然維持上必要之方法。仍當俟議會之核議云。

澳洲新內閣　澳洲議院開會。勞働黨之首領窪蘭氏。提出政府不信任之決議案。以對十九票之二十二票。得至可決。卑克內閣遂總辭職。勞働黨組織新內閣。

德皇儲游歷之預備　德國皇太子決來遠東游歷。特延柏林高等學堂之教員維基諾講演將來所遊各國之歷史。及其風土人情。此外歐人殖民之方法。行政之情形。與遠東之財政社會政治諸問題。及其解決之方法。亦皆討論。

德國之殖民會　德國第三次之殖民大會。已在柏林開會。

世界紀事 二

法國鐵路罷工　法國北部之鐵道職工聯盟罷工人數已達四萬以上一切郵件改用電車運送。全國鐵路職工會頃已決議。通告各路。一律罷工。其志將欲增加工資及減短勞働時間云。

俄德兩帝相會　俄帝將於陽歷十一月在波斯淡與德皇相會。此行殆私人交際。初無政治上之意義。

墺國外相之政見　墺國外相與匈亞利代表晤談。謂墺匈對於土耳其之新政。皆處以忠摯之態度。克列特島一切問題。苟其解決之策無損於土國主權者。墺匈均甚歡迎。且墺匈以維持平和爲主義。於三國同盟。斷無更變云。

墺意兩相相會　墺國外相與意大利外相相會於意國焦蘭。此會見之目的爲圖三國同盟之鞏固。以確保歐洲之平和。

法荷之互惠稅率　法國政府對荷領印度之石油。許其適用最低稅率。荷蘭政府亦於所領印度各地。低減法國葡萄酒之關稅。

葡國大革命　葡萄牙革命黨蠢起。海陸軍皆已加盟。葡國宮城已被占領。葡帝蒙塵。

逃至英國領土之直布羅陀。革命黨布告設立共和國。舉國皆大歡迎。元老院議員勃拉加被選爲大統領。

葡國之舊教排斥　葡國新政府以國內之排斥舊教熱日益加劇。現用全力從事鎭壓舊教之院寺及僧侶。到處被人攻擊。

葡國革命與英德　英國政府對於葡國革命。於圖葡帝一族之安寧外。全然守中立之態度。德國則於保護本國國民之生命財產外。一切皆不干涉。

葡國之海軍　葡國海軍。自千八百九十八年後。新造巡洋艦五艘。砲艦四艘。小砲艦十艘。旋以勅令更定製艦計畫。稍爲擴張。現在建造中者。砲艦二艘。驅逐艦二艘。水雷艇六艘。潛水艇二艘。巡邏艦一艘。至本年所計畫者。擬造戰鬥艦三艘。驅逐艦六艘。水雷艇六艘。

土國國債與法國　法國引受土耳其國債之協商。現法國大使與土國政府。正在君士但丁堡。協議一切。

希勃陸軍同盟　希臘及布加利亞協議陸軍同盟。以對抗土耳其及羅馬尼亞之攻

世界紀事 四

守同盟。

土國青年黨內訌　青年土耳其黨員。與其同黨之領袖。現爲土國首相之巴沙。意見頗爲鑿枘。大有決裂之勢。

波斯之騷亂　波斯南方各省。亂徒蠭起。恣意刦掠。居民均甚恐慌。

海軍卿之巡視　美國海軍卿梅愛氏。爲視察太平洋沿岸之防備。特至桑港。將即赴菲律賓羣島。考察幹拿摩軍港。擬於該處。設立海軍大根據地。

萬國監獄會開會　萬國監獄會。已在紐約舉行開會禮。

美總統赴巴拿馬　美國總統塔虎脫將以陽歷十一月十號。前赴巴拿馬。考察建築砲臺。及永遠管轄巴拿馬運河問題。

韓國遺臣受賞　韓國元老之列入日本華族者。計侯爵六人。伯爵三人。子爵二十一人。男爵四十五人。已在漢城舉行就任式。

叢錄

# 江介雋談錄

野民

## 褒碧齋集

陳伯弢大令褒碧齋詩詞。多清怨感人之作。錄其於伯嚴園夜納涼有贈云。厭世無高論。相看守舊林。雨前雲活活。人外暑沈沈。夢割乖龍耳。秋生絡緯心。道源知不竭。游我一蹄涔。丙午清明汎舟秦淮看桃花感逝紀游之作云。桃花爛漫春。麗景值淒晨。步步多新鬼。盈盈墜舊塵。全開迷渡口。垂老滯淮瀕。不遇同心客。蠲懷曷與陳。又問柳驚初地。題橋悔昔年。如何坐疏賤。祇自負芳妍。白日青天在。紅花淥水邊。余心有茵溷。漂墮亦徒然。木蘭花令詞云。亭皋一雨成秋樹。目送芳年隨水去。相思一夜夢南雲。遠徧天涯多少路。 絳機塵黯鴛鴦杼。妾意匏瓜悲獨處。向來祇恨不曾開。今日方知開更苦。

題張彥雲娟鏡樓圖卷子調寄壽樓春云。春之人翩然。記驚鴻顧影。要眇疑仙。幾向微波通問。畫屏尋歡攖皓腕。歌幽蘭。抗利予旁皇無耑。但鏤想靈犀鐫芳麗琬。留照鏡中年。 三生事。花如烟。有珠囊舊物脂譜新編。最念離鸞光隱。小蛾春寒。心上月。何時圓。拚豔才消磨嬋娟。便金屋安排。盈盈並肩。卿可憐。連雨有歎用夢窗韻調寄應天長云。風竿轉暝。雲絮飄空。沈陰徧灑郊陌。正見燕寒巢幕。銜泥話春色。烏衣巷。前度客。定識我秀眉吟窄。舊塵在。一片殘衫酒暈青碧。 哀樂念今昔。不到中年。不信世情隔。但憾箸書緣絕。咿唔撫空壁。滄波路。歸思寂。早倦聽下亭淒笛。賦愁了。冷雨檐花。清漏初滴。塞翁吟云。散髮尋秋水。還照野客。龍鍾。畫闌外。綺霞朧。閒暮靄青紅。情人最好秦淮住。清露夜瀞芙蓉。汎錦瑟。換秋風。訴弦柱西東。 悤悤。前歡逝。針樓夢窄。新會渺。蓬山路重。有懷裏江郎恨賦。又堪對小別銷魂。短燭孤篷。垂楊繫穩。冷酒荒波。沈醉霜楓。君有贈友七律斷句云。三月雨多春漸損。百年心短命相依。亦情至語也。

## 湘淥館詩

長沙饒石頑觀察。詩宗唐賢。最工絕句。能奄有衆長。所著湘淥館集。其十國雜事詩佳什極多。茲錄數首于此。吳云。綠徧吳門柳萬條。延利宮殿草蕭蕭。永興多少思家淚。化作秦淮夜夜潮。又山色清涼翠幾重。寺門秋月透疎松。山僧不解興亡事。閒打西風半夜鐘。南唐云。隨鞏才人鬬射飛。玉驄驕踏落花肥。靑龍山下銀燈過。知是君王夜獵歸。又雙雙語燕入紅樓。鬬鴨闌干碧水流。昨夜江南春雨過。杏花紅上玉搔頭。又夜月春江幾度思。可憐才調可憐時。好將百幅澄心紙。鈔徧重光絕妙詞。又銀荷淚冷雨嗚階。歌罷新詞憶玉釵。流水落花春去盡。誤人殘夢渡秦淮。又玉勒闌橈夢舊游。石城殘柳不勝秋。傷心一卷江南錄。載筆詞臣已白頭。又一片青山李帝祠。吳孃能唱斷腸詞。瀟瀟暮雨秦淮閣。不似柔儀宮名度曲時。南漢云。明月山前駐翠華。荔支灣畔走鈿車。而今牧笛斜陽裏。處處西風長稻花。又荔子漫山幾廢興。石麟遺製尙崚嶒。棠梨落盡瀟瀟雨。牧豎騎牛上懿陵。楚云。靈旗想像麓雲陲。天策殘碑碧蘚滋。江上青山無恙在。神鴉飛過武威祠。林崇禧有武威王廟碑武威五代史作武穆楚王殷諡也 又警句南唐云。十萬旌旗紅照水。銅駝橋上勒兵回。長說先皇親度曲。海棠花下炙銀笙。簾外一痕天水碧。夕陽人語翠微亭。楚云。日午殿頭宣學士。水晶簾下鬥摴蒱。一聲清磬出林薄。菱葉滿湖風露寒。前蜀云。一曲淋鈴彈不得。峽江秋雨怨琵琶。吳越云。不怕江心羅刹石。阿儂生小慣風濤。南漢云。滿院松

陰涼欲雨。寺僧閒揭碧虛碑。（碧虛觀卽舊滿觀也有劉氏碑）

## 朱曼君逸詩

朱曼君桂之華軒集逸詩二首。乃爲其友陳伯弢書屏之作。語淡而有至味。錄存于此。拾遺補闕。是所望于梓朱泰興詩者。奉和朝鮮尙書趙君送別之作五古二首云。趙公八十二。健如中年人。歲祿不滿口。端居而樂貧。自言無他好。歌詩娛天眞。豈無當世彥。錦衣坐朱茵。見公或心笑。暮景非靑春。安知帶索叟。葆天養其醕。大人以寧國。君子以衛身。逐逐於遜遠。荒哉彼何倫。又冠蓋多世故。喜與隱者論。入門但拱揖。出亦不命軒。坐亦不置酒。知我中心溫。有時餽小物。書來以爲恩。物小豈足感。因知君子言。陶陶孟夏月。嘉樹蔭且繁。禽鳥亦有棲。遊子念故園。感公惜我去。詩篇枉相存。西望員靈魄。東睇扶桑根。坐茲駐餘晷。拳拳淵朝昏。

# 文苑

## 野行　堯生

秀到此山無。雲端玉作膚。亭亭仙女立。隱隱化人扶。夕雨碧城路。秋風黃葉圖。寒原一鷺起。大野似成都。

## 蒲公庵　前人

依稀雲外寺。紅葉是誰家。聞說蒲公裔。沿郴種朮花。亂杉如古畫。萬壑起明霞。虎跡逢人問。山樓響法華。

## 中峯寺　前人

杲師行道處。秋晚寺門淸。松影前朝綠。鐘聲片月明。當年碧山坐。一念白雲生。聽到中峰偈。蒼龍夜有聲。

## 采藥池　前人

漢武尋仙藥。泠泠水一池。巖生五色蘚。石長千年芝。秋穚遺殘徑。山薑穩斷碑。人言龍

## 文苑　二

女過清夜玉簫吹。

九老僧　前人

烔公昔聞道行止白雲深。生計。儲。山。果。秋光。抱。石。林。夫君挹前秀。古洞坐雲陰。無事攜鉏好栽花是佛心。

大坪　前人

天外一峰開。金銀晃法臺。崖經大斧劈。雲湧怒濤來。秋盡。花。猶。發。山青。玉。作。胎。四邊風水響。左股折蓬萊。

牛心石　前人

花花聲不止。門外月蒼然。半夜。疑。爲。雨。諸山。合。此。泉。秋清彩虹挂。徑轉綠蘿懸。萬古牛心石。飛濤戰一拳。

蜀郵　前人

竹澗三叉路。檻田萬行莊。小橋。存。市。意。老衲。破。天。荒。近水。禪。花。淨。數山。仙。雨。涼。騎牛。隔。溪。女。紅葉。點。秋。光。

白水僧　前人

老僧好種菊。神古得秋清。入寺無人問。山猿管送迎。一身通石氣。四壁記花名。自謂寒香主。蒼巖過此生。

符文鎮　前人

出山風日好。山晚放牛歸。野水田如鏡。人家竹掩扉。炊烟生古鎮。溪女浣寒衣。署有江南意。天清白鷺飛。

清明日雨中拜墓作　散原

宵雨午未休。仰天如綆縻。歲時用佳節。與祭恒兢兢。墓道隔濤淖。攀跣恐莫勝。柴車載之去。挈醴奉肴烝。原野悲風起。玄雲慘澹凝。紙灰溼不揚。松色耿寒鐙。鞠跽霑灑處。髣髴靈爽膺。初政收羣流。攘臂各有能。差脫顚匠石。猶獲親岡陵。所嗟近老殖。膝攣髮鬅鬙。百年溷一瞬。敢必煩孫曾。澈泉滴此淚。孰視碑崚嶒。

清明後一日徐愭初劉皓如至謁墓畢相與步松林間晚還崝廬玩月　前人

文苑 四

荒山廓無儕兀與墳墓語二子幸勇決鳴篌造廊廡春風吹嫩晴盡乾隔宵雨寫憂見顏色巾袂暖桃塢滿腹置巖壑印證足已舉導觀馬鬣封摩碣一歎憮翠峰自天下其氣如龍虎穿出青松林草木共肺腑雜花帶陂陀紫翠迷處所鳴鳩宮徵同响雉鷇且舞有鵲毛羽奇修尾頗未覩芳景翼靈飔媚此世外侶晚樹藏蜻蠊向壁捉襟肘各持萬變胸酒酣話酸苦俄頃樓窗明竹杪大月吐濯野訝霜霰照溪起砧杵縹緲化宇間對影執賓主恍惚仙眞趣鸞鶴在何許

海藏樓雜詩 蘇龕

幼時學爲文獨喜柳子厚斷刑與時令熟讀常在口近人尙桐城其論深抑柳陽湖實支派相襲亦已久柳文彼所輕柳學更何有奇人吾煒士愛我忘其醜杳嗟姚室辭沈至信高手子亦毘陵宗胡不憚衆訴損名勿輕言意子適被酒

樓中好雨聲入夢尤有味曉來一推窗晴麗足佳氣花竹如新沐弄日獻百態身閒聊自悅徙倚即世外抗聲詠詩騷隨風入天籟橫空嘯鸞鳳過客或驚怪誰知孫登狂不與嵇阮輩

日。深感吾友高誼、爲我畫遠游之策。但恐此時逃已無及。政府久興黨獄。疑者輒棄市。今捕我者頃刻即至。吾又焉能逃。惟有靜坐待拘而已。辣急蹴足曰。君何如此之固執。自輕視不貲之軀。且蟲鳥猶愛其生。而況人乎。吾固已言之。于今出走。猶尚未晚。此實非誑語也。因吾曾於吾叔前以一身保君。故特許再行察看。俟至二十日然後再下拘捕之命。僕荷君更生之德。故竭誠以報。今日之事。雖爲國事。僕亦不得不稍爲友誼而盡私情、梅聞此言。惶急異常。蓋此時不獨己身危。而衆同志亦皆危也。辣曰。吾今意緒紛亂。語不知檢。我國偵探。素多好事邀功。搜捕黨人。以求利祿、其中誣陷善良、誠在所不免、故我輩軍人甚惡之。今有一信。乃由保沙呈督院者、係其部下之密報。謂君隱預逆謀。吾已携得其函封在此。其字跡頗若曾經寓目者。但吾一時不能憶爲誰氏手筆。特特與君觀之。以爲吾言之一證。梅接過未即閱視、蓋此時衣士梯梨正緊抱其臂。玉容無主。涕泣漣漣也。辣曰。觀女郎待君一片眞誠。願君勿錯怪彼。梅曰。蒙故人垂哀援救。吾尚復何疑。辣曰。今爲時已不早。吾亦須歸。願良友善自爲謀。早離此土。俟他日事平。徐圖後會。前途珍重。爲祝兩人。于是殷殷握手而別。辣行數武。忽止步欲回、繼又中輟。而自語自釋曰。此斷不然。彼書乃由隔壁房中墮地者。非在衣士梯梨寢室中墮地也。原來姚珍娜被鮑姥姥拘禁一宵、復斷絕飲食。自朝迄暮。姚猶不肯承認。左什花甚憐之。再四爲之說情。此時方放出來。姚滿腔悲憤。正欲走歸自己房中。偶經過衣士梯梨隔壁房、忽聞梅與衣士梯梨兩人聚語。方佇立竊聽、不意暗中悞觸桌上書墮地。恐妨梅等出視。遂不敢復留。亟遁歸己房去。故後來三人說話。未被聽見。而梅反因其墮書之力。未至於全局失敗。亦意外之天幸也。

第十五回　出奇謀夜奪美倫城　待援師扼守多沙隘

辣公子去後。師徒兩人坐于房中相對無語。女曰。今日事機已洩。不如從辣公子之策。暫且引避。留身待時。徐圖後舉。梅曰。語棄同胞。謀自全獨生。誠不如俱死之爲愈。且無護照。又何能出關、逃而被擒。徒失勇名矣。幸而天未絕意。彼今不卽捕我。尚緩五天。而軍械敗露之事。衆猶未知。不致人心解體。此時振臂一呼。尚可集事。此爲保沙第一失着處、然我思保沙狡計。蓋恐今日卽捕我。此耗一傳。英商必將軍械扣留。不肯交出。黨人亦多有逃者。故欲俟二十日軍械到時。不動聲色。爲一網打盡之舉。此乃彼輩暗用欲擒先縱之術。豈眞能狗公子之請而緩我耶。事不宜遲。我卽須往見衆首領共商良策。吾尤必須細查誰爲出首之人。想必同事中之敗類媚外求榮者爲之也。言畢卽探懷取出方纔之信封閱視。一見字跡。驚得面如土色。更從囊中取出女之平日手書互相比較。愈覺無訛。梅善那此時一怒非常。幾乎暈倒。勉強支持。指女罵曰。原來奸細卽在目前。汝賊婦竟敢敗吾謀。無怪前日報紙載砵他利士男爵夫人逃亡在英。孰知汝乃奧探冒名在此。將我愚弄。果不出我初時所料。吾一時不察。悞中汝奸計。禍及我同胞。吾自分必死。然亦豈能留汝以享富貴乎。今惟有斬絕禍根。以稍洩我意人之憤耳。言罷。遽拔劍。女此時危悚已極。然不知其禍之由來。顫聲問曰。妾得何罪而遽就死。願聞罪狀。死亦瞑目也。梅卽將信封擲示之。女拾起一看。認得是自己手迹。口中僅言得姚珍娜三字。卽氣塞咽喉。悶倒於地。梅一聞此名。心中頓悟。急投劍於地。將女抱置榻上。急急奔至姥姥處乞藥相救。姚珍娜聞聲亦走來相視。見衣士梯梨眠於床上。目瞑面白。疑其已死。心中竊喜。蓋女旣死。則無人能發其謀者矣。未幾。姥姥來。用藥灌入女喉中。少頃。聞喉中格格有聲。朱唇微動。星眸畧啓而復闔。梅知女已復蘇。心中少安。又恐其說出機密事件。乃婉言女初蘇。尙須靜養。各人亦卽退出。梅將門閉上。時女已醒。梅曰。望卿恕我。我見汝手筆。一時忿怒不察。至誤疑汝。吾之過也。女曰。此實妾之罪。君何尤焉。梅曰。他不須言。且速將此事顚末告我。女遂將姚如何進讒。己如何忿怒。致將機密洩漏。幷姚懇求代書封皮之事。細述一遍。自言被人所惑。仍求君恕罪。梅曰。此皆吾之過。我初不應輕以軍械之事告汝。繼則不應與姚同行。汝始亦曾諫我。吾更不應不聽汝言。收之爲徒。至使彼得施其伎倆。此皆吾疎忽之咎。今已悔之無及。但可憐我同胞手無寸鐵。將奮空拳與奧人相搏。爲孤注之一擲矣。言時卽立起欲行。女苦留曰。君遽捨我去乎。人將要君於道而捕君。吾恐不能復見君矣。梅曰否。今未至二十日。吾安然如泰山。汝不必驚憂。雖古語云。事之成敗屬之天。命吾必先期起義。猶冀微幸功成於萬一也。女曰。務須審愼。千萬不可造次。梅曰然。但汝能畧爲我助否。女曰。君有何事用妾處。梅曰。吾欲汝鎭靜如常。勿事張皇。對于姚珍娜。尤須言動謹愼。毋直揭破其隱。將計就計。使保沙視吾如籠中臥虎。暫不驚擾。我却可從容展布。若一被知覺。彼必先發制人。則大局不可收拾矣。女連聲應諾曰。妾當謹遵君命。梅又叮嚀數語而別。梅去後。女郎將門下鑰。托病不見人。以妨偵探。梅自女處出來。已十一句鐘。沿路小心提防。恐有蹤跡之者。急急來至總會所。用暗號扣扉。復與守護者操隱語相問答如前。始放入。梅逕至廳事。面現愁容。顯露失意之狀。時堂上惟到有萬那拿與施沙利士高兩君。正在密議事件。施曰。萬君。吾明日擬即返山中。約會村中衆同志及湖中舟子諸人。準備於二十日取齊。此舟子輩皆強悍善戰。堪稱勁旅者也。梅俟其語畢。乃曰。萬君。吾有請求。此時君能密招衆首領來此一叙否。萬曰。觀君顏色。殆有非常之變故梅曰然。此成敗攸關之事也。萬即命從人四出邀請衆首領。未幾陸續俱到。賈薩提先言曰。梅君見招。有何異聞見示。梅曰。吾頃得密報云。政界已發票捕我。旋又暫擱。展緩至二十日方始施行。君等試思二十日爲何日耶。萬曰。此正交收軍械之期也。梅曰。吾前與彼與弁爲友。不察我衷者皆以爲我有變志。微斯人。吾何能得此祕密之消息乎。日後君等若與彼相遇於疆場。宜退讓三舍以爲報也。梅又曰。保沙不卽捕我者。君等知其計乎。吾逆料彼已知軍械將於二十日入關。彼預派兵於關前。將軍輛扣留。而科士加利與四十壯士定皆就擒。我輩失此大宗軍械。無所藉手。自不能爲患於內。了路拔滔君手下雖有精銳五萬人。然皆散處境外。彼既無內應。必觀望不敢遽動。我等在城內。如籠中之鳥。不難一一就縛。保沙之謀亦毒矣哉。座中諸人聽畢。皆色變面面相覷。一人怨梅曰。此定是君作事不謹慎。被保沙偵得汝爲輸入軍械之人。又一人曰此事眼見得無可挽救。我意大利祖國及衆同胞均被汝一人斷送矣。於是座中多人交相責怨梅。梅口雖言。靦狀極紛擾。萬那拿曰。事既如此。咎之無益。且大衆商議妥籌善後之策。梅歉然引咎曰。僕之疏失。自然責備難寬。但仍望諸君協力維持。以支危局。納拔老將軍曰。梅君雖屬偶爾疏虞。然事關全局。我輩萬勿灰心。且從難處著想。設法挽救此時座中人神色沮喪。只知咎梅。却似一籌莫展者。少頃梅進言曰。事雖失敗。然仍有可望。君等猶憶前禮拜之事否。彼時固無軍械。而衆人猶欲一鬨而起。圍攻督署。經我輩幾番力阻始罷。觀人心如此。雖缺軍械。而衆猶可用也。且保沙料我等舉事。必在二十日之後。此時妨範定疏。我輩即於十六夜倉卒建旗起義。攻其無備。勝敗固未可料也。一人有難色曰。空拳能上陣乎。萬那拿曰。此計亦佳。戰亦死。不戰亦死。與其坐而待擒。不若努力一戰。或可僥倖成功。因顧梅曰。梅君。今一依君言。計將安出。梅慷慨言曰。吾籌碎首沙塲。誓不肯斂手於斷頭台上。彼普魯士僅恃三千死士。猶能焚巴黎之鐵城。吾人果能視死如歸。有進無退。奥兵雖衆亦何懼哉。賈薩提曰。若徒恃血氣之勇。恐無濟於事。我等現貯有七百戈矛。及博物院中所藏之武器。盡數取出。亦可以禦敵。且有數百製就之大炮。乃木質而裹以鐵皮者。且於各街口建築土壘。置炮其上。俟敵來轟之。或可有濟。納拔鼓掌曰。此計大妙。與吾意暗合。若無土壘。徒欲以赤手禦敵。是驅羣羊入虎口耳。若在別城。吾斷不主戰。必以走爲上策。惟於美倫則大有可戰之機。此處城內街道狹而短。轉角極多。最宜巷戰。雖有大軍。無用武地。如賈君所言。於各街口多築土壘。以勇士守之。節節阻其前進。令彼攻不勝攻。而婦人孺子於屋上擲瓦石以助威。我衆兄弟分爲數小隊。暗伏於各街之屋隅。突出刺擊。彼快鎗巨炮。無所用之。是以逸待勞。以柔制剛也。吾已繪就本城地圖在此。凡可以築土壘之處。皆已詳註圖中。一目可瞭然矣。各人聞之大悅。均深服其謀。謂可以藉此轉危爲安。交相慶幸。一鼓作氣。爭欲出戰。老將軍乃將地窖打開。取出大旗一面。行軍地圖一幅。納拔笑指圖曰。此即築土壘之圖。共一千五百處。吾從事測繪。歷兩年始成。欲爲破敵之計。今果得其用矣。衆曰。

何壘之多也。納曰。非此數不足以制敵。所言一千五百者。不過僅舉大數耳。圖中實有一千五百二十三處。街道中取土不便。可以木石代之。如桌椅櫃柜等物均可。總以塞斷路口。利於固守爲是。民家商店。有能以此等物報效者。重酬之。城中居民。激于義憤者不少。定能踴躍輸將。壘數雖多。可崇朝而畢就矣。萬那拿曰。仰仗老將軍神算。此次破敵必矣。賈薩提與三數首領。密商一會。乃對衆宣言曰。今衆謀僉同。專待舉旗。但在城中舉事。不比荒山。不能先期集衆。誰肯捨身於倉猝間揮旗召衆起義乎。此人頗難其選。非敢死者不能爲也。蓋一聲倡亂。衆情或畏縮不前。則其人必立死於澳人鋒刃之下矣。言甫畢。梅應聲曰。我願肩此任。以贖吾謀事不密之咎。明晚士加拿劇場演藝。吾即於台上豎旗。亦以自洗前者吾在台上受辱之恥。賈薩提曰。若登高一呼。衆能響應。則我等尤宜不惜軀命。身爲前鋒。以勵衆人。於是會議既定。乃將地圖分割。衆首領各執一份。候劇場中起義時。各就其居處附近。按圖築壘。分發已畢。各自散歸。暗約其手下死士。整備決戰。時賈薩提執梅之手而言曰。梅君。君能奮不顧身。獨爲衆先。但願上天佑汝。一舉成功。國民之福也。施沙利士高曰。吾今便歸山。召集村衆。至遲不過三

# 謹贈書目提要

函索卽寄　不取分文

## 上海商務印書館出版

### 高等小學堂用書

**修身類**

- 學部審定 修身教科書 四冊 每冊二角
- 學部審定 又 詳解 前二冊 後二冊 每冊一角半 二角
- 經訓教科書 四冊 每部四角
- 經訓教授法 四冊 每部一元
- 女子修身教科書 第一 二冊 每冊一角 二分

**國文類**

- 學部審定國文教科書 前四冊 後四冊 每冊二角 二角半
- 又 詳解 一二冊 三四五 六七八 每冊二角 一角半 二角
- 簡明國文教科書 一至四冊 七至八冊 每冊一角半 二角
- 世界讀本 三冊 每部五角
- 學部審定立憲國民讀本 每部三角
- 女子國文教科書 四冊 前二冊 後二冊 每冊二角 二角五

**歷史類**

- 學務大臣審定 中國歷史教科書 二冊 每部一元
- 學務大臣審定 西洋歷史教科書 二冊 每部五角
- 中國歷史教科書 四冊 每部七角
- 學部審定 中國歷史讀本 二冊 每部五角

**地理類**

- 學部審定 中外地理教科書 四冊 每部五角
- 中外地理詳解 四冊 每冊一角半
- 小學萬國地理新編 每冊二角
- 學部審定 萬國輿圖 每冊三角半

**算術類**

- 學部審定 筆算教科書 四冊 每冊二角
- 學部審定 筆算教授法 四冊 第一冊 每冊二角半 第二冊 每冊三角 三四冊 每冊二角半
- 珠算教科書 四冊 每冊一角半
- 學部審定 珠算教授法 二冊 每冊五角
- 數學教科書 二冊 每部三角
- 筆算教本 二冊 每部四角
- 學部審定 算術教本筆算 學生用四冊 每冊三角 教員用四冊 每冊四角
- 學部審定 算術教本珠算 學生用三冊 每冊二角半 教員用三冊 每冊三角半

**格致類**

- 理科教科書 四冊 每冊二角
- 又 教授法 四冊 每冊五角

**實業類**

- 學部審定農話 每冊一角
- 農業教科書 四冊 第一二 三四冊 每冊一角 二角半
- 學部審定 商業教科書 四冊 第一冊 每冊一角 二三冊 每冊一角半

**圖畫手工體操類**

- 學部審定 毛筆習畫帖 八冊 每部一元四角
- 學部審定 毛筆習畫範本 八冊 每部一元四角
- 又 教員用一冊 每冊四角
- 學部審定 鉛筆習畫帖 八冊 每部八角
- 學部審定 鉛筆畫範本 八冊 每部八角
- 手工教科書 每冊一元 三角
- 體操教科書 每冊五角

# 謹贈書目提要

函索卽寄　不取分文

## 上海商務印書館出版

### 兒童必要之書

| | |
|---|---|
| 學部審定 五彩精圖方字共一千字附數授法 | 每盒八角 |
| 彩繪看圖識字二冊 | 每部二角 |
| 彩繪九九指數牌 | 每份一角 |
| 算學練習簿 | 每冊五分 |
| 圖畫練習簿 | 每冊五分 |
| 樂譜練習簿 | 每冊一角五分 |
| 學生雜記簿 | 每冊五分 |
| 兒童教育畫一至十冊 | 每冊七分 |
| 童話第一集 無貓國 三問答 小王子 大拇指 紅線領 夜光璧 絕島飄流 啞口會 人外之友 | 每冊五分 |
| 童話第二集 大人國 小人國 | 每冊五分 |
| 少年叢書 第一冊哥倫布 第二冊畢斯麥 第三冊華盛頓 第四冊納爾遜 第五冊大彼得 | 每冊一角 |

### 半日學堂 夜學堂 必要之書

| | |
|---|---|
| 學部審定 簡易修身課本 | 每冊一角 |
| 學部審定 簡易國文課本二冊 | 每部二角四分 |
| 學部審定 簡易歷史課本 | 每冊一角 |
| 學部審定 簡易地理課本 | 每冊一角 |
| 簡易數學課本二冊 | 每部三角 |
| 學部審定 簡易格致課本 | 每冊一角 |

### 尺牘類

| | |
|---|---|
| 歷代名人書札二冊 | 每部四角 |
| 國朝名人書札四冊 | 每部六角 |
| 歷代名人小簡二冊 | 每部二角半 |
| 國朝名人小簡二冊 | 每部二角 |
| 新撰學生尺牘二冊 | 每部二角半 |
| 新撰女子尺牘二冊 | 每部二角半 |
| 新撰普通尺牘二冊 | 近刊 |
| 新撰商業尺牘 | 近刊 |

### 學部審定 宣講用書

| | |
|---|---|
| 富國學問答 | 每本五分 |
| 克萊武傳 | 每本三角 |
| 林譯 美洲童子萬里尋親記 | 每本三角 |
| 林譯 魯濱孫飄流記二冊 | 每部七角 |
| 澳洲歷險記 | 每本一角半 |
| 蒙師箴言 | 每本五分 |

### 日記類

| | |
|---|---|
| 庚戌袖珍日記 | 每冊一角六分 |
| 庚戌學堂日記 | 每冊五角 |
| 庚戌官商通用日記 | 每冊五角 |
| 自由日記 甲種 乙種 | 每冊 一角 四分 |
| 月月日記 | 每冊四分 |
| 手冊三種 甲種 乙種 丙種 | 每冊 六分 五分 四分 |

最新之大奇書 **空中經營** 二十世紀以來飛行船車驟然發達歐美各國及日本咸注目於空中問題 法律家皆汲汲研究空中法律 軍學家皆汲汲研究空中戰術 其他商界學界亦莫不各就其範圍而從事研究已有用飛行船爲輸送機關及北極探檢 蓋飛行船車已出試驗時代而入於實用時代將於空中闢一新世界 昔之爭雄於地上者今且爭雄於空中 空中問題實於一國之存亡大有關係 不可等閑視之是書乃日本陸軍少佐高塚彊君至歐洲詳細考察列國空中事業之狀況而著作者全書分爲五編學說該博條理井然比較新舊各式飛行船車之異同辨晰其得失尤詳論 飛行船車與戰術上及國際上之關係 爲彼邦軍學各界所歡迎且書付進呈日皇御覽其價值固不待言關懷大局者當手置一編焉每部定價銀壹圓

空前之小說 **破天荒** 是書爲德國倖京原著乃想像飛行船車發達之日而描寫其時世界之情狀者思想豁闢使人一讀三歎其中如清國之危機一節尤令吾讀慄慄危懼 出版後風行歐美各國皆有譯本 意近數年來飛行船車驟然發達 就前一二三年之理想今日已現諸實事 德法兩國已用飛行船爲空中交通機關搭載乘客又用飛行船編成空中艦隊以供軍用使我國不及早規畫空中事業他日應有噬臍之悔用是譯成此小說并附實錄十餘篇於卷末以證現在各國空中事業之大勢冀以驚醒我國民有識者幸勿與尋常小說等觀之每部定價銀六角

**飛行船車圖說** 二十世紀將成飛行船車世界歐美各國近年飛行船車之進步一日千里已應用於軍事上學術上交通上萬一 將來二強國戰爭必在空中無疑 使我國人不知飛行船車爲何物則安能與各國角逐空中本會有鑒於此已譯成空中經營及破天荒先後出版特猶恐不能使普通一般之人皆有飛行船車之智識因復編輯飛行船車圖說詳細說明閱之自能洞悉飛行船車之構造及作用以之與空中經營及破天荒參觀尤覺趣味津津每部定價銀三角

發行所 東亞譯書會 總經售處 上海中國圖書公司 杭州全浙公報館

# 錕源呂宋煙發售廣告

雪茄以呂宋製者爲最佳本號在上海開設十餘年專由小呂宋自設烟廠加工監製運售上海各埠氣味醇和均稱無上妙品久蒙賞鑒家稱許惟是世風不古冒僞日多本號經奉　道憲示禁冒襲貨眞價實中西人士惠顧格外克己以禩歉迎茲將　憲示列下庶購者不至魚目混珠焉

欽命頭品頂戴　賞戴花翎江南分巡蘇松太兵備道蔡　爲

給示曉諭事據錕源號稟稱向在公共租界河南路第一百三十二號門牌開設錕源呂宋烟號素以誠信相孚並在小呂宋埠合資設立製烟廠兩家均已歷有年所一名合盛隆廠英名晤美利那由廠創製呂宋烟二種如金象牌星妹牌一名合成隆廠英名其利山脫創製呂宋煙二種如新妹牌墨妹牌另有煜記廠英名拍雷修創製呂宋烟五種有仙馬牌船妹牌金妹牌紅馬牌鳳皇牌等經立有合同歸錕源號一家經理銷售以上諸牌呂宋烟確係各自苦心研究加工製造並無冒襲情事蓋欲得中西人士爭相樂購藉以挽回利權冀免漏巵外溢業已向美政府掛號註冊求請保護在案誠恐推行上海內地各口一經暢銷中西商人皆思漁利或行仿傚以攘利權或串冒牌以損名譽種種奸計防不勝防叩求恩准註冊給示保護並乞諭飭縣廨一體立案以保利權而維名譽等情到道據此除分行縣廨一體立案外合行給示曉諭爲此示仰該商賈人一體知悉自示之後毋得假冒前項牌號銷售致干查究其各遵照毋違切切特示

宣統二年八月初九日示

**總發行所上海河南路一百二十二號錕源呂宋煙店啟**

# 二十世紀大著作名家童君愛樓實驗自來血保証書

明州童君愛樓著作等身生平擅長詩文書畫小說戲曲等一切撰作大江南北久噪文名歷在本埠各譯局各報館秉筆多年海內文學界中莫不知有此君其爲文莊諧並作獨闢町畦實爲近今二十世紀著作家中有數人物因其朝夜著作操勞過甚以致心血大衰精神困憊時患喘咳百藥無功今讀其來書知其服本藥房自來血後其病如失精神倍增仍能深宵著述不知勞倦深讚本藥房自來血有起衰扶弱之功今特將其惠書照登於下藉見自來血大有功於人之以思慮致疾云云〇五洲大藥房主人雅鑒今啓者鄙人向以筆墨餬口歷在廣學會山西大學堂譯書院萬國商業月報館字林滬報娛閒日報文娛報鶴鳴報春申諸處辦事多年自顧不文著書至數百萬言一人精神有限終日埋頭窗下竟成了肺喘之症近更書寫稍久神志易昏不能如舊時深宵著述莫知苦辛鄙人亦稍諳醫理念小恙之來多由心血暗耗致陽氣飛越成神衰咳喘痰多內熱之症服多方均不見效後自去秋八月間服貴藥房自來血後不覺喘平痰少仍得耐勞蓋由補血而得能若此也心感之餘爲作此書聊伸謝悃并告學界諸君之抱有同病者即頌財安

寓本埠大馬路德仁里六弄志強學堂內童隱頓

海內諸公如蒙照購請認明全球商標每瓶內加附五彩認貨券一張值洋一角方不致誤

小瓶一元二角 每打十二元

大瓶式元 每打二十元

託局函購原班回件

總發行所上海四馬路老巡捕房對面五洲大葯房抄登

# 人造自來血乃人身之活寶

人生百體所賴以生長者血也如血多則百體強壯血少則百體衰弱設遇血盡則百體自枯是故凡人不能無血**血者誠乃人身之活寶也**然吾人欲究身壯力健之術者必以多血爲適宜若近今之衛生家雖常服各種補品而未得十分健壯者何也其故因我國理化未精藥物一道素鮮研究故自古迄今絕未發明不知以多血爲要義噫**此即吾身不強之由來也邇者神州睡獅抖擻初醒努力鼓盪我同胞之熱血奮振我同胞之精神能壯民力強國勢之人造自來血已經及時出現**無庸疑義速請嘗試故再行謹告同胞凡有心虧血虛破金吐血面黃肌瘦頭暈眼花耳聾腎虧陽萎精枯四肢無力下足酸軟身虛腳腫胃弱脾薄以及婦女經水不調白帶赤帶頭痛腰酸五勞七傷諸虛百損之症者服之自然**壯心經多血液**請將下列服法試驗之自能奇功立見幸勿輕視蓋其中實有絕大之能力也我同胞凡購服自來血**須先試驗究有功效若何**可用小針刺破皮膚出血一滴滲在白紙上待服過七日之後再用前法將前者滴血之紙與七日後滴血之紙兩相比較後者之色必紅於前此則**最易最明之確證也**倘能多服**則血愈紅而人之體力愈健**又如腎虧耳鳴眼花者連服數日眼目自覺清爽耳鳴耳聾自可並除此即顯明有補腎之功效又如年老血衰或壯年勞傷過度體質虛弱面無血色者自必畏寒驟逢冷風即發寒噤者服之半月之後**血氣漸充體質自固**雖遇箭風**亦不覺寒冷矣**又有明見之確證如久患爛瘡而不易收口者自服自來血之後即瘡內之**肉刺日漸增紅**如能常服收口亦易如婦女之經淡白者服到一月經水當即增紅**如患冷經痛經亦能並除**凡患破金吐血者服之補血則可以之止血則不可然患吐血之人血愈虧少若不培補則體質愈弱病勢日重尤宜常服以補之當時雖無止血之功然久服之心經壯**而吐血之患可以除根也**如腳氣水腫者步履蹇澀亦血虛不充之故須連服旬日則腫自消而步自健矣又**如患瘧疾者**服之旬日**立可除根**不發以上一切功效皆最易試驗者也

●小瓶一元二角大瓶二元**每打**小瓶十二元大瓶二十元託局函購原班回件海內諸公如蒙惠購請認明全球商標爲記內附五彩認眞券一張值洋一角方不致悞

**●總發行所上海四馬路老巡捕房對門靑花石三層大洋房五洲大藥房并南北兩京以及各埠大藥房均有經售**

# 海外靈丹

著名粵宦由京來函深感韋廉士大醫生紅色補丸治其瘧癧哮喘血虛等症並使其夫人病體復原之奇功

寓京花翎陞用府廣東候補知縣李義銓君承遺書證明韋廉士大醫生紅色補丸之功爲家用所當常備之良藥茲將來函錄左云○余宦粵東廿載政務殷繁身軀素弱光緒三十三年值欽州邊亂奉前兩廣總督周委巡邊防時值酷暑匪氛正熾跋山涉海奔馳數月感受暑瘧又因遇匪彈傷左肩內外交病延纏數月不能全愈回省後友人囑購紅色補丸照服未及半打內病外傷果然若失去夏因公晉京有事逗留北地天寒余內人且在粵年久體弱不勝其冷致患咳嗽氣虛血少步行哮喘特在大柵欄屈臣氏藥房再購紅色補丸半打服之居然咳止喘消身壯體健步履如常足見是丸功效甚大且無論男女內外各疾服之皆可使缺者得補弱者得強內子陳氏亦因氣血不足經期失調初次來京不慣北地風寒飲食不思身體羸弱勢有不支因同服韋廉士大醫生紅色補丸甫三四瓶身體轉壯經事有期面容漸覺光潤飲食如常故仍接連照服之茲因感戴無極敬題海外靈丹四字以報大德並將愈病之由略錄以冀同胞有病者採擇無疑焉

花翎陞用府廣東候補知縣李義銓君之玉照

韋廉士大醫生紅色補丸所以能治諸多奇疾者以其爲最穩妥滋生稠紅新血之良藥能建立其身體使之抵禦衰殘各疾以復其所失之精力也此即韋廉士大醫生紅色補丸能治各種奇疾之原由也是丸所造稠濃鮮紅之新血確已醫治凡由血不潔或血薄若水等各症即如血薄氣衰諸虛百損陽萎不舉胃不消化肝經失調頭痛頭暈山林瘴氣風溼骨痛腎虧酸痛左癱右瘓腳氣衝心乾溼癬癩瘡疥疔疹皮膚諸症是也他若婦科各症月經失調白帶白淫男子操勞過度或吸鴉片或因他故致傷身體者一服是丸立即復原其功效之速有如桴鼓焉

丸藥真樣

謹防假冒

韋廉士大醫生紅色補丸中國各處商店藥房凡經售西藥者均有出售如內地無從購買可逕向上海四川路捌拾肆號韋廉士醫生藥局中國總發行或向重慶白象街分行函購亦可價銀每一瓶大洋一元五角每六瓶大洋八元遠近郵費一概在內

此即治愈李君夫婦之韋廉士大醫生紅色補丸也

大清郵政局特准掛號認為新聞紙類
日本明治四十三年二月十三日第三種郵便物認可

# 國風報

每月三期逢壹日發行

宣統二年九月念一日

第壹年第念陸期

定價表

費須先惠逢閏照加

| 項目 | 報資 |
| --- | --- |
| 全年三十五冊 | 六元五角 |
| 上半年十七冊 | 三元五角 |
| 下半年十八冊 | 三元五角 |
| 零售每冊 | 二角五分 |
| 本國郵費 | 每冊四分 |
| 歐美郵費 | 每冊七分 |
| 日本郵費 | 每冊一分 |

廣告價目表

| 一面 | 十元 |
| --- | --- |
| 半面 | 六元 |

惠登廣告至少以半面起算如登多期面議從減

宣統二年九月念一日出版

編輯發行者 何國楨

發行所 上海福州路 國風報館

印刷所 上海福州路 廣智書局

分售處

北京桐杙胡同 廣智分局

廣州十八甫國事報館

廣州雙門底聖賢里 廣智分局

廣州十八甫廣生印務局

日本東京中國書林

# 國風報

## 各省代理處

▲直隸 保定府西大街 萃英山房
▲直隸 保定府 官書局
▲天津 府署東 原創第一家派報處
▲天津 浦東小關大街 公順京報局
▲天津 鄉祠南侮報處 李茂林
▲天津 東馬路 翠益書局
▲奉天 省城交涉司對過 振泰報局
▲奉天 圖書館
▲盛京 昌圖府北大街 振泰報局
▲吉林 省城板子胡同 文盛報房
▲黑龍江 省城 鑫泰報局
▲山東 濟南府芙蓉街 維新書局
▲河南 開封府城北書店街 茹古山房
▲河南 開封府西大街 文會山房
▲河南 開封府西大街 大河書局

▲河南 開封府西大街 教育品社
▲河南 開封北書店街 總派報處
▲河南 武陟三官廟街 永亨利
▲河南 彰德府 茹古山房
▲陝西 省城內竹笆市 公益書局
▲陝西 省城 萃新報社
▲山西 省城剪子巷 文元書局
▲山西 省城 書業昌記
▲貴州 崇學書局
▲雲南 城東院街沙腊巷口 天元京貨店
▲安徽 廬州府神州日報分館 陳福堂
▲安徽 廬州四牌樓閣報館 於炳章
▲漢口 黃陂街 昌明公司
▲安慶 府龍門口 萬卷書樓

# 國風報

## 各省代理處

- ▲蕪湖 徽州碼頭 科學圖書社
- ▲四川 成都府學道街 輸文新社
- ▲四川 成都 正誼書局
- ▲四川 成都會府東街 華洋各報總派處
- ▲四川 成都南紗帽街 安定書屋
- ▲湖南 長沙 羣益圖書公司
- ▲湖南 常德府 中報館
- ▲南京 城夫子廟 啓新書局
- ▲南京 城淮淸橋 莊嚴閣
- ▲南京 城花牌樓 崇藝書社
- ▲南京 城花牌樓 圖南書社
- ▲南京 奇望街 神州日報分館
- ▲江西 省城洗馬池 開智書局
- ▲江西 廣信府文昌宮 益智官書局

- ▲江西 南昌萬子祠樓書巷內 廣益派報社
- ▲福州 督署後 教科新書館總派報處
- ▲廈門 關帝廟街 新民書社
- ▲溫州 府前街 日新協記書莊
- ▲溫州 瑞安太平石街 廣明書社
- ▲蘇州 圓妙觀西 瑪瑙經房
- ▲蘇州 察院巷口 振新書社
- ▲揚州 古旗亭街 經理各報分銷處
- ▲常熟 常照派報處 朱乾榮君
- ▲常熟 寺前街 海虞圖書館
- ▲常熟 孚記書莊
- ▲星加坡 南洋總滙報
- ▲澳洲 東華報
- ▲金山 世界日報
- ▲紐約 中國維新報
- ▲香港 中環砵甸乍街 致生印字館

# 國風報第一年第二十六號目錄

目錄

# 諭旨

九月二十二日　上諭此次補行驗放陸軍遊學畢業生考列優等之黃承恩著賞給陸軍工兵科舉人並授副軍校世銘著賞給陸軍步兵科舉人並授副軍校考列上等之彭琦著賞給陸軍砲兵科舉人並授協軍校該部知道欽此監國攝政王鈐章軍機大臣署名

二十四日　上諭鑲紅旗漢軍都統恩存現在百日孝滿著改爲署任照常當差欽此監國攝政王鈐章軍機大臣署名

二十六日　上諭署兩廣總督袁樹勛因病奏請開缺一摺袁樹勛著准其開缺欽此　上諭李國杰著充出使比國大臣並賞給二等第一寶星欽此監國攝政王鈐章軍機大臣署名

二十七日　上諭熙彥現在服闋着補授農工商部左侍郎欽此　上諭沈雲沛著開去農工商部右丞以侍郎候補仍署理郵傳部左侍郎欽此　上諭農工商部左丞著祝瀛元補授袁克定著補授右丞左參議著誠璋補授邵福瀛著補授右參議欽此

上諭兩廣總督著張鳴岐署理未到任以前著增祺暫行兼署欽此　上諭廣西巡撫著沈秉堃補授迅赴新任毋庸來京陛見欽此監國攝政王鈐章軍機大臣署名

二十八日　上諭雲南布政使著世增補授欽此　上諭貴州鎮遠鎮總兵員缺著蘇元瑞補授欽此監國攝政王鈐章軍機大臣署名

二十九日　上諭雲南交涉使著夏偕復試署欽此監國攝政王鈐章軍機大臣署名

論說壹

# 責任內閣與政治家

滄江

今日建設責任內閣之議。漸成爲朝野之輿論。國民譟之於下。督撫爭之於外。而資政院主之於中。雖　宮廷樞府。亦漸漸爲所動。夫疇昔吾國人固莫或知責任內閣之爲急也。今則全國人憔悴虐政。宛轉就死。窮而返本。知致我於死者之由何道矣。資政院開。有所謂政府委員者出。謂足以爲院中質問之鵠。而其等於兒戲。抑衆所共覩。資政院以不得要領之故。不得不窮極其敝矣。督撫前本與各部尙侍。立於同等之地位。除循例奉行之細故外。罕能掣其肘。今則中央集權之說昌。各部動下訓令。督撫非復前此之能孤行其志。而各部令如雨下。無所統一。朝頒夕改。此矛彼盾。實無以爲奉行之準。於是始思所以職其咎者矣。由此言之。責任內閣者。實應於今日時勢最急之要求。人人心目中所希望若飢渴之於飲食。事勢既已至此。則朝廷雖有雷霆萬鈞之力。固

論說 二

無道以遏之故責任內閣之名稱之出現於中國殆旦夕間事此吾所敢決言也雖然是遂足以爲中國之福乎吾不能無疑

責任內閣者何舉全國之政治而負其責任也 **惟政治家爲能負政治之責故必有政治家然後責任內閣得立** 而今也舉國中有足稱爲政治家者與否吾實不能無疑今請遵嚴格以論列政治家之定義而勘以國中人物果有足以當此爲者否也

**一曰凡政治家有所計畫必須以國家利害爲前提** 蓋政治也者國家意思之現於實者也苟所計畫者而非國家之利害斯不得謂之政治矣故政治家常須自念其身爲國家之公人將自己一身之利害與國家利害劃清界限當其執行國家政務之時則惟知有國家之利害而斷無或假國家之力以自牟其私利此政治家首當具之條件也此不徒立憲國之政治家爲然也即專制國之政治家亦有然我國之管子商君諸葛武侯張江陵泰西古代則希臘之來喀瓦士羅馬之談

撒近世則普王腓力特列與相梅特涅皆專制之雄也然言大政治家者必舉之亦曰其所計畫悉以國家利害爲前提而已雖其政策有時偏袒一部分人之權利若有所私雖然彼固認此一部分人爲國家之中堅謂特別保護之正所以謀國家之利益也抑彼且有時設種種方法以擴張自己之權力保持之惟恐失其迹更類於營私雖然所以爾爾者自信吾一身能任國家之重而非立於此地位則無以行吾志故其目的仍在國家之利害而其擴張擁護一己之權力者不過借以爲達此目的之手段而已夫其政策果與國家利益之範圍相合與否且勿論其一身果能任國家之重與否且勿論**要之其心目中常以國家利害爲前提者則可謂之政治家反之而以一身利益爲目的而以政治爲達此目的之手段者決不得謂之政治家** 是故商君政治家也而李斯非政治家王荆公政治家也而蔡京非政治家何也以其宅心立身之基礎本相異也今中國盈廷官吏試一撫心自問其果有能具此條件者乎上自大臣下逮小吏何一

非借政治以爲肥身保家之計即其稍治政法學者亦不過曰當今之世非藉此以譁世取寵則不能自致於榮途云爾彼之學政治談政治皆其手段而非其目的也此而可謂之政治家則國中政治家蓋車載斗量矣夫國家者無形之法人也無形之法人自有其目的自有其意思而恒藉司理機關之人以現於實**今也司理國家機關之人悉忘卻此機關之爲國家而設反認爲爲我而設**是故本應爲官擇人以人治事者今則變爲爲人擇官以事奉人國家機關徒以供個人營私罔利之塗徑**故惟有個人之意思目的而國家之意思目的全無所託以表見則等於無而已**夫國家而無意思無目的則形魄雖具而營魂已亡欲其久存於天壤間豈可得耶

**二曰凡政治家必須建立一有系統之政策而務所以實行之**一切政治無非爲國利民福起見然必如何然後國利民福可以致是當

策畫之若此者謂之政策有涉於全體之政策有一時一事之政策雖然無論如何其精神常須一貫而其系統常須相屬蓋政治也者各種政務結搆而成之一種狀態也而彼各種政務決非能種種互相離立而常彼此相待前後相銜故有時欲辦甲事必先辦乙事而欲辦乙事又須先辦丙事如是相引以至無窮若徒逐枝葉而不探其根本此如羨他人園卉之艷採擷以繫諸吾樹而此樹終無著花之期若徒知體要而不審其條理此如抱登高望遠之志不拾級而妄類升龍則此身終難舉向上之實而**所尤忌者則今日方建一策明日即建一與此策正反對之策甲機關方辦一事而乙機關即辦一與此事不相容之事**此如治病者不審脈理醫藥雜投或任進本症禁忌之物品欲不速其死亡不可得也

是故號稱政治家者（第一）其眼光須能洞察國內國外之大勢審己國之位置而定現在將來之目的如何（第二）當舉全國政務通盤籌畫推其緩急輕重毋徒沾

論說 六

治局於一部之利害（第三）須察各種政務之連絡關係而細究其因果相繼之理毋使其以此妨彼以今妨後（第四）凡有新發生之政務無論為豫定者為意外者而所以處置之道常持既定之大計畫以權衡之毋使相牴牾如是則庶乎為有系統之政策矣然即此已足乎未也蓋政策云者本兼道與術而言之兩者合而始全其用道者何國利民福之所在是也即國家之目的也術者何即所以能達此目的之手段也夫所謂術者非陰謀詭道之謂也人事自有曲折而因應貴有權衡雖有善良之治道苟行之無術則將徒託空言或蹶於中道而生他弊治術之為物緣政治家本人身分之差別而有差別緣所處之國政體之差別而有差別（例如以君主而為政治家者與以臣民而為政治家者其操術不同在朝政治家與在野政治家操術不同立憲國政治家與專制國政治家其操術亦不同）雖非可一概論然有為凡政治家所必當謹之術焉（第五）凡無論在何種政體之國而政治之反於民之所好惡者終不能圓滿施行故必須設法使多數輿論協贊我政策（第六）一切政治皆賴機關而行故欲辦一事先整備關於此事之機關（第七）司機關者必以人故欲設一機關

必須物色能司此機關之人無則設法養成之（第八）無論何種政策若行之有名無實或半途盡廢則弊常餘於利故必須設法使此政策實施不能朦混持續不能破壞能具此八者謂之政治家缺一焉非政治家也是故僅能臚舉學理而於所以推行之方法不屑意者不得謂政治家范蔚宗所謂坐談西伯也僅能奉長官之教令處理一局部之事務者不得謂政治家賈生所謂俗吏之所務在於刀筆筐篋而不知大體也準此以談則中國今日盈廷袞袞果有一焉足當政治家之目者乎使有政治家何至籌備立憲之規畫鹵莽滅裂爲世詬病使有政治家何至各部各省之施政棼然殽亂渺然若不相知使有政治家何至一切設施朝令夕改有同兒戲使有政治家何至奏報行移悉成具文上下相蒙莫或過問若是乎吾國之無一政治家蓋章章矣

夫秉國鈞者而不具此八德則必無從建統一之政策而務實行之其於政治家之稱所愧已多矣然使果能精白乃心而常以國家利害爲前提則自能舉賢以自佐集思以廣益昔宗資成瑨委政於范滂岑晊而自乃坐嘯畫諾後世未嘗不誦其賢卽日本維新之初三條實美岩倉具視雖柄政十餘年其人實碌碌無所短長然延攬羣英以資夾輔卒成其功名若是者**雖無政治家之才能然固有政治家之德量**記曰甘受和白受采此之謂也使他日責任內閣成立之時得有此等人以尸其位則吾國民猶或可以含責任內閣之賜然此顧可得望耶吾不能無疑

夫以絕無政治上學識經驗之人而加以置國家利害於不顧以此而組織責任內閣則其現象當何如**吾求諸當世諸國而得一先例焉曰朝鮮**朝鮮自光緒二十一年以後其主告天誓廟頒大誥十四條其第三條卽爲建設責任內閣自茲以往朝鮮有責任內閣者殆二十一年矣而朝鮮之有今日卽其責任內閣之賜也吾國將來之責任內閣果有以異於彼所云乎吾實疑之

昔者有化石谷焉。自五金之屬。以及珊瑚翡翠瑠琳琅玕。乃至凡百動植物彙苟入之者必成頑石。中國蓋此類也。自海禁旣開以來。泰西所謂自然界之文明社會界之文明。其灌輸於我國者何啻千數百事。而無一不化爲頑石以盡。今者責任內閣又蹶至矣。吾知非久必將舉現在所謂軍機處會議政務處憲政編查館及彼十一部與夫各未裁撤之大小衙門糅而合之。命之曰責任內閣。舉現在據此要津之人人拘而集之。命之曰責任內閣之閣員。如斯焉已耳。信如是也。則吾國民之望有此責任內閣果何爲也哉。

雖然吾所懼者尚不在是。**懼乎除當道斗筲以外而國中亦卒無政治家而已**。苟使在朝者雖無政治家而在野者尚有政治家。則國固未始遂不可救。夫今之政府雖百事敷衍然 先帝旣定立憲以爲國是。爲人臣子終不敢以反汗。**自今以往實已有容在野政治家發生之餘地**。資政院諮議局之兩法定機關雖權力至爲薄弱。能善用之則其可舉之職固不乏。況國會期限之縮短國民所以呼籲之者既已如此其迫切度終必有以迴天聽於彼之時在野政治家迴旋之地益廣漠而不可限誠有其人乎則當此危急存亡之際國家之艱巨終不得不集於彼躬至竟有能行其志之一日即其時未至而使在朝者視之隱若敵國不得不有所憚而自策勉而思及舉賢自佐集思廣益之一途則政治現象其亦必有以異於今日今也並此其人者而無之此吾之所以悁悁而悲也夫在朝之政治家誠不能無所待若在野之政治家則人人皆可以自勉斯豈不在我耶 嗚呼吾國民其有自勉於此者乎吾雖爲之執鞭所忻慕也

今者中國時局之亟中智以下靡不汲汲憂亡雖然此何足道者夫國家艱鉅之境遇無論何國無論何時莫不有之然或爲境遇所壓而遂即衰亡或能戰勝境遇而反趨強盛則視其國人所以負荷之者何如勿徵諸遠即如普國當七年戰爭之時以區區一彈丸當四五強國累戰之後

人民死亡將半舉國鞠爲茂草其艱難爲何如又如德國當大革命後比戶喋血百業俱盡而全歐列强聯軍壓境其艱難爲何如又如日本當維新伊始八百年封建社會一旦破壞而天子無尺土府庫無一錢其艱難爲何如又如意大利經數百年之分裂無復共主外之則爲二三强鄰扼其吭內之則教徒藉無上之威其艱難爲何如是故今日中國時局雖危如累卵然以比於彼數國之當時則險艱之程度尙未或如彼其甚也然彼諸國者不惟不緣是以得亡且緣是以致强古人有言殷憂啓聖多難興邦苟其國而有政治家也則外界之種種壓迫非直不能沮國家向上之機反以此淬厲其精神增長其元氣而彼政治家者經動心忍性困心衡慮之結果其器識日以宏達其心思日以緻密其技能日以嫻習則一舉而挈其國以拔諸九淵而躋諸九天固意中事耳夫彼數國之所以與其食在朝政治家之賜者僅十之一二而食在野政治家之賜者乃什而八九吾國民視此其亦可以無餒矣

要而論之一國之政治一國國民所公共同造出也一國政治上之責任一國國民所

公同負荷也有在野之政治家不患無在朝之政治家有負責任之國民不患無負責任之政府吾願談責任內閣者於此中三致意也

論說弍

# 外債平議（續念五號）

滄江

## 三　外債之性質及其功用

**歐美諸文明國無所謂外債也**以普通之條件聽本國人與外國人自由應募而已故有在本國市場所募而其劵强半入外國人之手者亦有在外國市場所募而其劵强半入本國人之手者故生計學者稱之曰國際流通之有價證劵旣頻繁流通於國際間則內外之別固不得而立矣若强分析之則在本國市場募集者可名曰內債在外國市場募集者可名曰外債以本國貨幣積算者可名曰內債以外國貨幣積算者可名曰外債其在歐美諸先達國「生計無國界」之一恒言旣現於實此種差別不足以爲輕重也生計現象愈幼稚之國則此差別愈著而其相緣而生

之利病亦愈大故有雖以普通條件向外國市場募集而其債券常在外國人之手罕流通於本國者如俄羅斯及三十年前之美國是也有向外國市場募集不能用普通條件而須以確實稅源爲質者如日本土耳其波斯南美洲諸小國及吾中國是也若是者則外債之性質功用釐然有以示別於內債而利病乃可得而論矣

國家之支應特費不悉取盈於租稅而常仰給於公債此其故何哉誠以人民負擔租稅之力蓋有定限苟逾其限則舉鼎絕臏勢所不免苟取民每歲力作之所贏餘者盡以充租稅甚或誅求之於其所贏之外則民將無所復留以爲資本而來歲之稅源將自茲涸竭且中於國家故毋寧易以公債公債者民以財貸諸國庫而取其息者也其性質與購買各公司之股票無異持母殖子非如租稅之一往而不復也而租稅之完納由於強徵公債之應募趨舍自擇民苟非羨有餘蓄而欲持之以有所殖者則決無從自進而爲債主而民之羨有餘蓄者非必皆能自行企業苟國家不爲之別闢一安全殖利之途則易習於揮霍而坐耗全國母財之一部分而公債者則最足以已此弊者也由此言之**國家舉債之本意一則以減殺租稅之負擔**

保護稅源而勿使涸一則以吸集游資使能爲全社會殖將來之利而不致徒費 公債妙用實在於是此以言乎內債也然明乎此義而外債之功用亦從可推矣

夫必人民於負擔租稅之外猶有餘蓄然後力足以應募債則民力不贍之國欲舉內債爲事至難蓋可睹矣顧又非謂在此等國中則其內債爲絕對的不能舉也蓋民力無論若何不贍一國之大要必有素封之家但使國之信用能孚於民豈必舉焉而一無應者雖然在此等國中其息率恆必甚昂公債苟非給以相當之息誰則趨之夫在外國市場以三四釐之息率而能舉債者在本國市場以七八釐之息率而始克舉等是負債也舍外取內則國庫坐耗倍蓰之息而財政直接受其病此倍蓰之息仍不得不取之於租稅則國民生計間接受其病矣匪直此也民之有餘蓄者非可悉搜括之以投諸公債也公債雖將以爲全國殖將來之利（若不能殖利之事業而募公債則大悖財政原則其流弊無窮更不待言）顧一國所宜殖者不徒在社會公共之利而兼在箇人別分之利箇人殖利之法貸財以取息

論說 四

雖安獲而所殖常微投資以企業雖冒險而所殖常鉅一國富力之增恒恃乎冒險企業者之衆（法國人不喜企業其民惟好出所蓄以購債券故各國募債者恒往巴黎而法之工商日退其富漸不足恃矣英人則最喜企業常冒險爲之故興且未艾也）故善謀國者不徒量其民負擔租稅之力所能逮然後制賦也尤必量其民應募公債之力所能逮然後舉債（所謂應募公債之力所能逮者何也民從事職業一歲所入約可分爲三級其第一級則所以供其一身及其家族日用飲食之需苟缺焉則無以全其生者也此級也雖租稅不許朘削及之若及之則是國家以政殺人也其第二級則用作資本以維持其固有之職業且謀擴充之者也租稅之一小部分於玆取焉其第三級則除前兩級所需之外猶有贏餘而此贏餘者或以企辦新事業或貸於人以取息或竟揮霍之以縱娛樂惟其所擇者也租稅之一大部分於玆取而應募公債之能力則又全屬此級者也夫使國家懸重息以舉債其息乃逾於尋常企業之所獲則民之應募者固不患無人（此就財政基礎鞏固國家信用深厚之國言之耳我國今日雖歲息半其本亦無應者此不俟論也）尤其量能使民舉此第三級之全部以投諸公債甚且

覆投其第二級之一部夫投第三級之全部則新事業無復企辦者矣投第二級之一部則舊事業且有不能維持擴充者矣國家之募債也將取彼第三級中貸人取息之一部分與揮霍縱樂之一部分暫移諸國家之手以爲全社會殖利云耳一國內債之額當以此爲界線苟逾此界則國與民交受其病而在民力不贍之國此界線之達其極也至易既達其極而猶以事故不得不出於舉債則非求之於外焉不可也由此言之則國家當必須募債之時時或舍內債而取外債者（第一）使國庫免受重息之累直接以爲財政上之利益間接以輕國民負擔（第二）不以內債奪個人企業之資本而消極的以保護稅源勿使漸涸（第三）以外資潤澤本國之金融市場獎厲企業而積極的以發育稅源使之日進者也　各國政治家之舉外債其動機蓋未有不在是者

四　各國外債利病實例及其受利受病之由

由此言之。國如有政。則利用外債。於國於民。皆有大裨。此徵諸各國已事而可知者也。

其在**法國**。素以富聞於天下者也。然當普法戰役時。戰爭中所需戰費及戰後償金。兩年之中。舉債四次。其總額爲八十一萬萬零七百四十一萬五千五百五十佛郎。雖以法之富。固非所堪。當時德相俾士麥。思以此朘削法人。使之彫瘵以死。然法蘭西銀行。當事者。以非常幹敏之才。能巧用外資。故其債券爲外國人所購買者。殆三分之二。以上。即德人亦多有焉。其法人自購者不及三之一。即此三之一。亦非發見錢以償德人也。以國際動產之流通（公債券公司債券公司股分票等皆國際動產）假塗期票。以致諸德意志銀行而已。其在

**意大利**。自其建國之始。即已繼承前此諸小邦之舊債二十四萬萬三千七百萬黎拉（意大利以諸小邦合成）建國以後。事事步趨列強。修鐵路。興教育。獎工藝。日不暇給。政費歲增無藝。悉仰給於公債。以一九〇四年之統計。其公債總額蓋一百二十四萬萬黎拉有奇云。而此種公債。其始蓋強半在外國人之手。蓋自一八八五年以前。其每歲債息在

外國市場支給者居百分之七十八在本國市場支給者僅百分之二十二斯可證也夫以法意之負累於外國者如此其重當時旁觀鮮不爲之危然法蘭西則僅閱五六年而債券殆悉歸還本國人之手意大利亦以次恢復至一九〇三年而歲息在外國市場支給者僅十之一在本國市場支給者居其九矣此蓋由前此國民應募公債之力有所不給不得不假之於外及後此而應募力加增自能將己國公債之在外者購回之也夫所謂應募力加增者何亦曰國民富力之加增而已（觀前段述人民所得之三級貧者祇有第一級次富乃有第二級更富乃有第三級而應募公債力則在第三級中者也人民能漸次購回外債則必其有第三級富力者日加矣）法人本富力能逮此不足爲異若意人則謂之純食外債之賜焉可也彼蓋以外債之故將全國鐵路開通國中增設無數之工藝廠又改良土壤使農業大進於昔而其人民遂緣此諸業以各自殖其富歲有所贏有所蓄而持之以購還在外之債券苟非藉外債之力則此所贏所蓄者決無術能致也故公債之總額今雖不減於昔然昔也意大利國對於外國而負債今也則意大利政府對於意大利國民而負債（此如

其父以求田起宅之故致逋負於鄉鄰而諸子各出私財以收回其質劑雖復子有償權父有債務然以一家生計論之則固已脫然無累而坐得此田宅矣質而言之則**意大利國民於此二十餘年間歲費少許之息而易得新殖之財產百萬萬黎拉以上也**此外債之明效最易睹者也其在**俄國**則始終恃外債以爲國者也距今百三十年前俄后加沙鄰時始募外債自此歲有增加據一九〇三年之統計其國債總額六十四萬萬七千三百七十五萬四千一百五十一盧布而外債殆居十之八英德法荷意諸國皆其債主而前此最大之債主爲英今茲最大之債主爲法以一八八八年爲變遷之界線今之俄猶爲債務國未能息肩也然以利用外債之故能實行解放農奴政策令全國農民富力漸進又藉外債以確立金主位之幣制行完滿之兌換制度使全國金融機關穩健圓活工商業因以漸興此其所獲蓋已不貲矣然猶不止此其收效最大者實惟鐵路俄國當一八六六年僅有鐵路百餘英里至一九〇四年有二萬七千六百九十一英里其建設費五十三萬萬八千

七百餘萬盧布。殆涓滴皆仰給於外債。俄國外債之重。強半由鐵路來也。據其前度支大臣瓦武忒氏所報告。（瓦武忒氏亦被稱當世最著名之理財家也）謂近二十年來國債雖有增加。而所支出之息反減於舊。且租稅所入遞增十分之六。足爲人民負擔力增進之徵證。而彼國生計學大家布特彌力駁之。謂瓦武忒所報皆僞。實則俄國之國有鐵路。每年虧耗四千萬盧布以上。租稅僅遞增十之二。而人民負擔力已達極點云。俄夙爲專制國。其財政上之秘密。局外驟難窮詰。二說孰當。終莫能明也。要之俄人自百餘年來。恃外債以自活。而至今迄未能脫債務國之地位。謂其成效卓著。固不敢言。但其財政當局者代有異才。常能彌縫其闕。俾有基勿壞。以維繫債主之信用。故絕未嘗受外債之害。然使非藉外債。則俄國各種政治機關生計機關。安得有今日之整備。而其民生事之艱。或且倍蓰於今耳。故俄之外債。利餘於弊。不可誣也。其在日本。現存公債二十二萬萬四千四百七十五萬二千五百〇二圓。外債居十一萬萬六千五百七十餘萬圓。就中惟一千五百餘萬圓爲行國有鐵道政策之用。自餘則皆日俄戰役時所舉也。然則日本外債什九。爲不能殖利者。揆諸恒理。實爲可危。然國家爲自衛起見。舉債以從事戰爭。爲事本非得已。況日本以茲役之故。遂縣朝鮮。且植不拔之基於滿洲。其國民富力。將緣此而日進。而政府今方注全力以行公債之整理。著著奏效。則日本受賜於外債。抑已多矣。

此外若**美國**若**澳洲**若**印度**。前此皆爲債務國。蓋其一切公私事業所需之資本。涓滴皆仰給歐洲。不過其政治素不采干涉主義。百業多委諸私人。故其債權債務之關係。不甚以政府公債之形式行之。而多以公司債劵或公司股票之形式行之耳。蓋此諸國之公司。前此殆無一不募債於歐洲。即其股票。亦强半在歐洲人之手。今則富力日增。負債悉已償訖。而股票亦全返於本國。而所建鐵路諸工廠等。悉爲已物。將來贏利。外人不得而分之。蓋僅二三十年間。遂翛然脫離債務國之地位。就中**美國**更一躍而爲債權國。大放資於外而取其息矣。此如以赤貧之夫。見信於一二豪右。假以資使自擇業。自爾孳孳豐殖。不數歲而悉償所負。而裘馬麗都。日駕彼豪右而上之。今之美國。正此類也。非賴外債。何以至此。本文稱澳洲印度爲國。讀者或不免駭詫。不知就國法上言之。彼等雖不過英國一領土。就國民生計上言之。彼等實別爲一生計主體。與英國對峙。故生計學家恒稱之爲一國也。就中若印度。其爲英國人之印度。而非印度人之印度。固無待言。但其財政機關及生計上種種施設。非直接受監督於英國蓋英國人之印度。與英國人之英國。常立於對等之地位者也。當印度與英國利益相衝突之時。印度政府。印度國民。往往不肯假借。此談印度事者所不可不知也。特所謂印度政府者。指英國人所組織之政府。所謂印度國民者。指在印度之英國國民耳。

若是乎外債之利益如此其章著也。然則有國者凡百不務。而惟汲汲舉外債焉。其可也。曰是又不然。外債猶烏附也。善用之。可以引年。而不善用之。必至殺人。吾見夫最近數十年間以外債取滅亡之國。比比然也。其最著爲埃及。埃及於一八六二年始向英國借外債一千八百五十萬打拉。一八六四年復向英法借二千八百五十二萬打拉。皆有所謂經手周旋費者。埃政府所得實額僅十之七耳。其初驟進多金。外觀忽增繁盛。埃王心醉其利。復於一八六五年六六年借三千餘萬打拉。六八年借五千九百四十五萬打拉。土耳其者。埃及之上國也。慮其後患。從而禁之。而埃王左右有歐人而爲顧問官者。附會學理。誘以甘言。復以一八七〇年更借新債三千五百七十萬打拉。而所謂周旋費者去其千萬焉。土國政府愈禁之。歐之資本家愈趨之。卒至行四百五十萬打拉之重賄以賂土廷。求弛此禁。自此益滔滔莫禦。不數歲而埃之外債達五萬萬三千餘萬打拉矣。**夫以埃廷政治現象之腐敗埃民生計能**

力之缺乏其所借外債悉以供揮霍而不能爲社會殖分毫之利理有固然矣然而債固非可以久逋也揮霍既罄而償還無著埃及國命自玆遂絕當一八七四年埃及財政漸不可收拾債主愈迫國帑全空於是英國領事迫埃廷聘英人爲顧問矣七六年更迫使設立清理財政局而以英法人爲局長矣局長履任之始因本國度支大臣議論不合立置諸重典遂分任外人監督歲入管鐵路掌關稅而財權全外移矣七七年而財政局增聘歐人數十支俸給十七萬五千打拉矣未幾又以領事之勸而給債主以厚祿矣不寧惟是關稅之權既握於外國而歐人在埃者十萬皆私販運而不納稅矣至七八年遂使埃及兩倍其人頭稅三倍其營業稅羅掘以還利息而每年歲入四千七百餘萬僅能以五百三十五萬供本國政費其餘盡投諸外人矣全國官吏經數月不得俸給而歐人之傭聘者其厚祿如故矣未幾而歐人訟埃王裁判於歐人司理之會審法院矣未幾而將埃王所有私產典與歐客以償債息矣其究也卒以英法人入

政府戶部工部二大臣之位實一八七八年事也二大臣既進託名於更新百度謂埃人老朽不可用遽免要官五百餘人而悉代以歐人矣爾後三年間全國官吏次第嬗易馴至歐人在位者一千三百二十五人俸給百八十六萬五千打拉矣遂乃裁兵士之餉加貴族之稅使其困蔽不能抵抗又欺小民無識以甘言誘以强威迫使全國土地什九歸歐人手民無所得食鬻家畜以餬口餓莩載道囹圄充闐而埃王卒乃被廢擁立新君之權自債主出矣埃民不能復忍羣起爲難英人遂以數萬之師壓埃境挾埃王以伐埃民未浹月而全埃爲墟矣**前後僅二十年間以區區金錢細故遂至君俘社屋舉國之人泰半宛轉就死慘酷之狀有史以來未之聞也**埃及之轍已覆及今踵其後者則有**波斯**昔之埃及欲得債主也甚易而今之波斯欲得債主也甚難非歐人之富力不足以給波斯之求也彼見夫昔之所以待埃及者縱冒犯不韙而已借出之本至竟無著經茲懲創後益矜愼以故今年三月間波政府欲向英俄兩國舉債而兩國所提出之條件

有聘法國人爲財政監督之一條蓋因波斯所有稅源久已充舊債之擔保今欲募新債則非以債主代握財權莫之肯應也乃未幾而有德人忽顧借給之事議尙未定而烏爾米亞湖航路權先落德手矣夫德亦何愛於波斯但使得攙入其間占債權國之位置則自能與英俄兩國鼎足共立以監波人之腦云耳 故波斯他日必以外債亡國其末路一如埃及此稍有識者所能逆睹也

其他若土耳其若委內瑞拉若哥侖比亞皆以外債之故見挾於强國而損其主權之一部分其事實不及縷敘就中情實稍異者則有一阿根廷（南美洲一小國也或譯爲亞爾然丁）阿根廷當四十年前圖治太銳大舉債於英國以獎厲產業其始驟得巨金舉國欣欣向榮儼呈大進步之幻象乃實利未收而償還本息之期已至於是全國騷然百業中止而國勢從此不可復振一八七六年其大統領亞威拉彌達嘗自懺悔謂本國人口不滿二百萬而外資輸入之額乃與六百萬人口之國家相應實爲失計云云其意蓋謂借債非病而病在太多斯固然也然猶知其一未知其二也 苟國民

**乏企業之能力者則所借之債雖適如其量亦未必遽能以殖利**則臧穀之亡羊等也雖本意欲借債以勸業而其結果與彼揮霍者將無所擇阿根廷之所以失敗蓋坐是也

由此觀之同一外債也而法意俄美日諸國享其利也若彼埃波阿諸國蒙其害也若此然則外債之性質果為善乎為惡乎曰此非可以一言而決也今試以一私人論卒然問曰借債為有利乎為有害乎此無論何人不能具答者也使其人從事農工商等業而借以為資本也本愈饒則業愈恢而贏亦愈厚雖多借豈為病然猶當視其人之才足舉此業與否倘不能舉而業敗衂則債困為累矣若乃漫無生業惟恃債以給米鹽則債愈多而愈以自縛甚或紈袴無賴借以供飲博冶游之資則其不至蕩產殺身焉而不止也國之有債亦何莫不然凡債之為物必歲賦息而及期還本者也他日所獲苟確信其能償本息而更有贏則用債求贏固天下之達道耳而非然者圖給目前不顧其後追償限既屆乃水益深而火益熱蓋必至之符無可逃避矣此實債務普通

之性質無內外而皆同一者也吾儕稍讀埃及史則聞外債而色變一若外債之本質含有至可怖慄之一屬性實則埃及所以狼狽若彼者徒以不能履行債務耳**夫國家而不能履行債務則豈惟外債雖內債固亦可以亡國矣**記曰與國人交止於信國家而不爲其民所信則曷誰與立若誠能履行債務則因時制宜或舉債於內或舉債於外各有短長惟其所適謂內債性善而外債性惡其說終無以自完也必矣然以外債亡國者所在多有以內債亡國者不少概見何也凡債之爲物以兩造自由意思相貣貸而不能強逼者也苟強逼焉斯亦不得復謂之公債矣（強逼公債在今世久已絕跡）而凡不能履行債務之國必其財政久已紊亂者也財政既已紊亂則在本國中斷無從得一文之公債雖欲以內債自亡而不可得也而外國之能以債假我者則必其爲富國也既富則必其爲強國也**既強於我則不畏我之不履行債務不履行則彼之力足以自取之也**故財政紊亂之國雖不能舉債於內而尚往往能舉債於外**此外債所以易速亡**

者一也財政紊亂之國必其政治極腐敗宮廷奢汰而官吏貪黷者也使無外債以爲補苴則當羅掘俱盡之時其橫流之欲亦不得不稍有所節或見菁華已盡則退而避賢路以艱鉅讓後人以收拾誠有賢能代興則浩刼或將可挽又不然則或低首下心求其民之相濡以沫民因得有挾而求則監督財政之機關或緣茲而立而國家得所託命英國憲政之建樹半由租稅半由公債職是故也一旦闢外債之門則惡政府有恃不恐不復感民嵒之可畏而國庫驟有所進又羣思聚而咕嘬之益戀棧而莫肯引避不斷送全國而不止此外債所以易速亡者二也租稅及內債得之也艱且爲數少故雖驕汰者用之猶不得不稍有節外債不得則已既得則其來也驟且爲數鉅晏然自忘其危而益其侈故雖初意不欲以借債供揮霍者債已到手不期而自濫費以致

償還無著致受干涉　此外債之所以易速亡者三也　且外債不徒易導政府以失政而已外資驟進全國金融必忽形潤澤苟其民非經教育有節制則全國奢侈之風將緣此而起　民由儉趨奢易由奢返儉難本期持以殖利之資轉瞬而消費殆盡　此外債之易速亡者四也　又不必其純然將資也夫以外債爲母財而勸民興業宜若無弊矣而猶當視其民企業能力之强弱何如　使其民於生計學常識絕無所有於近世企業之組織絕無經驗則投資經營若以石投水終必至本息無著而後已　夫苟無外債則民不過無企業之資而已緣得債而企業緣企業而喪資則無資等於前而復益以償而有償權者遂得制我死命　此外債之易速亡者五也　又不必無企業能力之國民始蹈此病也　凡一國中通貨（通用之貨幣也）驟增人民企業之熱狂驟起則恐慌恒隨之　德人之

驟得償金於法日人之驟得償金於我皆以大恐慌繼其後致全國產業彫悴經數年而不能復振其明驗也**若公債政策失宜輸進外資太驟且鉅則亦可以起同一之現象**經恐慌而不能履行債務則債權國之干涉遂起**此外債之易速亡者六也**又不必企業失敗而始蒙其害也驟得多債通貨必增一國通貨供過於求則物價必騰騰則外國物品必競入以承其乏而貿易差負（即輸入超過）之現象必驟起起則通貨復流出而物價旋暴落矣故泛言曰借得外債在淺識者以為是即貨幣自外國流入之意義也而不知其結果往往導貨幣使自本國流出坐是金融物價忽生擾亂國民生計或意外蒙損害無術以防之可以一蹶不振甚則生出不能履行債務之惡果**此外債之易速亡者七也**以上七端前三者受病起於政府後四者受病起於國民前三者為直接之病後四者為間接之病前三者為失政之國所獨有苟有之則不可治者也後四者無論何國皆常難免而有政策則足以防之者也故前三者為外債召亡之主因後四者不過其從因

雖然後四者爲附麗於外債固有之病前三者則本與外債無涉而實爲一國政治上之病態借外債以發現 是故平心論之外債之本質非有病也即有之其病亦微而非不可治天下事弊恒與利相緣豈惟外債而外債之特以病聞者則政治上之病而已明乎此義則可以論我國外債之得失矣

（未完）

時評

# 今後之中葡交涉

茶圃

我國與葡萄牙。爲澳門畫界問題。轇轕經歲。近益以過路環之事。尤動國民公憤。政府所以應付之者。吾民未知其出於何策。今也忽値葡萄牙革命事變起。雖其與各國之條約關係。與前無異。而彼駐劄各國之公使。本皆受前皇瑪奴埃之委任狀而來。今彼既宣告共和政體。前皇遜荒。則現任公使之資格。自然消滅。而現在我政府與葡政府已純然斷絕交涉。欲繼續前議。勢固有所不能。今後若共和政府瓦解。前皇復位。則維持現狀無他問題。若共和政府基礎略定。言修舊好之時。則我之所以待之者。宜有道焉。

我國積弱久矣。外交上事事忍尤攘垢。幾無復面目足以自立於天地。馴至以至孱垂斃之葡萄牙。亦從而侮我。葡之澳門在我肘腋。葡固不足爲我深患。然恐有假途於葡

時評 二

以謀我者則我旰食之日方長矣**故吾以爲宜乘此時以改正條約爲承認共和政府之代價**苟其不允則吾不接受其共和政府所派之使節而將來彼澳門總督府所樹之二色共和國旗吾以之與海賊旗同視苟能堅持此政策以一競於外則亦足以稍銷吾國民怨毒之念而壯其頹喪之氣也

改正條約之旨趣奈何是有二策焉一曰爲積極的進取者二曰爲消極的豫防者

**所謂積極的進取政策則賭一戰以收回澳門是已**澳門爲葡所割據其損我主權且勿論而尤可恨者則專以淫賭爲業紊我風紀全粵盜賊以爲逋逃藪庇匿不交擾我治安而且於條約所許租借地域之外四出攘竊此皆他國之租借地所未嘗有者也故澳門若長爲葡領則非特損我威重而廣東之地方行政且恐終無整頓之期故收回澳門實我內治上所當有事也

欲收回澳門或可以無待於戰而要之不可不爲戰備萬一戰不可避則吾亦有決勝之道乎曰吾固弱也而葡視我尤弱葡欲戰我必以海軍試檢其海軍力蓋戰鬥艦會

無一隻。惟有巡洋艦五隻砲艦四隻小砲艦十隻。合計不滿九千噸。皆一八九八年以前所成者。半朽廢不可用。其屬於本年所計畫者。雖有戰艦三隻。而告成未有期。夫勞師襲遠。兵家所忌。雖以俄之波羅的海艦隊。猶不能得志於東方。葡更何物。而敢侮我。葡侮我而猶不敢校。則吾更安取此軍諮處籌辦海軍處爲也。故使萬不得已而出於戰。則吾固無慴。此當爲舉國人所能自信者。

然無端挑釁。曲且在我。故師出當求有名。吾以爲此易易耳。夫葡人在澳門之租借權。爲條約所許。吾固不能驟然反汗。雖然光緒十三年之條約。固明言將來派員會訂界址。其後光緒二十八年。葡使白朗穀要求總理衙門認對面山小横琴大横琴三島爲其屬地。我固未之許。故勘界一事。實爲數十年懸而未決之問題。今值過路環事起。我方派大臣與議。**則除澳門一孤島外。寸土皆我主權**。而前此葡人所朦混蠶食者。一切皆須屏退。在我所持理固極强。天下萬國莫能難也。此我所宜堅持者一。

不特此也。今吾之預備立憲。編纂法典。豈不欲以改正條約。拒回各國之領事裁判權。

時評　四

哉苟欲試吾鋒宜先在葡萄牙今當要求一切通商口岸先將葡國之領事裁判權撤去葡人爲體面起見決不遽許也**於是吾得一轉其鋒布設我國之領事裁判權於澳門**蓋領事裁判權之所以辱國者徒以其爲片面的義務而已使彼我均有此權則固不足爲辱我而能得此權於彼則在澳門設一領事取我民而自治之則葡人且立槁矣此我所宜堅持者又一

夫此二者皆責葡人以其所至難也然使我能持之至堅不得則示之以必戰彼如敢與我戰耶則戰後而收回澳門最上也彼而不敢與我戰耶則不得不屈而從我我能得此二者於彼則亦可以已矣

**所謂消極的預防政策何也則勿使澳門更入於他強國之手是已**數年以前葡人以財政竭蹶不支頗有售其屬地之說或曰澳門之售主厥惟法蘭西此固不可信然今日固有耽耽焉視此奇貨者則德意志也德人建國苦晚及其內治之既定而五洲廣土已爲捷足者攫取殆盡無復容彼染指之餘

地德人至今以爲恨而奮飛之心未嘗一日息也今者在來因河中央築港以偪荷蘭德國貨物出入皆經荷蘭荷蘭政府歲入卽仰給於此項通過稅築港事業成德人不必假道則荷蘭成枯腊矣其意欲使荷蘭窮無復之不得不合併以爲德意志聯邦之一而彼所以必欲得荷蘭者凡以涎其屬地而已此事蓋稍明時局者所能知也夫德之處心積慮豈獨在此若葡萄牙亦其惓惓所未嘗或忘也今春葡王游德德人備極歡迎道路所傳謂將附爲婚姻識者固有以窺其微今葡王遜荒茲事可勿論矣**然今者葡國大變未定而英德兩國瓜分葡人屬地之說乃爲德國報紙所昌言**此何如語而言之無忌憚若此耶茲事雖未必旦夕實行然月暈知風礎潤知雨數年以後誰敢保虛想之不成實事者夫以區區之葡在我肘腋誠不足恤若易之以德我尙能一日卽安耶故今日雖不爲進取計而若何而防他國之假途於葡以偪我此亦外交當局者之責也

吾所陳諸義實可爲今日對葡交涉之一定方針雖彼無革命之變猶當行之特乘此

時更易爲力耳。當局諸君。亦肯一垂聽否耶。

宣統二年九月七日稿

# 葡萄牙革命之原因及其將來

滄江

外史氏曰吾聞之無實之名不可以久假不綱之政不可以卽安積威之權不可以永怙蘊怒之民不可以終侮四者有一大則以亡其國小亦以覆其宗吾於葡萄牙最近之事變見之矣

葡萄牙此次之革命其發也至驟一若出人意外雖然一考葡國之歷史及其最近之政治現象而有以知今茲之變不足爲駭也 **葡國革命之主因實由宮廷** 葡國現今之王統實肇基於十九世紀之中葉（葡之建國在十四世紀其王爲佐治第一越三百餘年傳至彼得羅第四無子以壻爲嗣稱飛蝶南第一卽今王之曾祖也） 其時憲法已頒國會已開國勢雖積弱已甚君民亦相安無事及一九○三年（光緒二十九年） 其王加爾羅第一（卽今王之父） 任布蘭哥氏爲宰相布氏乃揚言曰葡國人民識字者尚未及十之二程度不適於立憲其年八月適屆國會議員任期正滿之年行總選舉而政府黨不能占多數布氏乃奏請解散之不復召集亦不再行選舉 **夫國會既不召集安得復云立憲故一九○三年以後葡**

**國實爲純粹之專制政治而已**　葡民素漠視國事。其對於政治上之興味。本至淺薄也。及經庸暴君相之壓制。乃一激而驟漲。所謂共和黨者始萌芽矣。越五年（一九〇八年二月光緒三十四年正月）而加爾羅遂見弒。則革命黨以爆彈投之也。於是王與太子俱及於難。時其次子亦同車。顧傷而不死。遂繼位稱瑪奴埃第二。即今王也。而布蘭哥亦自知爲衆怨所歸。潛遁海外。至今不敢歸國。瑪奴埃嗣統時。年僅十九。既弱齡不更事。又多欲而好色。穢德時有所聞。左右輔弼。復非其人。故皇室與國民之感情。日益閡隔。而至於相疾。此禍之所由起也。

瑪奴埃即位後之一年。察民怒之已甚。不得已而始以去年二月復召集國會。**蓋監督機關之廢而不舉者。七年於茲矣**　據葡萄牙憲法所規定。國會權力本已微弱。不甚能舉監督政府之實。乃復久廢不用。故政府之專橫。政治之腐敗。積久而彌甚。瑪奴埃在位僅二年有半。而政府之更迭乃至六次（第一次爲亞馬特爾內閣以一九〇八年二月成。其年十二月倒。第二次爲亨力內閣。在職三箇月。第三次爲提黎士內閣。在職兩箇月。第四次爲利馬內閣。在職七箇月。第五次爲白拉阿內閣。在職六箇月。現在之多奴沙內閣。則以本年六月始成立者也。）

夫政府屢更。舉棋不定。雖有賢能。固無自實行其政策。況其執政者。初未嘗以國利民福置其心目中也。惟藉權勢為罔利之具而已。以故政愈叢脞。而民之塗炭愈甚。**財政紊亂至於不可收拾**。去年政費入不敷出者九百餘萬佛郎。乞靈外債為挖肉補瘡之計。（去年九月募國債五千九百萬圓合諸舊有國債共一萬七千九百餘萬圓）而執政者嗜利若命。紀綱埽地。去年三月其國會得有農工商部大臣與外國借鐵路公債受賄乾沒之據。至提出彈劾案。一事如此。他可類推矣。（何其與我國相似也惜我國彈劾案無從提出耳）於是輿論譁然。爭集矢於政府。抨擊不遺餘力。去冬今春。其外務大臣度支大臣至兩次與報館主筆決鬥。（眞是可笑然我國若有此現象則猶為可喜也）而此後所以箝制國民言論者亦愈甚。前此政府之屢更迭。大率由不見容於輿論。不得已而引退也。然繼之者亦若一邱之貉。雖屢易而腐敗無以異於前。**國民益知此等政府終無可望。非廓清而辭闢之。不可得而理矣。**

今年二月。國會初開。以阿非利加屬地鐵路案。致國會與政府大衝突。國會中革新黨議員全部不列席。未幾而又有砂糖專賣政府受賄之案起。（與我國眞相類）國會之攻擊益甚。

時評 四

政府猶不悛竟解散國會定以今年七月再行總選舉同時又擅改報律極力箝束言論報館之封禁主筆之被逮日有所聞又徧布憲兵於各地干涉選舉民怨益甚然雖極力干涉而政府仍不能得多數於是又託辭遷延歷三月而猶不肯召集新議會方謂可以偷安旦夕而不知禍已發於眉睫矣

自布蘭哥之執政銳意擴張軍備兩年來又復增置海軍夫以奄奄就斃之葡萄牙豈復能有所競於外其修武事也毋亦以防家賊而已豈意今茲變起而舉國軍隊無一不與革命黨響應其首砲擊里斯本王宮者非斬木揭竿之民而葡王大元帥陛下所將之陸軍也其堵截海口致其王幾不能出險者亦葡國海軍部所管之軍艦也一夫發難三日而事大定死傷僅七十餘人而五百餘年之君主政體遂破壞而不留遺跡旁觀覘之殆若兒戲爲自古鼎革之交未有行所無事若斯之甚者也嗚呼觀於此而葡君臣自取滅亡之效愈可

睹矣。

然則自今以往葡亂其定而葡民其蘇乎曰、是又非吾所敢言也。**凡國之失政其罪不獨在君相也舉國之民皆有責焉**以現在葡人之政治能力果足以拔其國於險艱而躋諸治理乎此識者所未敢輕許也此徵諸葡人舊屬而可推也中美南美葡人諸屬地宣告獨立而改爲共和政體者殆將百年然其間蓋未嘗閱十年無亂事政出武門而民之憔悴滋甚大本不立安適而可故今玆新政府之建設吾未能遂爲葡民慶也雖然彼建國以來五百餘年之王統自今以往如覆水之不可再收則中智以下皆能知之矣嗚呼當近世史發軔伊始葡之國旗西奄全美東極亞洲五洋島嶼半隸其版固一世之雄哉所憑藉深厚若彼徒以暴君汙吏之壓迫日蹙百里至今曾不得自比於上國而彼君相之操斧自伐者至竟亦不過流離瑣尾作寓公於人國徒貽穢德爲萬世笑悲夫**然世固尚有日夕效其**

所為惟恐不肖者此太史公所以歎息於亡國破家相隨屬也

宣統二年九月八日稿

# 中國最近市面恐慌之原因

滄江

本報昔曾痛哭流涕以陳言曰。恐慌也。飢餓也。即我國民今後最近二三年中所受之果報也。不幸而言中。未幾遂有陳逸卿之事發於上海。其影響波及長江沿岸諸市。乂未幾而加以源豐潤之事。影響遂波及於全國。今既已舉國惴惴。儳然不可終日矣。然豈止於此而已。竊恐自今以往。此等風波之繼踵而起者。且未知所終極。吾一念及此。不寒而慄焉。越在海外。不能躬自調査事實。無從確論其所以致此之由。顧其大體有可以揣測而得者。謹述一二。以爲談補救者之一助焉。

第一　由於全國企業資本之缺乏也

我國現在全國之企業資本。實剝蝕已盡而無所餘。本報前既已屢言之矣。以故現在各通商口岸號稱大行號者。什九皆無實本。而惟仰銀號錢莊之挹注。銀號錢莊亦什九無實本。而全賴濫發莊票之彌縫。全國之生計社會。如累層樓而無其基。無日不可以坍塌。故雖極微之風波。亦受不起也。

第二　由於企業之塗術不健全也　生計社會現象既已若彼就令企業者一循正軌篤實從事猶懼不足自保乃無端而忽焉鶩於投機夫投機事業最足以擾亂市場雖生計社會極穩健之國猶且病之況我中國股份懋遷公司制度尚未頒定無所以防其弊而我之投機者乃以其闇昧之眼光以欲與至敏猾之外人競安所往而不敗此次恐慌緣橡皮公司投機倒產而發端尙不過小懲大戒而已

第三　由於幣制不善受銀價之影響也　我國因不行金主位幣制故凡從事對外貿易者除供求關係外尙須稽算金銀之時價以計盈虧而金銀時價則漲落不測者也故雖以至忠實之商人及其營對外貿易則固已不得不含投機的性質一月以來銀價以種種變故忽爾驟漲為五六年來所無此次源豐潤之變其間接受此影響者當不少耳

第四　由於銀行制度之不頒定也　我國銀號錢莊所發之莊票其性質與各國銀行業所謂期票匯票支票者皆有異（期票譯日本之約束手形匯票譯為替手形支票譯小切手形參觀第念四號銀行業務說略）實則一種之兌換券也凡發兌換券必須有準備金或有確實之有價證券以為保

障今我國之銀號錢莊一切無之任意濫發此種制度雖謂國家導民以爲惡可耳故每遇錢莊等有變故其禍之烈乃過於他國也

第五 由於新幣制不采自由鑄造主義且推行不得法也 新幣制之對於主位幣必當采自由鑄造主義本報大聲疾呼非止一度政府漫然不省惟向市場收買銀塊以充幣材比者銀價驟騰此亦其助成原因之一又築室道謀朝令暮改主金主銀至今未定致令各局造成之新幣庋藏而久不發出夫市面銀根本已緊極政府以鑄幣之故而吸收之愈增其緊吸收之後又死藏之於造幣局中經年累月不見發出而緊者遂不復舒此亦釀成此次恐慌之一重要原因也

第六 由於大清銀行之無信用也 大清銀行冒一國中央銀行之名而實則所營之業僅與普通銀行等已乖名實而其內容之腐敗又早已爲識微者所窺前月德使兩次詢我政府以準備金之有無政府不能確答用是益增人疑故大清銀行之兌換券不爲外人所信馴至並不爲本國人所信夫通商口岸之錢莊等大率皆恃各國銀行爲之挹注者也大清銀行且不爲人信私立銀行更何有各國銀行之放

時評 四

銀一加收緊則我乃立槁矣

第七 由於地方官吏之作奸犯科也 前次恐慌之原因革道蔡乃煌之投機失敗挪蝕公款實爲動機之一經革職後天下已共知其罪而此次之恐慌又起於該革道事發後之旬日且聞關款之無著者乃至數百萬其間必有與該道狼狽之跡殆無可疑國家豢此盜臣既耗國帑而復以奪數十萬小民之生命天下可痛哭之事莫過此也

今者經商會之呼籲江督之奏請得由大清交通兩銀行指撥五百萬以爲維持則禍餤殆或可以少息矣然吾於此復有數疑問焉

一曰大清銀行交通銀行果有救濟之實力乎

二曰此五百萬者以救濟上海一隅尙未知能給與否而此恐慌影響所及實至鉅自長江一帶乃至北京廣東無不波及兩銀行救濟之力能徧及乎不能徧及則善後策又奈何

三曰最近一年數月間能保無第二次之恐慌乎以吾慮之其繼起者將未已而且

加劇其時此兩銀行之力更能及乎不能及又將奈何

四曰此暫移救濟之五百萬將來有何把握能保其必歸還乎不歸還則大清交通兩銀行不將受其波累乎

五曰大清交通兩銀行其本身果有確實之信用乎其有以異於源豐潤者幾何今惟濫發無準備金之兌換券以自支門面而救濟人萬一以市場恐慌之結果商民爭持該行之兌換券以求兌換則又求何人爲之救濟乎

嗚呼吾念及此不寒而慄苟及今不圖根本之解決吾又烏知其禍之所屆哉

時評　大

秋風獵獵漢旗黃
曉陌霜清見太行
車載氈廬駝載酒
漁陽城裏作重陽

調查

# 海外僑民調查記

繫匏

## 移民發達之原因

我國僑民。不藉政府之保護。以孑然一身。遠適異域。日出沒處。皆見其足跡。即所到之地。橫遭踐踏。幾如奴隸牛馬。而亦奮然不顧。輕去其父母之邦。雖曰冒險之性有以使然。殆亦事勢相驅。迫非此無以自存者歟。考其原因。不出二義。一曰人口之增加。我國向乏統計。全國人口本無確數。今姑據光緒三十一年外人之統計。列如左表。

| 省名 | 人口 | 面積 | 一方哩之人口 |
|---|---|---|---|
| 直隸 | 三、〇〇〇萬 | 一一五、八〇〇方哩 | 二五九 |
| 山東 | 三、八〇〇 | 五五、九七〇 | 六八〇 |
| 山西 | 一、二〇〇 | 八一、八三〇 | 一四八 |
| 河南 | 二、五〇〇 | 六七、九四〇 | 三〇五 |

調查 二

| | | | |
|---|---|---|---|
| 江蘇 | 二、三〇〇 | 三八、六〇〇 | 六〇〇 |
| 安徽 | 三、五〇〇 | 五四、八一〇 | 六四四 |
| 江西 | 二、六〇〇 | 六九、四八〇 | 三七四 |
| 浙江 | 一、二〇〇 | 三六、六七〇 | 三二七 |
| 福建 | 二、五〇〇 | 四六、三二〇 | 五四〇 |
| 湖北 | 三、五〇〇 | 七一、四一〇 | 四九〇 |
| 湖南 | 二、二〇〇 | 八三、三八〇 | 二六五 |
| 陝西 | 八〇〇 | 七五、二七〇 | 一一〇 |
| 甘肅 | 一、〇〇〇 | 一五、四九〇 | 八〇 |
| 四川 | 六、八〇〇 | 二一八、四八〇 | 三一二 |
| 廣東 | 三、一〇〇 | 九九、九七〇 | 三一〇 |
| 廣西 | 八〇〇 | 七七、二〇〇 | 一〇四 |
| 貴州 | 六〇〇 | 六七、一六〇 | 九〇 |
| 雲南 | 一、〇〇〇 | 一四六、六八〇 | 七五 |
| 合計 | 四二、四〇〇 | 一、五三二、四二〇 | 二七六 |

據前表觀之。是平均一方哩之人口。爲二百七十六人。其最庶者。乃至六百八十人。其中如雲南貴州甘肅等省。雖一方哩之人口。初不滿百。本有吸收過剩人口之餘地。然以土地之貧瘠。交通之不便。故瀕海之區。其過於繁庶者。寧舍已芸人。遠適他國。此海外僑民。所以皆出於人口繁衆之廣東福建山東江蘇數省也。二爲生計之困難。我國農民。實占全國人口三分之二。然捨農業以外。實苦無覓食之方。且種植之法。素不講求。一切聽之天然。所獲既寡。重以交通機關。尚未發達。農產品之價格。無從進增。手足胼胝。難求一飽。强者流爲盜賊。弱者至塡溝壑。此又不能不別闢新世界以營謀生計之一原因也。

移民渡航之方法

移民之種類有二。一爲契約移民。一爲自由移民。契約移民者。僱主與傭者之間。互有關係。於渡航之先。預有所約者也。至自由移民則反是。於美國則嚴禁契約移民之入境。故赴彼地者。概爲自由移民。然名雖自由。實則比之有契約者尤爲慘酷。彼破家以購一護照而不能登岸者。或匿之煤艙而慘死者。不可勝數也。至非洲及星架坡等處。

調查 四

則契約移民最所歡迎。卽如昔年英國爲開發亞非利加之脫蘭斯哇爾。特與中國訂移民之約是也。其中復有以經理移民爲業者。凡赴星架坡及南洋各地之移民。則多經彼等之手。業此者或設一客棧。以待其來。或派人專赴各地。以募其至。以五十人百人或二百人爲率。若如其數。則以工頭率之。偕赴各地。至其旅食之費。則爲之墊付。待其傭工有着。乃始取償。蓋求傭海外之小民。類皆貧無立錐。一衣一履之外。絕無長物也。

此外自香港汕頭海口各地以至星架坡者。尤有特別便利之法。於渡航之先。與僱主先訂勞働契約。一切旅費。皆可豁免。至其勞働之種類。則以鑛業農業爲主。製造及機械業次之。故雖不名一錢。皆可航渡。此南洋之吸收我國移民。比之他地。所以獨見其衆也。

## 移民之特質

我國移民之所以能於世界各地。擴張其生計之領土。開發其經濟之源泉者。殆非幸而致。蓋誠有過人之特質。而非他國國民之所能幾者也。其特質維何。一曰能耐勞苦。

彼外國之苦力。堅守勞働八時間之例。無肯或踰。其間吸煙飲食休息有時。若稍越期限。則呻吟愁歎。甚且同盟罷工。以爲要挾。至我國移民則堅忍耐勞。不惜身命。雖至勞苦之業。亦能甘之若飴。傭値苟能相當。絕未聞以勞苦過度。稍鳴不平者。二爲力尙節儉。彼等於衣食住三者之外。絕無他求。饑苟得食。寒苟得衣。即稱快足。以生活費低廉之故。所求不奢。即外國人所不能堪之傭値。彼等亦能安之若素。故足跡所到。特爲資本家所歡迎。三勤於貯蓄。彼等於移住地所獲之工金。除生活費而外。斷不妄擲。必悉數寄還本國。雖移民之多數。爲下等勞働。本無經營事業之才能。以投資各業而謀增殖。然非有遠慮。勤於貯蓄。則到手輒盡。永爲他鄉之奴隸耳。四爲富於愛國心。彼等移民中由赤貧而至鉅富者。頗不乏人。居留外國。生命財產之安固。比之返居內地本不可以道里計。然其懷戀舊鄉之心。絕不因此而少減。苟有可以返國之機會。即作歸計。間有娶納胡婦。歸時而不肯偕行者。亦寧舍棄其愛妻。以遂歸志。至我國之辮髮。久爲外人所訕笑。而彼等寧受笑罵。仍不屑改裝易服。此亦足爲愛國心之一證也。雖然、彼等耐勞而不嫌傭賤之特長。固爲我國移民發展之原因。而到處受排斥之聲。亦未嘗不因此特長而受累。蓋白晳人種於勞働界中與中國人遇。生存競爭實在劣敗之數。故不得不藉此以爲抵制之具也。

移民之移住地

我國移民。具此特長。故凡人口稀少。勞力需要之地。無不大受歡迎。即邇來排斥之聲。不絕於耳。或絕對禁其移入。或加制限以止其渡航。移住之數。比之曩時。已覺銳減。然卽舉現在移民之數。比之文明各國。亦幾首屈一指也。今將移民之移住地。及移民數之大畧列表如左。

| 移住地 | 調査年度 | 移民數 |
|---|---|---|
| 香港 | 光緒三十二年 | 三〇七、三八八 |
| 南洋群島 | 光緒三十四年 | 一、三六〇、五〇〇 |
| 星架坡 | 同上 | 三〇〇、〇〇〇 |
| 暹羅 | 光緒二十八年 | 一、四〇〇〇〇〇 |
| 馬來半島 | 光緒三十三年 | 五三〇、〇〇〇 |

| | | |
|---|---|---|
| 法領印度 | 同上 | 一九〇、〇〇〇 |
| 英領卑爾摩 | 同上 | 一七〇、〇〇〇 |
| 澳洲 | 光緒三十二年 | 一四〇、〇〇〇 |
| 新西蘭 | 宣統元年 | 二、五〇〇 |
| 北美合衆國 | 光緒二十六年 | 九〇、一六七 |
| 加拿大 | 光緒二十七年 | 一七、〇四三 |
| 墨西哥 | 光緒二十六年 | 二、八三四 |
| 秘露 | 宣統元年 | 四五、〇〇〇 |
| 檀香山 | 同上 | 二五、〇〇〇 |
| 西伯利亞 | 光緒三十三年 | 五〇〇、〇〇〇 |
| 脫蘭斯哇爾 | 光緒三十年 | 一二、〇〇〇 |
| 南美及中美 | | 一三〇、〇〇〇 |
| 其他 | | 二〇〇、〇〇〇 |

合計　五、四二三、四三一

如上所表其散居各地人數無多者。不暇細舉。其數已達五百四十萬餘。以人口四億。平均計算。每百人實得一、三五之數。試將歐洲各國移民數。對於總人口之比例。一爲比較。每百人所得之數如左。

| | | | | | |
|---|---|---|---|---|---|
| 英倫 0.6 | 愛爾蘭 1.6 | 蘇格蘭 0.9 | 英國 0.74 | 德國 0.23 | 意大利 1. |
| 法國 0.06 | 澳地利 0.12 | 西班牙 0.4 | | | |

是我國移民之數。僅亞於愛爾蘭。實占世界之第二位。然全國二十二行省中。其移民外國者。實僅廣東福建山東江蘇數省。若僅以此數省總人口。一爲比較。則又當遠在愛爾蘭上耳。

## 各移住地我國移民之事情

### 第一北美合衆國

我國移民之赴美。實始於光緒十年。卡僻寬尼州之金鑛發見時。此後移住之數。日益增加。自光緒十年。至十四年。此四載間。數始達萬。其時適有南太平洋鐵道之敷設。需工極亟。而我國能耐勞苦而不嫌傭賤之勞働者。尤受歡迎。故越太平洋而來新世界者。益以如潮之勢。蜂擁而至。白人之職業。至爲所奪。於是不平之鳴漸起。而排斥之聲。遂隨其後矣。今將千八百七十年美國政府統計我國移民居留彼國之數列之如左。

| | | | |
|---|---|---|---|
| 卡罅寬尼 | 四八七九〇人 | 們德威 | 一九四三 |
| 紐威打 | 三一四三 | 華特 | 四四五 |
| 華盛頓 | 二三四 | 阿文 | 一四三 |
| 阿利根 | 三三二六 | 其他 | 三八四 |
| 伊打蒿 | 四二六九 | | |
| 合計 | | | 六二六七四 |

是年以後。我國移民增減之數。則如左表。

| 年度 | 渡航者 | 歸國者 | 增加 | 減少 |
|---|---|---|---|---|
| 一八七〇 | 一〇、八六九 | 四、二四三 | 六、六三七 | |
| 一八七一 | 五、五四二 | 三、二六四 | 二、二七八 | |

| 調查 | | 十 | |
|---|---|---|---|
| 一八七二 | 九、七七三 | 四、八八七 | 四、八八六 |
| 一八七三 | 一七、○七五 | 六、八○五 | 一○、二七○ |
| 一八七四 | 一六、○八五 | 七、七一○ | 八、三七五 |
| 一八七五 | 一八、○二一 | 六、三○五 | 一一、七一六 |
| 一八七六 | 一三、九一四 | 三、四八一 | 一○、四三三 |
| 一八七七 | 九、九○六 | 七、八五二 | 二、○五四 |
| 一八七八 | 七、四一八 | 六、五一二 | 九○六 | |
| 一八七九 | 六、五四四 | 六、九○六 | | 三六二 |
| 合計 | 一一五、一四七 | 五四、九五四 | 五七、五五五 | 三六二 |

由此觀之。渡航者之數日漸減少。歸國者之數日益增加。求其原因。實由入國制限之所致。自是而後。益有江河日下之勢。至光緒二十六年。已頓減爲九萬一百七十六人矣。馴至今日。厲禁益嚴。統計之數。雖不得其詳。然其數比之二十六年。當又銳減。可斷言也。

至美國各地我國移民之職業。則不外農業與勞動二種。其經營商業者絕少。即有一二。然亦只爲本國人之貿易。至其所販賣於外人者。除草蓆磁器爆竹葵扇茶葉骨董等物外。能於外國商場。試其競爭者。則誠絕無而僅有矣。今將移民所從事之職業。約舉如左。

一鐵道工夫　美國於新開之大陸。縱橫布設鐵道。自始工以迄交通完備。殆成於我國移民之手。我國人之傭値。每月約美金三十一二圓。其他白人則非五十元至六十五元不可。是我國人比之白人。實以半額之傭値。而爲倍於白人之勞作。

二鑛夫　我國人之傭工於鑛山者最多。美國各大鑛山。半由彼等之手而開掘。

三開墾荒地　美國新開之國。荒地甚多。如卡鏬寬尼州卑濕之地。尤適於種植。故我國之勞働者。如蟻附羶。爭趨此地。今日排斥黃人最力者。卽此州之人也。

四農夫　農夫之業。比較稍爲安逸。故傭値較廉。然白人每月仍須美金三十五元。乃至四十元。至我國人則無出二十元以外者。

五摘取果實　摘取果實者。非終年可有。其工値比之他業較昂。每月固可得三四十元也。

六各種製造業　我國人所從事之製造業。其重要者爲木造品麻袋肥皂網具蠟燭及自來火等物。殆皆簡單事業之職工。皆由無學不識字之故。

七特種之工業　製靴製帽製琉璃等廠。多僱用我國人。此外業洗濯者。尤占多數。白人之工金。普通一星期。可得十一元。然我國則僅六元。而洗濯之潔淨。白人弗及也。

八僕役　執此業者。須稍通西語。故工値比之他業稍昂。我國人之業此者。爲數亦不少。

（未完）

## 文牘

# 各省督撫籌商要政電

一 滇督李籌商根本救治辦法電

憲政九年之預定。十一部同時之進行。凡洞見維新癥結者。每深憂歎。樞府關心而難輕議。庶人蹙縮而不先發。今。朝旨令議。覆趙御史摺。似欲言發於外。藉以折衷補救。近日舊政輪廓難存。新政支離日甚。其大病則在無人。無人之病在於欲速而不懷根本。世風之靡。人心之幻。因而中之。於是强事就人。强人就事。無人即先辦事。無事即先用人。種種枝蔓。相因而起。守舊時之醞釀。維新後之造作。諸症如一。故愈求人才。人才愈不出。其大難則在無主腦。諸部各自為謀。亦無次序。而無審國情量國力。聯合主斷之人。徒委編查館為細碎調停。改革不從簡單入手。故文法愈密。措理愈難。坐此二病。智愚同困。其妨礙維新阻力甚大。即有一二枝節眉目。何補大局。到得財盡民散。事已無救。今幸以欵紬見端。正可進求病本。義深廢時不我與。馴至外人干預。羣沸交騰。本藉憲政以固人心。轉因憲政以速國禍。此非一二人口舌可解。如各疆臣趁此時機。皆能言巽旨合。直陳無隱。並於維新根本。各貢條陳。宵旰徬徨。苦無辦法。倘能朝廷不易反汗之名。隱收變通之益。幡然一決。當或可期。諸公藎抱憂時。義雖孱庸寡識。甚願規步偉畫。分其緒論。狂瞽無當。先乞復誨。大稿已成。即求密示。管蠡所及。亦必呈正。臨電翹盼。義徵

## 二　各省督撫籌商借債築路電

### 東督錫鄂督瑞致各督撫電

仲帥微電。深切洞達。同抱焦慮。竊謂憲政九年之豫定。十一部同時之進行。中國無此財力。半途而廢。已可預決。非有重要簡單入手之辦法。則財匱民散。必在意中。近查美國變法之始。其中央之集權。各省之反對。更甚於吾國。後執政者察其不行之故。在於各省交通隔絕。情勢迥殊。遂改從急修鐵路下手。數年之後。國內貫通一氣。不易法而令自行。彼之政策。即爲我之先導。良瀓徧詢賢達。皆以爲然。擬請朝廷決計借外債數

萬萬。將粵漢川藏張恰伊黑諸幹路。及緊要支路。限十年趕造。一面借欵。一面包工。以免將借欵移作他用之患。鐵路所用工料。悉取於國內。外人所得。不過利息工價而已。此欵流布於民間者十之七八。則十年之內。可救民窮之困。十年以後。鐵路陸續告成。行政之易。亦如破竹。民間風氣自開。速於教育。何止十倍。所謂重要簡單入手之辦法。似無以易此。今中國國大而不得國大之益。人多而不得人多之力。鐵路果成。是取大國而縮小之。財聚力完。勢增百倍。庶可與列強競存於世。不然以一旦情隔勢離。民窮財盡之狀。欲恃兵力以圖強。非五十年不能收効。欲恃政治以自振。非三十年不能見功。世變之亟。恐無此三五十年和平之時代。足以待我之緩步也。倘諸公意見相同。即請合詞入告。力持此議。仲帥謂朝廷不易反汗之名。隱收變通之益。洵爲名通之論。望即熟籌。同囯王宅錫良瑞澂叩佳

江督張電

佳電敬悉。以交通爲振興庶政之本。血脈貫注。支體輕靈。誠爲良策。行政則速於置郵。國防則易於徵調。懋遷稱便。生產流通。而實業從此發進。外債息微。收爲我用。而外交

文牘 四

又得均勢。是皆利之可言者。再窮其害。一借債修路。近已屢行。外人投資。我尚有故轍其求之迹。安立合同。已多失算。財權諸事。折扣先著。皆爲彼佔。且豫料虧折。必須虛抵。既已指抵。何虛非實。又若我借彼債。欵初未交。定約日起。卽照全數計息。存彼之銀。還我息。必較原息減釐。隨提隨扣。提用出之欵。還須寄存洋行。陸續支放。材料工匠。何國之債。先儘何國。是借欵雖鉅。無望流布民間。用料及上等執事。仍資彼族。吾國人所獲苦工之費。能得幾何。二關稅釐卡。抵償罄盡。所借既多。勢將指抵丁糧。設有虧耗。利息不繼。問及抵欵租賦正供。亦啓人干預。因租賦而牽連催科賦字。參以外人。大局何堪設想。財政權之旁落。埃及覆轍。可爲寒心。路務之有虧耗。滬甯已其明證。三非常之原。黎民所懼。拒欵風潮。羣議未已。前因津浦續債。部電設法飭購華股。劄行諮議局籌勸。據復痛駁。至謂無非取華人之財。附寄洋人名下。助彼侵佔路權之柄。所見如此。若竟輿論紛呶。解說既難。壓抑不可。購地程工。均將橫生阻礙。四衆說既紛。人心震驚。奔走呼號。易滋暴動。以粵省開通最早。九廣路工。鄉民抵抗。枝節滋多。經路員會同地方文武幾費調停排解。差幸無事。洋員已有受傷者。前美公使洋人佛山勘路。迭受圍毆。

是皆已事。今將各路同時並舉。保護設有未周。外人以資本所在。藉口別生枝節。丁未戊申間英人因粵省商船被刧。强涉西江緝捕權。覬覦之漸。似應愼防。綜此四端。私慮良用惴惴。査美人先以西部諸地募墾。交通不利。畝値千元。迨借英欵造路。八年間成四千英里。地價驟增。鐵路公司。終以辦理不善。官商交困。此道光十年至十七八九年事。至咸豐九年又大舉通路。至同治十一年間各工司資本偏重路工。以至積壓不能周轉。一切損害。至十餘年不能復原。蓋彼國借款而權自操。亦尙不無流弊。今我國論國勢民情。旣屬迥異。借款權限。更無妥法。茲事體大。尙望藎籌。

## 蘇撫程電

佳電敬悉。九年籌備館部訂章。或爲多國之陳迹。或係個人之理想。於中國財力民力。本不恰合。於各省風氣之不同。地位之迥異。更未嘗留意。是以立一法而未必能行。辦一事而未必有益。各省交通隔絕。情勢迥殊。若非急修鐵路。則全國血脈無由貫通。全國人民無由接洽。雖有良法。雖有治人。亦決無下手之處。藎見宏遠。至爲紉佩。竊謂普築鐵路。以利政治之推行。固爲重要簡單入手辦法。然入手之先著。及入手之後備。尤爲重要中之重要。不能不預爲籌議。築路款項。非數萬萬不能舉。環顧歐洲各國。誰有餘資。又誰有貸我重金者。惟美國富商因受工業限制。失其生利之自然。皆思出其資本投之遠東。以長其生利事業。日俄協約成。華美感情增厚。政府宜趁此時機。與美協約。則將來借款有百利而無一害。不特於路款有益。且於國家大有關係。所謂入手之先著是也。築路借款。養路斷不能借款。若實業不興。而轉運物少。則鐵路造成之日。即鐵路虧累之日。爲今之計。宜以外債爲築路之資。宜募公債興實業。以爲養路之資。並藉以爲將來償債之資。而後十年以後。鐵路陸續告成。不致再處困難。此所謂入手之後備是也。抑更有進者。凡行一政。必有人負其責任。用一款。必有人爲之監督。尊電謂鐵路告成。則行政勢如破竹。倘使十年之內。政象不如今日。既無主腦。又無羣力。內外棼亂。上下蒙飾。則雖鐵路告成。而政治之不能推行也如故。而況鐵路未必確有成。何也。無內閣負其責任。則政事擾雜。漫無主宰。不特將來之政治。無所歸宿。即目前築路。亦不識誰爲之主持。無國會之監督。則以息借之款。供濫用之需。實效未聞。負累已重。徵之往事。可爲殷鑒。是以全所謂入手之先著及入手之後備。實爲築路之重要問題。

而責任內閣及召集國會。又關係先著後備之重要問題也。世變日亟。誠不我待。弟與諸公熟商挈銜入告。正譯發間。接海帥蒸電。有與鄙人相同之處。望併察酌爲幸。

## 粵督宥電

仲帥微電已復。頃接清帥莘帥佳電。以救時急策。重要簡單。宜從鐵路下手。擬大集外債十年。趕造。用意甚美。鄙意仲帥原電謂大難在無主腦。此語最爲扼要。借債舉辦鐵路。美國前事可師。然凡辦一事。必先有一主體。而後一切有所附麗。鐵路爲我之鐵路。我借債而我築之。是主體在我也。若今日中國之借債。則動機悉出外人。並强迫以必借。其情形已與美異。既借之後。對於主體。究係若何關係。將來若何籌還。萬一屆期不能歸還。又若何籌措。此一層必須通盤計畫。免蹈借款自亡之覆轍。尊電謂鐵路告成。則行政勢如破竹。此亦須有主體。則政令始有發生之地。始有操縱之方。若但恃借款造路。簡單政策。則吾國內政。又從何發生。又從何操縱。美國維新。合衆政體發生操縱自在議院。吾國政體不同。京外尚無發生操縱之樞紐。恐主體不立。則所謂破竹之勢。亦在彼而不在我矣。竊意借款築路。此不過應行政策之一端。應如何解決。我輩似可

贊助而不能代擔責任。諸公卓見云何。事關大局存亡。乞從長計議。並示復爲禱。勳蒸

蒸電意有未盡。鐵路爲應行政策之一端。就路言路。吾國幅幀既廣。日伺堪虞。則以借款築路。爲伐交伐謀之政策。亦目前所宜急籌者。俄日協約成。而東三省危。滇越鐵路成。而滇桂俱危。似此偉大工程。吾國斷無此財力。欲稍遲回。而人不我待。則不能不借款。並藉以牽制各國。譬如滇路則不可純用法款。東三省則利用美款。各國既因均勢而有所顧忌。我亦得及此間隙以修明內政。如此辦去。更須立定主腦。所謂主腦者。曰責任內閣。曰國會。此二語爲現今普通常識上所共有。顧勳竊以爲內閣國會云云者。爲吾國各項政策之起點。非謂憲政完全之結果即在是也。所慮者國會成立。必經無數曲折困難。尚非旦夕間事。然使先組織內閣。尤慮僅有負責任之形式。與目前樞臣無異。而事機萬變。仍責難於一人。此則立憲專制兩無所當。無論何種政策。今日以爲是。明日又以爲非。一方面以爲是。一方面又以爲非。此仆彼起。此起彼仆。時不我與。而國不可爲矣。故鄙意築路爲應行政策之一部分。借款爲築路中應研究之一部分。似不必謂全國鐵路。俱應如此。於救亡政策主腦所在。似係另一問題。至於淸帥莘帥佳

電。謂鐵路所用工料。悉取於國內。此款留布民間云云。鑒於前車。亦非事實。鐵路借款。往往工程師購料兩層。操之外人掌握。且吾國鐵廠所出。尙未敷全國築路之用。洋工程師更藉詞挑剔。爲彼國材木及工廠銷運之尾閭。歷年各路所用木料。可覆指也。故卽就鐵路而言。無論外款自款。亦不可無主腦。淸帥華帥公忠體國。觀此時艱。思下一急劑。用心良苦。敢貢蠡見。用備研究。仍乞諸公指示。

滇督李電

中國地大情隔。血脈遲滯。外人利用其交通機關。挾軍事政治經濟之勢力逼壓而來。通內禦外。鐵路爲先。淸帥華帥主張路策。誠爲扼要。借款亦不得已辦法。惟此等大計劃。似非疆臣電函集議而成。必先政本更新。始有主持機關。財政整理。始免債主干涉。朝野合謀監察。始能於借時免輿論反對。用時免當事虛糜。欲實此三主義。非設內閣開國會不能辦到。海帥蒸眞兩電。洞見本原。義於議覆聘翁及趙御史奏中。嘗痛切瀝陳。海帥眞電慮內閣僅有形式。管見內閣初設。組織者未必卽幹濟國難之才。但部臣既同爲閣臣。緩急後先。協同審律。可無目前政出多門彼此矛盾之事。兼有國會監察。

庸者既難濫竽。滑者尤難敷衍。欲不負責任。勢有不能。至慮國會遽開。議員無政治經驗。囂議紛爭。無當國計。但國家政策。須以理想立進取標準。以實驗定施行方法。閣臣富於實驗。議員富於理想。兩相調劑。進步始穩健和平。吾國士紳翹楚。經驗不及老成。理想調查。可資參助。開明專制。時會難期。困厄如斯。士氣莫遏。既不能禁局外雌黃。誠不如置之局中。俾知困難曲折。數年後經驗漸增。尙望與政府休戚相關。雙方演進。義不敢謂內閣國會一成。必臻郅治。而敢謂內閣國會相維。猶之定醫。乃可議方。對鏡方能辨影。施救未定之天。終勝於袖手待絕。覘遠局者。詎可畏當前棘刺。遂不圖日後補苴。此事在十年前。義誠不敢浪議。今則無可緩矣。政府亦知終不可緩。又不於所慮數端。開誠宣布。堅明約束。而後舉辦籌備。焉能完全。領土何從劃一。縱能待至九年。又將何以自解。義以爲欲求籌備實際。非有內閣國會不可。故救現行先著。尤非有內閣國會不可。蓋朝廷所處。深入難境。進中求決。困而可通。退中求解。困而益殆。審之東勢更易明也。海帥謂國會成立困難。擬先組織內閣。實則二者如車兩輪。不可缺一。有內閣無國會。恐當國者非攬權營私。即延滯痺痿。即以借款辦路論。計畫既關係數十年。財政擔負更遍及數萬萬國民。其搆造經營。亦恐非十年內外所可蕆事。又有列强操債權環伺。若僅內閣主持於上。而無對待機關。隨時匡救。則計劃之中變，路款之浪擲。工程之窳惰。均在意中。國民怨謗猜疑。馴至激成反動。外人乘勢。侵界。實行監督財政。恐路未成而國會愈不堪問。義微電謂大難在無主腦。意即在此。總之借款辦路。爲救亡要策。然行之於未有內閣國會以前。轉慮足以速禍。安帥元電筱帥蒸電所論極透。慕帥震電謂簡單重要方法。以內閣國會爲急。與鄙見不謀而合。時危勢迫。宵旰焦勞。我輩身當其危。何忍避忌坐誤。事關存亡大計。必合全局通籌。務祈精思密慮。推求至當。諸公如以爲然。卽請由淸帥莘帥堅帥就近主稿。聯銜入告。一俟朝旨宣布。再將應行政綱。詳電商究。鐵路卽最重政綱之一。借款利害。本應精研。義雖力薄智短。亦當勉效贊襄。如何。敬候覆示。義叩效

魯撫孫電

淸帥莘帥佳電敬悉。廣造鐵路。以活行政機關。借用外債。以紓國內財力。卓見至佩。琦亦素主此議。但造路不能不權緩急。借款必須預定籌還本利。從前路款合同均載明

文牘 十二

以車務進款抵押。不敷由國家另行撥補。如滬甯正太皆賴別路餘款撥補。津浦借款不以路作抵。而另指定專款虛抵。今若幹枝並舉。借款數萬萬。邊境人烟本稀。客貨必少。行車進款。斷難勻還本利。吾國常年進款。已大半抵押甲午庚子兩次賠款。不知度支部另有何項指撥。必須從長計議。彼帥海帥電所慮極是。鄙見憲政根原要在三權分立。而尤在組織內閣。使國務大臣同負責任。所謂天君泰然。百體從令。國會亦宜早日召集。庶免局外訾論淆亂是非。單簡重要之方。以此爲急。至借款築路。似應先儘腹地。一則行政靈活。二則本息可靠。若築邊遠之路。宜設立大公司。招各國股分。不拘一國。權自我操。指定專款。國家保利。自少流弊。更無到期不能還本之慮。管見所及。尚祈藎籌見教。

直督陳電

頃讀佳電。以憲政九年籌備之進行。宜另籌重要單簡入手之辦法。擬借外債數百兆。興造鐵路。果使工料悉取於國。內外人所得僅祇利息。十年以後。道路便利。脈絡貫通。政令頒行。聲息響應。大造我邦。曷其有極。惟鑿龍之愚。竊以爲興辦一事。既謀其利。尤須預防其弊。以中國各省財政艱難。外人靡不洞悉。若空言借款。不指定實在抵押。彼亦不從。既因路工借款。除以各路抵押外。恐無如此鉅數。路經抵押。則彼已隱持操縱之權。以數百兆之債。斷非一國所能擔任。彼之利於粵漢川藏者。必爭認粵漢川藏之款。利於張僾伊黑者。必認借張僾伊黑之款。是不啻將國內劃分數界。爲患何可勝言。況我國財權。外人久生覬覦。今有如此鉅債。尤恐易啓干涉。將來挾制要求。且有太阿倒持之慮、然此猶謂借款之爲難也。卽令款項無須抵押、各國亦能合籌。以二萬餘里之鉅工。同時並舉。以言乎工。則現時我國路工實業。雖畧有經驗。而堪勝工程師者。能有幾人。必將求才於異地。以言乎料。則漢陽一廠所造鐵軌。安得供如許之求。從前各路枕木。無不運自外洋。今以外人包工。欲使盡用中國之料。其勢必有所不能。若仍運自外洋。則所謂工料。取之國內。借款僅仰利息者。恐尙未易遽言。而將來防守之費。養路之資。暨還借款本利之項。如何籌措。尙不能不預爲之計。往時一省一路之借款。紳民或以已悉內容。猶多異議。今以經營全國之舉。驟增數百兆兩之債。羣情疑阻。更在意中。鄙意以爲借款辦路。誠爲經國要圖。惟幹支同時並辦。收效既恐難期。謀始亦殊非易。似不如斟酌情勢。次第程功。現在資政院行將開幕。應否將此事由兩公奏交集議。以釋羣疑。而昭愼重。一經議決。即可實行。管見所及。尙祈卓裁。

皖撫朱電

仲帥微電清帥莘帥佳電海帥蒸電。想均達覽。微電無主腦一語。見證最眞。鄙意極表同情。此際財力止此。人才止此。衆營並進。非坐廢於半途。即顚覆於意外。朝旨因趙侍御王布政兩疏。飭令議覆。天鑒實已昭回。竊謂財政爲萬事之母。合一乃療亂之藥。國防司法教育保安。在在均關要政。惟辰下何者可緩。應由各部查照籌備淸單。分別次第。以財力能否供給。商之度支部。由度支查核預算表冊。通計盈絀。以民力能否擔負。責之各督撫。與淸理財政官。內外一心。實事求是。必籌有可恃之的款。然後舉辦進行之新政。其前此案經草創。並無指項者。尤宜赶籌抵補。其不甚緊要者。或暫行停裁。其議論未能驟決。則上有樞處館可資折衷。下有諮議局可供討論。宗旨一定。急起直追。疆臣受而執行之。部臣從而監督之。收支適符。百吏不得以無米爲炊爲解。義務已定。民間不至有苦其所難之尤。區區管見如是。至佳電擬大舉外債修築通國鐵路。確係破釜沈舟之舉。而蒸電反覆以主體爲研究。尤屬思深慮遠之言。謀國之忠。均堪仰佩。鄙見謂鐵路誠屬應行政策之一端。惟東北西南兩隅。逼處強敵。若借此以救危速交通。而資牽制。實敗棋中之活著。且範圍既狹。操縱尙可自由。償還亦易爲力。似可酌度辦理。至佳電所云造端過大。縱使嚴立約以防範於先。愼用人以維持於後。而此中之利害損益。終恐視國勢以爲轉移。非敢倉猝間即判從違。業本此意分電各督以求是正。並請南北洋兩帥查照微電事理。應如何解決補救。會商各省擬定辦法。聯銜覆奏。再蒸佳兩電事理若何。管見是否可採。統希賜教爲禱。

## 三　各省督撫籌商國會內閣電

### 滇督李致東鄂二督及桂撫電

效電寄京諒達。淸帥莘帥如已旋節未閱。祈飭京局照轉。頃讀堅帥號電。正與義效電意同。論極精當。內閣爲根本上簡單入手。事分緩急。又爲政策上簡單入手。必內閣立後。乃能決行。議可外發。策須內定。義前請立內閣摺。即有對待機關因時同立一語。蓋謂內閣既立。國會必成。今內閣寢議。國會被駁。大局難支。人心愈渙。較優省分。亦恐難持三稔。外患相乘。尤恐無日。有內閣可救目前。無國會必難善後。效電覼縷。亦時會迫之使然。非不知國會一事。疑阻尤甚也。根本不立。增兵速禍。義另電濤朗兩貝勒於國會疑難利害。剖白尤力。謀國無所諱。請堅帥就近索閱。鈔寄諸帥爲荷。總之大局若無轉機。我輩進難效死。退難苟活。生當其厄。何敢避忌。王趙條陳。義正議覆。即席藁上奏。歸本閣會。附片則陳明中外變政辦法。邊地與內地情勢不同。大綱可總。條目宜分。惟義望淺才庸。獨力無濟。擬請諸帥聯奏。義仍附驥。堅帥在京。體察近情。尤易洞悉。重以閣才大筆。似不可辭。稿成寄濤帥電商各省。公同主定。願者列銜。欲求有濟。不惜周折。狂瞽無當。惟諸帥教之。義叩敬印

江督張電

列公救國偉論。以責任內閣國會爲不易辦法。李仲帥致電。持論尤詳。以他人已行之成效。爲我國因時之良規。用心良苦。駿不佞。竊嘗體察華夏古今之民情風俗。不能無疑。中國向以靜謐爲治。輕征薄歛。與環球各國不同。本朝仁政。主於不擾。庶人不議。民間久無政治思想。紳衿自好。亦以不與公事爲不二法門。將驅而與謀君國。謹愿者中

無主宰。不能建議。狡黠者多方運動。自便私圖。既無政黨之可言。復鮮公理之可據。聚無數順則良民。使之囂張鼓煽。有要求而無擔負。爾時政府應之不能。拒之不可。上下交爭。民心益去。脫竟激成當年英法刼圍議院已事。將舉國騷然。外人乘之藉口平亂。君民同阨。何以善後。此國會之說也。內閣全權。必恃國會爲對待監督。人民程度不齊。選舉法亦未備。驟開國會。政黨從違。道謀取舍。既鮮的評。善者措理無從。不善者出其權位資財。勾結黨援。勢傾人主。蕭牆之禍。曷以禦之。此責任內閣之說也。查東西各國。如英德日本立憲政體。兵權外交。國之大事。悉操於君。是主腦仍屬一人。以中國今昔情勢。謂一有內閣。 朝廷遂可無爲而治。不負責任。竊未敢以爲定論。參耆良藥。誤投適以殺人。鄙意我國地大物博。徒以邊遠多未闢之區。中原多水旱之事。地力不盡。人工又疏。增華踵事。與各國相追逐。不揣其本而齊其末。未得貌似。形神已疲。爲今之計。自應就憲政預備事項。刪其可緩。致力所急。通籌各省統治之綱。分釐各省進行秩序。專其責成。淸其權限。至魯至道。悉循差等。庶不至蹈鑿枘之害。且免飾虛以應。重要之端。不外飭吏治興實業二者。蓋君治修則民志安。實業興則民生厚。內訌不起。外患可弭。及時修明刑政。整飭戎務。未嘗不可爲善國。操切急進。仆蹶堪虞。自愧迂遠之見。無當事情。惟外觀時局。內審國俗。謹以瀝陳。統祈教正。駿有印。

魯撫孫電

安帥有電敬悉。所論閣會兩節。慮遠思深。老成持重。至爲企佩。惟自九年籌備之期限既促。十一部同時進行。各不相謀。財殫力絀。情勢日彰。各省同處困難。各部且時有衝突。於是知非握定主腦。爲單簡重要辦法。無當也。仲帥倡議。諸公相繼贊和。蓋非設責任內閣。無以挈統治之機關。非開國會。無以定輿論之歸宿。有責任內閣。則各部通力合作。如指臂之相聯。必能酌劑緩急之序。政令合一。各省折衷有自。庶易程督進行。至國會祇有議決之權。而執行仍在政府。士大夫有政治思想者日多。國會既可爲羈縻之地。且可杜局外之妄論。淆亂是非。各省諮議局權限無憑。有國會則權限自定。琦竊以爲欲救憲政之困難。與謀憲政之進行。舍此別無良策。至飭吏治與實業。自屬不刊之論。但閣會不立。恐中央無嚴肅之精神。各省徒相承以粉飾。歷來疆吏。何人不講整飭吏治。各省亦何嘗不務實業。其成效安在。就觀大局。時不我與。敢抒鄙見。尙祈賜教。

琦勘印。

粵督哀電

安帥宥電、慕帥勘電、均悉。事理以討論而始明。閣會關係尤鉅。仲帥發起。列公主張。皆法治也。安帥所見。則人治也。慕帥所謂歷來講吏治實業。成效安在。正坐人治而非法治。故今立一法。而必全國一致。無人能踰越範圍。則必經多數公認。既公認。則不復能違犯。夫是之謂立憲。閣會問題。實不過法治之機關。至於執持進行。視乎其人。但其人苟不當。亦必有多數人監督之。此意仲帥電已明。所謂敷衍闒茸。皆無所施也。鄙意如此。乞再審擇。樹勛。先印。

桂撫張電

次帥號電、仲帥敬電、衡帥漾電、慕帥勘電、均敬悉。內閣為行政之樞機。國會覘民情之向背。籌備進行。舍是二者。似別無下手之法。安帥小帥衡帥。深思遠慮。所謂未覩其利。先見其害者。老成卓見。曷勝企佩。將來閣會成立。自須詳訂條目。以防流弊。歧於上月二十八日。曾遞封事。詳陳民窮財盡情形。而推行新政。歸宿於責任內閣、國會、司法獨立、三事。有是三者。雖各項要政。未及一一籌備。已無愧爲立憲之國云云。 朝旨不以爲忤。已下所司。仲帥主稿聯奏。岐仍附驥。惟鄙意聯銜合陳。不如各省分奏。蓋諸帥政見。勢不能於一疏之內。包括靡遺。往返商搉。稽延時日。倘一發無效。後此轉難爲繼。若能各抒所見。次第上陳。 朝廷見衆論之合同。或者易於邀准。安帥小帥衡帥。能就所慮各節。詳細推勘。豫籌防弊之策。則計畫周密。更可釋羣疑而堅上意。拙見如是。仍祈裁正。岐冬印。

## 滇督李電

湘帥徑電、藝帥葛電、均悉。敝處八月致奉直江鄂諸帥微電。言救現弊。必從重要簡單入手。未及鐵路事。旋錫瑞兩帥佳電。主張借款築路。乃發效電。歸本內閣國會。蓋欲補救新政。整理中國。非先有主腦監察機關不可。若不及早聯合。內則財盡國危。外則壤臂生峠。斷難久支。惟閣會創設。發手必堅明約束。始行。羲素性迂拘。論此具有深意。非敢剿襲各省來電從同者。雖有十數處。惟茲事體大。須仗公決。另與辛帥會電諸帥。電到。敬求迅賜指示。微效兩電太長。抄郵寄雷守元澍。求湘帥催行。壽平方伯。祈藝帥致意商權義冬印。

浙撫增電

偉論讀悉。竊慨有治人無治法之流弊。馴至更一人必變一番政策。內外不相謀。各省自風氣。焉得有若許之上智。列諸內外。如果立法完善。中才以上。皆可執守。藉收內外互相維持各省一道同風之益。況立憲政體。業經宣布。過渡時代。祇能作濟河焚舟之謀。不宜作日暮途窮倒行逆施之計。熟籌深慮。聊貢狂愚。增韞支印。

鄂督瑞澂督李合電

憲政九年預定十一部同時進行。洞見維新癥結者。每深憂歎。朝旨議覆趙御史摺。似欲言發於外。藉以折衷。近日舊政輪廓難存。新政支離日甚。守舊時之醞釀。維新後之造作。諸症合一。將不可救。徵義深慮歲不我與。馴至外人干預。羣沸交騰。本藉憲政以固人心。轉因憲政以速國禍。徵義等叠經電商。下手當先立主腦。定人心。立主腦先設內閣。定人心先開國會。秩序明。方針定。然後行堅牢主意。舉事方有依據。內閣初設。組織者未必即幹濟國難之才。但部臣既同組織內閣。緩急先後。協同審擇。可無目前政出多門彼此矛盾之事。兼有國會監察。欲不負責。勢有不能。至國會邊開，議員無政治經驗。囂議紛擾。不無可慮。抑知士紳經驗。雖不及老成。理想調查。可資參助開明專制。時會難期。困厄如斯。士氣莫遏。既不能禁局外雌黃。不如置之局中。俾知困難曲折。數年後。經驗漸增。可望與政府休戚相關。雙方演進。徽義不敢謂閣會一成。即臻郅治。而敢謂閣會相維。猶之定醫。乃可議方。對鏡方能辨影。施救未定之天。終不能袖手待絕。規遠局者詎可畏。當前棘手。遂不圖日後補苴。此事在十年前徽義誠不敢浪議。今者無可再緩。欲求籌備實際。非有閣會不可。欲救現行先著。尤非有閣會不可。蓋 朝廷所處。深入難境。進中衆決。困而可通。退中求解。困而益殆。審之時勢。更易明也。前以茲事體大。未敢遽瀆。適徽與清帥主張修款辦路急策。經義電覆。謂必歸本閣會。徽極表同情。現十數省來電。意均贊成。謬推經義主稿。聯銜入告。義才薄識淺。懼不克任。此乃國之大計。仍仗諸帥藎籌。公同裁決。卓見如何。敬乞迅示。瑞徽經義叩江。

湘撫電

迭奉各帥電示。憂深慮遠。切中時弊。民窮財盡。各省皆然。今日之患。在紊碎而無秩序。

兼營並進。名爲百事俱興。實恐一事無成。責任內閣。自是入手方法。事權統一。然後酌量財力。分別情形。何項必辦。何項可緩。各省不必強同。庶免彼此矛盾。否則疆吏無從措手。欲苟安而不可得。事機已迫。衆論僉同。無論何帥主稿。鼎必附名。乞速會商定議。文鼎叩覆。

## 國會請願代表孫洪伊等上資政院書

爲時局阽危愈甚。臣民望治愈亟。請速開國會。俾憲政得以實行。以蘇民困而救危亡。聯名陳請泣懇代　奏事。竊洪伊等聞事君父者無隱。發於天性之愛。不忍爲飾辭也。救焚溺者不趨。迫於禍害之急。不敢循迂節也。洪伊等前曾代表民意。籲請速開國會。疊於上年十二月二十日本年五月二十二日欽奉　明詔。誨以勿鶩虛名。勉以一心圖治。鑒其忠愛而戒其瀆請。洪伊等循誦再四。感極生泣。何敢更犯　威嚴。自干罪戾。顧猶嘵嘵焉不能已於言者。則以國家危急存亡。實迫眉睫。今日事勢。已迥異數月以前。更閱歲時。安知所屆。昔人有言。鹿死不擇音。又曰疾痛慘怛。未嘗不呼父母。洪伊等。竊見自五月。二十二日以後。時局。驟變。驚心動魄者。不一。而足。外之則日俄締結。

新約英法夙有成言諸强釋嫌協以謀我日本遂併呑朝鮮扼我吭而拊我背俄汲汲增兵窺我蒙古英復以勁旅擣藏邊法鐵路直達滇桂工事急於星火德美旁觀亦思染指瓜分之禍昔猶空言今將實見內之則各省飢民救死不贍鋌而走險土匪乘之騷亂日告長沙萊陽幾釀大變雖幸獲戡定而善後之策一籌莫展亂源不拔爲患方滋此外各地無不嗷鴻徧野伏莽滿山舉國儳然不可終日此等現象皆起於最近數月之間非惟洪伊等所不忍聞當亦我 皇上所不及料昔漢臣賈誼陳時局之危譬諸抱火厝積薪之下而寢其上火未及然因謂之安數月以前我國事勢蓋有類於是今則火既然矣且將燎原矣舉國臣民顧影汲汲朝不保夕非賴 皇上威德亦復何所怙恃此所以不敢避斧鉞之誅瀝心泣血而思上訴者也伏讀 諭旨有云國家至重憲政至繁緩急先後之間爲治亂安危所繫大哉 王言治道盡於是矣夫求治莫要於審緩急先後而若者宜緩若者宜急若者宜先若者宜後則不能徒徵諸理論也而當以事實爲衡今中國非實施憲政決不足以拯危亡盡人而知之矣然憲政若何而始實施此最不可不審也比者籌備憲政之有名無實天下共見中外臣

僚。其塗飾敷衍。捏報成績。苟以塞責者固所在多有。而一二大吏。亦嘗知虛名之不可以久假。欺罔之不可以公行。力陳現在籌備之失當。成效之難期。如督臣李經羲、陳夔龍、撫臣陳昭常、孫寶琦、藩臣王乃徵等。皆先後有所獻替。雖所求補救之策。各有不同。至其言現在籌備之不能舉實。則一也。籌備而不能舉實。則何如不籌備之爲猶愈。於是諸臣中漸有倡停辦憲政之說者。夫以今日之所謂籌備。非惟不足以利國而反以病民。則停之似宜也。雖然。曾亦思 孝欽顯皇后 德宗景皇帝所以赫然宣布立憲者。其用意果何在乎。使專制政體而尚足以維持國命於不墜。則以在天兩宮之聖。亦何樂爲此擾擾以搖惑天下之耳目。 先聖之以憲政貽謀於 皇上也。蓋洞矚時勢。深察民情。知中國非此則不足以圖存也。夫朝令暮改。君子猶譏其反汗。況於 先朝訓誥。爲國家定百年大計者。爲人臣子乃敢竊竊焉議廢棄乎。是故以現在籌備憲政之不能舉實。而務設他法以舉其實焉可也。坐是而疑憲政之當廢爲不可也。此如抱病之夫。緣食增病。不務治病而思絕食。未有不速其死者也。洪伊等以爲籌備憲政之實之所以不舉者。皆坐無國會而已。何也。蓋立憲之眞精神首在有統一行政之機關凡百設施悉負責任而無或諉過於君上所謂責任內閣者是也責任內閣何以名以其對於國會負責任而名之也是故有責任內閣謂之憲政無責任內閣謂之非憲政有國會則有責任內閣無國會則無責任內閣責任內閣者憲政之本也國會者又其本之本也本之不立而末將安所麗兩年以來所以籌備一無成績而憲政二字幾於爲世詬病者皆坐是也洪伊等恭繹 諭旨謂據各衙門行政大臣奏稱按期次第籌備一切尚未完全又云仍俟九年籌備完全再行降旨定期召集議院 皇上愼終於始之盛心洪伊等具有天良豈不知感特不知居九年期滿之時倘籌備仍未完全亦將召集國會否耶如云不完全而亦召集也則等是不完後之與今復何所擇如云必完全而始召集也竊恐似茲籌備終古更無獲完之時此非洪伊等疏逖小臣吹毛責備之私言即以國之世臣如李經羲輩身處當局洞悉情僞而其言之憂危既已若彼 皇上於召見中外大吏時試命其自撫良心問有一人焉敢謂前此籌備之確著成效者乎又命其自攄懷抱問有一人焉敢謂將來籌備之確有把握者乎他勿具論即就財政一端言之自侈言籌備以來歲費增加

司農竭蹶。數倍於前。後此且將益甚。籌備案中所列諸要政。雖欲勿停。又安可得。一事如此。他事可推。若是乎籌備憲政一語。不過供大小官吏欺罔　君父自便私圖之口實。而於　先朝殷殷貽謀之本意。更復何有。我　皇上如謂今日中國可以不復籌備憲政也。則　洪伊等亦復何言。亦既知籌備之不可以已矣。又灼見乎二三年來所謂籌備者之一無實效矣。而不深考其所以無效之故。而別思所以致效之途。此　洪伊等所大不解也。夫籌備何以能有效。必自行政官各負責任始。行政官何以能負責任。必自有國會以爲監督機關始。是故他事皆可後。而惟國會宜最先。他事皆可緩。而惟國會宜最急。　諭旨謂緩急先後之間。爲治亂安危所繫者。豈不以此耶。昔漢臣劉向上成帝封事云。下有泰山之安。則上必有累卵之危。陛下爲人子孫。保持宗廟。而令國祚永移。降爲皂隸。縱不愛身。奈宗廟何。其詞危苦。千載下讀之。猶將流涕。而獨怪當時時主。處彼岌岌之勢。聞此謇謇之言。何以漠然曾無所動於中。或明知其善而莫能用。坐使身死國亡。爲天下笑。豈天命不佑。非人力之所能回。毋亦在上者不能聽言擇善。有以自取其咎也。今國勢之危。過於漢季者且將十倍。出萬死以求一生。惟恃國會與責任內閣之成立。及今急起直追。猶懼已遲。更復荏苒數年。後事何堪設想。夫自五月二十二日以迄於今。不過數月間耳。而事變之咄咄逼人。已再四而未有已。蓋懸崖墜石。愈近地而速率愈加。今後數月中。其可驚可痛之事。恐將又甚於此數月。而籌備案之數衍告竣。乃須期諸六年以後。此六年中內憂外患。誰復能料。而長以此泄沓闒冗不負責任之政治。應之禍變之慘。豈復臣子所忍言者哉。昔朝鮮當光緒二十一年。其主亦嘗誓廟告天。宣言豫備立憲。設責任內閣。其所頒大誥十二條。畧與我憲法大綱相類。徒以無國會之故。監督機關不立。凡百新政。皆有名無實。利不及弊。坐是魚爛以底於亡。詩曰。殷鑒不遠。在夏后之世。若朝鮮者。可以鑒矣。洪伊等誠知冒瀆

宸嚴。罪合萬死。徒以時局煎迫。朝不逮夕。國脉民命。繫茲一線。謹合詞瀝血陳請

貴院迅賜提議。於宣統三年內召集國會。並請提前議決。代　奏。恭候　皇上聖鑒

訓示施行。須至陳請者。

## 各省督撫合詞請設內閣國會奏稿

（上略）內閣國會。為憲政根本。計已定於先朝。事無待於末議。顧造端閎大。不易圖維。

老成過爲持重。必求謀出萬全。政府首當其衝。不敢輕於一發。其爭執不過數年期限之遲早。其關係乃在目前國勢之存亡。錫良等疆寄忝膺。憂危共切。忍視朝廷爲孤注。獨擧中央以責難。第以利弊疑難。既已灼知癥結。若仍緘默觀望。居心先涉不忠。宣力何能自贖。用敢共竭愚悃。披瀝陳之。今之致疑於內閣者。必曰權責太重。權盛則恐挾震主之威。責專則慮啓營私之漸。不知自古權奸竊國。非因在位日久。即由兵柄下移。今閣臣但司行政。本無統馭軍隊之權。而責望所歸。易興易仆。一身進退。利害較輕。既不能有擅作之福威。更不必爲要路之盤踞。況有國會以監督財政。出納末由自專。有審判以擁護法權。生殺無從任意。不必慮者一。或又疑內閣既設。君主僅擁虛名。豈知不負責任。實由神聖不可侵犯之義而生。至大權之載諸憲法者。立法行政司法。悉歸總攬。不過無內閣則職務分之臣下。而擔負仍在朝廷。有內閣則統治屬諸一人。而功過必歸樞府。鞏固君權。尊崇主極。無逾於此。不必慮者二。或又疑內閣初立。組織者未必皆幹濟之才。任非其人。終虞覆餗。不知世變人才。互相陶冶。但使部臣同爲閣臣。應行政綱。協同審擇。已無目前政出多門。彼此矛盾之事。益以國會監察。權限明則責成專雖欲諉卸而不能才力薄則應付窮雖欲把持而不得數經更易以後求才者知非破格不爲功飽嘗憂患之餘任事者亦必審量而後進相磨相激自有一二非常之選因時會構造而成不必慮者三其致疑於國會者或謂議員程度不一言論易涉囂張比年爭路爭礦迭肆要求允之則政策益紛抑之則風潮更烈一慮也抑知士論沸騰實多激於憂憤與其强爲遏制徒滋事外猜疑何若引就範圍俾知局中曲折及其經驗漸深疑誤盡解尚望與政府相扶相勵力拯艱危今世立憲較久之國內閣國會往往少紛爭而多匡正其明驗也或謂國會有彈劾大臣之權議員將挾私抨擊賢者避謗求去不肖者轉得結黨自固二慮也不知國會彈劾與臺諫異言官風聞入告動機發自一人議院據事直陳同意必謀之多數如果大臣當國衆望交孚則數人對抗之私何能敵全體輿論之公黜陟進退權操君主憲法自有明文國會何能干預至謂黨派之發生要以政見爲標準內閣政見與議院合利用適資其交濟內閣政見與議院不合全黨豈聽其轉移乎或謂國會當幼稚時代僅有要求而無擔負財政問題仍難解決三慮也不知國會初設不必急謀財政之擴張先求鞏固財政之信用議員來自

田間深知疾苦果財政計畫悉經協贊蠲除擾累力戒虛糜人民已共諒政府之無他迨至行政克堅民信措施深入人心議員目睹計臣挹注之窮外界競爭之烈即各國通行之租賦中朝未有之稅章未嘗不可審勢因時徐圖興舉即欲廣募國債立應急需恃此樞紐以爲溝通國民旣休戚相關何能置國難於不顧日本國會未開歲入僅八千萬元國會旣開不及念載已逾六萬萬元可爲借證以上閣會利弊理勢所在均無足虞舍此則主腦不立憲政別無着手之方缺一則輔車無依閣會均有踰轍之害程度不足官與民共之不相磨勵雖百年亦無所進法律難定情與俗礙之互爲參考歷數載可望實行此非錫良等之私言實天下臣民所公認者也今日大患在於政務太繁財用日絀有內閣統一政策國幣始可酌盈劑虛有國會協贊歲用釐政始不因噎廢食比者日俄協約成後一舉亡韓列强均勢政策皆將一變方針時局危險已遠過於德宗在位之日緩無可緩待無可待此即閣會尅期成立上下合力猶恐後時奈何以區區數年期限爭持不決乎錫良等更有瀆者以明懷宗之憂勤惕厲卒無救于明室其謂諸臣皆亡國之臣豈有他哉不負責任而已夫以政體不善致天下臣民無

一担負責任之人。而使至尊獨憂社稷。此為何等景象。殷鑒不遠。能無懔栗。錫良等知而不言。無以對我皇上。更無以對我先帝。伏懇聖明獨斷。親簡大臣立即組織內閣。特頒明詔。定以明年開設國會。飭憲政編查館尅期擬呈議院選舉各法欽定施行。宗社幸甚。民生幸甚。再此電由經羲主稿。與錫良等往復電商。詢謀僉同。合併陳明。請代奏。錫良瑞澂袁樹勛李經羲廣福溥艮陳昭常周樹模程德全朱家寶孫寶琦丁寶銓寶棻聯魁增韞馮汝騤楊文鼎張鳴岐龐鴻書謹肅

## 中國紀事

**資政院議事摘要**　資政院自開院以來。會議凡七次。所議各事。其最有效力者。莫如核議桂撫展限禁烟違法案。其餘如學部所交議之教育案。理藩部所交議之振興實業。並劃一刑律案。一則以專重考試。崇獎功利。一則以但有題目。並無辦法。均爲議員所排斥。又如河南咨呈之印花稅案。汴撫主執行。汴局主緩行。當告報時。度支部特派員。忽越序發言。互選議員。援議事細則。謂其無發言權力斥之。當時有欽選議員。力爲之辨護者。彼此舌戰。不肯少讓。大抵資政院議員中。隱分兩派。一爲政府黨。一爲民黨。若滿漢王公世爵。及蒙古王公世爵。則持中立態度。然蒙古王公中。亦有與政府反對者。如理藩部所交議之案。即有貢郡王博公等。起而質問該部特派員。請其將辦法答覆。致令該特派員。噤不敢言。是其見端也。政府黨中最注意者有數人。一雷奮。二易宗夔。三羅傑。數君皆善辯。屢質問議長。請將預算案交出。又請將國會請願案提前會議。國會請願案。經於二十日。全體表決。由該院出奏。預算亦經會議政務處奏請飭交資政院核議。其餘各案。有見諸議事日表。尙未經議決者。此則近日資政院會議之大畧也。

**趙炳麟奏翻黃祖詒案**　御史趙炳麟。以廷林兩大臣。查辦吏部賄賣難蔭一案。失重失輕。均未得其平。日前又上封奏一件。內容畧謂查辦大臣。將黃祖詒定爲絞監候。秋後處決。罰罪太重。不得情理之平。蓋黃祖詒本係以財行賕。予受雖應同科。但照大清律。至死應減一等。今查辦大臣。未聲明減等。實與律例不合。且此案係李春泉一人所爲。而罪不加重。亦似不公。並言臣前日發其冒名之罪。欲爲陛下肅官方。今日論其過當之罰。欲爲陛下愼刑典。請交大理院覆判具奏等語。聞政府因案已奉旨。未便再翻。原摺遂留中未發。噫竊鉤者誅。竊國者侯。舉國輿論。爲此案不平者多矣。獨趙炳麟能言之。眞庸中鈠鈠者哉。

**憲政編查館修改報律之苛**　憲政編查館近日。將修改民政部原訂報律。交資政院核議。其限制言論。比原律爲更苛。最甚者莫如第十一條。第二十六條。暨第十二條。按第十一條云。損害他人名譽之語。不論有無事實。報紙不得登載。第二十六條云。違第十一條者。處該編輯人以二十日以上。六月以下之監禁。或二十元以上。二百元以下之罰金。又第十二條云。諭旨章奏。及一切公文書電報。關係秘密。未經公布者。報紙不得登載。似此則第十一條。比之原律之以受賄挾嫌。爲成立此罪之要件者。其範圍更廣。第十二條。比之原律之限於諭旨章奏未經閣鈔官報公布者。其範圍亦更廣。幾有秦人偶語之禁焉。頃已由北京報界公會。集議對待之法。撰成一陳請建議呈文。上於資政院。力陳此律太苛。礙難遵守。如不得當。則主用積極消極兩辦法。其積極的則主聯合全國報館。改掛洋旗。其消極的則主聯合全國報館。同時休業云。

粵省諮議局力爭禁賭　粵省賭害。爲各省之冠。前經張袁兩督奏明無論籌得何款。即以之撥抵賭餉。定期施禁。旋又經諮議局迭次議決。呈請督院代奏請　旨示禁。惟至今仍未實行。推其未能實行之原因。其始則因抵款無着。其繼則抵欵雖有着矣。然鹽餉增加之二百萬。與膏捐截留之二百萬。其允撥與否權。仍操之部臣。督臣不能自主。坐是之故。延宕經年。迄無成議。粵人憤之。粵局憤之。爰於月之初十日。決議力爭。爭之不得。則停議以待命。若再不得當。則將相率辭職。以謝邦人。業於十六日將此情電致資政院並各省諮議局矣。

晉汴奏聞各省人民之國會請願熱　各省國會請願代表團。近來爲國會事。既已奔走呼號於王公大臣之門。而各省諮議局。用正式公文呈請督撫代奏者。亦不一而足。至如人民。則自直隸聞聚數千人。要求直督代奏外。近又有晉省汴省閩省亦聚集數千人。求見該省督撫。懇代奏。奉天則各府縣。均有函致諮議局。擬糾合萬數千人。親詣省垣督署籲。求奏局恐人多釀事。已允爲擔任。由本局代爲呈請。於此亦可見人民程度增進之一班矣。

直隸同鄉官紳奏參張翼　開平煤礦。因庚子拳匪亂事。張燕謀京堂翼。爲一時權宜計。私賣與英人。當時立有賣約。並立有移交副約。坐令數十里礦權。全落外人之手。前由張燕謀赴英倫控訴。擬欲收回。均不得直。近由直督設法籌款。擬將該礦贖回。將有成議矣。詎又聞張燕謀近復密上一封事。固執已見。以認副約爲有利。以給款收回爲有害。直隸同鄉官紳劉若曾等聞之。因糾合四十七人。呈請都察院奏參。其呈文中指陳礦產之富。交通之便。及獲利之多。一一詳盡。甚爲痛切云。

江督借洋債三百萬維持市面　江督近因滬上市面銀根奇緊。特電請軍機處代奏。擬與各國銀行。借債三百萬。以六年爲期。以百貨釐金暨茶稅鹽釐三項作抵。屆時由甯省均還。隨又因蘇垣市面浮動。裕甯官銀局大有被擠之勢。特飭員赴揚州就運庫借五十萬兩。以救眉急。聞此二事均已奉　旨允准矣。

粵督奏請開鑄小洋維持市面　自幣制頒行之後。各省造幣廠均已停鑄。現粵督因滬上各票號倒閉。牽動粵垣市面。銀根奇緊。且疊據諮議局暨商會等呈稱。謂粵省以龍毫爲最通用。非開鑄龍毫。不足以救一時之急。袁督不得已。因據情電請軍機處代奏。將來粵垣補助貨幣。又增幾許額矣。新幣制何時有實行之一日乎。

粵民電請收回澳門租地　葡萄牙自革命後。財政奇拙。其影響於各殖民地者不少。於是有謂擬將南美殖民地售與英德兩國者。有謂宜將澳門殖民地售還與中國者。第澳門本屬葡國之租借。他與南美爲葡國之屬地者不同。近日粵民因有機可乘。特電請外部。與葡使交涉收回澳門租借地。其電文云。前我國與葡國君主所立約章訂明非經中國允許。澳門永遠不得轉與別人。今葡君失位。另立民主國旗。改換全澳理應收回。似此持論。要非絕無理由者。不知外部諸公。能否乘機迅赴也。

**勘查葫蘆島工程** 錦西廳屬葫蘆島。爲奉省西路天然良港。建築錦愛鐵路。非開闢該島。無以資陸海灌輸之便。歷次調查籌備。已閱三年。上月鄭蘇龕京卿在京奉大部暨東督派往該島查勘。茲已調查晉省稟覆。而英國工程師。現亦將口岸測量勘估建築經費。繪圖貼說報告到省。據云近海水淺。工程浩大。須在海中建築木垛數里之長。以延長海岸。輪船方能行駛。外障風潮。內免擱淺之虞。此項經費。約需三百餘萬金。需時約六七年之久。緣潮漲之時不能工作。所以費時更長。每年冬間最冷之時。該島沿海不過略結薄冰。於行輪可無妨礙。結冰時間至多亦不過一月之期。云現東督對於此事。甚爲著緊。一俟籌有的欵。即行開工。大約須俟借欵問題決定。以爲進止。

**鐵海路線議案** 自鐵嶺至海龍鐵路起訖綫之爭持數年未決。日前鐵邑城廂議事會開秋季常會。研究此事。衆意仍以鐵嶺築起爲是。其可據之理由有五。(一)鐵嶺近濱遼河。此路通則航業亦起。開原距遼河遠。航業永無發達之望。(二)鐵路取便交通。開原距鐵七十里。新民二百。營口六百。徒爲南滿鐵道添一支線。無裨於我。有利於人。

(三)鐵嶺為糧豆總滙大宗。運至營口。南滿路儎費不貲。如由遼河牛槽船運往。可低減十之三四。(四)營口商業。全賴東北各城。自日人竭力經營大連。幾有吸集遼海商務。盡趨連埠之勢。此次鐵路若始開原。與遼河隔絕。勢必致東北各城糧豆。悉由火車直達。遼河失運輸之利。營口有荒落之虞。國家稅亦必因之短絀。全遼商務失敗。可立而待。(五)或謂開原係天然路線。道里既近。工料必省。不知鐵嶺至西豐。原有山麓捷徑。計程亦僅百餘里。其間並無高山大川。且不用價買民田。路工未嘗不省。即不然。亦不應圖修路之小費。而失全路之大利。以上五條。均經會員議決。已呈請監督轉詳矣。

中美商業聯合研究會之發起　美國實業團。此次來華游歷。備受各處歡迎。然總以時間迫促。未及詳細討論為憾。茲由某君相約。俟至廣州遊畢。另行公舉代表十人至滬會議。並囑預邀各省埠商會。推舉代表。一同至滬。開一中美商業聯合研究會。其所提議之大綱如下。(甲)議設中美商品陳列所。一設上海。一設紐約。(乙)議派中美兩國商務調查員。分駐兩國。調查商業。(丙)議中美合資組織銀行。(丁)議合設輪船公司。專航舊金山上海。並往來漢鎮。專裝中美貨品云云。

中國紀事

●蒙●古●實●業●公●司　科爾沁親王發起之蒙古實業公司。於初十日下午在燈市口德昌飯店行開幕禮。是日凡駐京蒙古王公一體到會。親貴中之到會者亦數十人。開會後首由科爾沁親王演說。大致謂本公司之宗旨。重在增殖蒙人生計。因以利國實邊。保護利權。消弭隱患。故營業之範圍。不厭其廣。調查之事項。務求其詳。今遵奏定日期。今日開辦。語極痛切深沈。次由贊成人濤貝勒演說。謂振興蒙古實業。即固國家邊圉。今日蒙古實業公司之成立。關係於中國前途者甚大。喀爾沁王用蒙語演說。大致亦與前意相同。復由盛杏蓀宮保演說。謂中國今日經濟恐慌。利權外溢。今蒙古實業公司之成立。實爲中國前途之幸。惟有一事所應注意者。卽開採金礦是也。各國今日同取金本位。我國所以不敢遽定金本位者。實因鑄幣無金之故云云。

# 世界紀事

**英國之海軍方針** 英國海軍大臣以英國海軍受種種非難。特出而演說。辨明現政府所執之方針。并力駁伯里斯科之海軍擴張案。於其募集巨額之公債。以建造多數軍艦之議。斥駁尤力。

**英國協議會再開** 英國關於上院問題之兩黨協議會。現已再行開會。

**蘇格蘭要求自治** 現蘇格蘭之自由黨集議。決計要求政府。提出蘇格蘭地方自治案。

**澳洲總選舉** 澳洲聯邦之總選舉。勞動黨當選者四十六名。自由黨則四十四人。

**德國戰艦之進步** 德國最新式之大戰艦望特號。刻已進水。其平均速率每一時間。能行二十八海里。世界戰艦無出其右者。

**法國之同盟罷工** 法國鐵道同盟罷工之運動。勢極披猖。殆成內亂之象。首相勃里昂聲言此等舉動。已非同盟罷業。乃刑法上之行動。下令軍隊。捕縛首謀。

世界紀事 二

墺國海軍案　墺國海軍大臣布告匈牙利議員。謂當將千九百十一年之海軍籌辦案交議院核議。其軍費則分數年籌撥。

葡國新政府承認　葡國之共和政府。各國至今尙取傍觀之態度。未肯承認。現瑞士及伯刺西爾兩國。首出承認葡萄牙之新政府。

葡國之普通選舉　葡國共和政府宣言下回之葡萄牙國會議員選舉。將據普通選舉法舉行云。

葡國之財政　葡國政府宣言舊王國財政上之義務。概歸新政府負擔。且謂由均衡徵稅。預算之額。畧可減縮。又西部阿非利亞之葡領。除安哥拉外。其他殖民地。許其於殖民地首長之下。得財政上之自治。

葡帝之無聊　葡帝致書於其新大統領。謂朕對於國家。克盡職守。當爲舉國所深知。始終以滿腔之同情。對我國民。此次去國。並非遜位云。

意大利之天災　意大利西特奈省。頃得暴雨。各地受災甚重。又著名之火山菲蘇維亞爆發。房屋多被震塌。

**俄國之太平洋艦隊** 據俄國海軍省之豫算。其明年度之太平洋艦隊。以舊式之二等巡洋艦及砲艦一艘。潛水艇十四艘。水雷艇十艘而成。分爲四支隊。艦隊及支隊司令部之經費。計八萬七千四百羅卜。

**俄德二帝約見** 俄皇擬於陽歷十一月四號。至德國之波士淡市。與德皇會晤。

**各國海軍費之增加** 英國海軍省調查世界列強每年之海軍費。自陽歷千九百年至十年止。計此十年間。英國則自三千百萬鎊。增至四千百萬鎊。德國則自九百五十萬鎊。增至二千百萬鎊。法國則自千三百七十五萬鎊。增至千五百萬鎊。意大利則自五百萬鎊。至七百五十萬鎊。美國則自千六百萬鎊。至二千七百萬鎊。惟俄國則增減無定。於千九百六年。則千二百萬鎊。爲十年間之最高額。至今年度則減至九百七十五萬鎊。

**土國內閣搖動** 土耳其內閣。因陸軍豫算。閣員之意見頗覺參商。大有搖動之虞。其首相巴沙。正竭力調停。

**土國之公債** 土耳其之公債。現土法兩國政府。於募集之協議。大致就緒。惟初提議

世界紀事　四

時法國所要求各項擔保仍未肯作廢。

**波斯之危迫**　英國政府近通牒於波斯政府。謂三個月內。波斯南部之亂事。尙不能平定。則英國將令英印士官所指揮之地方兵團。當鎭定之任。一切費用。將於現行之關稅。加徵一成。以供支撥。又若不能就地募兵。則當調派印度兵前往。聞英國此舉實與俄協議。對於波斯國取一致之行動。且兩國政府決議。若於波斯。不妨害居留外人之安全。及其國之安寧秩序。則彼此斷不互相干涉。波斯之分割。恐難倖免矣。

**希臘議院解散**　希臘議院。現已解散。所有修改憲法之新議員。將於陽歷十一月二十八號再行選舉。

**排亞思想之鼓吹**　美國加罅寬尼州沙拉緬市。開排斥亞洲人會。對於明年加州州會極力鼓吹排斥亞洲人思想。有非令排斥案通過不止之勢。

**新戰艦進水**　日本最新製之最大戰鬬艦河內號。十月十五日。於橫須賀軍港舉行進水式。

叢錄

# 海外叢談

傳書鴿之速力　傳書鴿之飛行。於天氣晴和時。可於一分鐘飛度千二百碼。（每碼約中尺二尺四寸）若遇順風。則一分鐘飛千九百碼。綽有餘裕。

倫敦之小學兒童　就學於英倫城中公立小學之兒童。總計六十五萬四千九百四十七人。

世界重大之銅像　世界最偉大之銅像。爲俄都聖彼得羅堡之彼得大帝銅像。其重量凡一千一百噸。

英國之鰥寡數　英國之婦人。百人中得寡婦七人。男子百人中。鰥夫四人。

雌蜘蛛之優勢　蜘蛛之雌者。其形體比雄者恒偉大。且有兇惡之性質。若見其雄之生殖力減退時。則啖之以果腹。別求佳耦。

叢錄　二

瑞士之弔禮　瑞士之俗。凡有喪者之家。置一桌子於戶外。覆以黑布。而盛一黑木箱於其上。上解一縫。凡來吊之親朋。只以一黑邊之名刺投置箱內而去。不與喪主相見。

人類之足　英國某有名彫刻家之言。謂人類之足。逐漸短小。二十世紀前男子之足長約十二英寸。今日平均僅得十寸七分。

米國之自働車　美國私人所有之自働車。約計二十七萬五千輛。以其人口平均計算。則三百人得有一輛。

甘必大之支解　法國政治家甘必大。乃最初反對法蘭西帝國政策之人。死後法人將其腦藏之巴黎人類博物館。其心臟則瘞之亞勃拉街紀念碑之下。至其遺體及其他部分。則埋之尼士墓地。

英國之官報　英國政府所發行之官報。名爲倫敦雜誌。其發行年月。實爲英國報紙中之最先者。讀者雖極少。然皇帝及皇后時有寄稿。內閣大臣亦常於此雜誌發表其政見。其廣告費及其他收入。平均歲約二萬鎊。其所登之廣告。以法律限定之。此外之廣告。雖納極多額之廣告費。亦決不登載。

男孩之夭折率　男孩之夭折。比女孩恒多。平均百萬人中約有十五萬八千五百八十三人。

婦人之結婚年齡　文明國婦人之結婚年齡。平均計算。則爲二十三歲零六個月。

市長與接吻　英國紐卡路市之市長。有一奇妙之特權。每年可選擇市中一妙齡之美人。與之接吻。惟接吻後須贈以若干之金錢。市長夫人亦須餽以相當之物品。

英國之死病　英國最可恐之病。則爲氣管支炎。其危險一如我國之鵝喉瘡。其次則爲肺病心臟病肺炎及猩紅熱等病。

英倫銀行之職員　英倫銀行。爲英國之國家銀行。其所用職員。約一千人。每年須支二十五萬鎊之俸給。其恩給金則年約三萬五千鎊。

研究婦人年齡法　歐美婦人。最惡他人訊問其年齡。習其俗者。斷不敢啓齒詢及此事。即警察醫生裁判官等。於職務上研究其年齡。亦萬無舉實以對之理。最困難者爲警察及裁判官。故種種研究之結果。自生理上發明一法。據其脈搏之多寡。以定其年齡之老幼。凡健康無病之婦人。於一分鐘脈搏六十九回者。則其年齡爲二十至二十五。七十一回者爲二十五至三十。至三十歲以後。則漸減其回數。

鯨與象之腦量　獸類中其腦之重量過於人類者。惟鯨與象。

俄國之新聞紙　俄國新聞紙及雜誌之數。對人口百萬。僅得十家。

倫敦與基督教　倫敦城中異教義之基督教宗派。凡四十有五。

英雄與初生兒　據英國有名統計家之說。云世界之英雄及偉大人物。五分之三。爲初生兒。

教父之德帝　西俗凡洗禮時。必另錫一名。其命名之人。即認之爲教父。據普魯士之古法。凡有七子者。其親可携其最幼之子。以謁見皇帝。洗禮之際。可認皇帝爲教父。現時之德帝。約有四百人之教子。

德帝之劇場維持費　德帝每年自內帑支出二十七萬圓。以爲普魯士帝室附屬劇場之維持費。

世界唯一之小鐵道　英國東方佛利薩之鐵道。實爲世界中之最小者。此鐵道長僅五哩。其使用之人員。僅一車掌一轉運手及一火夫。此鐵道公司。每星期支發之俸給。

不過四鎊十先令。又該公司所有之車輛。只機關車二輛。客車三。貨車四。有蓋貨車二輛而已。

野鼠之生殖力　野鼠繁殖之速。實令人一驚。據美國農務省之最近統計。謂溫帶地方之野鼠。一年姙娠三回乃至五回。每回所產之小鼠六頭乃至二十頭。其小鼠僅三個月後。即有生殖力。故野鼠一雙。即以一年姙娠三回每回產子十頭計算。僅三年間。已繁殖至二千〇十五萬三百九十二頭。

傳染病菌與青蠅　青蠅一翼。其口與足。可攜帶傳染病菌十萬。一蠅之力。能傳播細菌之數。則自二百五十萬乃至六百六十萬。於北美合衆國。青蠅傳播病毒之結果。至短縮人類生存之平均年齡約二年有奇。又美西戰爭時。病死者二萬人。其中千九百。實由蠅之傳播病菌。

信筒八千萬　英國之中央電信局。一年中平均用八千萬之信筒。

婦人懷姙月　世界婦人。凡十六十九二十二二十五二十八三十一三十四三十七四十歲。則以正四七十四月最易懷姙。十七二十二十三二十六二十九三十二三十五三十八四十一歲時。則二月五月八月十一月爲懷姙月。至十五十八二十一二十四二十七三十三三十六三十九四十二時。則以三月六月九月十二月爲懷姙月。

糞之價值　秘露卡約港之南。約四十里。海中有數島。此地稱乾濕帶。降雨極稀。故各島百物不生。殆如童山。然所藏之富。實無盡藏。蓋島上所積之鳥糞，現時所得之金額。已達二十億圓。

孩子之發育期　孩子之身體。普通每年約長二英寸。女孩至十一歲爲發育最盛時期。此時每年能長二英寸以上。直至十四歲。乃復普通之長率。及十七歲後。身長之成育則漸遲緩。至男孩則以十四歲爲發育最盛時期。直至十七歲。每年可長二英寸有半。至二十歲或二十一歲。則身長不復增加。

## 文苑

### 七月十九日同嘿園遊翠微盧師諸寺　彊庵

山靈不恤我來遲。急雨迴風與洗悲。破刹傷心公主塔。壞墻掩淚偶齋詩。後生誰識承平事。皓首曾無會合期。三十年前聽琴處。祕魔崖下坐移時。（曾與偶齋當公聽吳少孏彈琴於此）

### 龍泉庵坐月示嘿園　前人

洗秋雨止宿松寮。月午雲開夢亦消。破曉聽泉還蹴起。清光一失是明宵。

### 大悲寺秋海棠　前人

當年亦自惜秋光。今日來看信斷腸。澗谷一生稀見日。初花却又值將霜。

### 二十夜雨過對月　前人

夢醒猶疑雨滿山。龍公又放月光還。半規松際吾逾愛。及取東方未白間。

### 重過臥佛碧雲二寺　前人

香山蘭若似年時。零落行宮總益悲。聞說六飛曾一幸。君王終惜露臺費。

## 文苑　二

### 八月初十日同嘿園宰平遊戒壇潭柘二寺　前人

西山吾故人。久別渴一訪。潭柘稍阻深。戒壇致清曠。前遊悔草草。夢想半已忘。有分及餘年。登巔騁秋望。見從得二子。濟勝聊自壯。猶疑在故山。松月坐相向。此心本無住。所見孰眞妄。聞梵各灑然。無爲憶曩嚮。

入門眩丹碧。千佛閣一新。戒壇勝在松。貴是遯金陳。一松插霄立。蒼黝不見鱗。一松稱臥龍。抉石根如輪。孫枝亦屈銕。偃蹇不可馴。其一雖空心。要與栝栢鄰。獨憐活動松。恒化逾廿春。生邀宸翰賞。死作僧廚薪。琳宮有興廢。古木煩見珍。

騷情滿僧壁。賢王詩集唐。天教十年閑。踏遍山山蒼。再出事已非。朝露況不常。想當抽思初。時上高閣望。一氣焉可辨。渾河長白黃。竭來蔭庭樹。愛比召伯棠。俗緇侈檀施。偉哉選佛場。

曉尋觀音洞。乃登極樂峯。洞深未窮底。峰峻淩空濛。峯後亦一洞。謂與渾河通。當年避兵人。千百來求容。衆入一不出。從此丸泥封。我讀壁上題。藎然聲淚同。上述亂離狀。下勸富貴空。誰將此時心。散作千聲鐘。回向懺我佛。冷冷西來風。

昔爲岫雲遊到寺已昏黑那知山門外雙松翠交織　宸題引入勝雲日與絢色升階見娑羅銀杏尤夙識蹤尋出寺左石逕頗坦直有亭爽清湍丹堊亦新飾去都且百里布施定誰力龍子與拜甎奔走客萬億幸先香會至食宿免見逼入夢習泉喧鏡床惜月戾安得十日留從容共探陟

山好半在樹樹多能作嵐峯迴磴隨轉深翠藏龍潭潭小却不涸酌之冽且甘孤亭近陽曦就樹藉草談澗石誰留題逼視得兩三蘇州莊可與祭酒熙伯前遊曾並驂大夢先我醒笑我還朝簪我心似潭水世味孰足貪卒業幸放歸聽泉終一庵二子實聞此山靈爲之監詩成急寄似黃髯洞庭南董腴與前遊今歸湘潭

## 晨坐拄笏亭　乙广

不待招邀入戶庭龍山推分我忘形流連未免躭光景餔餟誰從校醉醒雨後百科爭夏大風前一葉警秋零五更殘月難留影起視蒼龍大角星

## 正月第二夕陶齋尚書設熊掌會飲　散原

梅蕊破嫩春雪光猶媚夜尚書攄逸抱召客滿廳榭判牘堆燭旁起揖筆仍下了卻公

文苑 四

家事。衙吏如放赦。須眉映廣筵。酒行天漢瀉。北俗諳南烹。熊蹯實無價。那數駞蹄羹。安問牛心炙。魴魚失肥美。象豹寧假借。流脂舌壓撟。刺腱齒彌鎛。老饕快一嚼。藏神避三舍。誰負菜園肚。賤儒固雄跨。醉飽恣奇賞。燦爛展書畫。詩伯出所攜。（樊山布政）略與主人亞。唐仇六七幅。兩峰不遜謝。壯歲耕煙墨。觀者尤驚訝。蒙夙昧鑒別。迭遭程叟罵。（雜庵工部）指點涵異同。祇欲推曹霸。人生貴自憙。啓門視寶華。（尙書得華山碑三孤本因建寶華盦）閒情無古今。顚倒買胡詐。公等中柱石。遁辭一笑罷。

數日。便能赴援。洽梅旣出。萬那拿從後趕上。曰。明晚吾當隨君入塲。暗爲君助。梅曰。敬謝良友高誼。但今在途路不宜與我同行。吾身爲偵者之的。勿因我而牽累及君也。萬遂握手而別。梅此時萬念俱消。別無罣碍。乃逕投鮑姥姥家。來與其聘妻衣士梯梨訣別。梅至鮑姥姥家。逕入衣士梯梨房中。女猶未寢。獨坐燈前。見梅入。亟起迎曰。梅郎。吾知君必再來與妾永訣也。梅握其手曰。卿已料及此乎。女歎曰。梅郎。梅郎。今夕之晤。殆爲最後之晤會乎。言訖嚶嚶啜泣。少頃又握梅手而言曰。梅郎若有不測。妾將何依。妾亦豈能獨生乎。梅亦悽然曰。吾所慮者。亦祇此耳。請毋說此傷心語。令人短氣。吾赴義以死。死有餘榮。汝思及此。亦可以少減哀痛矣。女曰。妾不如先死于君前。爲君驅狐狸於地下之爲愈耳。梅曰。是奚可者。吾非殉匹夫匹婦之小節。乃將舉掀天揭地之盛業。今所云云。正冀於死中求活。福禍尙在參半耳。女曰。今夕君將何爲。必以告我。吾若有可助君之處。當誓死相從。梅曰。明晚吾將於士加拿舞台上舉旗。命衆赤手奮呼。吾前於此地受辱。今仍藉此地一雪吾恥也。若衆人稍有畏縮。則吾命必立喪於奧人之手。汝則收我遺骸歸葬。爲我祈禱懺悔。所望於姑娘者只此。餘非汝所能也。女曰。吾欲隨君入場。觀君首倡大義。梅曰。此等危險處。汝不宜往。女曰。君不許我往。能禁我之不自往乎。梅曰。吾勸汝萬勿自投死地。一時亂起。劇場化作戰場。定有一番血戰也。女曰。場內無兵駐守。安有惡戰。梅曰。汝尙未知耶。穌近厘曾密告我。自星期晚鼓噪之後。與人即調警兵一小隊。駐於場內以防變。此爲向來所無之事。吾故勸汝。必不可往以自取禍也。女曰。君以妾肯任君獨死而不能殉君耶。梅曰。吾正慮汝輕生殉我。我今見汝面。令我肝腸俱裂。望汝納吾言也。女曰。吾志已決。請勿見阻。而梅仍固却之。女思如此相持。甚屬無謂。不若諾之。吾明日自去。彼固不能干預也。乃僞應曰。妾依君言不往矣。梅始喜。遂與一接吻。匆匆趨出。女走至窗前目送之。至不可見。乃悵然歸寢。臥于榻上。唏噓竟夜無眠。次早既起。忙喚左什花。命其卽往劇場。買一客座。須近台口者。左什花領命去。未幾即回。將座券交女曰。所買之座。乃與毛地男爵鄰座。此人爲萬那拿之友。女喜曰。萬亦梅君至交也。又謂左曰。汝與我同去可乎。左曰。吾今夜不暇。將隨二三女郞赴跳舞會。鮑姥姥無事。或可奉陪也。時姥姥方下樓。聞言遽應曰。姑娘若不嫌棄。我可陪往。今夜只有姚珍娜一人在室中。吾命其先睡。而反扃其扉。卽可無慮矣。相約已定、至傍晚劇塲甫啓門時。女便偕姥姥入塲。爲時尚早。座上未有一人。女尋着買下之位。與姥姥並坐。閒話久之。始有看客陸續入塲。隨有警部巡長一。領警兵六名。荷鎗佩劍而入。分坐於台之兩旁、以爲戒備。女見衆兵鎗刃。明若霜雪。心竊爲梅危。時已開幕。然女只一意凝想戰事。所有劇藝。俱付之不見不聞。一幕已終。二幕將啓。此時看客突增。紛紛買券入座。姥姥詫曰。今夕人來何暮。豈貪此時券值略低歟。女悄聲曰。看客中絕無婦女。皆是壯夫。頗不類尋樂而來者。姥姥亦悄答曰。此皆市井惡少也。吾觀其衣底。若暗藏利器者然。殊可駭也。女此時見助梅者甚衆。心下半憂半喜。惴惴然以爲變將作矣。至第三幕。此幕爲武劇。與前二幕迥異。所演者爲昔日歐洲聯合十字軍征亞刺伯。列營於芝路沙林境。（按此處爲耶穌墓塋。昔亞刺伯人不許歐人謁墓。故歐人倡十字軍征之。）時台上布景。排列連營。多數壯士。扮作昔日軍將。亦有扮民間男婦隨往掃墓者。台上奏軍樂。伐鼓淵淵。作金石聲。觀者盡爲激昂。勇氣倍增。皆有躍躍欲試之概。女心亦爲之頓壯。忖曰。若梅耶卽於此時而死。如此聲勢。死得亦英雄也。女亟亟注視台上。欲一觀梅耶。却又不見。但見台畔六員警兵。正閒坐與三數女伶調笑取樂。姥姥見之怒詈曰。此等賤婢。不知羞恥。與奧人在台上戲謔。若爲吾徒。吾定立往鞭撲之。不更俟下台也。少頃又曰。噫。彼巡長亦復如是。正與彼白衣女子偎抱接吻。其醜態眞令人不忍卒視也。姥姥不知此是黨人秘計。故用美人局將警兵絆住者。姥姥忽曰。姑娘。且聽愛國歌。歌聲亦何悲壯。蓋是時方有一人扮十字軍人出。假劇本爲名。唱愛國歌、以鼓舞衆心。聞者皆鬨然曰。歌中有深意。座中客亦有歌而和之者。歌罷舉座寂然。不聞鼓掌稱妙者。只有琵琶絃索正在調音。錚鏦作響。斷而復續。少頃軍樂復作。笳鼓齊鳴。一人扮大將出。外罩大袍。內披細鎧。腰下左懸大砍刀。右佩闊口銃。顯然是中古時代人物。雄姿英盼。立於台前。樂聲頓止。時座中有認得此人爲帕高利士。而不知今夕之事者。一見即謾罵如前。旋即被傍人掣止。忽聞有激烈悲憤之聲。發自台上曰。諸君聽者。今日帕高利士登台。非爲演劇而來。特向諸君有所陳說也。衆聞而肅然。梅晉那即將外服扯去。露出全身鎧甲。對衆朗朗宣言曰。謹告我意大利諸奴隸同胞、軍械失事。謀洩勢危。僥倖仇敵失計。有機可乘。彼重軍多駐城外。警督兩署防軍單弱。可急起攻之。脫奴籍。滅奧人。在此夕矣。言至此即將大旗一面拋上空中。旗上大書義師兩字。女見梅如此英雄。心中竊嘆爲神勇。時巡長方在看劇。初猶以爲兒戲。不信此即爲倡亂者。有兩警兵從旁拽之曰。亂作矣。亂作矣。擊殺此賊乎。巡長急得手足無措。聲嘶齒震而發令曰。放鎗。於是六鎗齊舉以向梅。衣士梯梨見之大驚。亟大呼曰。梅郎顧命。呼聲猶未絕。梅已拔腰間銃擊巡長立殪。四女伶亦各拔刀從後刺警兵。各斃其一。餘兩名。一爲鼓手揮手中杖。當頭一捧。腦裂倒地而死。一爲萬那拿擊殺。霎時間七人尸橫台上。座客中諸黨人皆拔械而起。梅善那手執大旗。亟從台上躍下。高呼曰。諸君隨我來。於是梅居中。萬那拿在左。賈薩提在右。領衆鼓噪而出。喊聲大作。有呼急攻督轅者。有呼先撲警署者。出得劇場時。梅乃約住衆人。分撥爲兩隊。己領其一。餘一隊萬賈兩人同領之。分道馳去。劇場中人頓時散盡。只留下一少女一老婦。正在徬徨無措間。忽見有百數十人擁入。將場中椅桌。忙亂搬出。二人愈惶急。不知所爲。蓋此椅桌等。乃黨人運去。用以壘斷路口者。彼等未知也。忽聞外面鎗聲不絕。如放爆竹。然正惶遽間。忽有受傷者舁入。傷肢折骨。鮮血淋漓。不堪寓目。女忽起向各椅上亂取椅墊。投于樓下。姥姥怪而問之曰。小姑何爲。女曰。吾取之以作受傷者之臥褥耳。時方有數受傷者舁入。女曰。姥姥我等且同下樓去。我等雖不能助戰。亦宜少盡婦女之天職。往看護受傷之義士也。方兩人正下樓看護受傷人。忽聞外面喊聲亂起。鎗炮之聲。震撼天地。忽一人狂奔而入。呼曰。警署護軍大敗。保沙走矣。時受傷者倍增。頻頻由街外抬入。眠於地上。幾滿一室。士加拿大劇院。今已化爲軍醫病院。此時有醫士數輩。携金瘡藥等物。與衆首領之夫人等同入。爲傷者敷治看護。而衣士梯梨代衆志士包裹傷痕。往來奔走。尤爲竭盡心力。正忙碌間。又一人奔入告曰。督署已破。辣老狗退守加士梯路炮台去矣。閱數時東方已明。衣士梯梨正與一織工包裹斷臂。忽一人立于其傍低聲言曰。姑娘發慈善心。天必祐汝。女驚視之。乃梅也。不禁大喜曰。梅郎無恙耶。且少待俟我正事畢。然後再談。原來梅特來此撫慰傷者。遂立于其傍。俟其包裹畢。乃與之握手言謝。且介紹與施沙利士高夫人等一一相見。梅旋卽自去。此時已擇定輿督署爲大營。警署爲糧台。梅遂逕來大營。集衆首領聚議。公舉買薩提爲統帥。管理全軍事務。居中調度。策應四面。兼理籌餉事。衆人以納拔年逾古稀。不宜戰鬥。乃舉爲參謀。贊畫軍中一切要務。其餘首領各人分派防守各隘。惟有多沙門樓最爲扼要之區。因此門外通援師來路。爲咽喉重地。爲敵所必爭者。梅遂自請與萬那拿共守之。萬亦欣然請行願臨前敵。賈統帥許之。納麥謀戒之曰。今者奧兵勢盛。我兵寡弱、不足以敵之。宜守而不宜戰。待援兵至。然後內外共擊之。破之必矣。語曰。知彼知己百戰百勝。願兩將軍愼之。二人遂領命率所部士卒赴多沙門樓阨守。

## 第十六回　黨爭召淪胥樂師小隱　戀法謀鞏固意國中興

却說奧大將未曾提防義國黨人于美倫城中突起義師、遂致敗退。然大軍萬八千人尙分駐城外及各地、次日復統衆來攻、意人竭力拒守。相持累日。一日奧人來攻多沙門樓、勢甚危急、梅率衆出城、奮力擊退。梅遂乘勝窮追。受傷暈絕、辣公子瞥見急叱退奧兵、下馬親視其傷。有意軍多人追至。揮刀來攻。辣亟拔劍相拒、是時萬亦趕至大呼我軍退後。乃向前謂辣曰。深感公子將兵士叱退。不然。梅君成肉塊矣。辣公子曰。此聊以報知己而已。言畢。趨至梅前。見其仰臥地上。兩目似瞑。面色慘白。公子不禁憮然曰。恐已無救矣。奈何。旋復見其雙目微視。撫之尙有呼吸氣。遽喜曰。還有可救。請萬君亟命人舁之歸寓。俾得施治。言訖。遂自去。萬即飭人舁梅歸寓。由衣士梯梨延醫爲之療治。此時奧兵不過暫退。意人因悔受傷。少一得力勇將。故但幷力死守。不敢復出戰。是日入夜。施沙利士高已。從山中領村衆而至。並有岩孖地奧義士。運來礮仔數十車。且有勇士三大隊護送。意軍因而復振。然猶以器械不良。衆寡勢殊。難於野戰。拔買兩人乃令山中村衆與勇士三大隊。共紮營於多沙門樓之外。相爲犄角。遂宣言曰。我軍再支持兩禮拜。一俟沙顚梨亞軍至。則奧人可一鼓蕩平矣。奧兵時時來攻。皆被擊退。兩軍相持。凡四星期之久。奮戰多場。互有勝敗。迨了利拔滔引大軍五萬來援。內外夾攻。奧軍大敗。衆首領揮兵猛追。探地士奇總督見勢不能敵。乃焚其輜重。收兵退走。城中之圍始解。美倫全境。遂無復留有奧人踪跡。意大利乃有獨立之基礎。時一千八百四十八年四月十四日也。此時大功告成。意人心中無限美滿。惟梅善那傷病未痊。將赴瑞士之呂孫湖邊養病。瀕行時握諸同志之手而言曰。今大難甫平。急宜從事政治。以求國家獨立基礎之鞏固。僕以創痍之餘。醫言腦力心血均大受虧耗。須靜養一年。方能復元。今將赴瑞士養病。深以不克共襄盛業爲愧。惟望諸君和衷共事。以光大吾意之前途。來年今日。鄙人歸里。當聿觀厥成矣。諄諄告誡。至再至三。諸同志亦極意慰勞。

本書出版以來風行各省政學各界莫不爭先訂購以期快覩刻已印至三版重行訂正然本社深恐內地未能普及截止之期將屆故特備就半價劵若干張分贈政學各界如蒙訂購請照後列章程辦理

一訂購者可將此劵截下塡明姓名住址（每劵不限部數只用一次）將價目郵費一併寄至上海棋盤街廣益書局或政學社收下劵價寄到之日如全書已出本社卽將全書寄奉否則先付回收據爲憑出版時當卽寄奉

一外埠郵局已通之地加郵費八角陜甘雲貴蜀五省均一元二角其書價郵費可交郵局滙寄來滬如無滙兌之處則用郵票代洋惟須照九扣計算民局寄送酌加帶費

一本書另備布函每部四套如欲連套者須另加洋三角並備有十錦木箱每只加洋八角（郵局寄送不便裝箱）

一本書各省均有經售處若在經理訂定者須仍向原處取書以淸界限

## 特別半價劵

三版大淸法規大全全部四十六册定價八元今照 貴社特別半價每部洋四元郵費　角茲寄上海洋　元　角定購全書　部出書之日祈卽發交　局寄下爲荷（住址錄下）

　省　府　縣　地方此致

上海棋盤街

廣益書局

政學社 台照

購書人　具　月　日

# 增訂三版 大清法規大全

**全書四十六冊 ◉ 預定減價四元**

（預約本月截止續編嗣出）

## ● 本書應用之目的

本書蒐集現行章程倘餽政界凡法政學堂法律學堂司法研究所以及各種相等之學堂所有學期之研究畢業之考試任官之行政執法取對於此一大部中俱已包括無遺尤要者各省審判廳次第成立凡涉身司法者新硎發及尤當手此一編為赴的之利矢

## ● 本書分類之特色

共十二大部曰憲政曰吏政曰民政曰財政曰教育曰禮制曰軍政曰法律曰實業曰交通曰旗藩曰外交每部中又各分細目以類相從朗若列眉如欲檢查一案依目檢之開卷即得最完備又最簡易後附新刑律以對司法者之預備為本書原定部目外之贈送品

## ● 本書價值之便宜

凡四十六冊價洋八元半價四元每本祇取價九分紙墨精良裝訂工整實為價廉物美本局為補助政界開通民智起見並不牟利中外通人想可共諒

## ● 法官考試必讀

本年直省省城各級審判廳成立任用法官考試之科目（一）奏定憲法綱要（二）現行刑律（三）奏定各項法律及暫行章程本法規於以上各項應有盡有為考試者萬不可不讀之書

## ● 各界議員必讀

資政院議員諮議局議員府廳州縣城鎮鄉自治議員皆民代表參與立法者不知新法理則弱者或放棄責任強者或踰越範圍此又不可不讀法規

## ● 官界幕界必讀

行政官執行事件幕僚補助行政官籌辦事件皆關憲政斷非舊知識所能解決又不可不讀法規

## ● 警界軍界必讀

警察保護地方海陸軍專備戰事兩者有對內對外之別不知法理則責任不明此又不可不讀法規

## ● 紳界學界必讀

紳學界包含最廣官幕議員皆出其中提倡一切新政須有預備之知識此又不可不讀法規

## ● 實業各界必讀

農工商暨一切營業為強國真命脈必知法律範圍乃可結合團體保持信用必知法律保護乃得發生能力抵制外界此又不可不讀法規

## ● 全國國民必讀

本國國民皆與國有密切關繫必人人能富強而後有保國力必人人通法政而後有進行力此又不可不讀法規◉全書四十六冊本月底出書半價四元一次收足當付收據

本埠及各省府廳州縣各大書坊均有經售在經售處定書者出書後仍向原處取書總發行所上海棋盤街漢口鮑家巷廣東雙門底

**廣益書局啟**

# 上海外交報館今遷四馬路書錦里口

庚戌年

# 外交報

十年紀念

增刊兩册

本館延定留學外洋法政專家撰著國際法學論說並於正月臘月各增一册逢五發行全年三十四册自辛丑至庚戌適屆十年共三百册

預訂全年本埠四元五角外埠五元二角外國六元零售每册一角六分補購辛丑壬寅癸卯甲辰百册減爲十元外埠加郵費八角陝甘雲貴四川等省郵費加倍補購壬寅全份本埠四元外埠四元五角癸卯全份本埠四元三角外埠四元八角甲辰全份本埠四元外埠四元五角乙巳全份本埠四元二角外埠四元八角丙午丁未戊申每年各全份本埠各四元五角外埠各五元己酉全份本埠四元八角外埠五元五角外國六元二角歷年零册一角六分

◎上海外交報館 在四馬路書錦里口商務印書館內

◎第二十四號即二百九十期九月初五日已出 要目列下

◎論說 論今日中國對於國際投資之可危（法政畢業生武進王倬撰）

◎譯論 論俄人經營滿蒙 論日俄協約 論日韓合邦二則 論美國政略之新氣象

◎外交大事記 要事彙誌

◎世界大事記 東洋之部 日韓合邦與各國 日本水災 西洋之部 英與俄之親交 俄和將至遠東 俄皇注意海軍 班王與教皇之衝突 班國戒嚴 英國擴充陸軍 美與非律賓之自由貿易 革島近事 土國通告列強 與義之對土

◎國際法 國際法規與實際政策

◎日英外交小史（續二百八十八期）

◎英國藍皮書 續前期

◎第二十五號即二百九十一期九月十五日已出 要目列下

◎論說 條約消滅與更新之研究（法政畢業生武進王倬撰）

◎譯論 論美國經營遠東 論日本之改正條約及日美關係 論巴拿馬運河成後之美國 論太平洋四大航路之刷新

◎外交大事記 商務交涉 郵政交涉

◎世界大事記 東洋之部 日本縣增土地人民 朝鮮總督府新官制之組織 西洋之部 美國海法會議 國際捕獲審驗所將成 俄之豫算海軍費 俄獲德諜 德儲游歷遠東 法之近東外交 德奧土同盟 德皇在奧之演說 德與俄之界務 德獲英諜 德人不滿意於其君 德製新艦 法之對土 荷王之勅語 荷國財政 荷之總選舉 荷國擴張陸軍 波斯決聘財政顧問官 波人催俄出兵

◎國際法 國際法與實際政策

◎英國藍皮書 續二十四號）

外交報館

# 東方雜誌

第七年　第八期

圖畫◉南宋馬逵畫林和靖愛梅圖◉奉天皇宮內大政殿◉奉天行省公署◉海軍大臣座船聯鯨號

諭旨庚戌七月

論說◉借款築路問題

記載◉中國大事記◉中國大事記補遺（▲山東萊陽縣官民交戰事續聞▲河南長葛縣鄉民滋事詳記▲澳門葡官攻剿海盜餘聞）◉世界大事記◉中國時事彙錄（▲國會請願之近狀▲記美國提議續開禁煙大會事▲中英鴉片交涉之詳情▲六記錦愛鐵路問題▲東三省要聞彙錄▲東三省黃豆銷場說略▲俄國黑龍江探險隊記略▲江蘇全省商會聯合會記事▲閩浙二省民亂瑣聞▲安徽亳州匪患要聞▲霍山商會總理被辱始末記▲十七記湘鄂路線商借外款情形▲記福建拒土會原始▲補記廣東新安縣婦女抗釘門牌事▲廣西民變近聞二則▲各地華僑近聞▲各省水災彙記）◉世界時事彙錄（▲記安南現狀▲記德意志議會討議皇室費▲土耳其籌保屬地之現狀▲英政黨衝突之現狀▲英政黨對於遠東之政記▲比京賽會記▲記東京洪水）

文件◉奏牘（▲湖廣總督瑞澂奏陳海軍管見摺▲前出使美國大臣伍廷芳奏請剪髮不易服摺▲御史趙炳麟奏仕途濫雜請飭詳議官規摺）◉章程（▲全國農務聯合會章程草案）

調查◉中國調查錄（▲船政廠隝模型說明書）

附錄◉新知識◉雜纂◉文苑◉小說

各表◉京外職官表◉金銀時價表

宣統二年八月二十五日發行

# 掃葉山房新印書籍廣告



|  |  |  |
|---|---|---|
| 陶淵明詩集附東坡和詩 | 四冊 | 洋八角 |
| 王琦註李太白全集 | 二十冊 | 洋三元五角 |
| 王琦註李長吉歌詩 | 四冊 | 洋八角 |
| 硃批李長吉集 | 二冊 | 洋一元四角 |
| 溫飛卿詩集 | 四冊 | 洋八角 |
| 唐人萬首絕句選 | 二冊 | 洋四角 |
| 姜白石全集 | 三冊 | 洋六角 |
| 陸放翁詩鈔 | 六冊 | 洋一元四角 |
| 楊鐵厓三種 | 十冊 | 洋二元 |
| 國朝文錄 | 十六冊 | 洋四元 |
| 顧亭林詩文集 | 四冊 | 洋一元 |
| 侯朝宗壯悔堂全集 | 六冊 | 洋一元 |
| 原板石印鄭板橋全集 | 四冊 | 洋一元 |
| 龔定盦全集 | 六冊 | 洋本洋七角 本紙洋一元 |
| 張濂卿濂亭文集 | 二冊 | 洋三角 |
| 歷朝名人詞選 | 六冊 | 洋一元二角 |
| 大字精本絕妙好詞箋 | 四冊 | 洋六角 |
| 白香詞譜箋 | 四冊 | 洋八角 |
| 吳梅村詞 | 一冊 | 洋一角五分 |
| 王次回疑雨集香艷體詩 | 二冊 | 洋四角 |
| 香屑集香艷體詩 | 四冊 | 洋八角 |
| 原板石印畫禪室隨筆 | 三冊 | 洋八角 |
| 王漁洋香祖筆記 | 四冊 | 洋八角 |
| 大字兩般秋雨盦隨筆 | 四冊 | 洋六角 |
| 郎潛紀聞初二三筆全 | 十冊 | 洋二元五角 |
| 姚伯昂竹葉亭雜記 | 二冊 | 洋三角 |
| 薛叔耘庸盦筆記 | 三冊 | 洋六角 |
| 音註小倉山房尺牘 | 二冊 | 洋二角五分 |
| 陳文恭公手札 | 二冊 | 洋三角 |
| 有正味齋尺牘 | 二冊 | 洋二角 |

商務印書館發行

# 教育雜誌 第二年第九期 目錄

月出一冊售洋一角
全年十二冊一元
郵費每冊二分

本社爲研究教育改良學務起見特設雜誌一種自去年出版後未及一載銷數業已逾萬南至叻埠北抵蒙古東經日韓以達西半球西由陜甘而及新疆此固同人始願所不料足徵我國教育進步之速也玆將第二年第八期目錄列左



◉附告○本雜誌每月初十日發行月出一冊洋裝八十頁乃至百頁約五六萬字插畫四幅以上每年首尾兩期各增加四五十頁插畫十幅以上

# 謹贈書目提要

函索即寄　不取分文

## 上海商務印書館出版

### 英文讀本

- 學部審定　帝國英文讀本　卷首一角　卷一二角五分　卷二四角　卷三五角五分　卷四一元　卷五一元五角
- 學部審定　英文新讀本　卷一硬面五角　軟面三角半　卷二硬面六角　軟面四角半　卷三軟面七角　卷四硬面一元　卷五硬面一元二角　卷六硬面一元五角
- 新世紀英文讀本　卷一二角半　卷二三角　卷三四角半　卷四五角　卷五七角
- 學部審定　英文益智讀本　硬面八角　軟面六角
- 初級英語讀本　初二集各二角　三四集各三角
- 日用英語讀本　四角

### 英文文法

- 學部審定　新法英文教程　硬面八角　軟面六角
- 學部審定　英語作文教科書　硬面一元　軟面八角
- 英語作文初步　五角
- 學部審定　初學英文軌範　硬面九角　軟面七角
- 學部審定　簡要英文法教科書　硬面八角　軟面六角
- 學部審定　增廣英文法教科書　一元三角
- 學部審定　英文初範　全英文一角二分　華英文二角五分
- 英文範綱要　五角
- 學部審定　英文範詳解　一元五角
- 學部審定　英文典　初等二角五分　中等四角　高等五角

### 英文會話

- 學部審定　英語會話教科書　硬面八角五分　軟面六角
- 新體英語教科書　三角五分
- 實用英語階梯　三角五分

### 英文辭典

- 英華大辭典　一巨冊　十五元
- 商務書館　華英音韻字典集成　七元五角
- 商務書館　華英字典　洋裝一元二角五分　華裝六角
- 商務書館　英華新字典　一元五角
- 商務書館　袖珍華英字典　一元二角五分
- 英漢成語辭林　二元五角

備錄　本館輯譯英文各書計共數十種茲不

# 謹贈書目提要

函索卽寄　不取分文

## 上海商務印書館出版

### 和文書類

| | |
|---|---|
| 漢釋日本辭典 | 近刊 |
| 和文讀本入門 | 二角 |
| 日語讀本 四册 | 共一元四角 |
| 和文漢譯讀本 八册 | 共一元 |
| 東文法程 | 五角 |
| 日本文典 | 七角 |

### 華法文書類

| | |
|---|---|
| 華法啓蒙 初集 | 五角 |
| 二集 | 七角 |
| 三集 | 七角 |
| 華法中學讀本 | 一元 |
| 法語陟遐 | 五角 |
| 英法尺牘譯要 | 七角五分 |

### 華德文書類

| | |
|---|---|
| 中德字典 | 一元二角 |
| 德文法程 | 七角五分 |

### 嚴又陵先生譯著各書

| | |
|---|---|
| 英文漢詁 | 一元二角 |
| 羣己權界論 | 八角 |
| 社會通詮 | 一元 |
| 訂正羣學肄言 | 一角五分 |
| 天演論 | 一元 |
| 孟德斯鳩法意 前三册 | 共一元六角 |
| 第四册 | 五角 |
| 五六册 | 各六角 |
| 政治講義 | 三角五分 |
| 耶方斯名學淺說 | 六角 |

### 各種雜誌

| | | |
|---|---|---|
| 東方雜誌 每册三角 | 全年十二册 | 三元 |
| 外交報 每册一角六分 | 全年三十二册 | 四元五角 |
| 教育雜志 每册一角 | 全年十二册 | 一元 |

# 漱玉詞斷腸詞合刻

詞至宋而極盛而李易安朱淑眞尤爲閨閣雋才易安能詩文尤工於詞其議論前輩之詞皆能洞中窾竅自所爲詞天才超逸淸麗芊綿朱文公謂有宋一代婦人能文者首推易安其推重可想淑眞才力充足與易安抗行惟漱玉斷腸二集世少傳本臨桂王半塘侍御曾輯補精校刋入四印齋詞中半塘歸道山後其板庋藏不復印布今將其初印本重付石印合爲一書俾成雙璧世欲讀才媛之詞者幸勿交臂失之每部大洋五角

寄售處上海四馬路廣智書局

# 人造自來血乃人身之活寶

人生百體所賴以生長者血也如血多則百體強壯血少則百體衰弱設遇血盡則百體自枯是故凡人不能無血**血者誠乃人身之活寶也**然吾人欲究身壯力健之術者必以多血爲適宜若近今之衛生家雖當服各種補品而未得十分健壯者何也其故因我國理化未精藥物一道素鮮研究故自古迄今絕未發明不知以多血爲要義噫**此即吾身不強之由來也邇者神州睡獅抖擻初醒努力**[illegible]**我同胞之熱血奮振我同胞之精神**無庸疑義速請嘗試**能壯民力強國勢之人造自來血已經及時出現**故再行謹告同胞凡有心虧血虛破金吐血面黃肌瘦頭暈眼花耳鳴腎虧陽萎精枯四肢無力手足酸軟身體虛腳腫胃弱脾薄以及婦女經水不調白帶赤帶頭痛腰酸五勞七傷諸虛百損之症者服之自然**壯心經多血液**請將下列服法試驗之自能奇功立見幸勿輕視蓋其中實有絕大之能力也我同胞凡購服自來血**須先試驗究有功效若何**可用小針刺破皮膚出血一滴滲在白紙上待服過七日之後再用前法將前者滴血之紙與七日後滴血之紙兩相比較後者之色必紅於前此則**最易最明之確証也**倘能多服**則血愈紅而人之體力愈健**又如腎虧耳鳴眼花者連服數日眼目自覺清爽耳鳴耳聾自可並除此即顯明有補腎之功效又如年老血衰或壯年勞傷過度體質虛弱而無血色者自必畏寒懼冷風即發寒噤者服之半月之後**血氣漸充體質自固**雖遇箭風**亦不覺寒冷矣**又有明見之確證如久患爛瘡而不易收口者自服自來血之後則瘡內之**肉刺日漸增紅**如能常服收口亦易如婦女之經淡白者服到一月經水當即增紅**如患冷經痛經亦能並除**凡患破金吐血者服之補血則可以之止血則不可然患吐血之人血愈虧少若不培補則體質愈弱病勢日重尤宜常服以補之當時雖無止血之功然久服之心經壯**而吐血之患可以除根也**如腳氣水腫者步履蹇滯亦血虛不充之故須連服旬日則腫自消而步自健矣又**如患瘧疾者**服之旬日**立可除根**不發以上一切功效皆最易試驗者也

●小瓶一元二角大瓶二元**每打**小瓶十二元大瓶二十元託局函購原班回件海內諸公如蒙惠購請認明全球商標爲記內附五彩認眞券一張值洋一角方不致悞

**●總發行所上海四馬路老巡捕房對門青花石三層大洋房五洲大藥房并南北兩京以及各埠大藥房均有經售**

# 韋廉士大醫生紅色補丸如何資助已脫鴉片煙籍之人

試觀北京官醫院覲懋恩醫士之保證書便知是丸之奇效焉

覲君懋恩由上海梵王渡聖約翰書院肄業領有醫學畢業文憑現充北京民政部官醫院查驗鴉片煙癮之職綜計十閱月之久治愈斷癮成疾者已不下萬餘人矣今特證明韋廉士大醫生紅色補丸之功效如左云○自 朝廷嚴禁鴉片以來凡有煙霞之癖者恐爲衆人所不齒於是亟思戒除之方以圖保其名譽故國家特設戒煙局不取藥資俾凡有志之士咸可就戒不至終爲黑籍中人也惟是煙癮既斷之後身體必甚柔弱若不速復其力勢必復將上癮余經歷此輩不知凡幾莫不皆投以滋補之劑以助其精力然滋補之藥甚多余未知其中由何藥所配製故未敢妄爲保舉惟韋廉士大醫生紅色補丸余知之有年且親嘗試驗醫治各疾皆有功效確知是丸洵爲滋補中無上之妙品也然人每處補丸中有嗎啡等雜質服之恐致損人然韋廉士大醫生紅色補丸非惟無損害之雜質且適合輭弱人之體質凡戒烟初斷之癮人是丸最爲相宜若再加以運動身體之功則其精力復原身體強健捷如影響矣韋廉士大醫生紅色補丸在人身所作之功無他妙訣不過以其滋補之力運行血中使全體強健復原而已大凡羸弱不潔之爲血致各病之原由若血潔有力則疾病自不能久纏於身內韋廉士大醫生紅色補丸因是之故常治愈無數肝胃失調 左癱右瘓 脚氣衝心 少年斲喪 陽萎不舉 腦筋衰弱 諸虛百損 血薄氣衰 山林瘴氣 皮膚諸症，瘰癧疔瘡 發熱病後 紅白痢疾 感冒風寒 傷風咳嗽等症是丸又爲天下馳名醫治婦科各症之良方男子操勞過度起居不節以及他故致損身體者一服是丸莫不立奏奇功

韋廉士大醫生紅色補丸中國各處藥房凡經售西藥者均有出售如內地無從購買請逕向上海四川路八十四號韋廉士醫生藥局中國總發行函購或向重慶白象街分行函購亦可價銀每一瓶大洋一元五角六瓶大洋八元遠近郵費一律不取

北京官醫院覲懋恩醫士玉照

認明丸藥真樣謹防隱戳假冒

# 國風報

大清郵政局特准掛號認為新聞紙類
日本明治四十三年二月十三日第三種郵便物認可

每月三期逢壹日發行

宣統二年十月初一日

第壹年第念柒期

# 愛理士紅衣補丸

治愈腦力薄弱精神痿頓承李君漢生惠來証書照登

逕啓者鄙人幼年素喜光學悉心研究者十餘年以致心思過度腦力薄弱常覺精神痿頓春初聞得　貴廠發行之愛理士紅衣補丸能治諸虛百損即託申友代購半打照仿單試服之下不到兩月即飯量倍增今絡續服完向之所謂腦力薄弱精神痿頓者茲全然不覺矣可見　貴廠實心濟世斷非市上所售他種補丸所能及于萬一敬貢數言以告世界並附服丸後小影一紙以作左証

揚州新勝街美眞照像館主人李漢生謹識

外埠各大藥房均有發售倘內地無從購買處請函至上海四川路一百十七號總批發所購買即班回件郵費不加

晨寶藥廠啓

# 各埠代理處

北京桐梓胡同廣智書局　保定萃英山房　官書局　天津原創第一家派報處　公順
京報局　李茂林　羣益書局　奉天振泰報局　圖書館　盛京振泰報局　吉林
文盛報房　濟南維新書局　開封茹古山房　文會山房　大河書局　教育品社
總派報處　彰德茹古山房　武涉永亨利　西安公益書局　萃新報社　太原
文元書局　書業昌記　貴州崇學書局　雲南天元京貨店　安慶萬卷書樓　廬
州神州日報分館陳福堂　閱報館於炳章　漢口昌明公司　蕪湖科學圖書社
成都正誼書局　輸文新社　華洋冬報總派處　安定書屋　長沙羣益圖書公司
常德中報館　南京啓新書局　莊嚴閣　崇藝書社　圖南書社　神州日報分
館　南昌開智書局　廣益派報社　廣信益智書局　福州教科新書館　厦門新
民書社　溫州日新協記書莊　廣明書社　揚州經理各報分銷處　蘇州瑪瑙經
房　常熟朱乾榮君　海虞圖書館　廣州國事報　廣智分局　廣生印務局　日
本中國書林　星架坡南洋總匯報　澳洲東華報　金山世界日報　紐約中國維
新報　溫哥華日新報　香港致生號　商報

宣統二年十月初一日出版
編輯兼發行者　何國楨
發行所　上海福州路　國風報館
印刷所　上海福州路　廣智書局

定價表

| 項目 | 報資 |
|---|---|
| 全年三十五冊 | 六元五角 |
| 上半年十七冊 | 三元五角 |
| 下半年十八冊 | 三元五角 |

費須先惠逢閏照加

零售每冊二角五分
本國郵費每冊四分
歐美郵費每冊七分
日本郵費每冊一分

廣告價目表

| 一面 | 十元 |
|---|---|
| 半面 | 六元 |

# 國風報第一年第二十七號目錄

荷蘭女王威廉米納遺像

## 諭旨

十月初三日　上諭前據各省督撫等先後電奏以欽頒憲法組織內閣開設議院爲請又據資政院奏稱據順直各省諮議局及各省人民代表等陳請速開國會等語當將原摺電交內閣會議政務處王大臣公同閱看旋據該王大臣等各抒所見具說呈進又於本月初二日召見該王大臣等詳細垂詢切實討論意見大致相同溯自分年籌備立憲期限定自　先朝朕仰承付託之重夙夜兢惕無時不以繼志述事爲心既不敢少事遲迴亦不敢過形急切前經都察院兩次代奏呈請速開國會均即明白剴切宣諭彼時爲鄭重要政起見誠有不得不一再審愼者乃揆度時勢瞬息不同危迫情形日甚一日朝廷宵旰焦思亟圖挽救惟有促行憲政俾日起而有功不待臣庶請求亦已計及於此第恐民智尚未盡開通財力又不敷分布操之過蹙或有欲速不達之虞故不能不驗向背於輿情決是非於廷議今者人民代表籲懇明出於至誠內外臣工强半皆主張急進民氣奮發衆論僉同自必於人民應擔之義務確有把握應即俯採臣民之請用協好惡之公惟是召集議院以前應行籌備各大端事體重要頭緒

紛繁計非一二年所能蕆事著縮改於宣統五年開設議院先將官制釐定提前頒布試辦須即組織內閣迅速遵照欽定憲法大綱編訂憲法條款並將議院法上下議院議員選舉法及有關於憲法範圍以內必須提前趕辦事項均著同時並舉於召集議院之前一律完備奏請欽定頒行不得少有延誤總之決疑定計惟斷乃成此次縮定期限係採取各督撫等奏章又由王大臣等悉心謀議請旨定奪洵屬斟酌妥協折衷至當緩之固無可緩急之無可再急應即作爲確定年限一經宣布萬不能再議更張爾內外各大臣務當協力進行時艱共濟各省督撫領治疆圻責任尤重凡地方應行籌備各事宜更當淬厲精神督飭所屬妥速籌辦勿再有名無實空言搪塞必使一事有一事之成績一時有一時之進步無論如何爲難總當力副委任如或因循誤事粉飾邀功定即嚴懲不少寬假願官吏有應顧之考成國民亦有應循之秩序此後倘有無知愚氓藉詞煽惑或希圖破壞或踰越範圍均足擾害治安必即按法懲辦斷不使於憲政前途稍有窒礙以期計時收效尅日觀成上慰 先帝在天之靈下慰海內喁喁之望將此通諭知之欽此 上諭現經降旨以宣統五年爲開設議院之期所有各

省代表人等著民政部及各省督撫剴切曉諭令其即日散歸各安職業靜候朝廷詳定一切次第施行欽此監國攝政王鈐章會議政務處王大臣署名奕劻毓朗那桐徐世昌世續陸潤庠鄒嘉來李殿林善耆載澤榮慶唐景崇廕昌載洵差廷杰溥頲唐紹怡壽耆

初四日　上諭欽定憲法爲萬世不易之典則現在提前籌辦憲政亟應首先纂擬憲法以備頒布遵行著派溥倫載澤充纂擬憲法大臣悉心討論詳慎擬議隨時逐條呈候欽定如應添派協同纂擬之員並著隨時奏聞候朕簡派以期迅速辦理剋期告成欽此監國攝政王鈐章軍機大臣署名

初六日　上諭前據都察院代奏學部丞參上行走柯劭忞等舉人張春海等各呈稱官紳激變濫殺無辜等語當經諭令孫寶琦確查茲據查明覆奏山東萊陽海陽肇亂之初實由官紳辦理不善繼則派出文武各員措置亦未盡合宜自應分別懲處已革山東萊陽縣知縣朱槐之已革海陽縣知縣方奎昏庸貪劣激成變端均着永不敘用候補道楊耀林署萊陽縣知縣奎保張皇操切厥罪惟均楊耀林奎保均着即行革職

都司銜留省補用守備陳忠訓馭兵不嚴誤斃平民著革職永不敘用紳士王圻王墀放利而行不恤人言王景嶽假公濟私貪鄙無恥葛桂星于贊揚張相謨宋維坤等聲名甚劣候選縣丞王圻著即行革職增生王景嶽歲貢生葛桂星均著褫革餘著查取職名一併咨革均不准干預地方公事並交地方官嚴加管束開缺登州府知府文淇巡視兩縣接受呈詞未能秉公審理亦爲激變之由著即行革職登州鎭總兵李安堂統領軍隊約束不嚴著即開缺山東巡撫孫寶琦仍著免其置議餘著照所議辦理該部知道欽此　上諭山東登州鎭總兵員缺著葉長盛補授欽此監國攝政王鈐章軍機大臣署名

初七日　上諭本日召見之開缺吉林度支使陳玉麟著交軍機處存記欽此　上諭本日召見京察一等之內務府郎中彬格著交軍機處記名以關差道府用欽此監國攝政王鈐章軍機大臣署名

論說壹

# 敬告國中之談實業者

滄江

今日舉國上下。蹙蹙然患貧。叩其所以救貧者。則皆曰振興實業。夫今日中國之不可以不振興實業固也。然全國人心營目注囂囂然言振興實業者。亦既有年矣。上之則政府設立農工商部設立勸業道。紛紛派員奔走各國考查實業。日不暇給。乃至懸重爵崇銜以獎厲創辦實業之人。即所派游學及學生試驗。亦無不特重實業。其所以鼓舞而助長之者。可謂至極。下之則舉辦勸業會共進會。各城鎮乃至海外僑民悉立商會。各報館亦極力鼓吹。而以抵制各貨挽回利權之目的創立公司者。所在多有。其呈部注冊者。亦不下千家。宜若舉國實業界之氣象。必有以昭蘇於前。乃夷考其實。則不惟未興者不能興。而已舉者且蠹廢。國家破產之禍。且迫於眉睫。先民有言。困於心衡於慮。然後作。又曰知困然後能自強。夫人於其所欲爲之事而不能遂則必窮思其所以不能遂之故排其阻力而闢其坦途其庶有能遂之一日今我國人前此既瞢然無所覺及今幾經敗績失據猶復漠然無所動於中不惟當局施政不思改轍即有言論之責者亦未聞探本窮源以正告國人而共謀挽救吾實痛之乃述所懷以爲此文所宜陳者萬端此不過其一二耳。

我國自昔非無實業也士農工商國之石民數千年來既有之矣然則曷爲於今日而始昌言實業得毋以我國固有之實業不足與外國競今殆堙塞以盡情見勢絀不得不思所以振其敝也是故今國中人士所奔走呼號以言振興實業者質而言之則**振興新式之企業而已**（企業二字乃生計學上一術語譯德文之 umlernehmang 法文之 Entreprise 英人雖最長於企業然學問上此觀念不甚明瞭故無確當之語）新式企業所以異於舊式者不一端舉其最顯著者則規模大小之懸殊是也舊式企業能以一人或一家族經營之或雇用少數人而已新式企業則所用人少者以百數多至乃至數十萬也舊式企業資本雖至觳薄猶有辦法新式企業則資本

恆自數萬以迄數千萬也。夫新式企業之所以日趨於大規模者何也。蓋自機器驟興。工業革命。交通大開。競爭日劇。凡中小企業。勢不能以圖存。故淘汰殆盡。而僅餘此大企業之一途也。企業規模既大。則一人之力。勢不能以獨任。故其組織當取機關合議之體。乃能周密。與舊式之專由一二人獨裁者有異。其資本必廣募於公衆。乃能厚集。而與舊式之一人獨任或少數人醵出者有異。質而言之。則所謂新式企業者。以股份有限公司爲其中堅者也。今日欲振興實業。非先求股份有限公司之成立發達不可。此舉國稍有識者所能見及。無俟余喋喋也。然中國今日之政治現象社會現象。則與股份有限公司之性質最不相容者也。苟非取此不相容者排而去之。則中國實業永無能興之期。請言其理。

## 第一　股份有限公司必在強有力之法治國之下

## 乃能生存中國則不知法治爲何物也

尋常一私人之營業皆負無限責任苟其業有虧蝕則罄其所有財產之全部以償逋負（我國習慣則親屬及子孫之財產且往往波及矣）故稍知自愛之企業家恒謹愼將事鮮有弊竇即不幸而失敗則債權者亦不至大受其累股份有限公司之性質則不然股東除交納股銀外無復責任其各職員等亦不過爲公司之機關並非以其身代公司全負債務上之責任質言之其在尋常私人營業則企業人與所企之業合爲一體者也其在股份有限公司則公司自爲一人格自爲一權利義務之主體而立夫股東與各職員之外者也惟以公司之財產處理公司之債務而外此一無所問此其爲道本甚險故國家須有嚴重之法律以防閑之今各國所以監督此種公司者有法律以規定其內部各種機關使之互相箝制有法律以强逼之使將其業務之狀態明白宣示於大衆無得隱匿有法律以防其資本之抽蝕暗銷毋使得爲債權者之累其博深切明有如此也中國近日亦有所謂公司律者矣其律文鹵莽滅裂毫無價値且勿論藉曰律文盡善而在今日政治現象之下法果足以爲民保障乎中國法律頒布自頒布違反自違反上下恬然

不以爲怪西哲有恒言國之治亂亦於其國民安於法律狀態與否判之而已中國國民則無一日能安於法律狀態者也　夫有法而不行則等於無法今中國者無法之國也尋常私人營業有數千年習慣以維持之雖無法猶粗足自存此種新式企業專恃法律之監督保障以爲性命紀綱頹紊如中國者彼在勢固無道以發榮也

第二　股份有限公司必責任心強固之國民始能行之而寡弊中國人則不知有對於公衆之責任者也

股份公司之辦理成效所以視私人營業爲較難者私人營業其贏也則自享其利其衄也則自蒙其害故營之者恒忠於厥職股分公司不然其職員不過占有公司股分

之一小部分耳而營業贏虧皆公司所受其贏也利非我全享其虧也害非我獨蒙故爲公司謀恒不如其自爲謀之忠人之情矣其尤不肖者則借公司之職務以自營其私雖在歐美諸國法律至嚴明而狡者尚能有術以與法相遁而況於絕無綱紀之中國乎此公司職員克盡責任者所以難其人也抑糾問職員責任者實惟股東而公司之股分其每股金額恒甚少爲股東者恒非舉其財產之全部投諸股分即多投矣所未必悉投諸一公司且股分之爲物隨時可以轉賣其在東西諸國購買股分者其本意大率非在將來收回股本但冀股價幸漲則售去以獲利耳此公司股東之克盡責任者所以尤不易也然非有此種責任心則股分公司之爲物決不能向榮而勿壞彼英人所以以商戰雄於天下者以其責任心最強也而今世各國之教育所以倡提商業道德者不遺餘力亦以苟不務此則一切實業將無與立也中國人心風俗之敗壞至今日而已極人人皆先私而後公 **其與此種新式企業之性質實不能相容故小辦則小敗大辦則大敗即至優之業幸**

**而不敗者亦終不能以發達** 近數十年來以辦股份公司之故而耗散國民資本者其公司蓋不下千數百其金錢蓋不下數萬萬今固無從縷舉其最顯著者則有若招商局有若粵漢川漢各鐵路有若大清交通公益信義各銀行皆其前車也就股東一方面觀之以法律狀態不定不能行確實之監督權固也而股東之怠於責任亦太甚乃至並其所得行之權限而悉放棄之以致職員作弊益肆無忌憚阻公司之發達者則職員與股東實分任其咎也 **大抵股份公司之爲物與立憲政體之國家最相類** 公司律則譬猶憲法也職員則譬猶政府官吏也股東則譬猶全體國民也政府官吏而不自省其身爲受國民之委任不以公衆責任置胸臆而惟私是謀國未有能立者而國民怠於監督政府則雖有憲法亦成殭石 **是故新式企業非立憲國則不能滋長蓋人民必生活於立憲政體之下然後公共觀念與責任心乃日盛而此兩者即股分公司之營魂故也**

論說

（附言）中國之股分公司。其股東所以不能舉監督之實而坐令職員專橫者。尚有特別之原因數端。（其一）每股所收股銀太少。如近年所辦諸鐵路。以資本千萬元以上之公司。而每股率皆收五元。此雖有廣募普及之利。然使大多數之股東。既視股爲不足輕重於己。復視己爲不足輕重於公司。則易導其放棄權利之心。夫放棄權利。即放棄義務也。蓋冥冥之中其損害實業界之風紀者莫甚焉。（其二）公司之成立往往不以企業觀念爲其動機。如近年各鐵路公司礦業公司等。大率以挽回國權之思想而發起之。其附股者以是爲對於國家之義務。而將來能獲利與否。暫且勿問。此其純潔之理想。寧不可敬。雖然。生計行爲不可不率循生計原則。其事固明明爲一種企業。而等資本於租稅。義有所不可也。以故職員亦自託於爲國家盡義務。股東且以見義勇爲獎之。不忍苛加督責。及其營私敗露。然後從而掊擊之。則所損已不可復矣。此等公私雜糅曖昧不明之理想。似愛國而實以病國也。（其三）凡公司必有官利。此實我國公司特有之習慣。他國所未

八

嘗聞也夫營業盈虧歲歲不同勢難豫定若雖遇營業狀況不佳之時亦必須照派定額之官利則公司事業安能擴充基礎安能穩固故我國公司之股份其性質與外國之所謂股份者異而反與其所謂社債者同夫持有社債劵者惟務本息有著而於公司事非所問此通例也我國各公司之股東乃大類是但求官利之無缺而已職員因利用此心理或高其官利以誘人其竟由資本內割出分派者什而八九（最著者如粵漢川漢江西等鐵路公司集成股本數年路未築成一里而年年將股本派息中外古今豈聞有此種企業法耶）股東初以其官利有著也則習而安之不知不數年而資本盡矣此數者皆足以阻股分公司之發達後之君子宜以爲戒也

公共觀念與責任心之缺乏其爲股分公司之阻力者既若彼矣而官辦之業則尤甚今世各國或以匡民力所不逮或以防自由競爭之弊往往將特種事業提歸官辦而於全國國民生計所補滋多而股分公司之缺點時或緣官辦而多所矯正何也官吏責任分明懲戒嚴重其營私作弊不如公司職員之易而人民監督政治之機關至完密益不容其得自恣也我國則異是官吏以舞文肥己爲專業而人民曾莫敢抗雖抗

亦無效故官辦事業其穢德更什伯於公司近年來全國資本蕩然無復存者豈非官辦實業蝕其什八九耶 故我國民誠不願現政府之代我振興實業更振興者舉國爲溝中瘠矣

## 第三 股分有限公司必賴有種種機關與之相輔中國則此種機關全缺也

股分有限公司之利便於現今生計社會者不一端然其最大特色則在其股票成爲一種之流通有價證券循環轉運於市面使金融活潑而無滯也蓋尋常企業必須俟其企業完了之後始能將老本收回（例如以千金開一舖店無論每年所得淨利幾何要之皆此千金之子息若欲將原來之千金收回則必在店舖收盤以後也）股分公司之股票則不然吾今日買得之若明日需用現錢或見爲有利可以立刻轉賣之即不轉賣而以之抵押於銀行亦可以得現錢股票之轉賣抵押雖一日千變而公司營業之資本絲毫不受其影響其爲物至靈活而富於伸縮力既便於公司復便於股東而尤便於全社會之金融故其直接間接以發達實業效至博也 而所以

能收此效者則賴有二大機關焉以夾輔之一曰股分懋遷公司（股分懋遷公司之性質參觀本報第七號再論國債償還會篇）二曰銀行　股份懋遷公司為轉買轉賣之樞紐銀行為抵押之尾閭不寧惟是即當招股伊始其股票之所以得散布於市面者亦恒藉股分懋遷公司及銀行以為之媒介今中國既缺此兩種機關於是凡欲創立公司者其招股之法則惟有託親友展轉運動而已更進則在報上登一告白令欲入股者來與公司直接交涉而已以此而欲吸集多數之資本其難可想也而股東之持有股票者則惟藏諸笥底除每年領些少利息外直至公司停辦時始收回老本耳若欲轉賣抵押則又須展轉託親友以求人與我直接非惟不便且將因此受損失焉

夫股分有限公司所以能為現今生產界之一利器者在於以股票作為一種商品使全社會之資本流通如轉輪（公司所產之物既為商品矣而公司之資本復以證券之形式而變為商品是故公司之土地房屋機器等本已將資本變為固定性若除公司外同時更無人能利用之矣然寄其價值於股票中則忽

能復變爲流動性。得以展轉買賣抵押。是同時有多數人得利用本公司固定資本之一部分以爲新資本也。故社會資本之效力。可以陡增什佰倍。凡有價證券。皆以增加資本効力爲作用者也。豈惟股票。彼國債地方債社債等。皆同此作用者也。又銀行之兌換劵期票匯票支票撥數賬簿等。皆同此作用者也。歐美各國有此種種利器。常能以一資本而當什佰資本之用。其所以致富者皆在此。我國人最當知其故而師其意也。

**我國股分公司全不能有此作用。是股分公司之特色失其強半矣。**是故人之持有資本者。寧以之自營小企業。或貸之於人以取息。而不甚樂以之附公司之股。此亦股分公司不能發達之一大原因也。

（附言）股分懋遷公司及銀行。今世諸國。大率以股分有限之形式創立之者居多數。是故苟非股分有限之觀念稍爲普及。則此兩種機關。殆難發生。且股分懋遷公司。本以有價證券之買賣媒介爲業。公司不發達。則股票之上於市場者少。安所得懋遷之目的物。即銀行業苟非得各種有價證劵以爲保管抵押之用。則運用之妙。亦無所得施。而股分公司不發達。則商業無自繁榮。銀行業務。亦坐是不能擴充。故股分有限公司與此兩種機關者迭相爲因迭相爲果（實則此兩種機關大率以股分有限之形式組織之不過股分有限公司中之一種此特就有特有之作用分別言之耳）談實業者宜同時思所以建設之也。

**第四　股分有限公司必賴有健全之企業能力乃能辦理有效中國則太乏人也**

凡實業之須以股分有限公司之形式而舉辦之者必其爲大規模之企業而一二人之力不能舉者也而既已爲大規模之企業則非夫人而能任者也蓋其公司之內部機關複雜規模愈大則事務之繁重愈甚蓋爲一小國之宰相易爲一大公司之總理難非過言也言夫對外則以今世生計界之競爭其劇烈殆甚於軍事　非具有生計學之常識富於實際閱歷而復佐之以明敏應變之天才以之當經營之衝鮮不敗矣　白圭有言吾治生產猶伊尹呂尙之謀孫吳用兵商鞅行法是故其智不足以權變勇不足以決斷仁不能以取予强不能有所守雖欲學吾術終不告之矣夫白圭之時代且有然況今日生計界之現

象。其繁賾詭變千百倍於古昔而未有已耶故古代之英雄多出於政治家與軍人今日之英雄强半在實業界今各國之巍然爲工商界重鎭者皆其國中第一流人物也我國自昔賤商商人除株守故業計較錙銖外無他思想士大夫更鄙夷茲業不道蓋舉國人士能稍解生計學之概畧明近世企業之性質者已屈指可數若夫學識與經驗兼備能施諸實用者殆無其人每當設立一公司則所恃以當經營之大任者其人約有四種最下者則發起人本無企業之誠心苟以欺人而自營私利公司成則自當總理據以舞弊者也稍進者則任舉一大紳不問其性行才具如何惟藉其名以資鎭壓者也（近年各省之鐵路公司皆此類）更進者則舉一素在商界樸愿有守之人充之而其才識能任此事業與否不及問也最上者則舉一人焉於此事業之技術上頗有學識經驗者充之而其經營上之才器何如及平素性行何如不及問也（如辦鐵路則舉一鐵路工程師爲總理辦礦則舉一礦師爲總理辦工業公司則舉一工學博士爲總理此其人以當公司中技術一部分之業務誠爲得當以當總理安見其可譬猶一國之宰相不必其通兵刑錢穀而通兵刑錢穀之人雖可以任一官一職未敢遂許爲宰相才也）彼非不欲求相當之人才奈徧國中而不可得也質而言之則國民企業能力缺乏之而已夫以無企業能力之國民而侈談實業是猶蹙者言競走鵠者言審音也以故近年以來所設立之公司其資本微薄範圍狹隘者容或有成資本稍大範圍稍廣者則罕不敗營中國固有舊事業者容或有成營世界新事業者則罕不敗其事業爲外人所不能競爭者容或有成競爭稍劇烈者則罕不敗苟國民企業能力而長此不進吾敢斷言曰 愈提倡實業則愈以耗一國之資本而陷全國人於餓莩而已矣

以上四端爲中國股分有限公司不能發達之直接原因若其間接原因則更僕難數而尤有一原因焉爲股分有限公司與私人營業之總障者則全國資本涸竭是已 凡人一歲之所入必以之供一身之衣食住費及仰事俯畜所需而尚有贏餘乃得儲之以爲資本而所儲之多寡即一國貧富所攸分也今日中國千人之中其能有此項贏餘者蓋不得一即有之者其數量亦至微薄而有資本者未必爲欲企業之人有資本而欲企業者又未必爲能企業之人而復無一金融機關以爲資本家與企業家之媒介故並此至微薄之資本亦不能以資

生計社會之用**以故無論何種形式之企業皆不能興舉舉國之人惟束手以待槁餓之至而已此則中國今日生計界之實狀也**

**或曰借外債**則可以蘇資本涸竭之病此實現今號稱識時務之俊傑所最樂道也外債之影響於政治者吾既別爲論痛陳之（參觀本報念五念六號至今號論說門外債平議篇）若其影響於國民生計者爲事尤極複雜更非可以執一義而輕作武斷也大抵在政治修明教育發達之國其於國民生計上一切直接間接之機關畧已具備國民企業能力畧已充實其所缺者僅在資本一端於此而灌溉以外債常能以收奇效（美國日本是也）**而不然者則外債惟益其害不覩其利也** 蓋金融機關不備則雖廣輸入外資而此資固無道以入企業家之手以資其利用則徒以供少數人之消費而直接間接以釀成一國奢侈之風益陷國家於貧困已耳苟人民無公共責任心重以企業能力

缺乏則所營之業將無一而不失敗擲資本於不可復之地亦以陷國家於貧困已耳故謂外債可以爲振興實業之導線者猶是不揣其本而齊其末未可云知言也

然則中國欲振興實業其道何由曰 **首須確定立憲政體舉法治國之實使國民咸安習於法律狀態次則立教育方針養成國民公德使責任心日以發達次則將企業必需之機關一一整備之無使缺次則用種種方法隨時掖進國民企業能力**四者有一不舉而嘵嘵然言振興實業皆夢囈之言也然養公德整機關能力之三事皆非藉善良之政治不能爲功故前一事又爲後三事之母也昔有人問拿破侖以戰勝之術拿破侖答之一則曰金再則曰金三則亦曰金試有人問我以中國振興實業之**第一義**從何下手吾必答曰 **改良政治組織** 然則**第二義**從何下手吾亦答曰 **改良政治組織** 然則**第三義**從何

下手吾亦惟答曰**改良政治組織**蓋政治組織誠能改良則一切應舉者自相次畢舉**政治組織不能改良則多舉一事即多叢一弊與其舉之也不如其廢之也**然則所謂改良政治組織者奈何**曰國會而已矣責任內閣而已矣**

今之中國苟實業更不振興則不出三年全國必破產四萬萬人必餓死過半吾既已屢言之國中人亦多見及之顧現在競談實業而於阻礙實業之痼疾不深探其源而思所以抉除之**則所謂振興實業者適以爲速國家破產之一手段**吾國民苟非於此中消息參之至透辨之至晰憂之至深救之至勇則吾見我父老兄弟甥舅不及五稔皆轉死於溝壑而已嗚呼吾口已瘏吾淚已竭我父老兄弟甥舅其亦有聞而動振於厥心者否耶

論說二

# 外債平議（續念六號）

滄江

五　中國宜借外債之故

甲　財政上宜借外債之故

我國財政實狀。今雖未能周知。然竭蹶之情。則已天下共見。大約每年入不敷出者在一萬萬內外。雖不中當不甚遠。似此則雖舊有政務。既已無術能舉。而新增之政務。更不必論。據九年籌備案所臚列。苟一一實行。則政費年增一年。洞若觀火。而歲入祇有此數。則惟於已舉之政。悉行中止。未舉之政。永遠閣置而已。苟得外債。斯蘇此困。此財政上宜借外債者一也。且現在以財政竭蹶之故。官俸兵餉。動致延欠。欠官俸。則更無以養官廉而飭吏治。欠兵餉。則大亂且起於眉睫。非得外債。則無以救死亡。此財政上宜借外債者二也。況現在入不敷出之數。政府固終不得不取盈於民。窮無復之。則惡租稅。惡貨幣。惡內債等。必紛紛繼起。愈以朘民脂膏。使舉國成枯腊而大亂。益無所逃避。資外債爲挹注。則目前之荼毒。或稍可減殺。此財政上宜借外債者三也。要之就財政上以論外債之宜借者。不過爲苟安目前。挖肉補瘡之計。非確能持之有故。言之成理也。但爲現政府計。則舍此固誠無以自存矣。

乙 國民生計上宜借外債之故

若就國民生計上立論。則外債功用之鉅。有不可殫言者。請不避詞費。敷陳其理。

凡社會之所恃以爲生利者。不外三事。曰土地。曰勞力。曰資本。企業者則結合三事而利用之。土地所得。名曰租。（日本稱地代）勞力所得。名曰庸。（日本稱賃銀）資本所得。名曰息。（日本稱利子）企業所得。名曰贏。（日本稱利潤○嚴譯原富以租庸贏分配土地資本勞力三事蓋亞丹斯密時未嘗發明企業之性質故將資本家與企業家混爲一談至今英國學者猶多犯此弊不能爲嚴氏咎也）然租庸率之高下。常與息率之高下成反比例。蓋同一資本也。投諸租昂之土地而用厚庸之勞力以治之。則其所得息必嗇。反是則其所得息必豐。此理之至易睹者也。爲企業家者。苟能利用廉息之資本。而得租庸兩賤之地以爲業場。則獲贏之鉅將莫與京焉次則廉息而租庸二事有一賤者也又次則租庸雖貴而息尚廉者也若以厚息而企業於租庸兩貴之區則匪直無贏且蔑不敗矣此實生計學之公例無所容難者也生計發達之國息率常日趨於微而租庸之率常日趨於昂例如歐美當百年前息率率在一分內外歲歲遞減今則常在四釐以下且有至二釐者矣而其地價則日漲都會衝盛之區寸土動值萬金即野外耕地其值亦未嘗不歲進也勞庸亦然吾民僑美之執澣濯業者其所入乃過於道府班官吏之一要差則其他可推也此息微而租庸昂之明徵也生計幼稚之國則反是例如我國雖以恒產爲質以向人稱貸猶非納息一分以上不能得資其在窮鄉僻壤則二三分債息恬不爲怪也而土地除一二通商口岸外其值皆至賤甚則以一畝索錢數百而無人過問者比比然也勞庸亦然人浮於業競貶庸以求職役於商廛者月給率不過一二金若稱事之工有終歲勤動而僅得數金者矣其並此而不能得者且徧地也此息昂而租庸微之明徵也是故歐美人挾於過溢之資本以企業於其本土雖有白圭陶朱之技而終不能以博奇贏彼政治家之嘔心擭臂競思攫取生計幼稚之域以爲殖民地者凡以恢其業場而已

論說　四

中國問題爲今日世界第一大問題實坐是也此勿徵諸遠卽觀日本之在臺灣而可知也日本息率雖昂於歐美而臺灣之租庸實更賤於中國內地日人出其資本以拓臺灣之地役臺灣之人則所蓄植製造之物品得以廉價適市而歐美所產莫之能禦矣夫以我國地兼三帶其土所宜物不可勝量也礦之蘊於地中者無盡藏也其人勤敏而慧巧百工之事悉能善也此其所憑藉豈直倍蓰於臺灣而已哉**而有一事焉足以梏其生者曰資本缺乏**今靡論欲創一百萬金以上之公司經歲大索於國中而莫能集也乃至負販懋遷之資稽事牛種之費其所以謀給之者抑已大戮矣坐是之故擁天府之腴壤而不異石田虛生此無量數昂藏七尺之軀而莫或能以自養蓋以無資本之故而土地勞力皆失其用有如此也而今也歐美人方患資本過溢欲挾以求三四釐之息猶兢兢惟恐不得然則特患其不願以貸諸我耳苟其願貸則我雖出五六釐息率以歲賦之而利用此以闢我未墾之地力收我失業之小民租庸之廉什伯於彼則安所往而不得數倍之贏率**夫以贏率至**

厚故則吾之企業者受其利闕未盡之地力則租率必漸增而吾之有土者食其利收失業之小民則庸率漸騰而吾之食力者受其利而利之溢於人者不過區區之息是我得三而彼得一也食報之豐豈有過此哉 彼美國自新造迄今僅逾百年疇昔爲貧無立錐者餬口之所而今也豪富甲於大地皆操此術也由此言之生今日之中國而侈言拒外債雖謂之病狂焉可也是故苟能有堅明責任之政府樹統籌全局之政策則於財政方面借外債以整理舊債且以供改革行政之費於國民生計方面借外債以建設交通機關確立金融機關皆今日所亟當有事而其利可以傳諸無窮吾黨所以於拒款之俗說不敢貿然附和者蓋以此也

## 六　中國不宜借外債之故

然則外債果得稱爲中國救時良藥乎。是又不然。請言其弊。

（甲）**財政上不宜借外債之故**

今政府所以情見勢絀而汲汲焉思借外債者。豈非以補年年歲入之不足耶。夫吾固言之矣。國之恒費以擧債爲厲禁。夫所謂年年歲入之不足者。則其性質必爲恒費者也。坐是擧債此如治家計者仰債以給度日之米鹽。爲事安可以久。**蓋於公債之第一大坊先抉之矣**。此吾黨所不敢苟同者一也。政府或自文曰。今歲費所以告不足者。以籌備憲政。政費驟增也。既曰籌備憲政。則斯亦特費矣。且吾子述公債用途。固嘗謂改革行政。廣設庶職以寓庶務者。義得以擧債矣。今擧債以籌憲政。豈不以此顧昌言反對之何也。應之曰。不然。凡國費之支出。本有一定之原則。以爲之坊。苟逾此坊。卽爲浪費。（參觀本文第二節末段及第二十號節省政費問題）雖國家已有之歲入而浪費焉。猶且不可。況乃本無此款。而預浪費之。而乃恃擧債以爲彌補之道乎。夫欲察數年來所辦新政之果爲浪費與否。至易易也。（第一）凡政務必以國利民福爲目的。數年來所謂新政者。曾有一焉能爲國利民福者乎。藉曰有之。而財政上之蒙其損害也。既若彼其所得福利之程度果能償彼損害而有餘乎（第二）所新增支之費果皆以爲辦新政之用乎辦一新政果需爾許人員乎所用人員果皆爲能辦此新政者乎辦一新政果需爾許經費乎其所謂新政經費亦有雖將經費節省一部而仍能得同一之效果或能得更良之效果者乎同此一政也外國之費途與我國之費途得毋有異乎**立此諸義以糾之則我國支出之政費其屬於浪費者蓋什而八九而新政爲尤甚**吾民特漠視國事故置之不議不論聽官吏之迭相攘奪耳苟稍有絲毫政治思想者則雖國庫所儲充牣貫朽猶不能許彼冠帶之虎狼任擇而噬而況乃稱貸以益之乎夫吾豈不知我國苟實行福國利民之新政則此區區至歉之歲入原不足以善其事而舉債承乏之策終非得避雖然**此必政府有實行新政之誠心有實行新政之能力然後可以語於是乃若現政府者則愈借債愈以益其浪費而**

政務之腐敗乃愈甚國利民福乃愈爲所斲喪耳此吾黨所不敢苟同者二也復次今世各國公債之加增其原因大半起於軍備今我政府方厲精右武則緣此以舉債似亦萬國之通義雖然國家政務自有本末先後而無論欲舉何事恒必有他事與之相緣百政咸弛而欲強其軍此如養身者舉臟腑百骸之榮衛一切隳之而惟欲強其一股無論一股終不與得而強也藉曰得之而試思此人當作何狀者其成爲至可憐至可怖之猥疾人必矣 夫今日豈我國言練兵之時耶練兵猶可言也練三十六鎮何爲者練陸軍猶可言也練海軍何爲者（此問題本報前已略論他日當更窮其利害）今者括舉國人民粒粒辛苦之財以養此驕惰闒冗必不能一戰之兵亦既哀哉耗矣天如佑中國者則乘此司農仰屋之時舉國輿論反對政府之擴張軍備政策或得多數大吏瀝實情以上告極言民力之不可復堪與現在所養之兵之決不能爲用冀政府有幡然知悟之一日而將現在之軍事費移其一大部分以辦他種要政則國其庶或有瘳今若贊成政府借債之議則所借得之債必以泰半投諸軍事

不問可知而其結果則不過爲軍諮處海軍籌辦處陸軍部增無量數之美差美缺使嗜利無恥之賤丈夫多一鑽營之孔爲外國槍砲廠船廠增無量數之大宗生意使經手周旋人多一可沾之餘瀝而已而於國家究何利焉此吾、黨、所、不、敢、苟、同、者、三、也

比年以來度支部力持量入爲出之主義以節省冗費爲言吾黨固非謂此種消極的政策遂足以拯我國財政於危亡之淵也然使果有善理財者出則固不能不以此爲下手第一著何也彼必要而有益之政費其應增於今日者雖甚多然此無用而有害之政費其汰之更一日不容緩也然政府今日所以議汰議節者非誠能精白乃心爲國家謀幸福而確有見於其必當如是也終已無見款之可羅掘迫不得已而出此耳而緣此之故或竟能將冗缺冗差冗員冗費汰節一部則亦未始非國家之福今一旦漑潤以外債而前此以見汰見節而觖望者行且欣欣相告而濫費之增必又甚於前蓋可斷也此如旱暵之餘麥苗與根莠同槁雖有惰農猶將辛勤抱甕以謀蘇其苗於萬一於茲時也必亦且切齒於莠之分其潤也而耘而去之若一旦得雨露足自謂無復是患荒而不治有舉其田以鞠爲莠場已耳此豈必徵諸遠即證以數年前之現象

論說

而可見也自辛丑以後國家驟增數千萬之歲出財政實狀本已儳然不可終日使其時非有意外之款以爲挹注則政府其或於困心衡慮之餘瞿然知警而謀所以立財政之基礎焉未可知也乃無端而發明濫鑄銅元濫發鈔票之一伎倆安坐而攫一二萬萬金又無端而遇有日俄戰爭一事銀價驟漲緣此而既定之歲費以磅餘而見其羸當此之時內而樞臣部臣外而疆吏若蛙之得雨閣閣而鳴若雞之對鏡傞傞而舞而疏附奔走於其左右者承下流霑餘瀝津津然樂且無極也有告以財政之險象者則蹴而去之耳豈復肯一傾聽於是祖述桑弘羊長駕遠馭之讕言蹈襲蔡京豐亨豫大之邪說朝增一局夕添一差今日練一鎮明日購一船政費之所以視十年前驟增一倍者豈不以此耶殊不知木槿之榮不可終朝石火之光祇能俄頃今則其意外所獲者蕩然無復存矣而所增之費乃若疽之附骨而迄莫能拔嗚呼我國民之受茲痛毒者豈猶未極耶 **夫外債亦若是則已耳使政治組織一如今日而無所變也則不借外債而財政或猶有整理之**

時一借外債其不至爲埃及焉而不止也傳不云乎美疢不如惡石今政府之不名一錢雖惡也而石也得債而使政府得予取予攜雖美也而疢也夫豈特爲國民計毋寧取石即爲政府計其亦安可甘疢以自即於死耶

（乙）國民生計上不宜借外債之故

財政上外債之利病直接而至易見者也國民生計上外債之利病間接而校難察者也吾既言外債爲國民生計之大利然則其病亦有之乎曰有之夫外債所以能有利國民生計者亦曰用之爲資本以從事企業可以獲厚贏而一國富額之總殖緣而日進云爾而外債能收此效果與否則（第一）當以其國土能否有企業之餘地爲斷（第二）當以其國民能否有企業之能力爲斷昔阿根廷蒙外債之害則以其國無企業之餘地也我國情形截然與彼相反此可勿論若我國人企業之能力果能運用龐大之外債而無或隕越乎此吾所不能無疑也吾國人常以商才自負今吾乃竊竊焉以其企業能力爲疑聞者鮮不訶其妄自菲薄而汚衊國民之神

聖。雖然。吾安忍言。吾又安忍不言。吾以爲吾國人以小資本爲舊式企業。固有一日之長。以大資本爲新式企業。則尤大加訓練之後。恐難有功也。二三十年來。以股份公司之形式從事企業者。所在多有。近數年而滋益盛。雖其中固有一二能獲贏者。而較諸他國之同業。既若霄壤矣。（如招商局與日本郵船會社之比較） 而其大多數則虧蝕以敗。資本愈大。規模愈恢。則其敗也亦愈劇。若粵漢川漢等鐵路。其最著矣。日本人嘗調查我國自光緒二十八年至三十四年所立之公司。其資本合計一萬三千餘萬。而其有成效可期者。不過十之一二。此其言雖未可盡信。然亦決非無因矣。其故何也。（第一） 股分公司集多數人零碎之資本以設立。而委諸一二人代司其事。與自挾少數資本而躬營一業者有異。故司事之人易於不忠厥職。或朘衆資以自肥。非公共觀念甚發達。而道德制裁稍峻整之國民。弗能舉也。而以我國現在之人心風俗。則其最不適者也。（第二） 雖不可盡人而責以道德。然臨以周備之法律。則智者固不肯干觸焉以自繩。故各文明國之法律。其所以爲現在新式企業之保障者至纖悉焉我國則無之即有而亦不足恃也（第三）就令法律足恃猶當有無形之監督然後司事者乃不敢自恣此如國家之有政府然苟非人民常監督於其旁則雖憲法亦將成死物而我國民有漠視公事之惰性小股東投資本於公司惟坐待其派息而他事一不過問故易導司事者以爲惡也（第四）今世之生計社會與昔大異有種種生計上之機關爲數十年前所未嘗夢見者（如交通機關金融機關等）必此種機關大備然後新式企業起於其間乃得運行圓活今我國於此種機關百不一具而惟斷鳧續鶴欲襲取其企業之形式以移植於我國是以格格而不入也（第五）即此種新式企業內部之組織亦至複雜而至奇異蓋公司之大者其財產動數千萬其所役職員職工動數十萬人殆如一小國之政府非磐磐大才不足以運之我國諸公司司事人或未嘗學問之駔儈或寡廉鮮恥之巧宦或尋章摘句之迂儒其抱異才而肯從事斯役者蓋可一二數耳蓋舉國中莫能運用新式企業之人實太缺乏故成者一而敗者九也（第六）今日而從事於大企業則必與世界列強之企業家相競爭非饒有生計學上之常識深通全球生計界之大勢將無所往而不敗今我

國之企業家能主持一大公司使其內部秩序井井者已難其人若能挾其公司以競勝於外者則更絕跡是以常爲勍敵所扼而日即於衰亡也由此言之**則吾國人企業能力之缺乏之信不可爲諱矣**夫生當今日不能不從事於新式企業者勢也吾所以謂外債能有造於國民生計者徒以我國現有之資本僅足以舉舊式企業而墨守此舊式則一國生計決無向榮欲新是謀不得不利用外資以爲灌潤云爾夫使所企業而悉成就則所贏足以償外債之本息而猶有餘利莫溥焉使所企業而悉敗衄則血本無著而債累乃如附骨之疽矣昔普法之役普人驟得數百兆償金於法百業浡興一年之內而新設之公司四千餘所徒以其企業能力尚屬幼稚僅數月而紛紛倒閉牽動全局所得償金蕩然以盡故法人笑之謂其勝於疆場而敗於闤闠也（日本甲午戰後亦然）夫用償金以同業而失敗焉不過蕩其意外之獲已耳用外債以企業而失敗焉則匪直不得魚而且有後災也夫一國於固有資本之外忽焉而輸入巨額之外資則其金融市場必驟生活氣此無論爲得償金爲借外債而其現象皆同一者也金融市場既驟生活氣則新公司之發生必如春草之齊茁此非必辦公司

者直接以向外人借債也又非必政府以所借得之債轉貸以辦公司之人也蓋一波動而萬波隨莫之爲而爲莫之致而至耳 於斯時也苟其人民有企業之能力者則外債之食報可以無窮苟其人民無企業之能力者則外債之流毒亦可以罔極不審乎此而侈口以談外債之利則一言而喪邦者有之矣

不特此也當驟得外債而金融市場忽生活氣也則國中奢侈之風必起物價必騰踴外國貨物必紛紛輸入而貿易差負之現象必生此實生計學上不磨之公例稍治此學者所能知矣苟其國家有紀綱有教化則能禁之於未發而矯之勿使過甚獎厲人民以勤儉貯蓄使毋眩於一時虛幻之繁榮以侈然自恣而常厚其母財以期於有所殖 我國之言外債者其亦嘗知有此義而一計及所以防之於豫者否耶 比年以來歐風輸進儇薄之子以時世粧相競而先哲勤

儉之教義不復足以維繫人心蓋驕奢淫泆之習視十年前殆如隔世矣生之者愈寡而食之者愈衆爲之者愈舒而用之者愈疾一國之蓄舉投諸不可復之地母財日微而民生日悴今方滔滔乎未知所屆也益以外債則更乃汩其流而揚其波就令企業能力不復於人且恐所借之債其用以爲企業之資本者什不一二而供朝野上下熱官豪客揮霍以盡者將什而八九也信如是也則天下之險象豈復過此也

質而言之則借債之第一義莫急於求償還本息之有著其債而用諸財政上者則此本息責諸將來之稅源確自信有能新濬之稅源則其可借者也不然則其不可借者也其債而用諸國民生計上者則此本息責諸企業之贏利確自信有必能得之贏利則其可借者也不然則其不可借者也而今日國中之言借債者似皆

未暇及此是故吾黨雖深信外債之有益於人國而獨於時流所稱道則期期以爲不可也

若誠欲借債乎則吾請以先決問題進

（七）外債之先決問題

外債之各有利害而其利害皆至鉅也既若彼然則外債可否之論終無自以決定乎曰有之有之則其立乎外債問題之上者也夫舉公債云者一種之政治行爲也　政治問題未有所決而嘵嘵然論舉債之可否斯所謂不揣本而齊末其不誤天下者寡矣孟子曰今有殺人者或問之曰人可殺與則將應之曰可彼如曰孰可以殺之則將應之曰爲士師則可以殺之吾於外債論亦云然卒然問曰外債可借歟則將應之曰可彼如曰孰可以借之則將應之曰惟政治組織完善之國家則可以借之然則政治組織若何而始

得稱爲完善請得以次論列焉。

國家譬猶一人也（所謂國家人格說今世學者久有定論）凡人必自有其意思焉自有其行爲焉而意思之決定常在行爲之先苟意思不備具者（如瘋癲白痴及未成年之幼童等）則民法上嚴其治產之禁蓋不認其行爲之能有效也惟國家亦然有意思機關有行爲機關行爲機關常在政府及其屬僚此各國所同也意思機關所在雖古今有國者不能一致而今世强立之國家恒以委諸國會最少亦必使國會參預其一大部分**無國會之國其國家意思機關決不能具足雖命之爲公法上之禁治產者焉可也**今世諸國凡租稅公債皆須經國會決議以徵稅舉債皆國家之治產的行爲故也**是故外債之第一先決問題實爲國會未有國會則外債之可否實無置議之餘地也**

執行國家之意思者曰政府而執行之必貴統一必明責任政府而不統一此如有人於此耳目手足各自妄動而不相屬無所節制則不得復謂之人也已政府而無責任

則執政之人各自事其事而非復事國家之事矣若此者雖謂其國家未嘗有執行機關可也國家而無執行機關此如痺痿之夫雖復中心了了而寸步不能以自動此如欲有所資以託之營運有坐耗之而已 **是故外債之第二先決問題實爲統一之責任內閣苟無統一責任內閣則舉此債而利用此債者屬於誰氏與談得失不亦遠乎**

責任內閣立矣然猶當問尸其位者之爲何如人此則非法理上之問題而事實上之問題也夫國家一舉一措其影響立被於全國事後始圖補救而所損失固已不可復矣今使有責任內閣以爲舉國大小庶政之所從出苟尸此位者而非其人也或作奸犯科假權位以自營其私稍進焉者或心雖絜白而識力兩有所不逮動則以折鼎覆餗爲患二者有一於此皆足以僨國家之事及其既僨也雖復引責斥退而前此所設施豈能一一取而反之即能反之而緣彼設施所已蒙之害又得湔拔乎凡百政治皆有然而公債亦其一也 **是故外債之第三先決問題實爲政府**

論說 二十

之能否得人苟不得人則外債之利決不可見而其害乃先覩也

比者一知半解之識時俊傑憤拒款論之頑舊橫恣於是矯枉過正持偏至之論以謂中國百事可緩惟借外債則可以立起衰而致强（聞有大名鼎鼎之在野政治家某君見人言請願國會言改革行政機關則嗤之以鼻問其何術以救中國則曰大借外債而已）雖然吾試詰之以今日中國財政基礎之脆弱政府信用之墜地欲借鉅債人其肯應乎此吾所未喻一也若明知吾財政之紊亂明知吾政府之無信用而猶肯以資假我則其用心果居何等我之借債豈眞欲爲埃及耶此吾所未喻二也今之言借債者無論出若何手段豈能無抵押而得之而關稅釐卡抵舊債已絫盡今益以莫大之新債行將抵及丁糧論者果有何把握能信現政府之必不爲債累耶如其不然則一切稅源皆供外人干涉之具也此吾所未喻三也若曰以鐵路作抵則路權所及國權隨之使債務不能履行此卽啓瓜分之漸此吾所未喻四也夫鐵路誠屬生利之業然使現在無責任之政府管理之則利且日減卽有利亦豈能歸

諸國庫以爲還債之用論者得毋見現在京奉京漢之有利乎使循此政治組織而不變吾恐不及數年此二路且仰補助於國庫矣他更何論以此爲言此吾所未喻五也 就曰抵路決無害也而所借之債豈能專以築路築路以外之債可盡以路抵乎此吾所未喻六也 今之言借債者必曰吾所借之債將用之於生産的也 然以現在之政府復無國會以監督於其旁債一到手論者敢具甘結保其決不用之於消費的乎 如其不能此吾所未喻七也 藉曰消費的事業如改革行政等未嘗不可以舉債然要當視其效之能否可期 論者又敢保現在政府能舉改革行政之實效乎 如其不能則何必負巨債以推廣優缺優差之額此吾所未喻八也 復次即果能舉所借之債盡投諸生産的矣然生産事業其舉之必待人 今之政府其果爲能辦理生産事業之人乎 謂余不信試一觀頻年所號稱生産事業者其結果

何如矣**夫辦理非人則雖生產亦等於消費而論者乃遽謂名之可恃此吾所未喻**

**九也**論者又或謂得一封疆賢大吏舉債以辦一地方之事亦未始無補今勿論一地方之事業應否以國家代負其責任也勿論就國家政治全體上觀察之此一地方舉債辦事能否適於輕重緩急之宜也而以現政府之漫無策畫惟私利是圖此所謂賢大吏者能保其久於其任乎一易人而賢大吏之政策能保其必繼續乎此吾所未喻**十也**吾以此大吏爲賢而他大吏則政府又豈謂其不賢者此端一開紛紛效尤何道以禁**故吾黨於贊成借債論之範圍內決不能認各省自借之爲得策**而論者或貪一時之安便忘永久之患害此吾所未喻**十一也**論者或曰今日非藉外債決不能蘇國民生計之彫敝今請以政府名義借之而間接布諸民間資人民以營生產事業則當能舉殖利之實而不至如官營之多弊此誠見遠之論吾黨所深佩也雖然勿論現政府決不能如論者之所期也藉曰能之**猶當視國民企業之能力何如**以吾前者所推論國民企業能力之

缺乏既已若彼竊恐所企者什九失敗而恃爲資本之外債其一擲而不可復也與投諸不生產之地等與政府營私浪費等不見乎最近市場之恐慌其原因皆起於公司之倒閉與投機之敗衂乎過信國民而輕下武斷此吾所未喩十二也 夫吾固非謂以國民企業能力幼稚之故遂因噎廢食不思所以潤澤其資本也 夫助長國民企業能力而匡救其失者責實在政府 使有善良之政府一方面爲之整備種種之企業機關一方面實施保護企業之法律一方面施企業上有形無形之教育然後挹注以新資本以使之應用而注意於失敗之所由來隨時先事而預防之則國民生計誠可以大食外債之賜 而試問今之政府足以語於此乎 如其不能斯所未喩十三也 且驟然輸入巨額之外資於本國則金融上必大生變動 或銀價緣之而漲落或物價緣之而低昂或貿易出入緣之而生差正差負 其他一波動而萬波隨相次發生

之現象續捐難盡惟眼明手敏之政治家爲能通其變而坊其敝而試問今之政府足以語於此乎如其不能斯所未喻十四也而持極端之偏至論者甚乃曰就令所借外債供政府或國民揮霍而其金錢至竟散布我國中即使他日以政府破產而亡國吾民猶得賴以稍富贍此吾親聞諸一達官有力者之說諒國中亦有一部分人同此心理此又與於讆言之甚者也凡資財之能有於己者必其國以爲資本而有所殖者也若消費不復則一時娛樂更何足貴夫驟進外資其本質固易導民以侈若更持此說以甘自暴棄則毒且滋甚雖勞庸與不動產之價率或暫時驟進舉國若欣欣向榮不移時而此幻象全消而其反動力所生之困苦必甚於其舊若以此爲言斯所未喻十五也要而論之凡借債者於未借之前必先立償還計畫所借債而用以補政府現在財政之不給者則取償於政府將來稅源之所入所借債而用

以潤國民生計資本之不贍者則取償於國民將來企業之所贏政府將來稅源所入固由政府直接全負其責任國民將來企業之所贏亦由政府間接半負其責任而政府之性質及其人物不堪負此責任者則借外債決爲有害而無利者也今論者眼光全見不及此而貿然主持借債以鳴得意此吾所未喻十六也

綜以上所陳可得一結論焉曰、借外債可也現政府而借外債不可也若充類至義之盡則必實行吾之理想的政府制度而復以吾之理想的人物當其任則絕對的可以借外債矣然此願安可得者不得已而思其次則其亦必國會已開而有統一的政府對於國會而確負責任則經國會協贊之後亦相對的可以借外債何也既對於國而負責任則庶幾近於理想的政府制度而循此以得理想的人物亦較易也質而言之

則國會與責任內閣爲借外債萬不可缺之條件而已

或曰今政府財政之破產國民生計之破產已迫眉睫而國會與責任內閣之建尚須時日俟其旣過而始借外債竊恐西江之水不能救涸鮒爲之奈何應之曰若誠有見於此則惟有速開國會速建責任內閣而已舍此更無他術若欲因陋就簡以彌縫一時此非所以救國家之破產而直速其亡而已此非以救國民生計之破產而更蹙之於死而已故今日有不戮力以圖政治組織之改革而持現政府可借外債之論者凡我國人鳴鼓而攻之可也

（未完）

著譯

# 德皇牽制三國協商之外交政策

茶圃

日俄戰爭之始。英法協商之事既成。阿查拉士會議之後。英俄協商之事亦就。以三國協商之系統而對抗三國同盟。此近時世界外交之大勢也。意大利者。三國同盟中之一也。意本與英善。近又新與法國密邇。自去年十月俄皇訪問拉古尼克後。意俄亦有密邇之關係。日本與英聯盟。旋結日法協商。復有日俄協商。日本於是屬於三國協商之系統。此日本對於滿洲及韓國所以能告成功也。三國協商之局既成。三國同盟之勢力頓減。德皇之外交動受牽制。於是借孟哥治古事件。抑制英法協商。又借墺大利合併二州後。利用塞耳比之不平。以証明英俄協商之無能。近更嫉視三國協商之日加親密。務設法以離間之。頃接歐洲電報。謂列强之關係。當有變動。此則吾人所當注意者也。

著譯　二

德皇欲恢復三國同盟之霸權而減殺三國協商之勢力也。特於德墺與土耳其之間結特別之密切關係。如英法俄之行動有不滿意於德國時。務思有以牽制之。此則德皇之政策也。雖然此德墺土者果可稱爲三國同盟與否。尚非今日必要之問題。但此三國者今日發生特別之關係。則事實之不可復掩者耳。

俄國自極東引手。而注其全力於近東。與日本締結第二回之新協約。又與清國締結松花江通航條約。至今德國採取以上所云之政畧。其爲俄國發生之原因乎。抑爲結果乎。雖未可斷言。然由時勢觀之。則謂之爲結果可也。德國欲市恩於土耳其而懷附之也。非一日矣。德墺之對於克里多問題。非立於旁觀者之地位。常隱然有保護土耳其之意。既欲强其陸軍。復欲張其海軍。使勝希臘。現又使其賣二巨艦。而更買二艦。又據近電所報。則謂克里多選出之議員。使其不得列席國會。是亦可知德墺對於土耳其之用意矣。

德國前外相西賢者。雖通俄國事情。然於巴爾幹外交之經驗尚少。故調任駐法大使。而以久駐羅馬尼亞精通巴爾幹外交之格靈威爾補任外相。其結果遂至羅馬尼亞與土耳其。其對於葡牙利。結成特別協商之關係。土耳其宰相柏格當旅行歐洲時。先至墺皇行在西爾。留滯數日。與墺外相耶靈爾商議。土國大藏大臣及駐在各國之土國大使。亦均集於西爾。而聽其指示。

當德墺土提携將成之際。墺國外相耶靈爾伯。在查爾普姑。與意國外相撒召里那密談數次。遂携手而至西爾。謁見墺皇。此事雖與以上所述。似不相容。其實不然。新三同盟國中之一國。不論何國新任外相。不能不往訪彼二國之同僚。本爲從來之慣例。且此次就德墺二國。與土耳其結特別之關係。要不可令意大利有出合而離之藉口。蓋意大利於阿里厄武對岸之亞爾巴尼亞門的內哥方面。有經濟利害之關係。常恐墺匈攫奪其利。欲維持此方面之狀態。非於德墺土間之新關係。証明不使紛更。則不能也。

土耳其宰相柏格。與藏相支查域不久去德國而至巴黎。與法國之金融社會商議募集公債之事。驟觀之似可怪。雖非金融市場之事。未必能盡如德帝之意。故不得已將有求於法國。或有謂法國內應募土債之諸銀行及金融家。皆德國之資本所設立者。

然不論如何法國既不滿意於土國之行動。故於其新公債上巴黎株式市場時。特附加以條件。一則由法國機關之阿特瑪銀行任募債事務。一則凡募集各金額須問法國購買各產物。其意蓋隱以反對土國之購買德國軍艦及武器也。頃聞土耳其各官吏。轉向倫敦募債。然皆交涉未善。同歸失敗。

易士域格之免俄國外相職也。疑與德皇之新政策。不無關聯。據九月中旬報告。謂彼之對於三國協商。反對德墺之政略。不能豫防德墺土。此次特別之聯結。甚爲失策。按彼之方畧。本欲使土耳其勃牙利塞門的內哥之間。締結所謂巴爾幹聯合。而俄國執牛耳。惟不能成功。蓋此等國民。互相嫉視。今尙與昔無異。而羅馬尼亞近方入德國之籠中。究不能與西隣之斯拉夫諸國相和合。於是俄國朝廷之斯拉夫黨。遂待俄皇回京後。決行罷免易士域格外相之職。

德墺土間若果發生特別關係之事。其對於三國協商之關係。不無影響於日本之外交。如英國有利於日本之行動。而其事或不利於德。德國不難利用土耳其以牽制英國。今波斯灣者。在英俄協商之外。德國由柏特鐵路出波斯灣。至今英國印度之交通。

受一痛擊然此特近事而已俄法對於土耳其之關係亦甚重大若於極東之利害關係不肯相讓之時則德必利用土耳其以牽制英俄法德皇此舉巧妙不得不謂之爲外交棋局上下一要着者也

當今之世　醜必託善以自爲解邪必蒙正以自爲辟　此使君子小人紛然殽亂　莫知其是非也（淮南子）

調查

# 洛潼鐵道調查記

茶圃

河南全省鐵路公司創始於光緒三十四年。招股則三千萬元。組織則完全商辦。此亦現時我國大公司之一也。其所豫定敷設之鐵道。則一爲洛潼鐵道。即自洛陽以達潼關者。二爲開濟鐵道。則自開封以至濟南。其自開封而經歸德以至徐州者。則爲開徐鐵道。其中洛潼鐵道。則與汴洛鐵道及京漢鐵道相連絡。西部交通之發達與否。視此路之成否以爲斷。故郵傳部急欲竣工。屢加督促。宣統元年該公司派技師李吉士從事測量。旋以工事非艱。五百萬元足敷布設爲報。及郵傳部再派鐵道顧問沙海昂氏再事調查。謂此路斷非五百萬元所能敷用。即至少之數。亦須千六百萬元。故直至去年三四月頃。預定之股。仍未招足。所得者僅一千五百萬。及鹽稅一百萬元。對於該公司原定三千萬元之股額。亦只半數。且該路興築後。尚有各種雜費。不敷仍二百萬。然

調查　二

路事既如此急迫。招股又如彼之困難。遂不得已自公益銀行。借入五百萬兩。此本年四月事也。今將借款之契約錄如左方。

一　洛潼鐵道公司向公益銀行借上海九八規銀二百萬兩。本利償還時。亦以上海九八規銀計算。

二　交付借款及償還時。均於上海。每百萬兩則交付九十五萬兩。惟利息則以百萬計算。至償還時。亦須以百萬兩整數歸款。

三　該款以六分八釐行息。自該款交付之翌日起算。交息以半年為期。即遇閏亦不加息。

四　借款契約簽押後。先交五十萬兩。其餘百五十萬。則以宣統二年八月交付。若有延期。則後期一日。每萬兩須增交五兩。又洛潼鐵路公司可退却公益銀行逾期未交之銀。至洛潼鐵道公司不能如約中所定期限歸款。亦照每萬加五兩之例辦理。

五　該借款以鹽斤加價作擔保。自洛潼鐵道公司咨請長蘆運司立案備文移送公益銀行。每年交息時。以正七兩月爲期。

六 借款以八年爲期。前六年則只按期交息。至七八兩年。則每年於三九兩月。還本一百萬兩。

七 鐵路上之工事及一切事務。均由公司辦理。公益銀行無干涉該路及查賬之權。

八 除公益銀行外。凡本國人或外國人。不問直接與間接。皆不得於此鐵道設置債權。洛潼鐵道公司亦不得承認。

九 此借款只許充該鐵道之資本金。不得移作別用。

十 該約簽押後。如公司退還借款。須交違約金四百萬兩。若公益銀行違約。亦同此例。

十一 洛潼鐵路公司若至期而不能償還本利。三個月後。除路線及國家土地與其他不能移動者外。公司所有之房屋車輛機器。及其他一切已用或未用之物。當呈交農工商部及郵傳部評價。以清償本利爲度。

調査 四

十二 該約呈郵傳部備案外。另具兩份。洛潼鐵路公司及公益銀行各存其一。

將來不論何人接管該公司。該款本利未歸款之前。必須遵守。

據郵傳部之憲政籌備表。該路之成期。以宣統四年。今資本有着。若果能辦理得法。工程無誤。如期竣工。非難事也。

至欲知該路工事之難易。則不可不知該路所經之地。其初本欲自黃河之支流澗河以南。敷設此路。迨詳細測量。以澗河南部一帶。河流縱橫。架橋之費。頗為不貲。故變更豫定之線路。自洛陽之北方。以走黃河以南。雖河內以西之地。丘陵起伏。非若洛河以北之平坦。然終歲無洪水之患。一切工程。較易為力也。今將該路之豫定線列之如左。

| 經過地 | 里程 |
| --- | --- |
| 洛陽 | |
| 新安 | 七、〇〇〇中里 |
| 義昌 | |
| 池 | 一三、〇〇〇 |

| | |
|---|---|
| 觀音城 | — |
| 峽山驛 | — |
| 磁鐘 | — |
| 峽州 | 二〇、〇〇〇 |
| 甘棠 | — |
| 曲沃 | — |
| 桃林 | — |
| 靈寶 | 二五、〇〇〇 |
| 稠桑 | — |
| 受鄉 | 三一、〇〇〇 |
| 鼎明 | — |
| 盤定 | — |
| 潼關 | 三七、〇〇〇 |

是自河南府至潼關之延長線。總計約三百七十里。然自洛陽至新安縣。此七十里中。地雖平坦。然不可不橫斷洛河澗河。故於洛陽新安間之工事。所費躊躇者。只在築架鐵橋耳。自此以西。雖山岳蜿蜒。然鐵路經過地。則蕩蕩平平。工事絕無困難之處也。自新安經義昌以至澠池約六十里。地平河少。惟自澠池經觀音城峽石驛磁鐘以達峽州。此七十里。實爲該鐵道工事中之最困難者。所過之地。重山疊嶺。開鑿山洞。卽計以至少之數。亦須五六。其他須挖掘者。尤不知凡幾。且附近一帶之地質。皆自石質而成。開鑿尤非易易。

次自峽州過甘棠曲沃桃林三鎭以至靈寶縣。長約五十里。所最費力者。只於衞水架一鐵橋。其他絕無棘手之處。

至自靈寶經稠桑以至受鄕。凡六十里。地雖多山。然所經之地。皆可繞越。惟於稠桑仍須鑿一隧道。且於黃河之支流。架橋工事。仍不能少耳。

自受鄕則沿電線線路。而經鼎明盤定以至潼關。一切工程。類皆平易。全路中工費最省。竣工較速者。當推此處矣。

# 洛潼鐵道略圖

洛潼鐵道調查記

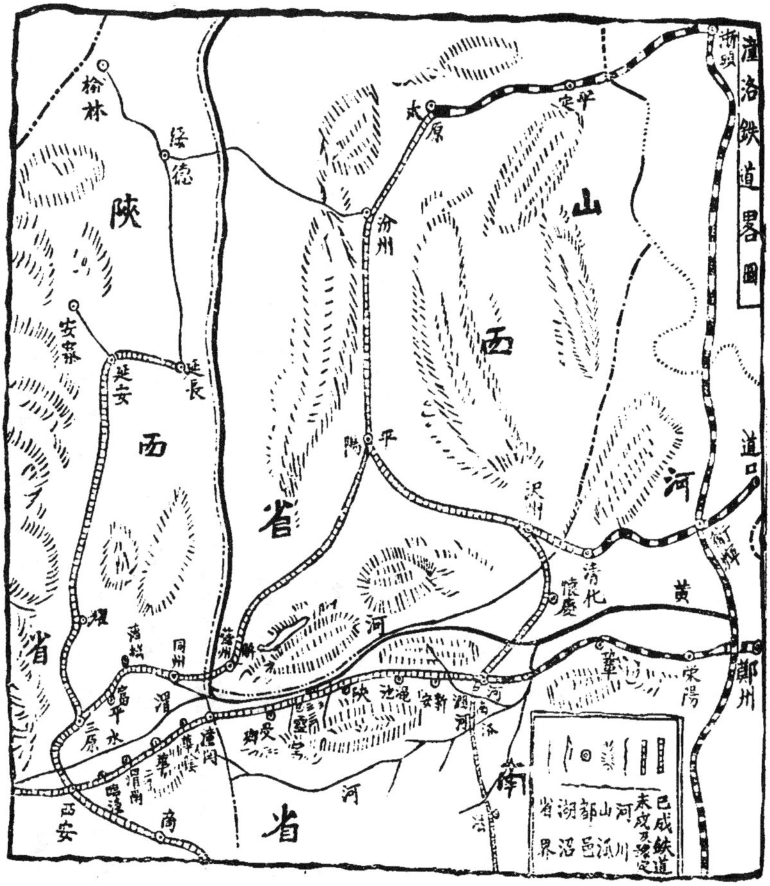


七

該路雖橫亘數百里。然他日果能獲利。支收足以相償與否。則不能無疑者。蓋該鐵道之沿路。物產不豐。輸出亦少。故商業衰微。貿易不振。其最可注目者。實爲鑛產。現時從事開掘者。雖屬寥寥。然他日鐵道既通。交通便利。則河南府屬宜陽嵩縣之金鑛。盧氏縣嵩縣洛陽縣之銀鑛。宜陽縣之鐵鑛。嵩縣之鉛鑛。峽州靈寶縣之錫鑛。及山西省之石炭。則輸運既可自如。獲利自可倍蓰。且該路於潼關則與西潼鐵道相聯。於西安則與將來之西蘭鐵道相接。此外汴洛鐵道。開海鐵道竣成之日。皆相連絡。實形成全國橫斷鐵路之一部。於軍事上商業上。皆有極偉大之効果。實可斷言耳。

# 海外僑民調查記（續念六號）

聚匏

## 各移住地我國移民之事情

### 第二夏威夷（即檀香山）

夏威夷者。面積六百五十方里。人口一十八萬。直太平洋中之一小島耳。然六十年來。我國人之謀生其地者。趾踵相錯，其初至之時代。不可詳矣。夏威夷人口調查表。以中國人列入表中者。實始於千八百六十六年。今即據此以核我國移民之數。

| 年代 | 總人口 | 華僑人數 |
|---|---|---|
| 一八六六 | 六二、〇五九 | 一、二〇六 |
| 一八七二 | 五六、八九六 | 一、九三八 |
| 一八七八 | 五七、九八五 | 五、九一六 |
| 一八八四 | 八〇、五七八 | 一七、九三九 |
| 一八八九 | 九一、〇五〇 | 一九、二一七 |

由是觀之。二十三年之間。華僑人數之增加，蓋已十有六倍。當一八八九年間。實占全

島人口五分之一强。至一千九百年，夏威夷政府之統計。全島人口。總數十五萬四千人。而華僑則二萬五千七百六十二人。約占全人口六分之一。其後華僑增加之率，漸不如前。一千九百零四五年。僅增二百七人。及一九零六年。遂有禁止華僑入境之令。來者既絕，歸者浸多。現在華僑人數。約可二萬五千人。自一八五二年以至一九〇六年。五十四年間華僑入境者。都凡四萬四千四百九十四人。蓋歸國及移居他境者。殆過半也。

夏威夷華僑之所業。以植蔗爲一大宗。他業無可言者。其勞動時間。一日自十時以至十二時。一月中勞動日數。平均二十六日。其傭金月可二十元。一月食用之費。人約十元。以此計之。一人所入月有十元之贏餘。我國人既耐久勞。又極儉約。遂爲夏威夷人所深嫉。於是排斥華人之聲。囂然四起。一八九六年。火奴奴府民。遂舉代表以協議華工問題。復請內閣開臨時會議。改訂憲法。驅逐華工。議雖未決，然入境之制日益煩苛。一九〇六年。遂有禁止華工入境之厲禁。自玆以往。我國人遂失太平洋中之一殖民地矣。

第三秘魯

一八四九年十月。我國人七十五名登陸於嘉勞港。是爲我國移民秘魯之嚆矢。自是以來。往者日盛。至一八七四年。二十六年間。由澳門附船往秘魯者九萬五千餘人。路死者七千餘人。其能達嘉勞港者。實八萬七千三百人有奇。一八七三年。澳門之葡國政廳。有華人出洋之禁。欲改道香港。亦阻於英人之干涉。秘魯與智利旋有戰事。華僑之赴秘者遂中止。我國人之赴秘。皆契約移民也。至秘而後。酷遇幾如奴隸。或死或歸。或移他地。十餘年間。其數日減。至一九〇三年。秘魯華僑僅四萬人。然僑民之人數雖減。僑民之生計則漸舒。蓋僑民勤儉。數年之庸。稍有蓄積。遂脫離勞動之生活。而從事於企業。或佃地而耕牧。或營運而經商。雖轉運之物品。止供僑民之用。非能與外人爭利。然其後移民之數復增。故商業之勢力亦漸大。前年春季。輸入商品。三月之內。價額達四十九萬元。其生計之進。盛畧可覩矣。然以是之故。秘人排斥華工之議亦起。一九〇四年。秘國制定外人移住條例。雖有限制亞洲人入國之議。然是年我國復以契約移民。三年之間。入秘者五千餘人。秘人嫉惡華工之意。日以益甚。始課保證安健金五磅。以爲禁制。繼又增至十磅。去年五月。大統領歷基亞於里馬市政廳發布命令。華人非携現金五百磅。不許入秘。於是華僑赴秘之途絕矣。

## 第四澳洲

澳洲者。五十年來我國人之移殖地也。一八五三年。華人二十餘人。始至維多里亞。其地物產至豐。而人口極寡。耕農牧礦。皆需勞力。華僑至彼。極所歡迎。故我國工人赴澳者。肩背相望。今舉一八六一年以後。我國移民之數表列於左。

| 年度 | 移民數 | 年度 | 移民數 |
|---|---|---|---|
| 一八六一 | 一五四 | 一八七六 | 三七七 |
| 一八六二 | 一七五 | 一八七七 | 四四七 |
| 一八六三 | 八〇 | 一八七八 | 八一九 |
| 一八六四 | 九七八 | 一八七九 | 八七九 |
| 一八六五 | 一、〇八五 | 一八八〇 | 九四七 |
| 一八六六 | 九七四 | 一八八一 | 一、三四一 |

| | | | |
|---|---|---|---|
| 一八六七 | 三一七 | 一八八二 | 三一七 |
| 一八六八 | 三〇〇 | 一八八三 | 四三三 |
| 一八六九 | 一、一二一 | 一八八四 | 五五七 |
| 一八七〇 | 五八四 | 一八八五 | 六七〇 |
| 一八七一 | 七〇四 | 一八八六 | 一、一〇八 |
| 一八七二 | 二八九 | 一八八七 | 二、〇四七 |
| 一八七三 | 二六九 | 一八八八 | 三七一 |
| 一八七四 | 三八九 | 一八八九 | 一二四 |
| 一八七五 | 五二一 | 合計 | 一八、三八四 |

然往者雖多。歸者亦復不少。彼一八六七年入澳者三百十七人。而歸國者乃有一千七百有奇。蓋我國移民。非有永住殖民之性質。苟有積蓄。即謀歸國者也。然華僑勤於作事。而薄於取庸。移民漸多。浸爲土人所嫉。且澳洲者。英人專有之殖民地。他人種入而奪其職業。薄其庸金。必非彼之所樂也。乃規定限制華工之策。一八八五年。頒定條

例。凡運載華工之船。計其噸數。十噸許載一人。華人至澳者。人輸入國稅十磅。華工大窘。乃紆道於鄰州紐梭士威爾士。然後陸行以入維多利亞。一八五九年。維州華僑四萬五千人。其時紐梭士威爾士新有金礦之發見。華僑移趨者衆。維州之華僑漸減。而來者不絕。其政府乃益厲其禁。船百噸乃許載一人。然仍未能絕華人之來路也。一八八八年。各地委員會議。更定限制之法。船五百噸乃許載一人。陸行者非得所由之地之政府護照。不許入境。制限益嚴。人數頓減。去年調查維多利亞之華僑。乃僅六千二百餘人耳。今畧舉其職業。

| | | | | | |
|---|---|---|---|---|---|
| 耕農 | 約二千人 | 商業 | 約千人 | 木工 | 八百餘人 |
| 礦夫 | 約六百人 | 洗濯業 | 約三百人 | 商店傭工 | 約千人 |
| 無業者 | 百餘人 | 女子 | 約二百人 | 小兒 | 約五十人 |

更畧舉其傭值

| | | |
|---|---|---|
| 歐人傭役 | 每七日 | 二十五司令至三十司令 |
| 商店傭工 | 每七日 | 十二司令 |

| | | |
|---|---|---|
| 礦夫 | 每七日 | 六司令至七司令 |
| 農夫 | 每七日 | 二十五司令至二十七司令 |
| 翦羊毛 | 每百頭 | 十五司令(每人口可翦七十頭) |

此維多利亞華僑之大畧也。其他各州。情形亦大畧相同。一九〇〇六年。澳洲華僑總數共十四萬餘人。四年以來。數已遞減。澳洲遂無華僑迴旋之餘地矣。

至於紐西侖。則七十年前始隸屬於英國。其地荒僻。英人乃極力奬厲移民。我國人之赴彼者。罔懽迎而不拒也。逮英人之移殖浸多。乃始嚴華人之限制。赴彼者日稀。歸國者漸衆。畧比較其人數。其趨勢已可見矣。

| | |
|---|---|
| 一八八一年 | 五、〇〇四人 |
| 一八八六年 | 四、五四二人 |
| 一八九六年 | 三、七一一人 |
| 一九〇六年 | 二、五七〇人 |

二十五年之間。人數已減其半。數年以來。赴彼者雖有數百人。而歸國者數畧相抵。故

今日人數。仍不過二千五百餘人耳。至其職業。則雜貨洗濯之店。二百餘家。其他皆佃地種果紐西侖之蔬果。殆皆出於華僑之手也。

## 第五南洋諸島

南洋者。我華人之國土也。南洋之地。實我華人所開闢。南洋之富。實我華人所拓殖。其勢力之偉大。殆不可思議。今先表示南洋諸島華僑之人數。

| | | | |
|---|---|---|---|
| 一瓜哇島 | （五〇、五五四方里） | 總人口 | 三、六〇〇、〇〇〇人 |
| | | 華僑 | 七五〇、〇〇〇人 |
| 二蘇門答臘 | （一六一、六一二方里） | 總人口 | 四、〇四〇、〇〇〇人 |
| | | 華僑 | 二四〇、〇〇〇人 |
| 三婆羅洲 | （二四六、七三七方里） | 總人口 | 一、三五〇、〇〇〇人 |
| | | 華僑 | 二二〇、〇〇〇人 |
| 四西里伯斯 | （七一、四七〇方里） | 總人口 | 一七八、〇〇〇人 |
| | | 華僑 | 八〇、〇〇〇人 |

五非獵賓（一二七、八五三方里）　總人口　七、六四〇、〇〇〇人

華僑　七〇、〇〇〇人

六紐忌尼亞　總人口　一一〇、〇〇〇人

華僑　二〇〇人

七俾士麥羣島　總人口　一八八、〇〇〇人

華僑　三〇〇人

華僑總數　一、三六〇、五〇〇人

我國人之開拓南荒。非一日矣。唐太宗時。瓜哇入貢。我國始與南洋交通。宋元以來。貢使不絕。及至明代。我國人赴南洋者漸多。其時瓜哇不啻我之屬土。荷蘭人之據瓜哇也。華僑與土人起而抗之。我與南洋之關係。密且久矣。其移住婆羅洲者。亦遠在六百年前。雖累受荷蘭之迫害。而南渡者源源不絕。其人愈多。其勢愈大。彼香港之德字報。嘗論之曰。

蘇門答臘之開拓。彭卡彼里頓之錫礦。馬來之金礦炭礦。以至後印度之各種事業。

殆無一不出於支那人之手者也。故支那人之增加。卽以新嘉坡觀之。支那人比例總人口。殆占七成。强馬來人則僅占一成六分而已。且馬來人無甚增減。而支那人之增數。年且達於三成四分。今比示其各地之人口。

| 地名 | 比例全人口之支那人數 | 比例全人口之馬來人數 | 支那人增加率 | 馬來人增加率 |
|---|---|---|---|---|
| 庇能 | 39% | 42% | 1.1% | 0.09% |
| 馬來半島 | 40% | 37% | 2.4% | 0.09% |
| 瓜哇 | 209% | 79%(歐洲人) | | |
| 士馬達拉 | 25% | | 88% | 4% |

蓋支那人進步之膨脹。非獨歐洲人馬來人所不能抵抗而已。且荷蘭所屬之土地所有權。其大部分。殆皆入支那人之手。其勢力殆不可測也。

彼所云云。固非必盡衷於事實。然南洋華僑之勢力。大略可覩矣。至於華僑之職業。則强半從事於種植錫礦。彼馬來土人。拙於工作。故勞力之工。不啻華僑所獨專。從事錫礦者。其在英領。則自集資本。購地開採。其在荷領。則傭役於荷人。一日勞役。以九時爲率。日直銅元三十。月役二十六日。不及者罰，雖曰僱役，而奴遇獸畜，慘酷固不能免也。華僑足跡之所至。無不橫被排斥。南荒拓殖。雖出華僑之手。然排斥固不能免也，非獨賓隸美而後。禁華工之入境矣。蘇門答臘。五年以前。已定約束華工條例二十七條。去年復加條款，以嚴限制。其他爪哇婆羅洲諸地。無不嫉惡華工。然苛禁未興。故南渡猶衆。國家亦時遣軍艦巡視。官吏慰問。設立商會。建設學堂。僑民之與國家。其關係較爲密切矣。

## 第六新嘉坡

新嘉坡者。我國移民之繁盛地。亦移民南渡之中心點也。華僑赴南洋諸島。無不途出其間。且英吏招來。絕無苛禁，故移民之數。日增月盛。試核數十年來之人數。其增加有不可思議者。

| 年度 | 全人口 | 華僑 |
|---|---|---|
| 一八二七 | 一四、〇〇〇 | 六、〇〇〇 |
| 一八三六 | 三、〇〇〇 | 一三、七四九 |

| | | |
|---|---|---|
| 一八四九 | 五九、〇四三 | 二七、九九八 |
| 一八五九 | 八一、七九二 | 五〇、〇四三 |
| 一八七一 | 九七、一一一 | 五四、五七二 |

當時華僑之數。固區區無足道。然其時坡中人口寥寥。華僑之數。固占二分之一矣。今更表示遞來華僑入坡之數。

| | |
|---|---|
| 一九〇一年 | 一七八、七七八 |
| 一九〇二年 | 二〇七、一五六 |
| 一九〇三年 | 二二〇、三二一 |
| 一九〇四年 | 二〇四、七九六 |
| 一九〇五年 | 一七三、一三一 |
| 一九〇六年 | 一七六、五八七 |
| 一九〇七年 | 二二七、三四一 |
| 一九〇八年 | 一五三、四五二 |

華僑入境。可謂衆矣。然假途於此。以入馬來半島荷屬印度者。數亦不少。今舉去年由新嘉坡轉赴各地之人數表列如左。

| | | | |
|---|---|---|---|
| 庇能 | 二九、三八七 | 孟拉卡 | 一三四 |
| 馬來聯邦 | 二四三一 | 蘭坑 | 一、九六三 |
| 盤谷 | 六二一 | 沙馬蘭 | 二四 |
| 合計 | 三一、八一三 | | |

然入境之人年逾十萬。而現在新嘉坡華僑之數不過三十餘萬人。其故何也。蓋其地去國不遠。僑民之稍有蓄積者。旋即捆載而歸。來去之數。殆足相抵。初非有永久殖民之性質。故雖開拓荒遠。而終不能保持其勢力也。

新嘉坡移民。亦分二種。一爲自由移民。一爲契約移民。契約移民視自由移民。其數較少。每年入境。多者二萬五千。少者不下一萬四千。類皆閩粵之人。而粵人之中客民實占多數。海南潮州高州之人次之。今舉移民之職業類別如左。

| 職業 | 一九、〇六年 | 一九、〇七年 | 一九、〇八年 |
|---|---|---|---|

| | | | |
|---|---|---|---|
| 礦夫 | 九、七三八 | 一三、三〇四 | 一二、三五九 |
| 農業 | 四、四五四 | 八、一三七 | 四、四九七 |
| 雜業 | 一、七九〇 | 二、三三〇 | 一、六六七 |
| 木工 | 一、四六二 | 一、〇三七 | 七六六 |
| 機械業 | 五七四 | 六三七 | 七一九 |
| 僕役 | 二四五 | 四〇三 | 一六七 |
| 水夫火夫 | 四八 | 二二八 | 二六八 |
| 其他 | 五二 | 八三 | 七四 |
| 合計 | 一九、三六四 | 二六、一五九 | 二〇、五一七 |

礦業農業。實其職業之最大部分也。今更詳述其分布之地。

| 地名 | 一九〇六年 | 一九〇七年 |
|---|---|---|
| 海峽殖民地 | 一、九一四 | 二、二六三 |
| 馬來聯邦州 | 一、一七一 | 三、〇三七 |

| | | |
|---|---|---|
| 北婆羅洲及美屬地 | 一、一九一 | 一、六四一 |
| 馬來半島暹屬 | 一、九三一 | 二、九三四 |
| 荷領印度 | 二三、一〇七 | 一六、二〇〇 |
| 其他 | 五〇 | 八四 |
| 合計 | 一九、三六四 | 二六一五九 |

契約移民之移出港。皆由厦門香港汕頭海南。而厦門則其最盛者也。今略舉去年各港移出人數之統計。

| | | | |
|---|---|---|---|
| 厦門 | 五一、九六一 | 香港 | 四九、六〇九 |
| 汕頭 | 三九、一四〇 | 海口 | 二二、七四二 |

更略舉厦門汕頭二港移民來往之統計。

| 年度 | 移出者 | 歸國者 |
|---|---|---|
| 一九〇五 | 五三、七二九 | 一八、九二〇 |
| 一九〇六 | 六七、五一二 | 二四、四七七 |

調查 十六

| | | |
|---|---|---|
| 一九〇七 | 七三、一九一 | 一六、九二六 |
| 一九〇八 | 四六、九二〇 | 一五、二二九 |

運送移民。英人實專其利。英人之輪船公司。不下七八頃者。德人亦起而爭之。然僅有寶記洋行。船業猶未盛也。船費人僅八元。行費既極低廉。來往復無譏禁。且地氣溫暖。宜於南方之人。此閩粵之人。所以趨之若鶩也。

文牘

# 憲政編查館奏擬將官制提前官俸展後辦理摺

奏爲官制未定官俸章程礙難釐訂擬將頒布官制及試辦年限提前頒布官俸章程及實行年限展後以利推行而免窒礙恭摺仰祈　聖鑒事竊查奏定逐年籌備事宜清單。釐訂官俸章程、爲臣館及會議政務處本年應辦之件、當經臣等督同在事各員。詳加核酌、暨檢察現在京外文官支給廉費津貼各項。並參之各立憲國官俸成法。反覆考求。知官俸實應以官制爲根本。未有官制不定而能先議官俸者也。今京外各項文官。多與立憲官制不合。一經釐定。裁併添改。不可枚舉。使僅議現行之官俸、則與憲政何裨。使遂議新制之官俸。則與今制迥殊。此一難也。在京各署廉費等項。多因爲布而異。議者詫其支款之懸絕。名目之參差。而不知皆由官制之未定。今欲整齊畫一。則必先爲之釐改名稱、確定職掌。增損員缺。庶所訂官俸。乃適宜而非虛受。然此皆官

制內事。而非官俸內事、此又一難也。至外官司道公費、各省雖漸次奏定。然未盡協於
平均。而州縣等公費尚多未經奏定、現在庫款支絀。既不能悉資於正供、則原有規費
平餘。不能不詳查以資挹注。倘未考核明確。遽定支數。款項從何取給。若仍虛擬俸額、
將來必無望實行、此又一難也。積此數難、本年頒布官俸章程。實多窒礙。惟變通籌備
清單。關係較重、非臣館所敢遽出。再四思維。憲政預備。究竟重在官制。現在內治難振。
雖非一端。而權限之混淆。官缺之冗濫。實爲受病之本。欲謀憲政之進行。非先從官制。
入手。亦恐別無辦法。查逐年籌備事宜清單。第三年頒布文官官俸章程。第四年實行
文官官俸章程。第五年頒布新定內外官制、第七年試辦新定內外官制。可否將頒布
官制提前一年。試辦官制提前二年。頒布官俸展後一年。實行官俸展後二年。以免淩
躐之弊。而收整理之效。伏乞 宸斷施行。如蒙 俞允。即由臣等欽遵辦理。至文
官考試任用兩項章程。亦係本年應行頒布之件、查文官考試任用。爲 朝廷整理庶
政之要端、關係於治忽者甚大。現在法官考試。業已提前舉行。各項文官。未便漫無限
制。自應將文官考試任用各章程。欽遵定限頒布、俾便明年實行。以爲改定官制之預

備。所有擬將官制提前官俸展後各緣由。理合恭摺具陳。伏乞 皇上聖鑒。謹 奏。

宣統二年九月十四日奉 旨已錄

## 廣西巡撫張鳴岐奏籌備憲政當從本原著手擬請酌量變通摺

奏爲籌備憲政當從本原著手擬請酌量緩急畧予變通以紓民力而固邦本恭摺仰祈 聖鑒事竊臣前在廣西任內。先後接准內閣咨開本年四月十九日欽奉諭旨御史趙炳麟奏請飭議確定行政經費一摺著在京各衙門各省將軍督撫將九年籌備單內所開各條某年某事需款若干從何籌定。分年列表詳議具奏。等因欽此。又六月初二日欽奉 諭旨湖北布政使王乃徵奏籌備憲政酌分緩急一摺著在京各衙門各省督撫歸併御史趙炳麟條陳一併詳議具奏。欽此。並鈔印原奏各摺咨行。欽遵辦理到桂。臣彼時因北上在卽。未及覆奏。除廣西逐年需款數目應俟各主管署局預算列表詳由護撫臣核奏外。尋繹趙炳麟王乃徵兩奏之意。大抵均以量度財力分別緩急爲言。目下各省覆奏雖尚未齊。謹就已載邸報者考之。直隸奏報則預算

需款三千數百萬兩。山東奏報則預算需款四千餘萬兩。江蘇奏報則預算需款二千
數百萬兩以上。各省。不過僅舉巡警教育司法自治四項。其他各事。尚不在內。或並自
治之費亦未計入。需款已及此數。若將清單以內所載各事悉數計入。尚需增加。若將
清單以外陸軍部農工商部郵傳部續奏之事悉行計入。尚需大加。以此推之。每省經
費所增平均當在四千萬。全國即當在七八萬萬。果使民力能勝。雖多何害。而無如閭
閻生計凋零在今日實有不支之勢。今歲以來。各省民變之警。相繼見告。固由官吏辦
理之不善實亦民窮財盡之見端於此而不亟籌窮變通久之方。萬一奸宄之徒乘機
煽惑，元明末造。流寇之禍。豈可不爲寒心也乎。夫籌備立憲之　明諭。須自
先朝。國是所關。斷無反汗。臣雖至愚。亦知此理。然臣竊讀中庸之言達孝曰。善繼人
之志。善述人之事。孝而曰達。繼志述事而曰善。可知有覲光揚烈之思者。固當審與時
消息之宜。而不當墨守成規。泥小節而誤大計矣。欽惟我　孝欽顯皇后
德宗景皇帝。以天下爲公之心。建先天弗違之極。將以成一代之大憲。昭萬世之貽謀。
我　皇上志切纘揚。惟當務其大者遠者。以先端憲政之本原。但使有簡單入手之

方。足以速大政進行。而仰成　先朝垂裕後昆之志者。雖於當時最初之規畫。有所增損。而要不得以三年無改之義繩之。夫憲政本原何在。責任內閣也。國會也。司法獨立也。犖犖大端。不過三事。使一一實見施行。則正本清源之道。已足。其他庶政。皆枝葉耳。查現行九年籌備各事項中。惟清理財政調查戶口改訂官制編纂各項章程法典。實爲籌備之要端。至如教育巡警自治。則當屬普通行政範圍。無論立憲以前立憲以後。儘可視民力之盈虛。爲進行之遲速。且皆累世莫究。窮年莫殫之事業。亦必非九年限內所可尅期告成。若夫各部續奏逐年籌備未盡事宜。固不能謂其與憲政無關。似不得謂爲預備之必要。微臣愚見。以爲但使九年之內。內閣必組成。司法必獨立。國會必召集。則雖他事未遑舉辦。而立憲政體大綱既具。已足下慰薄海臣民之望。上昭

聖明作述之謨。倘不於本原之地。求審端致力之方。竊恐新政愈繁。度支愈絀。租稅愈加。民生愈困。平時水旱偏災。民間瑣尾流離。尙仰賴　宮庭軫念。發棠振贍。頒帑蠲租。極　宵旰之憂勞。猶慮不足迴久涸之元氣。今則雖遇豐年足歲。而蓋藏猶有不給之虞。啼飢號寒。聲徧閭左。金融迫蹙。萬方一概。終窶之歌。鮮飽之嘆。已成爲全

國普通之形象矣。夫民必有納稅力而後可以得稅。今者舉國國民之納稅力。已如羸夫舉鼎行將絕臏矣。征求不已。能無激變。內訌一起。外患交乘。本欲以立憲圖存。轉不期而召亂。此臣所爲夙夜旁皇。不勝墜心危涕者也。臣前蒙 召對。略陳梗概。未罄所懷。比聞度支部明年預算不敷之數。約在五千萬外。明年支絀情形已如此。以後歲歲進行。需財益鉅。若不酌分緩急。雖竭澤亦恐無魚。擬請我 皇上深維大計。俯念民依。飭下憲政編查館會議政務處王大臣將九年籌備清單酌議修改。現在資政院不日開院。抑或提交該院議員悉心核議。分別緩急辦理。以紓民力而固邦本。臣不勝屏營待 命之至。是否有當。謹恭摺具 奏。伏乞 皇上聖鑒訓示。謹 奏。

宣統二年八月二十八日奉 硃批該衙門知道欽此

## 吉林巡撫陳昭常奏遵 旨併議御史趙炳麟等請定行政經費摺

奏爲遵 旨詳議吉林行政經費分別籌計恭摺臚陳仰祈 聖鑒事竊臣先後接准內閣咨開宣統二年四月十九日欽奉 諭旨御史趙炳麟奏請飭議確定行

政經費一摺。著在京各衙門各省將軍督撫將九年籌備單內所開各條某年某事需款若干。從何籌定。分年列表。詳議具奏等因欽此。又六月初二日欽奉　諭旨湖北布政使王乃徵奏籌備憲政酌分緩急一摺。著在京各衙門各省督撫歸併御史趙炳麟條陳一併詳議具奏欽此。並鈔印原奏各摺咨行欽遵辦理前來。臣伏念九年立憲。乃繼　先朝未竟之功。實負薄海其蘇之望。國是早定。固無事於遲回。世變方深。正共圖其猛進。有斯責者。方且不遑朝夕。期濟艱危。非急功而近名。濟則　國家之福。苟度德而量力。不濟則臣民之羞。此誠無論財政如何艱難。庫儲如何竭蹶。皆當上下分任。內外統籌者也。詳議趙炳麟王乃徵等原奏。雖注重於依次進行。或致疑於後難爲繼。更有慮夫同時並舉。費重事繁。必且緣飾觀瞻。寖至有名無實。臣愚以爲凡此數慮。固皆切中事情。然原奏不過恐籌欵之爲難。並非置要政於不辦。今但當權其緩急。劑其盈虛。不當避籌措之維艱。轉致進行之多碍。查籌備事宜清單內所列應需各款。無過審判教育地方自治巡警諸大端。吉省改辦審判。與奉天同時組織省城高等地方兩廳。已經成立。其餘長春延吉琿春三處。係屬商埠。並已立有規模。而賓州農安兩府縣。則因地方繁富。款項易籌。得以提前辦理。其餘均待擴張。計自宣統二年至八年一律完備。共應籌銀八百二十一萬餘兩。教育一途。在邊省爲最要之政。而舉辦之困難。則較內地爲尤甚。因風氣未開。待學孔亟。而教員則須求諸他省。學費尚難收之其人。且各屬僻遠之區。仍須多方倡導。自二年至八年。共需籌銀二千五百五十萬兩有奇。籌辦地方自治。亦因地方樸僿。民智未通。諸待官家誘掖獎進。方能日起有功。故於省城籌辦處外。並各屬之籌辦公所、研究所、宣講所、又自治日報社。一切經費自二年至六年止。尚須籌銀一百四十餘萬兩。巡警一項。則因吉省盜匪充斥。業飭提前趕辦。各屬城鄉巡警。均已粗有規模。以後逐年擴充。四五年後可期一律完備。計自二年至八年。共需籌銀一千四百七十萬兩有奇。此外如興辦實業。就農工商部分年列表。應行籌備之事。核計自二年至八年。共需銀三百三十餘萬兩。而移民開墾。籌辦森林礦產。應集鉅貲者。不在此數。又如民政部分內之醫院。及禁煙公所。一切應用經費。核計自二年至八年。需銀八十二萬餘兩。而開通道路。疏濬水利。溝渠有關興築者。又不在此數。此吉省籌備年限內應需各項經費之約數也。綜計前項經費。有出自公家者。亦有籌之各地方者。以吉林全省歲入不過三百餘萬兩。而宣統二年分各項費用。已達四百六十餘萬兩。其他之行政經費軍餉官俸均不在內。故地方籌補之款、如警學等捐。推之審判自治。亦有就地自籌者。其數已復不少。以後逐年擴充。其在宣統八年分。則需銀九百七十餘萬兩。比之於今。增加已逾一倍。以云籌措。部中固無可撥付。而本省按年所入。亦豈有術以取盈。是仍必取之地方。然後可期有著。論者一主開源。一主節流。然由前之說。則貲本無所出。由後之說。亦搜剔之已窮。二者不得一當。以臣思之。惟有就整理之途。行清釐之策。現正督飭各司將田賦捐稅各項。逐加清理。預計每歲增收之數。可成大宗。此則下無損於民生。上有裨於 國計。酌劑盈虛。無逾此者。但須俟預算決算制定之後。國家稅與地方稅劃分之期。再行斟酌核辦。至趙炳麟王乃徵所稱酌分緩急次第施行。仍不過爲經費起見。按之吉省。卻有不得不然者。則以事實之關係。猶不盡由於經費之問題。蓋緣設治各區。荆榛初闢、人民未集。財貨弗通。方以殖民通道爲先。難以大邑通都相況。現時督飭地方官行政。只能先辦警察。以衞民居。繼辦學堂。以通民識。舍此二者。其餘一切新政。均無措手之方。故臣於新設各廳州縣。

但責以人口之多寡。商業之盛衰。爲其成績等差。而於籌辦憲政。並不加以責備。此正飭司查明各屬情形。分別另行奏明辦理。至於經費則新闢之區。與舊有之域。兩相比較。所費更多。蓋舊治尚有可因。而新則無一非創。即施行雖有次第。而費則轉必加增。此又吉省特別情形。與他省不無稍異者也。伏念東省阽危日迫一日。近年　朝廷時厪東顧。輿論亦復鼓吹不休。臣謬領疆符。責無旁貸。往年改定官制。卽以東三省爲先導。夫豈不計經濟困難。程度不齊。而　朝廷乃毅然行之者。爲其事勢已迫。不容緩也。今又數載矣。以今日之時局言之。正宜萃天下之能力。救此一隅。猶不知其能及否也。若再以苛法相繩。常情相待。是進行者受促於前。而掣肘者陰隨於後。舉動皆疑於浮濫。不免懲羹而吹齏。行事不論其是非。將使削趾以適屨。馴至危亡不顧。傾覆不知。此臣所中夜徬徨。罔知攸措者也。臣既沐　厚恩。惟知圖報。無論若何困難。要當一意進行。他省所不敢知。至於吉林則能進而不能退。可急而不可緩。成敗利鈍。固所不計。怨謗譏疑。亦所弗恤。區區愚忱。如是而已。除將表冊咨送政務處查核外。所有遵籌吉林行政經費分別籌計緣由。謹會同東三省督臣錫良恭摺具陳。伏乞　皇上聖鑒

訓示。謹　奏、宣統二年九月初十日奉　硃批該衙門知道欽此

## 湖廣總督瑞澂奏遵　旨併議御史趙炳麟等奏請定行政經費摺

奏為遵　旨併案詳議行政經費並分別緩急各項擬陳辦法以紓國用而定政本恭摺具　奏仰祈　聖鑒事竊臣先後接准內閣咨開宣統二年四月十九日軍機大臣欽奉　諭旨御史趙炳麟奏請飭議確定行政經費一摺著在京各衙門各省督撫將九年籌備單內所開各條某年某事需款若干。從何籌定。分年列表。詳議具奏。等因欽此。又六月初二日軍機大臣欽奉　諭旨湖北布政使王乃徵奏籌備憲政酌分緩急一摺。著歸併御史趙炳麟條陳一併詳覆具奏等因欽此。臣循繹該御史該布政使原摺。類皆灼見財用困乏之源。深慮辦事敷衍之弊。瞻言百里。臣亦抱為隱憂。況際此試辦預算決算之年、所有度支匱絀情形。既已畢露無遺。更無所用為深諱、惟是臣愚以為籌備憲政。逐年經費。何一非國民義務之增加。即全賴上下精神之貫注。今日言補救者。多謂款絀事繁。必須量入為出。不知國家有就事籌款之計畫。決無待

款辦事之迂謀。要之以生財之道理財。雖持急進之主義。或可收其成效。尙不致於病民。以守財之道理財。則泥緩進之空言。既無補於患貧。必終趨於誤國。臣自奉 詔旨。卽將九年籌備各事宜。分飭主管官署。按照原奏所開各項。分年分款。詳加籌擬。茲據各司道等造具預算各表。陸續詳覆前來。除光緒三十四年爲籌備之第一年。宣統元年爲籌備之第二年。所有籌備各項經費。作業經爲決算外。其餘巡警經費。出宣統二年起至八年止。計省城警務公所、高等巡警學堂、游民習藝所、武漢巡警暨拘留所。教練所、消防隊。共需銀二百六十三萬餘兩。各廳州縣巡警。共需銀二千九百六十三萬餘兩。學務經費。自宣統三年起至八年止。全省共需銀二千三百三十九萬餘兩。司法經費。自宣統二年起至八年止。經常費六百八十七萬餘兩。臨時費二百四十一萬餘兩。自治經費。自宣統三年起至八年止。計籌辦處局用。全屬自治公所研究所及籌辦公益事項。共需銀一千一百七十一萬餘兩。以上各項預算。無非循照清單。加以推測。或已有的款。或尙待寬籌。然收支兩抵。約計不及十之三四。此雖就湖北一省而言。推諸全國。大都一致。若以今日不能生利。但能分利之政策。行之無改。則束手坐困。勢必至舉逐年籌備要政。徒襲空名。絕無實效。故分別緩急。誠為今日之急務。茲就趙炳麟原奏所稱需款較繁各項。權其緩急。擬為變通。謹貢管見。請為我 皇上縷晰陳之。夫地方所恃以輔助行政者。無如巡警。此雖非立憲時代。猶將銳意經營。今則宣號施令。弭亂保安。調查統計。無一不資為助。故自省會推及鄉鎮。巡警未能完備。則一切行政皆將失其效力。是宜視為要圖。通盤規畫。不可稍緩者也。如教育則與國民尤有直接之關繫。世界公例。斷無不識字之人民。而能具國家思想者。故兩等小學。無論如何總以普及為目的。而養成教育人才。先宜注重師範。其餘高等專門實業各學校。儘可合數省之力。擇適宜之地。公立一所。以臻完全。而節縻費。至於審判一項。議者多謂司法與行政分而為二。必生無窮之窒礙。不知官制未改。州縣以一身而兼萬能。遂以一官而叢衆過。審判獨立。名則與州縣分權。實則為州縣分責。且釐定官制。已有明文。考試法官。行將派用。自應畫清權限。循序進行。不宜墨守故常。致生阻撓。至地方自治實藉民力以輔官治。雖經始之初。籌辦處、研究所各項經費。皆係公家撥濟。各州縣對於調查選舉各事。亦多挪借別項公欵挹注。究之自治經費。部章已定。目下各屬城鎮議事會、

文牘 十四

董事會。陸續成立。淸查公款公產。稟辦附捐特捐。自治團體。可自爲謀。董勸整齊。官紳共負其責。此則不必代爲限制者也。此外如調查戶口。分屬於巡警自治。試辦預算決算。附麗於淸理財政。需款本不甚繁。籌備無須預計。綜核以上各項。旣爲分年所籌備。實無可緩之理由。然則現今必不得已之計。惟有稍緩擴張海陸軍耳。査王乃徵原奏內稱裁減海陸軍費。夫海軍之關繫極重。籌備須有次第。臣去歲在江蘇巡撫任內。業經具摺奏陳。仰荷 聖明。俯察其愚。 飭下議奏。至陸軍就鄂省而言。原設之混成一協。方以餉項無著。擬歸湘省。若再續成一鎭。誠恐益形竭蹶。臣非敢謂擴張軍備之與國無裨也。不過揆諸我國今日情勢。實則力有未逮。語云、足兵必先足食。敎民而後卽戎。是軍備與各項憲政緩急之分。有斷然矣。伏查鄂省歲入。除抵付賠款外。耗於軍餉協餉者十之五六。而地方行政經費。不及其半。是故言財政則有捉襟見肘之虞。言羣治則有削足適履之歎。循此不變。必致民窮日甚。軍備終亦無由擴張。而所謂九年籌備。恐塗飾耳目。爲天下所詬病。以臣之愚。竊謂欲籌政費。非紓國用不可。欲紓國用。非定政章不可。何以紓國用。惟借貸與興業。兼營並進。乃可收生衆用舒之功。何以定政章惟內閣與國會相輔而行乃能有監督執行之實蓋行政經費不外國家地方兩項之支額然必悉出於國中以我國現勢衡之欲求國家稅地方稅之與各項行政預算收支適合此必不可得之數也一有不足自不能不取之於民民力困乏亦已久矣勢又不能先迫以飢寒乃徐謀其溫飽故即今爲計惟有貸欵興業以養成國民生利之能力而已誠如是則地無棄利人無曠工國民實力日益充足即令擔負增加無虞操切非臣一人之私言稍知時局者類能言之且驗諸事實行之三年當小效行之十年當大效臣所謂紓國用者此也然果行借資興業之政策使在上者無執行之樞紐在下者無監督之機關京外各不相謀彼此自爲風氣今日立一部則必有一部組織之要需明日設一處則必有一處經營之用費以有限之財政供多方之取求勢必至緩其所急急其所緩即借資興業能有小效亦恐歸於無補況借資而不興業則生機愈蹙國脉愈危是宜急設責任內閣以主持之庶幾經緯萬端獲有統一部臣互相研究乃知量力而行之宜疆臣得所維持可免因噎廢食之誚然無國會監督則所謂責任內閣者猶恐一任私意所爲易滋流弊也所願　朝廷明詔特頒定期召集示天

下以同民好惡之意。使人民有與國休戚之心。上下相維。各盡其職。秉承　先朝之謨訓。漸躋全國於文明。憲政實行。功在萬禩。臣所謂定政章者此也。顧紓國用而言借資興業。臣不敢謂行之無弊也。有內閣有國會。則有百利而無一害。定政章而言內閣國會同時成立。臣亦知其爲時稍促也。然外患憑陵。內情惶迫。三年蓄艾。有不　能濡忍以待者。臣聞狂夫之言。聖人擇焉。伏願我　皇上宸衷獨斷。毅然決行。則政章可定。國用可紓。轉危爲安之機。其在是矣。是否有當。仰乞　聖裁。除將各表分咨外。所有遵　旨覆議行政經費分別緩急。並擬辦法以紓國用而定政章各緣由。理合恭摺具　奏。伏乞　皇上聖鑒。再臣遵　旨入　覲。八月甫經回任。是以覆奏稍遲。理合聲明。僅　奏。

## 唐蔚芝侍郎咨郵傳部轉咨學部文

爲咨請事。竊維立國之要。以敎育爲命根。必學術日新。而國家乃有振興之望。此必然之理。本監督承乏學堂三載於茲。謹就平日經驗所得。縷析陳之。原學堂之異於科舉。要以尚實爲宗旨。使人人趨重於實學。俾得自謀其生計。而不宜鋼之以虛榮。現在科舉既廢。而舉貢生員之名目不廢。京外實官之獎勵不廢。則人人各挾一科舉之舊念。猶將賴仕進以爲生活之路。而農工商之事。若浼焉有所不屑。平心而論。果能給千萬人之求以養其欲乎。勢必不能。仍以虛榮錮之而已。查科舉未廢以前。欲士人之趨向科學也。則即以科舉所重之名目誘之。此蓋一時權宜之計。科舉既停。專重科學。科學尙實不宜誘之以虛榮。查照學部定章畢業獎勵一門。實有不得不改之勢。論其辦法。首宜停止實官獎勵。其在科舉時之舉貢得官者。寥寥無幾。必捷進士經　廷試。而後各授實職。然每科至多亦祇三百餘人。平均計算。歲不過百餘人耳。乃自今年以來。留學生之畢業回國。及各省高等學堂畢業生。經學部考試而得京外實官者。綜計各案。已不下千餘員。畢業獎勵。行之未及十年。而得官者之多。已浮於甲辰會試以前之數十倍。長此不變。竊恐倍數與年俱增。而全國將有官滿之患。似亦無此政體。學生既覬得官之虛榮。自必不憚考試之勞瘁。即如本學堂自四月下旬起。凡已屆畢業期限者。先應學期考試。次應畢業考試。又次分投赴京赴省應學部及提學使之畢業覆試。而中學畢業生未覆試之前。適逢外務部學部招考留美學生。又相率入都應試。比諸試俱畢。已值下學期開校之初。乃應本校升學考試。試期多者旬日。少亦七八日始竣。計八十餘日之間。共歷五次考試。其在科舉時之生員。不過三年一鄉試。餘二年分應歲科二試。即偶逢　恩榜特開。至多不過三年而四試。次而現在學生。乃有三月而五試者。非特勞費已甚也。屢試不已。腦力之昏益甚。覬倖之念愈深。而人才將消磨於無有。揆諸教育宗旨。尙實之條。未免相反。苟停實官獎勵。則無虛榮可慕。而奔競之風自息。此今日學務之急宜改定者一也。其次宜改正畢業各生名目。舉貢生員。祗適用於科舉時代。學堂畢業。非由鄉里推選。無所謂舉。國子監已裁。無所謂貢。無廩給名額。更無所謂廩增附。循名責實。在中學堂及其他程度相當之學堂。幷高等小學以下畢業者。應稱某學堂畢業生。高等學堂畢業者。稱某科學士。大學堂畢業者。稱某科博士。方與東西洋學制不背。而與尙實之義相符。蓋科舉以取士。故分設舉貢生員之階級。不得已也。若學堂則爲學業之階級。即爲其人生業之階級。非爲取士也。國家誠欲取士。但懸一格限制。某等學堂畢業生。得與考試。實官既取。則任之以職。授之以祿。查外洋各國科學畢業。欲入仕者。大率須歷登庸試驗六年。未有一畢業而即得官者。我　國似亦可參仿其制。遇有何職需員。即招考何科畢業生歷試合格。量能授官。自無用違其才之慮。而將來無論何官。未有不自學生出身者。則舉貢生員無所關係之階級。幷不甚正確之名稱。自可一律銷除。務使學生不慕虛榮。而專心致志于所習。庶實業漸有進步。而人人能自謀其生。此今日學務之急宜改定者二也。其次宜變通考試。查奏定章程臨時考試。本由各教員主之。無定期。亦無升降。不過教員自以所授之科學。驗學生學力之等差。以定其分數。學部改定考試章程。至爲明晰。唯各學堂或有誤會者。往往停止講堂功課。分日考試。與學期學年無甚區別。未免廢時失事。應請學部通飭各提學使。無論何種學堂。臨時考試。須照光緒三十二年十二月初六日奏准改定考試章程一律辦理。而畢業考試之前●照章尚有學期考試。其在中學堂畢業者。即須赴省覆試。三試相連。在學科較多之學堂。考至三十餘日。乃能竣事。其材質庸劣者。不過敷衍鈔襲。其力爭上游者。務精敝神。至以性命相博。幸而畢業。或已畢命廢棄。似此情形。以家寒而力求上進者爲尤多。情更可憫。蓋科學深邃。算理精微。且以中人讀西書科目繁多。事倍功半。斷難以科舉時之考試相提並論。似應將定章量爲變通。省去末一次學期考試專以本期內平時積分爲憑。積分由臨時考試而得。雖減省一試。似亦不至疏漏。現在總平均實得分數計算之法。密之又密。多一試與少一試。分數之相去。僅在毫厘之間。似亦無甚出入。全班俱少一試。似亦未嘗不公。試場時間少一日。卽講堂功課多一日。而學生不至以有用之精神。浪費諸無用之爭競。至畢業後。應將試卷分別咨送學部。或提學使覆核。果有不能取信之處。或先期派員監試。或臨時再行指調覆試。既省繁文。並免浮費。上下俱受其益。應請學部酌量改訂。對於學生體育一方面。保全不少。造福尤宏。此今日學務之急宜改定者三也。抑更有進者。預備立憲。已閱三年。而普及教育。甚屬有限。日前地方自治。幾經督促進行。轉瞬鎭鄕各公所。皆將成立。學務爲自治章程第一項。關係尤重。聞諸日本小學經費。初年居自治經費十之六。近年且居自治經費十之五。籌集款項。責在地方。實行普及教育。責在學部。昔西國教育家有言。國中多一靑衿。卽少一赭衣。本監督嘗謂中國內地各鄕鎭。多一學子。卽少一游民。而異日卽少一盜賊。刱開瀹國民智識。尤爲當務之急。應請學部通咨各省。通盤籌畫。於地方自治經費內。酌提若干成。於各城鎭鄕。徧設初等小學。卽茅屋三椽。不嫌其陋。務使趨重工藝商業。俾各歸於實用。至於簡易學塾。識字學塾。僅供中年以上失學之用者。暫可從緩。此今日學務之尤宜注重者也。總之邇來風氣初開。要在竭力提倡。疏節闊目。自暢生機。文網周密。恐滋飾僞。本監督恭繹 諭旨尚實之條。爲全國教育力圖進步。謹條陳管見。是否有當。相應咨請本部察核指正。轉咨學部採擇。代 奏施行。學務幸甚。須至咨者。

## 直督陳夔龍請先設內閣電

竊維時事艱難。日甚一日。朝廷宵旰憂勞。臣民徘徊望治。實已迫於積薪厝火。不能稍安之勢。近來各省士紳。伏闕陳言。無不以內閣國會同時並舉爲請。忠愛之忱。良可嘉佩。惟夔龍以爲國會與內閣。雙方並進。雖有輔車相依之勢。然事有先後。必宜循序漸進。非可一蹴而幾。日本明治維新。號稱銳進。而設立內閣與召集國會。亦尚相距數年。良以憲法成立。必須各項機關預備完全。人人知立憲之實益。然後國會召集。自收上下相維之效。現在內閣未設。無行政統一機關。弼德院未設。無要政顧問機關。審計院未立。無歲出歲入綜核之機關。行政裁判院未成。無裁判行政爭議之機關。舉凡憲法上應有之預備未全設施。而欲內閣與國會同時並舉。是不啻治絲而先使之棼也。爲今之計。宜於行政機關先求統一。俾責任既專。政見無從歧出。是內閣爲行政樞紐。必宜先行組織。方足以策進行。既有內閣。一切憲政預備。自可依次程功。一面遴派通達治體之大員。擬議憲法議院法選舉法各草案。呈候欽定頒布。數年之後。各項機關完備。國會可一集而成。較之同時並進。其難易利鈍。何待煩言。夔龍愚見。竊願我皇上宸衷獨斷。明鑒天下。先於明年設立責任內閣。將各項機關次第籌設。或慮國會未開。內閣有專擅。不知資政院已經成立。代議協贊之職。已具規模。自可以資政院代舉其職。俟宣統五年資政院議員任滿。彼時內閣早設三年。行政諸端。均已從容整理。代議之職。國民亦已熟悉。即以是年爲國會召集之期。是較原定期限。尚已縮短三年。如此一爲轉移。既收相輔爲用之功。復免凌節而施之弊。實於大局裨益良多。管窺之見。是否有當。謹請代奏。

## 各省督撫第二次聯銜奏請國會內閣同時設立電

九月三十夜八點加急電奏

軍機處鈞鑒。錫良等前奏請開內閣國會以救危急。近聞有主張仍欲先立內閣。俟宣統五年乃行召集國會。區區愚忱。竊抱過慮。說者謂日本維新。亦先立內閣。後開國會。遂欲取以爲法。不知日本改革幕府之後。長薩二藩握權專政。其基未固。故專用壓力。緩開國會。民間積憤不平。第二倒幕之聲。已聞于全國。幸政黨人才繼起。國會旋開。僅保未亂。此日本之內容。固無可隱諱者也。今中國民氣奮發。視日本當年不啻過之。而朝中大臣勛業才望。較之長薩二黨相去何如。豈可復襲其危險之政策哉。且國會既開。人心擁戴皇室愈固。一切顛危傾側意外之變。無自而生。所謂周雖舊邦。其命維新。自有上下相維之氣象。若又遲以三年。則三年之內。風潮萬狀。僉佞之人。皆欲趁此三年。夤緣援結以據要津。貪利之臣。亦皆乘此三年。黷貨營私。以肥囊橐。失敗之政。仍歸咎於君上。監督之力。終難及于當權。朝廷宜防官邪。不宜徒防民氣。此錫良等所謂內閣國會不能不同時並立者也。如謂機關未備。則凡弼德院、審計院、行政裁判院。均有各國成案。取以仿行。似非甚難。此次阻開國會者。或有新進之輩。欲遏其後起。而自居其功。故飾爲進行有序之說。以惑上聽。又必謂國會早開。則政府權柄。將有不能完全之意。以儀在位。不知憲法大綱。業已規定。新學良士。未盡登庸。朝廷一視大公。天下自無偏黨。在位者不必親。在野者不必疎。其崇戴我大清則一也。先後舉錯之間。安危關係。所在。謹披瀝再陳。請仍將內閣國會同時並舉。以慰民望。不勝惶悚待命之至。請代奏。錫良等同叩。

## 續錄各省督撫籌商內閣國會電

### 一 魯撫孫電

安帥宥電敬悉。所論閣會兩事。慮遠思深。老成持重。至爲企佩。惟自元年籌備之期限既定。十一部同時進行。各不相謀。財政亟絀。情勢日彰。各省同處困難。各部且時有衝突。於是知非握定主腦。爲單簡重要辦法。無當也。仲帥倡議。諸公相繼贊和。蓋非設責任內閣。無以挈統治之機關。非速開國會。無以定輿論之歸宿。責任內閣。則各部通力合作。如指臂之相連。必能分劑緩急之序。政令合一。各省折衷有自。庶易督促進行。至開國會。祇有議決之權。而力行仍在政府。士大夫有政治思想者日多。國會既可爲羈縻之地。且可杜局外之妄論、淆亂是非。各省諮議局權限不清。有國會則權限自定。琦竊以爲欲救憲政之困難。與謀憲政之進行。舍此別無良策。至飭吏治興實業。自屬不刊之論。但閣會不立。恐中央無嚴肅之精神。各省徒相承以粉飾。歷來疆吏。何人不講整飭吏治。各省亦何嘗不務實業。其成效安在。回觀大局。時不我與。敢抒鄙見。尚祈賜教。琦勘印。

## 二　晉撫丁致滇督電

公謂閣難得人。會難防弊。誠爲至論。然內閣負責任之人。仍須由國會發生。方能朝野一氣。相與有成。時艱至此。謂建閣開會。卽可立救危亡。銓固知其不必然也。然舍此而謂別有方法。可救危亡。銓又知其必不能也。凡事盡其在我。而默聽氣數之轉移。故曰成敗利鈍。非所逆覩。又曰若夫成功則天。但如銓之所云。出之以至誠。持之以恆久。國民雖囂張。未必不顧身家。國會雖幼稚。未始不可磨鍊。但須步步前進。若仍背道而馳。日以憲政雖形。塗飾天下之耳目。而曰國會有流弊。國民程度低。但圖目前一日之安。而人亡不我待矣。且今日解決財政問題。非有國會。萬無清理之望。故銓前此議覆行政經費摺。就題立論。云須有根本之解決耳。公更事最多。所見自更深透。故銓願遵公

議。仍由尊處主稿。否則畏首畏尾。詞不足以達其所見。仍恐無甚效果也。銓東印

三　黑撫周電

列帥電商閣會事。言異旨同。匡王室。揆時審勢。舍此末由。華帥仲帥所謂立主腦定人心。實爲扼要之論。安帥老成遠慮。亦屬苦心。獨是九年立憲之期。早經宣布。決無反汗之理。大勢岌岌。雍容靜鎮。斷難圖功。於是諸公有合詞入告之議。所爭者爲遲速之問題。非討論內閣與國會之是非也。縱內閣初建。國會初開。不能完全美備。然無內閣無國會。即不可言憲政。豈籌備期滿。內閣可終不立。國會可終不開乎。若謂因仍故步。遂足救亡。竊恐出今之俗。無變今之政。終成爲官樣之文章。痿疲之世界而已。今十一部之分張。二十二行省之廣遠。部臣與疆臣不相謀。部臣與部臣疆臣與疆臣。又各不相謀。意見參差。局勢散漫。滅裂支離。其何能國。故今日救亡之策。惟有速建責任內閣。組織各部。成一政府。乃能立統一之機關。政見不至歧出。即行之各省。宗旨亦復協同。而又助以國會。上之監督政府。則惡吏玩法之事件。無自發生。下之倡率國民。則納稅服兵之義務。亦無反對。官府一體。上下一心。而君主總攬統法大權。南面垂拱。永保尊

嚴。故立憲制度。政界認爲最美完之政治。雖起伊周孔孟於今日。將無以易也。諸公公忠體國。望早定良規。拯此危局。無任企禱。樹模陽印

四　吉撫陳主張閣會並立電

仲帥主稿電奏。想已如期譯發。頃讀筱帥貴電。於組織內閣。縮短國會期限。具見斟酌審愼之宜。不勝佩仰。惟昭常尚有不能已於言者。謹陳述如下。閣會所以必須同時成立理由。仲帥電屢言之。今筱帥欲先立內閣。緩開國會。而援日本爲證。查國會之益。在能君民一心。上下一體。而速開之益。則在立拯危亡。與民更始。日本自尊王倒幕以後。民氣已甚激揚。民情亦均鼓舞。不必待國會成立。上下觀感。已交孚無間。雖緩數年。於其圖强圖存之機。尙無阻失。中國則上下睽離。民心渙散。已非一日。正宜百方團結。始能一意進行。今後外界侵陵。朝野憂懼。趁此各處覆亡之日。尙有合謀鞏固之心。若再遲疑不決。在政府不過稍緩須臾。而國民則已潛形解體。時機一失。事會難知。此尤不能不同時並舉之切要關係也。至筱帥電中所舉弼德院等各種機關。以愚見論之。若事事求備。則三年猶恐多疏。若立意促行。則咄嗟亦可立辦。即使不及備設。不妨以審

計院附屬於度支行政。裁判院暫領於內閣。均不難於國會成立之後。逐項分舉。再謀完全。似可不必置慮。且愚見更有進者。內閣初立。必有致疑於權勢太重者。若總理大臣。委蛇取容。則於國事何益。若稍有展布。則三年之中。豈止謗書盈篋。吾國歷史昭然可驗。是國會一日不開。內閣仍一日不固。同列既礙於偪處。國人將譏其擅專。無論當之者難得其人。亦何貴乎有此三年艱難無補之內閣哉。養電所云以資政院代舉國會之職。似已可爲監督。惟資政院係上院基礎。接近政府。監督性質。殊不完全。且國會之爲國民代表。本不能以一院成立。現即暫令代舉。而於人民呼籲之私。既難稍慰。國家危亡之局。亦復奚裨。天道人事。後起者勝。他國成例。無庸過拘。愚意仍懇列帥主持仲帥主稿。再申不必緩期之請。以慰海內翹望之殷。是否可行。立盼大教。惟日期已迫。不及詳商。如各帥贊成。或別有意見。即請逕電仲帥。是所至禱。昭常敬

# 中國紀事

**資政院與憲政館爭議立法權限**　資政院議員孟昭常。近有提議伸明請定資政院立法權範圍議案。欲藉此以裁折憲政館立法權。此舉於吾民所應享有之參與立法權有絕大關係。業經全體表決。派出審查員。辦理此事矣。然議案中第確定資政院之立法權。至於裁抑憲政館之立法權。實不過聲東擊西之計。要未明言也。日前有議員易宗夔者。提出質問說帖。咨請憲政館答覆。謂資政院既已成立。照章應議決新定法典。憲政編查館。是否仿各國內閣所設之法制局。抑仍握最高之立法權。其意蓋欲確定憲政編查館之性質。以伸資政院獨立之立法權也。詎憲政館資覆文中。其立言崛强。謂本館由軍機大臣管理。原訂職掌。與日本昔設之憲政取調局。與現在內閣所設之法制統計官報等局相類。嗣又增設考核專科。有奏咨催辦據實奏參指令更正之權。係占各國內閣應設各局之大部分。無論資政院已未成立。實非僅一法制局之比。又云奏定逐年籌備事宜單內。有由本館核辦者。如新刑律及各項法典之類。有由本館專辦者。如憲法議院法之類。由斯以推。則憲政館實具無上特權。且辭氣之間。隱然有蔑視資政院之意。甚非 先朝頒布立憲。予吾民以參預政權之本旨。不知資政院諸公。將何以對待之也。

資政院議員因浙路事質問憲政館之違法 浙省諮議局。因路事屢與浙撫爭議。經已停議。要請浙撫代奏。浙撫初本允其所請。浙局遂於去月廿三日開議。詎開會。時議員到者僅三十餘人。不滿半數。不得已改爲延會。推議員不到之故。實由於浙撫未能實行代奏所致。閱數日。資政院電命浙局開議。浙局遂於月之初三日。遵命集議。浙撫親臨。時議員以浙撫劄文中。有飭令停會。及仍未悛改字樣。皆以停會爲辱。又以並無罪過。何有悛改。紛紛向浙撫質問。浙撫爲其所困。惟浙撫劄文內此二語。實遵憲政館電示辦理。資政院議員邵義。以浙撫與浙局異議事件。照院章應俟本院核議具奏。方有解決辦法。今憲政編查館。不俟本院核議具奏。竟先發命令。顯係侵奪權限。且輕視本院爲憲政館之下級機關。特行提出此說帖。向憲政館質問。又不知憲政館諸公。將何以對待之也。

資政院對於湘撫舉辦公債違法之抗議　湘撫舉辦公債一百二十萬。未經交諸議局核議。擅行奏准。湘局以其違法侵權。電請資政院核辦。湘撫亦有電到院。資政院提出議案。經全體表決。均以湘撫違背局章。請　旨懲辦。日昨奉　旨。謂此案既經奏准。應遵前　旨辦理。資政院中人因糾舉無效。不肯開議。務請樞臣來院答覆。大有紛擾之勢。政府對於院章之幾視同無物。於此可見一班。

度支部預算表紀畧　▲入款　（地捐）二千八百十八萬一千三百四十六兩　（鹽茶）四千六百三十一萬二千三百五十五兩　（海關）四千二百十三萬九千二百八十七兩　（釐金）四千三百十八萬七千九〇〇七兩　（漕糧）四千六百六十一萬〇八百九十九兩　（雜捐）三千一百七十一萬六千一百九十五兩　（雜款）三千五百二十四萬四千七百五十兩　（貸息）三百五十六萬兩　▲出款　（行政界）二千六百九十二萬一千二百七十四兩　（外務）四百萬〇〇一千三百〇八兩　（國務）二千二百四十六萬〇七百六十一兩　（營業）二千五百十六萬一千八百五十七兩　（祀享）七十九萬九千七百九十五兩　（學務）一千六百十四

萬九千五百四十兩　（刑事）六百八十三萬五千三百廿五兩　（軍務）九千七百四十九萬八千六百五十六兩　（工程）五百〇八萬七千三百九十四兩　（交通）五千六百七十萬三千二百六十一兩　（內廷）七百六十九萬六千三百六十一兩　（洋債）五千一百六十四萬〇九百六十二兩　（雜費）一百二十三萬九千九〇〇八兩　（國債）四百四十七萬二千六百十三兩　以上共計入欵二萬九千六百九十六萬二千七百二十三兩出欵三萬三千三百〇五萬八千三百六十四兩。

**各省預算案未能交出歲入之原因**　日前資政院因各省諮議局電催預算。遂質問度支部。頃得度支部覆稱。畧謂已通電各省將地方行政經費。送交局議。并將預算全冊送供參考。至直隸湖南陝西福建吉林廣西等省諮議局電詢。所交預算。有歲出無歲入一節。查本部此次試辦各省預算。只於歲出門分別國家行政經費地方行政經費者。係遵照清理財政章程第十四條第三項辦理。其於歲入一門不分國家地方者。因國家稅地方稅章程未經釐定。故暫行合併編製。業經通電各省。將預算全冊送供參考。則一切歲入俱在其中。各省諮議局亦可畧知大概。俟將來國家稅地方稅劃分後。自應分別國家歲入與地方歲入。以符體例云。

度支部訂借鉅債　度支部因欵項支絀。由澤尚書主持。籌借美國麻根公司。紐約第一銀行。及其他兩商家欵。共計八千萬兩。此次借欵。係錫督所主張。由盛宣懷說合所組成者。故度支部原擬分爲兩項用處。一爲東三省計畫實業。交錫督分配。計二千萬一爲幣制局改造新幣。需款浩繁。計撥用六千萬。聞該欵借約年息五釐。不用抵押。約內條文。共計八條。另有附則數條。第一條之主旨。謂借款若干。爲整理中央財政之用。及東三省財政之用云。

郵部定期接收郵政　郵傳部與稅務處。磋商接收郵政一事。業已議定。以本年年終爲接收之期。自宣統三年正月元旦起。所有郵政事宜。槪歸郵傳部直接辦理。稅務處不再干預。將來郵部中人。又不知增添幾許優差矣。

錫督電請移民實邊　東督錫制軍爲移民實邊。導勸墾荒事。日前通電各督撫云。東省逼處兩強。自日俄協約成。視耽欲逐。俄於西比利亞。日於南滿。均各移民拓殖。竭力經營。而我則地廣而荒。棄沃壤爲石田。邊備空虛。莫此爲甚。良忝任斯土。目擊艱危。前經奏請籌款興辦墾務。奉　旨俞允。惟經綸草昧：非一手足所能爲力。查日本在北海道拓植計畫。始則對於他人直接保護。久而無效。繼則從事道路之設置。水利之擴張。舟車之特別減費。近戶口較前十年增至十四倍而强。國家設備之周至與國民進取氣象之發達。具可崇仰。此間松花江、嫩江、烏蘇黑江各流域。舟車可通。即氣候土壤。亦較北海道爲勝。錦洮鐵路。不日先築。良不敏。竊願有所規畫。現值舉國開省議會之日。擬請轉札諮議局于移民置邊一事。同盡勸導籌措之責。不致以大利讓之外人。不特東省之幸。抑亦全局之福。夙紉公誼。伏望盡籌示復云云。

**錫督規畫滿蒙輸運之大建築**　自大連爲日人所租借後。我國東三省輸運。已無獨立港口。錫督去年。曾與美國工程師喜約士計畫。擬於錦州車站南蓮山灣築造碼頭。以期與大連相頡頏。現已決議建築。據喜約士之工事草案。有兩種辦法。一則浚渫灣內。自其北部起。至灣口之葫蘆島一帶。均築爲港口。此外更築棧橋數座。工事須十年告竣。經費約須七百萬元。一則自葫蘆島起。築堤約四哩半。即作爲灣口。五六年即可竣工。經費須三百萬兩。今所實行者爲第二策。該港內向不結氷。水亦甚深。將來各路告成。此港必爲滿蒙出入貨物之要路。不致爲大連所壟斷矣。

**正太鐵路近聞** 正太鐵路。東起石家莊。西抵太原。中經壽陽榆次等處。雖非商務繁盛之區。然接通京漢幹路。實爲直晉兩省之通衢。綜計去年行車進款一百四十四萬九千餘元。除續添成本外。行車支款八十二萬二千餘元。比較上年進款實增一十八萬八千餘元。其所得餘利。以之撥付借款利息九十二萬八千餘元。尚不敷三十萬一千餘元。當由交通銀行借撥。又續議於該路東西兩綫。設法展修。其由正定東至德州一綫。經已派員勘估。所需築路成本。由京漢接築。除應付利息不計外。只需四百五十萬元。成本既輕。獲利自有把握。逆計此路一成。即正太與津浦京奉一氣貫通。吸收客貨必几更多。各綫亦資其益矣。

**勘定粵漢廣九兩路接軌路綫** 廣州粵漢鐵路車站。設於黃沙。廣九車站。設於川龍口。中間隔大小北東門一段。其地不過十餘里。即可接軌。經廣九公司商請粵路公司。從速建築。以利交通。日來東北郊外接軌路綫。業已由粵路公司測勘完竣。沿途豎立標記。由西村站開一支綫。經大北。過小北。從北校塲。繞出東校塲。以達川龍口。聞該路係屬單軌。將來擇一適中之處。建設車站。以便城內之人。就近附搭。惟該路綫所經。多屬禾田菜圃。現雖豎標。應俟晚禾收穫。然後興工建築云。

# 世界紀事

**英內閣與海軍擴張**　英國大藏大臣路易佐治。內部大臣查特之意見。以爲今方擴張海軍。則募集公債。殆無不可。於是自由黨內。頗有動搖之勢。蓋海軍公債之募集。實反於自由黨相傳之主義。且海軍大臣麥荊拿。因反對保守黨之海軍公債募集說者。今藏相內相之意如此。內閣中之政見。固不能無齟齬也。

**英國聯邦自治問題**　英國統一黨內之有力者。新倡英國聯邦自治案會議。其黨中素持保守主義之舊派。大爲反抗。黨中錚錚有名之賒美爾卿。（前梭士勃雷卿之次子）實反對中之一人。泰晤士報極贊成此政策。彙刋關於此事之文稿。主張網羅黨派之代表者。其委員無限制。開兩黨協議會。附議向來爭論最劇之愛蘭自治案。惟自由黨派之各報。則反對極爲劇烈。謂開如此之協議會。實爲侵僭帝國議會之權能。

**英德海軍之競爭**　英國海軍部。決議新造之脫雷諾特式戰艦十一艘。改用十三寸口徑大砲。故德國海軍計畫。亦將重加考究。其造艦定序。亦必延緩。時期長短。雖無定。

然必至延期。英人聞之。極爲注意。

德皇抵比 德皇已至比京。備極歡迎。比王宴之於皇宮。

德國財政 德國豫算案中必要之國債總額。初擬一億五千萬馬克。其後決議定爲一億馬克。

德國新艦 德國新造之最新式大戰艦馬特唐經已竣工試行。其平均速率一時間能行二十八海里。世界戰艦無出其右者。

兩帝之會見 俄皇定以十一月四日謁德皇於波士丹離宮。俄國新任外部大臣沙查那夫扈從。德皇亦將答拜。俄皇往謁俄皇於夫里辟希。

俄國議會 俄國議院。經已召集。定以月內開會。

德葡之國交 駐里斯本之德國公使。已與葡萄牙共和國假政府。開始辦理交涉事件。

英帝與葡帝 英皇饗葡皇於域那爾頓。葡皇與太后。同暫留於倫敦。

葡國與列國 歐洲列國政府。謂葡萄牙共和國。其組織苟能適當。則列國當共承認。

駐在里斯本之羅馬法皇之使。已被召還。法皇以葡國法院教長。表同情於新共和政府。極爲不悅。

葡國新政　葡國政府。廢止昔日約束社會黨之苛酷條例。

法國預防罷工問題　法國首相。謂近日同盟罷工。實與無政府黨之舉動無異。政府當用强力對待。議院之社會黨大譁。力攻首相內閣諸人。對於預防罷工之策。亦各有異同。

墺國擴張海軍　墺匈政府。以海軍不能完備。建造新艦之豫算。不俟議院之議。增造脫雷諾特戰艦二艘。匈牙利議員孟嘉格里提督亦贊成之。謂墺國海軍艦實不足稱强國之海軍。且謂既造新艦。當增海軍員二萬人。

意大利天災　意大利南境。疾風暴雨。損害極多。爹拉市死者百人。馬育里市。街道崩壞。死者二十餘人。

希臘內閣與國會　希臘之威尼查羅新內閣。提出辭表。求議院信任投票。嗣以二百八票對於三十一票之多數。信任內閣案遂通過。威氏留任。既而議院被解散。以十一月二十八日。行新議會之總選舉。

希臘之政治同盟罷業　希臘之反對政府黨。謂首相威尼查羅。有意蹂躪下院。將來之總選舉。彼黨決不出一人之候補者。政治同盟罷工。亦一怪象也。

希土交涉　希臘首相威尼查羅。已與土耳其政府。開議格里問題。

土爾其募外債　土耳其藏相。擬向德國募集公債。頃與德國銀行。方在交涉中。德報謂德墺銀行聯合。以應土國之募債而已。德國對於土耳其。絕無干涉之意。

波斯抗英運動　英國政府以威脅之詞。通牒波斯政府。謂波斯政府不速維持波斯南部地方之治安。則英國將自編成軍隊。波人大憤。決意抵抗英國。請於德國政府。託其保護回回教徒。而德報則聲言德國政府。對於波斯近事。極爲靜穆。初無干涉之心。

暹王逝世　暹王以心臟病。於陽歷十月廿三日崩於盤谷。皇太子即以是日登極嗣位。

# 文苑

## 浮雲篇留別都中同好

楊增犖

平居笑東方玩世本非策而我不自知北游鬢已白吏隱誰能棄望古不可即酒闌一登樓搔首天地窄蜀中名山窟峨眉峭天碧江源繚繞之意可鍊金魄巖武雪山重韋皋韓蠻貊古有殖邊績庶贍夔子國哀鴻今嗷嗷其咎竟誰職念此吾欲歸曰歸散原宅散原亦何有魑魅百相厄危時良獨難還家不如客天風吹浮雲斜日在車側羣賢幸不棄煦沫相爲澤瀕行詒藥石顧我當安適天陰雨方集桑土迫旦夕萬事重本根有樹甯倒植民勞不畏死辟死吾奚擇凡今愼此誼隸也無能役力薄且爲已一身聽雙屐　國門高突兀飛鳥川原隔聚散古亦有卒土一鄰場意外或重逢人則老可惜艱虞百憂積萬轉不自釋臨岐如夢中乾坤渺何極

## 送昀谷太守之官四川

陳寶琛

老恨平生欠蜀遊看君攬轡劍門秋一官雞肋無中外萬卷牛腰任去留城闕浮雲縈

文苑 二

別夢。山川斜日聲邊籌。建瓴自昔雄天府。忍遣詩人賦四愁。

八況篇送昀谷太守之蜀 陳衍

謝公昔有言。中年傷哀樂。每與親友別。輒作數日惡。宋玉作九辯。秋氣悲搖落。登臨送將歸。遠行更離索。況予邱壑懷。匡廬欝磅礴。況予深厚意。不作鄱陽謔。況予重交期。縣榻待寂寞。況予文字契。謖謖松風閣。如何一麾去。冠帶事束縛。春明即天涯。蜀道況嶄崔。山川雖信美。吾子非土著。況我顧雙鬢。衰颯久野鶴。況我心出家。性命友朋託。況我厭微官。薄田頗負郭。良會焉可知。夢中路或錯。亦思雙不借。上峽作行腳。千山萬水來。石上三生約。未知老且病。可免前復卻。達夫非壯年。石湖且高爵。詩人未盡窮。聞風君可作。

昀谷太守之蜀作江行覓句圖送別賦此 林紓

生平不識嘉陵道。卻寫夔巫上峽舟。爲愛詩人能作郡。聊將畫卷紀清遊。從今編集多新語。沿路聞猿及早秋。日日推篷山色在。知無餘地著離憂。

送楊昀谷道長 曾習經

昔賢每惜中年別。此地曾聞大隱居。扣篋待商揚子字。經時遲枉阮公書。固應不寐宵頻起。郤悔相過近較疏。寥落故人今可數。秋風庭樹意何如。

送楊公舉之官　潘博

人才歎積薪。拙宦乏巧遇。可憐金門客。老走黃塵路。亦知詩與書。不是折腰具。終勝臣朔飢。索米長安住。況君平生學。通經達世務。苟得一二施。於事亦云補。斯民故猶魚。望望西江注。蜀郡廉叔度。豈獨擅前古。西南富山水。維蜀實首數。岷峨一盧阜。江沱過秋浦。為政如在家。高深入吟句。不見杜陵叟。心縈草堂樹。以此策君行。於計未云誤。祇愁浮雲散。每會知何處。會合良有時。顏色或非故。冥冥風日炎。莽莽江湖阻。預將別後語。一一為君吐。

延眞閣話別　向楚

揚子元成鬢有絲。留應無計去何之。還家作客書為累。學道當官佛是師。十載詩名傳日下。一龐明月向峨眉。浮雲莫歎廬山遠。婚嫁遙遙我亦思。

送雲谷太守官蜀即次留別原韻　章華

文苑

舉世鄒衍流萬狀談天策丹項忽影纓金銀聚黃白嗟君計何迂好古謂可即才長世所短道廣遇彌窄法曹自庚子血有萇宏碧變法實利藪中風走狂魄膏血竭四海衣冠化九貊感此決然去去適蠶叢國避亂難爲隱療飢遑論職題詩杜甫堂載酒揚雄宅西江老吟筆慣作浯翁客帳飲傾東都車馬塡道側贈言友朋誼陳義先王澤長歌與短引狂狷各有適夏蟲難語冰朝菌不知夕危巢無安棲薄土寡深植臨岐不敢語欲語辭難擇儒冠致屢空不得免徭役長恐蜀山兀誅求到雙屐何人排天閶浩蕩靈修隔邊樓開殺氣烽火照疆場來事無可說往日空自惜井水翻波瀾沈沈孰能釋明年望京國斗柄依南極

送別楊雲老　羅惇曧

怪君行意今何決俗宦應難著我曹乞外友朋識失計獨醒龜策勸餔糟逢迎驛外山靈笑睥睨風前燕雀高握手百憂成獨往相望弦朔自今勞

送曼陀樓主之蜀　葉恭綽

不信迂疎有百端歧途眞到淚闌干相從呴沫渾無策顚倒塵埃尙此官冉冉浮雲千刼盡蕭蕭急雨九衢寒峨岷悽愴猶堪賦世路全勝蜀道難

四

餽送有加。梅遂携女赴瑞士。迨行後。同志諸人有提倡民主政體者。有欲仍用貴族政體者。彼此互生意見。交相非擠。政見紛歧。累月不定。民間益無所適從。此時萬那拿不幸先已戰死。惟膽買薩提納拔二人。雖屬意見相同。然亦無補于事。與大將棘地利士奇聞之。增兵來攻。意人抵敵不住。力屈復降。舊日豪傑。紛紛回散。而美倫遂復受奧人覊勒矣。越一載。時方初夏。丫立山上雪已盡消。玫瑰吐豔。林木敷榮。梅善那與衣士梯梨在占利化城教堂已行婚禮一星期。居于力嬌旅店中。梅口銜烟捲。女坐其旁。共談往事。梅顧女歎曰。日月如流。世事榮枯。眞難預料。吾前與諸同志別時。謂一年後新政當可改觀。國基可以鞏固。豈知今日國家友朋田廬邱墓。都似曇花一現。眞令人不堪回首哉。且當時起義諸志士。不惜捐軀命塗肝腦者。以冀易我同胞之永遠安樂自由也。不意結果乃復如是。今聞奧人所定法律。愈益嚴酷。凡貴族曾涉黨亂者。皆籍沒田宅。盡法鉗制。從此美倫人將永墮泥犂。無復見天日之時矣。天乎。早知今日。甚悔當初。皆吾之罪也。皆吾之罪也。言時悲愴不可名狀。女以言解之。旋問曰。巴黎義打利晏梨劇場曾有書來聘君。君將往乎。梅曰。巴黎為吾舊游地。良友甚多。吾將往敘契闊。一攄胸懷之鬱結。女微吁曰。若君應招而行。頓增我索居之感矣。梅曰。汝寧不欲一瞻故都乎。女曰。吾前案未結。深恐爲砵他利士男爵夫人之名所累。如君必欲偕往。亦不得不冒險一行耳。梅恍然曰。汝不言。吾幾忘却告汝。是固毋庸慮者。女問曰。君言吾實未解。梅曰，汝之舊案已訊結久矣。女聞而駭然曰。奇哉。天下安有被告逃逸未到案而案可結者耶。梅曰。法國之律。汝未聞乎。雖兩造未齊。而證據昭著。則案亦可結。衣士梯梨曰。然則此案已定罪歟。語時不禁戰慄。梅曰。汝放懷無恐。此案吾曾延律師爲汝辯冤。又託古廉武爲訴於王。王命法部特訊此案。事蹤字迹。較然分明。汝前姑理屈無可置辯。官判汝前姑誣告反坐。照敗人名譽律，罰繳佛耶五萬。汝以無罪省釋。且判以一百五十萬佛耶歸汝。案遂結。女聞言喜出望外。梅曰。吾近日始得此消息。可見汝當日出走爲失計也。女曰。此中殆有造物者默主持焉。吾若不出走。或早已瘐死獄中。不能待至今日之平反。且又安能與君相遇耶。君旣云已允巴黎之聘。便可整裝偕行矣。梅曰。我等明日。卽乘驛車往里昂。吾昔由此携汝逃亡出境。今仍携汝由此路安然而歸也。抵巴黎後。梅登巴黎劇場演藝。巴黎人士均謂如此妙音生平聞所未聞者。讚歎靡已。敬禮有加。一日方演畢出化粧室門。忽一人拍其肩呼曰。梅君。吾得來此。聽君歌。何幸如之。梅聞其聲甚稔。視其人則辣公子也。梅不禁大喜。遂請辣公子同至武利士旅店。辣公子曰。梅君。不見數年。音容猶昨。良可欣慰。梅曰。僕年來意興闌珊。神志枯槁。風塵跋涉。迥非曩昔矣。天涯羈旅。不謂今者頓逢故人。令人胸襟一爽。當日三人在寓中晚膳梅又將雅地利晏厘砵他利士男爵夫人之舊事。爲辣述之。辣聞而笑曰。原來歷史甚長。誠所謂造物者爲俠女奇男撮合也。梅君另一女徒。其結局之離奇。亦若與衣士梯梨事相伯仲。雅地利晏厘笑曰。君言殆指姚珍娜乎。(男爵夫人舊案已結。衣士梯梨今已復其故名)辣曰。姚素不得於姥姥。君等所知也。後保沙復至美倫。充探長。姚乘間潛逃。往見保沙曰。吾已爲君探事有功。前罪當可赦宥。保沙曰。吾已將汝冊上除名。汝無罪矣。姚方滿心歡喜。謝保沙欲出。不意姥姥已候於門。一手執其臂。拽入復見保沙曰。吾邇美倫市會定律。求領此徒歸。姚僞不識媼。咆哮曰。老媼何人。誰爲汝徒。吾不識汝也。保沙曰。欲別眞僞。當以願書。姥姥曰。有。即呈上願書。保沙閱畢曰。此願書已粘印花。且是姚珍娜親筆花押。必爲公立無疑。姥姥可領此徒歸。善教之歌。若女也毋者可耳。姚無奈泣涕隨姥姥歸。仍爲其徒。此事已傳徧美倫矣。女曰。此人狡黠殊常。得爲徒以終。彼幸多矣。梅曰。是未可一概論也。人各有身。孰不爲己。捨己爲人之事。安可責之庸常人哉。爰問辣曰。君所鍾情之佳人。今已貯之金屋否。辣笑曰。量珠買豔。貽笑大方。然月老牽絲。實荷君之賜也。歡聚傾談。累日。辣假期屆滿。始別去。梅乃往訪古廉武。面申謝悃。次日古廉武來報謁，梅命雅地利晏爐親自謝其平反之德。古曰。不平之鳴。人所應有。夫人何謝焉。夫人之欵。前已存貯于某銀行。其存摺吾今已代取來。請隨時自行取用可也。言畢。遂將存欵摺交出。雅地利晏厘遂手書收條。交古轉交某銀行。雅地利晏厘從此遂成富人。與夫梅善那遨遊法國名勝。梅日與其故舊游談。居處經年。乃携女往遊各國。以息愁遺日。不覺光陰迅速。轉瞬十年。美倫又有變局。蓋意大利南部之撤丁王國。固意聯邦以前之一部落也。在一千八百六十年以前。意大利各部多受奥人覊軛。而林拔地爲尤甚。惟撤丁僅足自存。然亦時被侵擾。刻刻自危。林拔地前次起義。撤丁亦曾出兵來援。爲奥將所敗。及林拔地再受鉗制。撤丁國愈增兎死狐悲之懼。而其王維多利承戰敗之餘。剗除宿弊。盡心政事。復有賢相加富爾修財政。興工業。普教化。聲名震灼遐邇。凡意大利疆宇淪爲奧人屬地者。皆陰與撒人相聞。公舉維多利爲意大利立憲黨長。是時意大利全土歸心。冀望撒人。拒奧。奧人怒撒人日漸強盛。屢侵其疆。法帝拿破崙第三素不平於奧。遂助撒。撒人曰。若得法國援助。甚願驅逐奧兵。爲吾美倫人一雪前恥也。奧人偵知其謀。將乘兩軍未合而擊之。一千八百五十九年六月四日。法帝親率大軍來會。撒軍亦至。遂與奧軍戰於麥占打。兩國皆鼓勇奮戰。奧軍大敗。遂棄林拔地而走。由是外氛盡掃。乃成完全獨立之意大利國。八日晨。法撒兩君會於林拔地。並轡入美倫城。沿途居民脫帽歡呼。賀戰捷。撒君自居于奧之督署。館法帝于奧之督署。供張華美。爲己所無。蓋以酬法帝援助之惠也。意人公議推撒君爲意大利立憲國王。意王即位之明日。大享法帝。犒勞法撒兩軍。大封功臣爵祿有差。是時已召大樂師帕高利士歸國。封爲伯爵。賚以厚祿。以酬其往日之勳勞。法帝留居意國一旬餘。兩君御宴。梅伯爵每預陪侍。意君爲述其曩日勳績。法帝甚重其人。恩禮有加。瀕行賚以寶星。時論榮之。梅自懼盛滿。退然如不勝。平居有黯然不樂之色。爵夫人怪而問之。梅伯爵曰。昔日舉義諸人。十年間咸就殲謝。惟吾幸而得存。茲荷非分之殊榮。一朝既富且貴。吾何德以堪之。語曰。月盈則昃。天之道也。吾用是懼。意大利聯邦憲法今既成立矣。吾願退耕于野。爲聖世之農夫可矣。爵夫人曰。君既有斯志。妾願偕君隱。遂築別墅于郊外。隱居終身。不復仕宦。爲意國在野之憲政黨魁。國有大事。意王每就而諮詢焉。後奧帝每欲侵意。辣公子時已爲陸軍大將。輒諫曰。意國野有人焉。未可圖也。意國隆隆之勢。遂至今猶盛。

伶隱記終

商務印書館發行

法官必讀

# 法學名著

預約廣告

按法官考試主要科中以各國民法商法刑法訴訟法最稱難治本館据此章程特聘**政治專家**選譯**日本名著**以供應考者之研究且爲全國研究政法之資

**一著譯姓名** 著者姓名 民法要義（日本梅謙次郎）商法論（日本松波仁一郎）刑法通義（日本牧野英一）民事訴訟法論綱（日本高木豐三）刑事訴訟法論（日本松室致） 譯者姓名 陽湖孟森 閩縣陳承澤 閩縣陳與燊 山陰金泯瀾 無錫秦瑞玠 閩縣鄭釗 閩縣陳與年 鄞縣陳時夏

**一本書特色** （一）每種著作皆出一手（二）內容繁博（三）註釋詳明（四）別附按語以資參攷（五）譯筆明瞭校訂謹嚴（六）形式體裁一律齊整

**一預約簡章** 全書十二册共**百六十萬言**洋裝布面定價**十四元**預約**八元**先交**四元**領取預約劵二枚第一期出書繳交**四元**憑劵取民法要義總則刑法通義民事訴訟法論綱刑事訴訟法論計五册第二期出書憑劵取民法要義物權篇以下四編商法論全部計七册 預約期以**宣統二年十二月底為限** 第一期出書期 **宣統二年十二月** 第二期出書期 **宣統三年四月**另印**樣本**一册附定單簡章**函索即寄**

# 上海外交報館今遷四馬路書錦里口

## 庚戌年 外交報 十年紀念 增刊兩冊

本館延定留學外洋法政專家撰著國際法學論說並於正月臘月各增一冊逢五發行全年三十四冊自辛丑至庚戌適屆十年共三百冊預訂全年本埠四元五角外埠五元二角外國六元零售每冊一角六分補購辛丑壬寅癸卯甲辰百冊減爲十元外埠加郵費八角陝甘雲貴四川等省郵費加倍補購壬寅全份本埠四元外埠四元五角癸卯全份本埠四元三角外埠四元八角甲辰全份本埠四元外埠四元五角乙巳全份本埠四元二角外埠四元八角丙午丁未戊申每年各全份本埠各四元五角外埠各五元己酉全份本埠四元八角外埠五元五角外國六元二角歷年零冊一角六分

●上海外交報館 在四馬路書錦里口商務印書館內

●第二十五號即二百九十一期九月十五日已出 要目列下

●論說 條約消滅與更新之研究（法政畢業生武進王倬撰）

●譯論 論美國經營遠東 論日本之改正條約及日英之關係 論巴拿馬運河成後之美國 論太平洋四大航路之刷新

●外交大事記 商務交涉 郵政交涉

●世界大事記 東洋之部 日本縣增土地人民 朝鮮總督府新官制之組織 西洋之部 萬國海法會議 國際捕獲審驗所將成 俄之豫算海軍費 俄獲德諜 德儲游歷遠東 德之近東外交 德與土同盟 德皇在奧之演說 德與俄之界務 德獲英諜 德人不滿意於其君 德製新艦 法之對土 荷王之勅語 荷國財政 荷之總選舉 荷國擴張陸軍 波斯決聘財政顧問官 波人催俄撤兵

●國際法 國際法與實際政策

●英國藍皮書（續第二十四號）

●第二十六號即二百九十二期九月念五日已出 要目列下

●圖畫 籌辦海軍大臣洵貝勒肖像

●論說 論最惠國條款（留學日本中央大學法科大學部無錫孫觀圻撰）

●譯論 論英國抗議中國治藏事 論中美與日俄之對敵 論日俄新協約之關係二則 論德日邦交

●外交大事記 路政交涉 礦政交涉

●世界大事記 東洋之部 日本設中樞院於朝鮮 西洋之部 英使至奧 英人同盟罷工 俄海軍大操之意向 德外相與奧外相之會談 土希交惡 布希修好 布內閣總辭職 美國將行英美百年平和大典 美願與坎修好 美助律比利亞釐定國政 美國國防 美國公司華爾將組織新政黨 美加省之最近政見 美將提議飛船通郵案 智利總統卒

韓國三十年史（續第二十二號）

●日韓交涉史

●日本併韓始末記

外交報館

社會小說出版

# 繪圖最近社會齷齪史

（洋裝二冊定價一元）

此書爲小說大家南海吳趼人先生之遺盤先生之小說最受社會之歡迎其價值早有定評而此編尤其發憤之作所紀多近十年社會上怪怪奇奇意外情狀而尋常起居婉轉敘入又若人人心目中恆有之事讀之不啻身遊其境令人生無限感慨增不少閱歷固不獨解憂忘倦已也且書中一人一事皆有來歷會心人見之自知其妙◉總發行所上海四馬路奇芳居對門時務書館寧波分館

寄售處 棋盤街鴻文書局
四馬路廣智書局

# 廣智書局書目

萬國官制志
經濟教科書
國際公法志
人羣進化論
政治學新論
共和政體論
萬國地理志
處女衛生論
日本維新慷慨家列傳
萬國人物傳記類纂
萬國商務志
飲冰室癸卯集
中國商務志
滿洲處分案
教育學史
英吉利史
世界進化史
俄羅斯史

以上各書每部售價二角

庚子傳信錄
意大利獨立史
哲學論綱
希臘獨立史
天則百話
土耳機史
福澤諭吉談叢
十九世紀末世界之政治
揚子江航路記
地球之過去及未來
萬國商業地理志
支那
東亞各港口岸志
希臘三大哲學家學說
胎內教育
族制進化論
特殊教育學
近世社會主義
帝國主義
哲學要領
世界諸國名義考
理學鈎元
道德法律進化之理
歷史哲學

# 廣智書局書目

十九世紀大勢變遷通論
泰西事物起原
心理摘要
政教進化論
意大利三傑傳
中國財政紀畧

以上各書每部售價一角

社會主義
修學篇
義務論
教育學問答
衛生工事新論
教育精義
日本歷史問答
明治政黨小史
俄國蠶食亞洲史略
十九世紀大勢畧論
地球與彗星之衝突
日本現勢論
內地雜居通論
巴比倫史
社會黨
猶太史
美國華工禁約記
埃及史
皇朝輿地沿革攷
亞剌伯史
地質學簡易教科書
日本小學教育制度
東亞將來大勢論
美國遊學指南
揚子江現勢論
泰西政治學者列傳
强聒齋策論新選
加蕾波的傳
王安石新論
道德進化論
瑞士建國志
社會改良論
公德說話

以上各書每部售價五分

# 藏語

每部大洋八角

順德何翽高外部學問經濟卓絕流輩張大臣蔭棠電聘入藏充參贊規畫宏遠洞中窾要怵於事勢抱負未竟什一凡諸設施著之日記命曰藏語爲張大臣所擬電文奏稿條約函件皆具其中藏約對待之艱辟及唐大臣駐印議約始末亦略具焉經歷山川詩歌閎作雄深博厚超絕時流山川道里考據精詳前無古人可稱奇作全書十餘萬言欲知西藏情形者不可不讀

上海四馬路廣智書局印行

# 剏辦合肥惠政學堂王君揖周讃証自來血有自服

## 自效之神功

五洲大藥房主人鑒僕體素健任事不畏煩難不辭勞苦丁未之冬創辦私立惠政學堂距今已歷四學期去歲秋因伏暑致病月餘始起覺精神遠不如前四肢酸軟私心深慮不能勝任後常至鉅康隆周君斗青處聚談遇友人李君德三來購　僕製自來血大瓶一打并稱道其靈效不可比喻復見北鄉高塘集務本學堂壽春孫琴舫君致斗青書託其轉謝　僕處函中盛稱自來血功效之神且速無異仙芝僕遂深信卽於鉅康隆購取小瓶半打每日照服果然未及旬日强健如初樂甚噫海內古今補品其於斯爲盛矣特牘蕪箋以鳴謝忱手此順頌　利祺　合肥王揖周頓正月念六日

小瓶一元二角　每打十二元

大瓶二元　每打二十元

託局函購原班回件諸君光顧請認明商標全球爲記每瓶內附有精工五彩認眞劵一張方不致誤

總發行所上海四馬路老巡捕房對門五洲大藥房抄登

# 人造自來血乃人身之活寶

人生百體所賴以生長者血也如血多則百體強壯血少則百體衰弱設遇血虧則百體日枯是故凡人不能無血**血者誠乃人身之活寶也**然吾人欲究身壯力健之術者必以多血爲適宜若近今之衛生家雖當服各種補品而未得十分健壯者何也其故因我國理化未精藥物一道素鮮研究故自古迄今絕未發明不知以多血爲要義耳**此即吾身不強之由來也邇者神州睡獅抖擻初醒努力鼓盪我同胞之熱血奮振我同胞之精神**無庸疑義速請嘗試**能壯民力強國勢之人造自來血已經及時出現**故再行謹告同胞凡有心虧血虛破金吐血面黃肌瘦頭暈眼花耳聾腎虧陽萎精枯四肢無力手足酸軟身虛腳腫胃弱脾薄以及婦女經水不調白帶赤帶頭痛腰酸五勞七傷諸虛百損之症者服之自然**壯心經多血液**請將下列服法試驗之自能奇功立見幸勿輕視蓋其中實有絕大之能力也我同胞凡購服自來血**須先試驗究有功效若何**可用小針刺破皮膚出血一滴滲在白紙上待服過七日之後再用前法將前者滴血之紙與七日後滴血之紙兩相比較後者之色必紅於前此則**最易最明之確証也**倘能多服**則血愈紅而人之體力愈健**又如腎虧耳鳴眼花者連服數日眼目自覺清爽耳鳴耳聾自可並除此即顯明有補腎之功效又如年老血衰或壯年勞傷過度體質虛弱面無血色者自必畏寒驟出冷風即發寒噤者服之半月之後**血氣漸充體質自固**雖遇箭風**亦不覺寒冷矣**又有明見之確証如久患爛瘡而不易收口者自服自來血之後即瘡內之**肉刺日漸增紅**如能常服收口亦易如婦女之經淡白者服到一月經水當即增紅**如患冷經痛經亦能並除**凡患破金吐血者服之補血則可以之止血則不可然患吐血之人血愈虧少若不培補則體質愈弱病勢日重尤宜常服以補之當時雖無止血之功然久服之心經壯**而吐血之患可以除根也**如腳氣水腫者步履蹇滯亦血虛不充之故須連服旬日則腫自消而步自健矣又**如患瘧疾者**服之旬日**立可除根**不發以上一切功效皆最易試驗者也

●小瓶一元二角大瓶二元**每打**小瓶十二元大瓶二十元託局函購原班回件海內諸公如蒙惠購請認明全球商標爲記內附五彩認真券一張值洋一角方不致悞

**●總發行所上海四馬路老巡捕房對門青花石三層大洋房五洲大藥房并南北兩京以及各埠大藥房均有經售**

# 久弱返強

松江婦人去夏爲暑氣所困疲其夫深感韋廉士大醫生紅色補丸治愈之功代述顛末如左

松江潘君少言述說其夫人去夏六月間所患病狀可爲今歲炎夏時諸多抱疾者調治之一助焉潘君爲游藝居照相館主人開設在松江包家橋許第內其言曰〇余妻李氏松江產也現年二十有六歲身體柔弱已歷多年去夏因天氣炎熱致受暑氣困憊異常發熱嘔吐泄瀉奄奄一息幾瀕於危日時熱雖消退終覺困苦不堪頭暈目眩夜不成寐胃口全失彼常氣閉發厥種種情形令人驚懼余延中國名醫診治細驗其症據云爲血薄氣衰肝火發炎之症炎夏之時不能服藥須俟十月涼天方可服之余思待到涼天尚有五月心甚憂急業將絕望忽憶一時曾在何處見小書一卷內載韋廉士大醫生紅色補丸爲治血薄氣衰等症之聖藥遂決意向中西大藥房購取二瓶按法試服竟覺大有效驗故再多購數瓶接連服之其奏功之神速出人意表曾幾何時一切諸疾全消身體強健精力復原迄今已逾多月舊病絕無復發

松江潘少言之夫人李氏爲韋廉士大醫生紅色補丸所治愈

注意能治疾者眞韋廉士大醫生紅色補丸也

DR WILLIAMS' PINK PILLS FOR PALE PEOPLE

認明眞樣謹防假冒

韋廉士大醫生紅色補丸所施於余妻之功既深且渥能不令余感激無涯耶

韋廉士大醫生紅色補丸爲醫治凡由血毒輭弱所起各症之良方其名已遍傳寰球矣是丸實能生稠濃鮮紅之新血使輭弱無血之身體復原使衰殘失調之腦筋有力職是之故能愈潘少言之妻之疾亦由是故醫治無數所患血薄氣衰諸虛百損　少年斲喪　陽萎不舉　肝經失調　胃不消化　頭痛目眩　風溼骨痛　脊尻酸痛　乾溼癬瘡疥疔疹　皮膚諸症、左癱右瘓　脚氣衝心　山林瘴氣　以及婦科經水不調諸症男子操勞過度或吸食鴉片以及他故致傷身體者一服是丸莫不立奏功效也

中國各處藥房凡經售西藥者均有出售如內地無從購買可直向上海四川路捌拾肆號韋廉士醫生藥局中國總發行或向重慶白象街分行函購亦可價銀每一瓶大洋一元五角每六瓶大洋八元遠近郵費一概在內

# 國風報

大清郵政局特准掛號認為新聞紙類
日本明治四十三年二月十三日第三種郵便物認可

每月三期逢壹日發行

宣統[illegible]年十月十一日

第壹年第念捌期

宣統二年十月十一日出版

編輯兼發行者 何國楨

發行所 上海福州路 國風報館

印刷所 上海福州路 廣智書局

定價表

費須先惠逢閏照加

| 項目 | 報費 |
| --- | --- |
| 全年三十五冊 | 六元五角 |
| 上半年十七冊 | 三元五角 |
| 下半年十八冊 | 三元五角 |

| | |
| --- | --- |
| 零售每冊 | 二角五分 |
| 本國郵費 | 每冊四分 |
| 歐美郵費 | 每冊七分 |
| 日本郵費 | 每冊一分 |

廣告價目表

| | |
| --- | --- |
| 一面 | 十元 |
| 半面 | 六元 |

# 國風報第一年第二十八號目錄

欽旨嘉獎
御賜壽字奏充農工商部女子繡工科總教習余沈壽繡品
義大利國當今皇后愛麗娜繡像

# 諭旨

十月初九日　上諭長江水師提督著程允和補授欽此　上諭程允和現已簡放長江水師提督所有駐紮江南浦口各營著派甘肅提督張勳接統欽此監國攝政王鈐章軍機大臣署名

十一日　上諭前經明降諭旨縮改於宣統五年開設議院並諭令迅速纂擬憲法及議院法上下議院議員選舉法暨關於憲法範圍以內必須提前趕辦事項均於召集議員之前一律完備奏請欽定頒行所有關於憲法之各項法令及一切機關應責成該主管衙門切實籌辦其民政部監查戶口籌設巡警等項度支部清理財政釐訂稅法等項以及法部應籌設各級審判廳等項學部應籌辦教育普及等項均屬關係重要不容置爲緩圖各主管衙門俱有應擔之責任著即迅將提前辦法通盤籌畫凡召及議員以前必須完備各事宜分別最要次要詳細奏明請旨辦理總期通力合作壹意進行俾克早日觀成免致臨時貽誤欽此　上諭前據各省督撫先後電奏請開國會業經降旨俯如所請縮改於宣統五年開設議院其地方應行籌備事宜並飭令各

督撫淬厲精神督飭所屬妥速籌辦年來財力竭蹶艱難朝廷素所深悉既經該督撫等聯銜奏請必於地方情形確有體驗當不至徒託空言第恐論事有奮勉勇往之誠而任事有審顧遲迴之慮且奉行官吏或因事體繁重費鉅期迫又存一畏難之心藉詞延宕用特再申誥誡舉凡開設議院以前地方應行提前趕辦事項着卽懔遵前旨切實進行毋再因循推諉致誤限期其有邊遠省分未經設治及甫經設治人民稀少地方與腹地情形顯有不同應辦各事有不得不分別先後緩急者准由該督撫等據實奏明請旨裁奪總不使於憲政前途少有窒礙該督撫等受恩深重務須殫竭血誠勉爲其難毋負委任倘或乞請於前而敷衍塞責於後以致名不副實貽誤事機定惟該督撫等是問欽此　上諭甘肅新疆巴里坤鎮總兵馬福祥現在丁憂著改爲署任欽此監國攝政王鈐章軍機大臣署名

十五日　上諭四川順慶府知府員缺著喬保衡補授欽此　上諭四川松潘鎮總兵員缺著田徵葵署理欽此監國攝政王鈐章軍機大臣署名

十七日　上諭禁烟大臣溥偉等奏知府煙癮未除調驗屬實據實糾參一摺吉林五

常府知府萬繩武著革職永不敘用該督撫並未遵章切實調驗亦有應得之咎趙頁陳昭常著交部照例議處餘著照所議辦理欽此監國攝政王鈐章軍機大臣署名

十八日　上諭資政院奏請補秘書廳秘書長一摺資政院秘書廳秘書長著金邦平補授餘依議欽此　上諭督辦鹽政大臣載澤奏鹽道欺罔藐玩有負職任據實糾參一摺福建鹽法道陳瀏著即行革職欽此　上諭現在天氣漸寒所有食餉之閑散宗室覺羅人等生計維艱殊堪軫念著加恩賞給一月錢糧其宗室覺羅孤寡除有恩賞錢糧外著再加賞半月錢糧以示體恤欽此　上諭現在天氣漸寒京師兵丁當差勤苦殊深軫念所有八旗及綠步各營官兵均著加恩賞給半月錢糧以示體卹欽此監國攝政王鈐章軍機大臣署名

十九日　上諭福建鹽法道員缺著楊正頤補授欽此監國攝政王鈐章軍機大臣署名

論說

# 外債平議（續念七號）

滄江

## （八）今日中國可以利用外債之事項

本文原列之目錄乃初屬稿時略爲構擬嗣因所感觸稍有加增此節即新增入者也　著者識

由上所言。則現政府之借外債其爲國民所不能公許也明矣。**是故苟循現今之政治組織而無變。則無論其公債用途若何適當。募集條件若何有利。皆可以置之不論不議。**何也。放飯流歠而問無齒決。孟子所謂不知務也。雖然。苟國會誠開。責任內閣誠立。則此等**外債政策問題。**有不可不愼所擇者。今得先取而縱論之。

今之論者。動曰公債之大別。爲生產者與不生產者。以謂不生產之外債。其不可借者也。生產之外。債其可借者也。斯固然也。然以是爲外債政策惟一之標準。未見其適用也。夫生產與不生產。其界說至難定者也。近今生計學者論生產條件。而國家與居一焉。然則凡國家一切政務。何一不爲生產之資。然直接的生產。則間接的生產也。非積極的生產。則消極的生產也。非有形的生產。則無形的生產也。必謂懋遷居積所用者乃爲生產。而遺子就學所用者爲非生產。謂求田問舍所用者乃爲生產。而衛生治病所用者爲非生產。君子謂其不知類矣。反之而不生產之方面。則亦有然。置田宅以貽不肖之子弟。費金錢以營必不可成之事業。其動機雖欲藉以生產。而結果終於不生產。是固不得託生產之名以自文也。然則外債政策之標準。於何決之。亦曰取決於「生計主義」而已。即所謂「以最小之勞費得最大之效果」之一原則也。（生計主義一名詞本報屢擧之即本文亦已兩見不憚瀆擧者欲吾國人耳熟能詳常目在之也）此原則爲一切生計行爲所莫能外。國家財政亦生計行爲之一也。故不可不嚴守之。公債政策。財政政策之一部也。外債政策。又公債政策之一部也。故皆不可不嚴守之。今誠能統籌全局窮極本原而權衡於勞費效果之大小輕重遲速乎則此問題蓋可迎刃而解也 吾嘗持此以衡之以爲今日中國其決不宜利用外債之事項二其最宜利用外債之事項六此外則宜用不宜用尙有商榷之餘地者也試論列之

(甲) 決不宜利用外債之事項

(一) 用以補現在行政費之不足者 國家政務惟特費所需可以舉債而恒費所需決不容舉債吾前旣屢言之夫雖以政治修明之國其恒費本無一濫用而仰給公債識者猶謂其不可況我國今所謂行政費者皆以供冗職豢冗員有勞費無效果者什而八九耶自袁世凱舉辦直隸公債以來湖北安徽繼之其手段不外挖肉補瘡寅支卯糧鄙人曾痛哭流涕力陳其害政府旣漫不之省國民亦莫或知懼今湖南江南且紛紛效尤矣循勢所趨其不至各省咸有此種公債焉不止其不至舊債未償新債復起焉不止夫前此所辦皆內債也此種內債之足以速亡雖與外債無擇然內債募集不易自今以往雖強逼焉且將莫應則驪鼠

五技遂將立窮而官吏發憤自亡厲精圖亂之手段固有所限也以云外債乎則人之以債假我者豈憂我之敢逋其負我誠欲之不患欲之莫應而埃及覆轍不數年而見矣夫今者政府之汲汲焉欲借債其動機豈不在是耶國民而贊成之則亡國之罪必有所歸矣

（二）用以擴張軍備者　今世各國負債之重强半由擴張軍備而來今我政府之言借債者亦未嘗不借此以自文而現在籌辦海軍舍此更無從措手雖然**此策若行則眞國家自戕之斧也**　姑無論今之治軍者未嘗有絲毫軍事上之常識且未嘗有銖黍公忠之心以靖獻於國家其所謂軍事費無一非狠擲虛牝也就令才皆牧頗忠皆韓范養一軍得一軍之用費一錢獲一錢之值而試問以今之中國欲成軍而能與人決一戰其所需勞費當幾何此非可以實論爭但比較於他國而可知也今各國徒以相猜之故終不肯令人之兵力優勝於我故彼此恒迭相比例以爲擴張之程度故軍費之增加十倍於二十年前今且未知所屆我國苟非欲與列强頡頏則汲汲於海陸軍何爲若稍欲躡人

後壓則舉我國四五年而租稅所入之全部以爲一年之軍事費猶懼不給我國民其亦知之否耶夫人國積數十年之經營規模夙具今特增而修之而所費固已若是況我百事經始其費又什伯於彼乎又況彼歲進無已我此後更須隨以競走乎且彼之造艦造械築港築壘諸費人才物料皆本國所自具其擴張所用之款還散布於本國故雖重而不至衰及國民生計之秩序我不從事於此則已苟從事於此則所費什九外流是故今日之中國欲練成一勁旅使能與列強馳騁必舉國上自 君主下逮氓庶相率經一二年枵腹不食盡取其所以自養者獻諸國家其庶可也 夫經武詰戎雖爲國家所當有事然自以民力所克任者爲其限界苟以此而侵及生產事業資本之範圍其國且未或不悴而況於朘削及衣食住之費耶吾以爲我國擴張軍備政策原非不可行然必俟諸產業日興民富稍進以後今則非其時

也。今試借外債以修軍備所借至五萬萬圓不可謂少矣然此不過當俄國德國一年之軍事費而已（當英法一年半當美奧二年當日本意大利二年半）然以息率五釐計我國庫已歲增二千五百萬圓之負擔而將來還本所需尚不計夫此歲增之費不取諸民將焉取之而所借五萬萬曾未有分毫溉潤於民間生計社會我民從何處能增此負擔力夫以現在租稅之率民既以舉鼎絕臏爲慮今無以增其富力而徒重其負擔欲不斃之於死亡安可得耶夫斃民於死亡以練成一軍將安取之況夫所謂練成者終亦無期也**是故現政府之軍事政策我國民宜盡全力以反對之若軍事公債更有死而不敢承者也**

以上所舉皆就消極的不宜利用外債之一方面立論即所謂不生產的公債萬不可借之說也稍有識者當皆能信之至於積極的宜利用外債一方面則其關係稍複雜其理論稍紆遠故當更端詳說之

（乙）最宜利用外債之事項

（一）用以爲銀行準備金以確立兌換制度　今世界之生計現象以信用制度爲其基礎此生計學界之一格言也信用制度非一端而筦其機者實惟銀行銀行業務非一端而就最重要之銀行論（在英德法日等國則中央銀行最重要者也在英國加拿大等則國民銀行最重要者也）其最重要之業務實爲發行兌換券　**欲獎厲一國實業而不設法使銀行發達此猶渡江河而無維楫也欲銀行發達而不設法確立兌換制度此猶欲其入而閉諸門也**　誠能確立兌換制度使銀行業次第發達則一國之生計現象以信用相維繫能使資本流通之度數速於今日什伯倍而資本之効力自增於今日什伯倍故有國幣一圓於此而可以當什伯圓之用民業安得不盛民富安得不進（參觀本報著譯門論銀行諸篇）而兌換制度則必有相當之準備金而始能確立者也我國今日若有超羣拔倫之政治家則雖不假外債亦未始不可以得準備金以建兌換制然而其道大難矣且一國資本之實量不增加而僅就舊有之區區者增其效力則何如既增資本

論說

之實量復就其所新增者而更增其效力之尤爲得計也今使責任內閣誠立而得賢才以承其乏則大借外債厚儲銀行之準備金而應於其分量以發兌換券大約借入十萬萬圓以爲準備金者可發兌換券三十萬萬圓以上準備金兌換券合計有四十萬萬圓者則期票匯票支票等通幣此等票雖非由國家認爲貨幣然在市場通用殆與法幣有同一之效力故生計學者亦名之曰通幣通幣者合此等票與法幣而言之也可相引推行至百萬萬以上是借十萬萬而得百五十萬萬之用也外債功用之偉莫過於是吾所以謂外債能起國民生計之彫敝者亦實在是不借外債。亦未嘗不可以行此作用。但如合一國現在富力僅能得五萬萬圓以爲準備金。則充其量能演成六七十萬萬通貨極矣。加以外債十萬萬。則可以得通貨二百萬萬以上。此外債之效也。我國資本正苦缺乏。故外債良也夫國中驟增此通幣則民之稍才敏者皆得利用之以爲資本而凡百產業不期興而自興國富總殖不期進而自進所謂生產的外債正謂

八

此也。言外債之弊者。其理論亦根於此。蓋驟借入巨額之外債。則通幣之額必驟增。驟增則其值必落。幣值落則物價必騰。幣值落則易導人民以奢侈之風。物價騰則對外貿易輸入超過之現象必起。此其一也。又通幣增則金融市場必帶活氣。各種企業必浡興。則或以生產過溢而致虧折。或企業者非其人而失敗。或全國人狂奔於投機事業。皆足以爲國民生計之害。此其二也。吾前論外債之弊。若明此理。自能解之。今之論者亦知以外債殖利之爲良法矣而叩其所以殖利之法或官築一路或官開一礦或官辦一製造廠更進則補助人民一二特種產業已耳**夫此固未始非殖利之一端然僅恃此則其所能殖者幾何**子產聽鄭國之政以其乘輿濟人於溱洧孟子曰惠而不知爲政歲十一月徒杠成十二月輿梁成民未病涉也夫國家用外債以直接從事於生產事業則濟人溱洧之類也用外債而假塗於銀行以間接助長生產事業則徒杠輿梁之類也

（附言）吾所謂充準備金以確立兌換制度者。非必乞靈於大淸銀行也。

**吾對於我國之銀行政策大反對單純的中央銀行制度而主張兼用國民銀行制度**當爲專篇論之。吾在報中

論說

十

（屢述此意但其理甚長非數萬言不能說明今尚未暇屬稿也）然國民銀行制度。亦非有相當之準備金。不能爲功也。

（二）用以設大清銀行支店於外國而實行虛金本位之幣制。我國必當行虛金本位之幣制。而欲行此幣制。必須在外國重要都市設大清銀行支店。以爲操縱匯兌維持法定比價之樞紐。本報既已詳論之矣。（參觀第九第十號幣制條議）然欲辦此必須先籌備相當之資本。此資本求之於本國。雖未始不可。然以現在民生彫敝之餘更分之於外。則竭蹶滋甚。故資外債以舉之。勢之至順者也。此舉雖不能直接殖利。然現在我國以幣制紊亂之故。日受銀價漲落之影響。企業者不得安堵。凡百事業。皆常投機性質。以故生計社會。不能健全發達。其損失莫甚焉。此舉若成。則其間接裨助生產者。豈有量哉。況辦理得人。則所借款決不至靡費。而時或亦可以得微利。蓋大清銀行支店之在外國者。其職務雖專以操縱匯兌。匪曰求贏。然支店所備之資本。仍可購外國最確實之有價證券。以保存之。斷不至坐耗其息。而操縱之餘。遇便取贏。亦意中事也。

（附言）俄國前度支大臣瓦忒。以善理財聞於天下。而其最爲人所稱道者。則在利用外債以實施金本位幣制。且確立兌換制度。我國所宜師法也。

（又）問者曰。既大借外債以整頓幣制。則何不逕行完全之金本位制。何必更采虛金本位制。應之曰不然。完全金本位制與虛金本位制之差別無他。完全金本位制必須以金爲銀行準備金。虛金本位制則金銀皆可充準備金而已。吾國欲行完全金本位制。首當察一國所需實幣之總額。如何徵諸日本。其實幣之充準備者。常在二萬二三千萬圓之間。我國人數十倍日本。而信用制度之發達。交通機關之便利。遠不逮彼。故每人所需幣額。斷不能下於彼。以此推之。應需準備金二十萬萬圓。即折半計亦十萬萬圓。不能再少矣。我國中現有之金。雖不得確數。以吾揣之。不過得一萬萬圓極矣。（以金二分爲一圓起算）其他九萬萬圓。須求之於外。夫借一萬萬磅之外債。似可以得此數矣。而不知所借之債。非輦現金以致諸我也。不過取塗於國際匯兌。以期票匯票等形式。以了結債權債務之關係而已。故雖借一萬萬磅。而運來之金錢金塊或僅百數十萬磅或並一磅而無之未可知也我欲得金錢金塊仍須別行收買作爲貨物以入口與普通貨物無異也試思我忽然向外國市場收買十萬萬圓內外之金錢金塊則其影響於金銀價之漲落者何如而我所受虧累又何如是故我國幣制將來必當以完全之金本位制爲歸宿無可疑也然行之宜漸毋驟稍積經驗之後約能測定全國所需實幣準備額若干一面常努力務積蓄金錢金塊俟積蓄所得與其所需實幣準備額相去不遠則即爲可以改行完全金本位制之時也若今驟欲行之恐有不勝其敝者矣夫虛金本位制苟辦理得宜則亦可以與完全金本位制同一效果何必惟美名之是騖乎因度支部侍郎盛宣懷今又忽提金本位制之議故附論之如右

（三）用以整理舊債　各國公債多有以整理舊債之目的而募集者其動機蓋有二（第一）前此或緣行政技術之粗陋或緣事變之不得已經多次募債而息率條件紛歧錯雜於是別募新債以整齊畫一之也（第二）各國息率近皆

逐年低下故募薄息之新債以換厚息之舊債也我國舊債爲數已不少亟宜思所以整理之者然非利用外債其道無由此俟下方別論之（參觀第十一節）（四）用以改正田賦及整理他種稅法　既以國家之名義借外債則將來負償還本息之義務者恒在國家至易見也　**國家以何道能償還本息亦曰恃租稅收入之加增而已**　而租稅收入所以能使之加增者其間接手段在長養稅源而其直接手段則在整頓稅法果能利用外債使國民生計日以向榮則其負擔租稅之力日强雖多取之而不爲虐矣然租稅制度苟非根據學理審察時勢立一完善之系統以酌劑於盈虛之間則國家財政之基礎終未能安也中國租稅系統當若何組織其將來應增設之稅目以何爲宜非本文所及論（當爲專篇論之）而現存諸稅目中其必不可廢而徵收制度必須改革者蓋非一端而最著者則田賦也昔總稅務司赫德建言謂中國田賦辦理得宜可增收至四萬萬兩以上吾固未敢遽信然以吾所忖度苟能以實心行良法則增

至二萬萬兩實意中事。據今年度支部所編預算案全國田賦所入四千八百十萬一千三百四十六兩若能增至二萬萬兩則三倍有奇矣而其下手整理之法則必自立地價之標準製土地之臺帳始然欲舉此業則所需之費大約亦在二萬萬金內外現在國庫斷無此財力誠欲舉之非乞靈於外債不可也其他若鹽稅苟能行吾廢引地廢鹽商之法確立專賣制度所入亦當數倍今日而整備各機關所需臨時費亦頗不貲法當資諸外債其他各項新設稅目亦多類此要之借債以改革稅法整頓財政機關實爲理財正則但非國會既開責任內閣既立後無從語此耳

(五)用以開移民銀行及農業銀行　普通之商業銀行固爲國民生計最重要之命脈然當委諸人民私辦不當由政府壟斷政府借得外債但取途於兌換券準備金以散布諸民間使市場金融潤澤則人民之私立銀行者自紛紛踵起固不勞政府之代大匠斲也獨至移民銀行及農業銀行其性質則稍異今我國腹地諸省以人滿爲患而流蒙諸地乃荒廣不治外人則乘間以涎之故無論爲國民生計起見爲對外政策起見皆當速行移民實邊之計此國中稍有識者所能

見及矣而欲舉移民之效則其下手第一著必須仿普魯士之制設一內地移民銀行以總其事徠復地愿民假之以貲授之以田而他日則以年賦償還法俾銀行收回本息（普魯士移民銀行制度其精妙周備不可言喻他日當介紹其崖略以告我國人）苟非先從事於此而鹵莽滅裂以言移民無當也然欲舉此業則此銀行之資本默計最少亦當在一千萬以上而資本之回復最速亦當期諸五十年以後故其業非私人之所願而必當以國家之力舉之明甚國庫現在之力不足以舉則利用外債宜也至如農業銀行其所貸出之資專爲改良農業之用其回復之歲月亦綿遠與商業金融之性質異其撰各國農業銀行大率由國家畀以特權許其以有利之條件發行勸業債券以厚其資金我國信用之習既未發達而人之有餘積以應債券之募者更寡雖設此制徒託空言耳故欲私立農業銀行之發生則今後十年間恐斷無望而我國以農立國茲事又萬不可緩則亦惟以國家之力舉之國庫現在之力不足以舉則利用外債亦宜也

（六）用以大築鐵路　借債築路。爲現在宜行之政策。吾黨已略論之。（參觀第廿三號借債造路平議）即國中有識者。亦多同此主張。本無俟喋喋再陳其利害。雖然多數人士之倡拒款論者。尚以此問題爲辨爭之鵠。故亦未可遽置之不論也。吾以爲此問題直兩言而決耳。（其一）今日之中國。非將應辦之鐵路。迅速辦成。則政治及國民生計。能望其改良發達乎。曰、是必不能。（其二）中國現在公私之資力能將應辦之鐵路。迅速辦成乎。曰、是必不能。兩皆不能。則舍利用外債外。更有何術矣。今之持拒款論者。其於吾所立第一之斷案。諒亦承認。其不肯承認者。則第二斷案也。蓋一國中資本涸竭之現象。彼輩嘗無所察。與語及此。則努目相向。以爲是侮辱國民也。彼輩所橫亘於胸中之成見。則以謂現在國富之藏於民者。其數無量。政府雖貧。而人民固甚富。

也。（此等俗論殆深入全國人心無論何派之人皆懷此理想彼官吏及一知半解之學生多言我國現在租稅甚輕應重課人民負擔之義務者皆此理想誤之也）夫謂我國將來之富及無形之富其藏於地中藏於人民身中者爲數無量吾豈敢有異議若以言現在有形之富乎嗚呼吾安忍復言杜工部詩曰世上未有如公貧吾亦將曰世上未有如吾國貧耳論者而猶疑吾言乎豈必徵諸遠但觀近年來各商辦鐵路集股之成績何如斯可識矣當拒款論之驟中於人心也人人以附股爲愛國之義務於是婦女拔簪珥兒童節餅餌相率投之若恐後然此種現象果遂爲國家之福乎夫附股者一種之企業行爲也苟附股之動機而非發自企業心則一國生計之基礎必有受其敝者蓋多數之股東視其股本有同義捐而怠於監督之義務則公司之精神自茲腐矣（參觀第廿七號敬告國中談實業者篇附言）卽舍此勿論而彼等錙銖涓滴之資本本欲以投諸他種企業者今悉吸而集諸鐵路鐵路成而他業廢又豈足稱健全之生計現象也哉而況乎雖盡吸此錙銖涓滴而於路之成終無濟也。其尤可駭者以自由募集應者寥寥而乃有所謂強制集股論興焉（如川漢鐵路之畝捐則一種之田賦附加稅也去年湖南諮議局提出粤漢鐵路一集股法欲仿川漢畝捐之例而更適用累進率則一種之財產稅所得稅也**是安得目爲私法人之集股直公法人之徵稅已耳**夫徵稅以舉公益事業誰亦謂其不可雖然亦當視其事業之性質何如與夫現在民力所能負荷者何如以需本數千萬之鐵路而其利益及於百數十年以後則舉債以辦之而分其負擔之一部分於後人實天下之公理是故人民苟以企業心爲之動機覩其有利而投貲附股以營之斯無論矣而不然者則義不可以徵稅之形式强其附股何則自由附股者必其力能任者也强制附股者則未必其力能任者也譬有十人於此中一人倡議曰買某段之田當有利因不問彼九人之意嚮何如力量何如而硬派人醵若干以買此田天下豈有此情理乎是舉生計自由之大原則而破壞之也今之主張强制集股法者亦若是已耳就令其獻强制之法甚巧妙而與現在生計社會之情狀能順應君子猶謂爲不可況夷考其實又不過取現有之稅目而附加之夫現有稅目其負擔偏畸而大悖於公正之原則亦已甚矣更附加之是使偏畸者益以偏

崎也現有稅目舉國費什之八九悉責諸農民之仔肩而其他階級雖有豪富或且不輸銖黍於國家農之憔悴既不堪言比年以來侈談自治而數汲地方團體之經費亦惟誅求於農舉天下之良農行將廢田不治矣更何堪鐵路公司之畝捐復從而朘削之也彼倡強制集股法者而不知此義也時曰不智知之而猶倡之時曰不仁質而言之則我國現在公私之資力實不能舉應辦之鐵路其事實蓋已章章不可掩彼持鐵路拒款論者其愛國熱誠雖可敬其太不審時勢抑可憐也

抑彼持拒款論者動以謂借債造路即爲亡國之媒抑已過矣外債之足以亡國者惟有一端曰償還本息之義務不能履行是已故政治上之外債其危險之程度誠頗強而生計上之外債其危險之程度固稍殺此事理之至易

觀也。吾國不敢謂借債以辦鐵路者。將來鐵路所入。遂保其必能償還鐵路本息。何也。以現在中國人心風俗之敗壞與企業能力之薄弱。雖至有利之事業。而能收其利與否。抑未可知。則將來之路能償今日之債與否。誰敢信之。雖然。若以此爲前提。則必自今以往不復辦一鐵路。乃至凡百企業悉廢棄勿舉。然後可也。夫使以人心風俗敗壞企業能力薄弱之故。致徒耗其資本而不能舉生利之實。則所耗之資本豈必外債而始爲病。集國民粒粒辛苦之股。擲諸虛牝而不可復。甯非病耶。吾以爲今後國民惟對於當局者厲行監督之之義務。且務欲種種方面各自養成其能力而已。因噎廢食。甚無當也。若就鐵路事業之本質言之平則除邊鄙之軍事鐵路外。大都皆可以獲厚羸。辦理稍得其人。固不憂債款之無著。而其所投之資本。購買地段。役使勞力。居三之二皆吾民所自得也高等工料所需三之一其一部分雖流出外國其一部分仍可求之於我者也其全然必爲外人所得者則債息而已以區區之息而能易取此至可貴之租庸贏利孰大焉而必拒若蛇蝎吾無以名之名之曰惑而已或曰前此鐵路借款皆含有政治上之意味恐路債所及國權隨之斯誠不可以不慮雖然此則視其借款契約何如耳以吾度之今日欲得政治上無關係之路債契約似尚非難而當局者當亦已知所慎故吾國民惟以此監督當局斯足矣而絕對的拒款論誠無取也

（附言）吾雖極贊借債造路之議而近者東鄂二督所建策則有不敢雷同者二督所擬造之路以粵漢川藏張庫錦愛四線爲首 **吾以爲今日中國所宜急起直追者實在國民生計上之鐵路而政治上之鐵路乃其次急耳** 此四線中粵漢一線可勿論其川藏張庫錦愛三線他日誠或可以爲生計上之鐵路今則純然政治

論說

上之鐵路也今欲使外債政策有基勿壞必當投其債於本息有著之地彼三線能保其若此乎吾竊疑之夫彼三線吾固認爲必當築者也特謂當俟國中政令稍修明民力稍充實拓邊人才稍養集之後乃次第及之而現在外債用途則謂當以絕對的生利事業爲衡若必欲今日辦之也則必所借之債極多出其餘以辦之斯或可耳　大抵今日欲立外債之大計畫則所借之債當以十分七投諸鐵路以外諸事業（即本節所舉前五項）僅能以十分三投諸鐵路而此十分三者又當以其二投諸生計的鐵路僅能以其一投諸政治的鐵路如此則生利之部分與不生利之部分相劑不憂本息無著以貽累將來今二督所建議於鐵路以外之事業毫不屑意即以鐵路論

又以不生利的爲其要著此實過於冒險毋惑乎反對者之蠭起也

（又）二督此次建議其動機實在答滇督李君商籌大計之通電李君之電獨明大體深探本原洵不愧大臣謀國之忠錫端兩君所答雖不能謂非一種政策然文不對題亦已甚矣兩君謂前此美國之弊全在交通阻礙鐵路開則不易法而令自行此誠有然抑思美國所以有今日僅恃鐵路乎抑尚有存乎鐵路之外者乎苟無存乎鐵路之外者將並鐵路亦不能建設他更何論譬諸有久病之夫於此不務所以去其病乃告之曰某人以馳馬射獵之故某人以入海就浴之故故能膚革充盈精神煥發汝盍效之曾亦思此病體能堪馳騁游泳否耶二君謂今之中國欲恃兵力以圖強非五十年不能收效欲恃政治以自振非三十年不能見功其所論兵力一事容或有然以云政治也則試問政治不自振之國又何一事能辦者使政治現象而有以異於今日則兩君所建議誠不失爲救時之一政策若政治組織

一切循今之道而無變而惟錫瑞二君之策足行則徒以速中國之亡已耳君子一言以爲知一言以爲不智二君欲長國家而抑政治爲末節毋乃賢者之過也乎縱筆所及輙復論之

以上六者皆吾所認爲最宜利用外債之事項也雖然此爲國會現開責任內閣既立以後言之也吾固嘗言之矣苟循現今之政治組織而無變則無論其公債用途若何過當募集條件若何有利皆可以置諸不論不議是故本節所論皆將來之問題非現在之問題也

……

（附言）原目有債權國之選擇一節今刪

（未完）

時評

# 讀十月初三日 上諭感言

滄江

時局危急。極於今日。舉國稍有識稍有血氣之士。僉謂舍國會與責任內閣無以救亡。爾乃奔走呼號。哀哀請願。至於再至於三。於是資政院全體應援之。而有九月念六日之決議上奏。各省督撫過半數應援之。而有九月念三日之電奏。旬日以來。舉國士輟誦。農釋耜。工商走於市。婦孺語於閭。咸喁喁焉翹領企踵。庶幾一朝渙汗大號活邦國於九死。乃不期而僅得奉十月三日之 詔彼署名 詔末之王大臣。使其能察民意之所歸。舍己以從。則天下固誦其忠。而不然者。孤行己意。堅定不搖。甚則取異己者而放逐之。戮辱之。則天下亦將服其勇。而乃依違模棱。以作調人。如買菜之論價。不顧兩者並許。又不敢兩者並拒。則舍國會而先取內閣。國會既不願即開。又不敢太緩開。則調停於明年與九年之間。而取五年。誠不知宣統五年可以召集國會者。宣統三年不

時評　二

能召集之故果安在誠不知國會未開以前所謂責任內閣者果何所附麗且督撫電奏人民請願皆言責任內閣而　上諭中特删去責任二字誠不知無責任之內閣則與前明以來以迄今日之內閣何以異與軍機大臣何以異與現在分立之各部院何以異與會議政務處何以異若是則吾國之有之也既已久矣何俟宣統三年而始成立何俟再以詔書爲之規定於是而當道一二大老之心跡昭昭然揭於天下矣其或者熟計吾身已不久人世至宣統五年我則已一瞑不復視則國中蜩唐沸羹之象無論極於何等而皆於吾無與也其或者持籌握算畧揣盡此三年中所贖之貨差足爲長子孫之計至是乃急流勇退也嗚呼以全國人萬斛之血淚可以動天地泣鬼神而不能使絕無心肝之人稍有所動於其中我國民之血其虛灑我國民之淚其虛擲矣乎雖然我國民其毋中餒也其毋徒慟也今後我國民所當黽勉以從踏厲以進者正大有在耳

西方學者有恒言法律現象與政治現象不可混爲一譚也夫在西方諸法治國其法律之效力至强且固者猶且有然而况於今日之中國耶我國　上諭及其他　奏定

之文牘就理論上言之。誠與今世各國所謂法律者。有同一之效力。雖然。以政府大臣而視 聖訓及 上諭為弁髦者。其事日有所見。以 上諭比諸外國君主裁可之法律。為事本已不倫。夫以外國之法律。猶不能束縛政治現象。而況僅於一種之文告。其平昔所發生之效力。遠不逮法律者耶。謂以此而可以定一國政治之運命。其亦誤解政治之性質也已矣。蓋法律文告者。結晶體之物也。而政治者。活物也。故法律文告之現象。譬之則猶器械。在人所製造。所變置。所利用。不能以自伸縮。政治現象。譬之則猶人之知覺運動。常能製造變置利用彼器械。而流動不可方物。**是故國民而不嫻於政治者。雖有至善良完備之法律文告。亦等於廢紙。國民而嫻於政治者。雖法律文告至惡極劣。曾不足以為其前途之障也。**此不必遠徵他國。即以我國數年來之事實論之。前此之法律文告。本無所謂立憲政體也。何以今忽有焉。本無所謂資政院諮議局也。何以今忽有焉。本無所謂國會責任內閣也。何以今忽有焉。乃至國會及責任內閣。據

時評 四

法律文告所指則當期成於六七年以後也何以今忽先焉昔無而今忽有有其不得不有者存也昔後而今忽先有其不得不先者存也所謂不得不有不得不先者誰實爲之則政治現象是已是知前此之法律文告決不能束縛現在之政治現象而現在之政治現象實能改廢前此之法律文告且能孕育將來之法律文告明於此義則吾國民今後所當有事者從可知耳

自今以往吾民所宜自覺者有一事焉則輿論之勢力是已

凡政治必藉輿論之擁護而始能存立豈惟立憲政體卽專制政體亦有然所異者則專制政體之輿論爲消極的服從立憲政體之輿論爲積極的發動而已蓋自古未有輿論不爲積極的發動而能進其國於立憲者而雖有淫威无等之專制政府苟欲攖積極的輿論之鋒未或不敗績失據輿論者天地間最大之勢力未有能禦者也夫天

下苟非正當之事理而適合於時勢者必不能爲輿論之所歸雖弄詭辯以鼓吹之一時風起水涌不旋踵且將熄滅若其既爲至當之事理而適合於時勢者則雖以少數人倡之其始也聞者或皆掩耳而走及積以時日則能使成爲天經地義而莫之敢犯故輿論之爲物起乎至微而終乎不可禦者也即如我國所謂維新變法論所謂立憲論所謂國會論責任內閣論自始曷嘗不爲舉國所詬病所目笑而當道席勢怙權之人曷嘗不以爲大弗便於己而盡其力之所能及以明拒而陰撓之者然其拒之撓之之術惟得行之於未成爲輿論之時耳輿論一成則雖有雷霆萬鈞之威亦斂莫敢發不見乎自辛丑壬寅以後無一人敢自命守舊乎不見乎最近二三年無一官吏不言籌備憲政乎不見乎此次資政院提出請願國會案無一人敢反對督撫公電無一省持

異議而代表團歷訪樞府當道莫不濫言唯唯乎且如資政院當決議上奏時有大聲疾呼促反對黨之演說者彼時此二百議員中誰敢保其無一二人不慊於國會論雖然當此之時雖懸高爵重祿以誘於前設大戮嚴刑以毆於後吾知其欲求一反對之演說而不可得也而要路之人之唯唯於其間者亦若是則已耳夫豈無以僞相應者**然社會制裁之力能使人不敢於爲眞小人而自託於僞君子則其功用已不可謂不偉況乎輿論之監察誠有進步更不容彼輩之以僞自遁耶**

由前之說凡能成爲輿論者必其論之衷於正理而適於時勢者也顧此雖有能成爲輿論之資格然所以成之者恒存乎其人夫輿論者何多數人意見之公表於外者也是故少數人所表意見不成爲輿論雖多數人懷抱此意見而不公表之仍不成爲輿論是故當輿論之未起也毋曰吾一人之意見未必足以動天下姑默爾而息也舉國中人人如此則輿論永無能起之時矣當輿論之漸昌也毋曰和之者已不乏人不必

以吾一人爲輕重姑坐觀成敗也舉國中人人如此則輿論永無能成之時矣故近世立憲國所謂政治教育者常務尊重人人獨立之意見而導之使堂堂正正以公表於外苟非爾者則國中雖有消極的輿情而終無積極的輿論有消極的輿情而無積極的輿論此專制國之所貴而立憲國之所大患也且如此次速開國會建設責任內閣之國是其主持者由我 仁聖皇帝固也而翊贊之者誰耶謂代表團耶僅代表團則安能致是謂資政院耶僅資政院則安能致是謂督撫耶僅督撫亦安能致是蓋實有一種無形之勢力主持乎其間而假塗於代表團資政院督撫以表示之而此無形之勢力則存於國中無量數不知名之人之身中者也苟此無量數不知名之人人人以爲吾之一身無足以輕重於國家之大計則

**此勢力遂永不能發生矣**夫國中此種勢力其宜發生之日久矣而前此遲遲不發生者豈非以國中人人皆自以為不足輕重耶今雖發生矣然其微抑已甚也**我國民若能人人鑑於此次之效而知勢力本存於我身則後此所以進取者必有道矣**

此年以來一種悲觀論瀰漫於國中其稍有知覺之士日惟相對欷歔謂國必亡國必亡（其醉生夢死並此等危急情形而不知者更不足責） 夫以現在當道之人物處現在時局之危機其安得不令人意喪氣盡雖然既已託生為此國之人於其國之將亡也奚得僅以之供憑弔感歎之資料如詞章家之歌詠前代古蹟如歷史家之敘述他國陳跡乎稍有血氣其必不忍不謀所以拯之也明矣而彼以亡國論為口頭禪之輩必曰吾豈不願謀所以拯之顧吾確已見乎中國今日之亡非人力所得而拯也嘻甚矣其傎也凡自然界之現象其存在也純恃他力故其成毀非其本身所能自主也社會界之現象其存在也全恃自力故其成毀實其本身所能自主也。（自然界之物質。其分子皆以無意識之阿屯結合而成。阿屯為物理學上必然之法則所支配。絲毫不能自由。社會界之團體。其

分子實爲有意識之人類。人類意志。常自由發動。不可方物。非必然之法則所能嚴限也。國家者社會界現象之一也

故國家之亡苟非其「組成國家之分子」（即國民）自樂取亡則他人決無能亡之者

吾輩以爲吾國今日所處至極艱險而豈知各國情事雖異要之莫不各有其艱險者存我之視彼猶彼之視我吾嘗以今日中國事勢與美國獨立前後相較與法國大革命前後相較與德國意國統一前後相較與日本維新前後相較惟見彼之險艱倍蓰於我而已夫法國當革命前後財政紊亂之極而繼以屠戮恐怖舉鄰强國咸起與爲難此等現象我無有也美國本爲人藩屬奮微力以抗上國既脫羈勒而聯邦各自爲計中央政府不名一錢此等現象我無有也德與意本以無數孱國介於列强之間冒大險經數戰始能自建樹而德則外之畏敵國之報復意則內之受教會之掣制此等現象我無有也日本承數百年幕府專制之威竭全力僅能勝之而藩國猶存王室守府此等現象我無有也夫以我國歷史蘊藉之深厚國中秩序之安順政令施行之便易而猶不能以自振而日日憂亡使吾輩處他國之所遭又

時評

十

將若何今吾國凡百不足病所病者在政府不得其人耳而政府者固非能有深根固蒂以自植者也又非能强有力而敢於明目張膽以與舉國之輿情爲難者也然則其能爲國家進步之障者幾何大抵國家之大患莫患乎國中有一特別之階級與多數人之利害不相容而此階級者智力較優秀而結合至鞏固人民有所論列彼則相結而挫之則多數輿論之政治決難遽行而國運之進常爲所窒 **我國無此種特別階級此即我國民政治運動最易成功之一大原因也**我國君主國體之精神自始本與歐洲中世以降之君主國大有所異在彼則以國家爲君主之私產在我則以君主爲國家之公人故曰所欲與聚所惡勿施天視民視天聽民聽經訓中類此者不可枚舉此等大義數千年深入人心雖有至悍之夫只敢陰蔑而不敢明犯**蓋立憲主義發達之早未有若吾中國者也**故輿論所在君主在理在勢皆曲從之此中國相傳之天經地義歷久而彌光晶者也而斷乎其間者不過此以職務爲傳舍之官吏官吏非人民以外之一團體也

其未進也不過一平民其既退也亦不過一平民故其目前之利害雖或與一般人民小矛盾而永久之利害終必與一般人民相一致夫舉國人民利害略相一致此實吾國固有之特質而在數十年前東西諸國無一能幾者也（其小利害有不相一致者此則又今世諸國所皆莫能免也）是故以官吏而出死力以防害人民之政治運動者爲我國事理上所不能有即有之而亦脆薄已甚其勢萬難以繼續試觀比年以來人民所樹之義但使壁壘稍堅幾見官吏不同化之而附和之者耶是不得曰彼以其爲官吏之資格而納降於人民也彼不過以其爲人民一分子之資格而加入於人民運動之隊而已夫君主決不肯爲人民之敵也既若彼官吏決不能爲人民之敵也又若此然則但使有正當之輿論能發生於多數人民之間則何求而不得何欲而不成而彼不負責任不適時勢不達治體不顧國益之人豈能一日尸政府

**之位凡彼輩所以得尸其位者皆由消極的輿論默許之而已** 今如曰我國於政府腐敗之外別有亡國之原因也則救亡之道容或難焉若原因止於此也則吾以爲救之之易莫過此也何也天下事惟求諸在外者爲至難孟子所謂求之有道得之有命求無益於得者也若求諸在我者則至易孟子所謂求則得之舍則失之求有益於得者也 **夫欲使政府毋腐敗欲使國毋亡豈有他哉亦吾民各各求諸在我而已矣**

**今中國凡百皆不足深患而惟人心風俗之病徵爲足患人心風俗其他之病徵尙不足深患而惟此坐以待亡之心理爲最足患** 人人皆曰國必亡國必亡則莫復肯爲百年十年之計而惟苟且偸生於一日既已苟且偸生於一日則縱肉體之慾惟恐不及此奢汰貪黷之風所由起也以名譽爲更不足顧惜此寡廉鮮恥之行所由多也以學問爲無所

用之此學絕道喪之象所由見也夫人之生生於希望而已希望一絕則更何事可爲者又更何事不可爲者 夫人雖墮穽井雖陷虎穴但使須臾毋死猶未嘗不思所以自拔蓋於無希望之中而猶懷希望人之情也獨乃於吾儕所託命之國家全世界人所共認爲前途希望汪洋靡涘者我民乃以其偶處逆境之故而嗒然自絕其希望天下不祥之事莫過是也 譬有人於此或試驗落第或懋遷失利而遽發憤自戕此天下之不祥人也今之持亡國論者蓋有類於是矣是故我國之亡不亡匪由天也匪由人也而實在我輩四萬萬衆之心四萬萬衆皆曰聽其亡斯竟亡耳四萬萬衆皆曰不許其亡斯不亡耳

而論者或曰今四萬萬衆之聽其亡者既什而八九矣我一人獨何能爲應之曰不然我而在四萬萬衆之外也則誠無如何此如歐美日本人雖有愛於中國而欲其不亡無能爲力顧我非四萬萬人中之一人也耶四萬萬人皆各自我其我故不必問他人

之欲亡此國與否**惟問我欲亡此國與否而已**夫羣衆心理之感召良莫能測其朕一人欠伸舉坐隨焉涉樂方笑言悲已歎此不必有大豪傑然後能負之以趨也其互相吸引互相倚重各不自知其然而然而其傳播之迅速氣魄之雄厚乃極之至於不可思議勿徵諸遠即以此次之國會論責任內閣論言之自其始萌芽以迄今日爲時幾何其有人焉單提直指以鼓吹之者爲時更幾何而其風被之遠響應之捷則竟若是矣使自始而人人皆曰倡之者不必自我也則其結果當何如使繼此而人人皆曰應之者殆無待我也則其結果又將何如**是故吾輩但患我之不如人耳毋患人之不如我** 我雖至幺麽而四萬萬人之我則至偉碩我雖至脆薄而四萬萬人之我則至雄强我而不信我之偉碩雄强則是非侮我也而侮四萬萬人也我國之所以殆坐是而已夫此四萬萬人之我本具有偉碩雄强之力而不自知今讀十月三日之 大詔不已明示之以徵證耶嗚呼可以興矣由此言之吾國前途之最大希望實惟輿論勢力而可持之以爲中國不亡之券亦既

明甚而此後所以運用此勢力者如何則我國民所最當留意也昔政府動持人民程度不足之說以沮撓國會吾儕旣力闢其謬矣雖然此不過謂現政府之程度比於一般人民尤爲劣下以現在人民之智識優足以監督之而有餘故與現政府相對而得言人民程度已足云爾實則吾人民而誠欲沐浴憲政之膏澤則今後所以吸收政治上之智識磨鍊政治上之能力者今方當大有事而現在之程度其歉然不足者不知凡幾是又吾國民所不可不自省也夫輿論勢力之表示於外而最强有力者莫如國會國會所行職權若議決法律若協贊預算審查決算若事後承諾若質問政府彈劾政府若信任投票雖採種種形式以顯其勢力之作用一言以蔽之則政策之討論辨爭而已其種種形式則無非借之以爲建設一政策或反對一政策之手段

也夫必先有政策然後能有討論辨爭之鵠而政策也者非政治智識圓滿之人不能建樹非政治智識粗具之人不能批評者也　今我國人於政策二字習為常語小有建白動輒以冒政策之名而不知學術上之用語萬不能如此其朦混也凡國家任欲舉一政事無不與他項政事相聯屬其他項政事又更與他項政事相聯屬如是相引若循環無端不可殫窮苟欲舉一項而遺他項則並此一項亦不能舉而已　是故必有組織者乃得稱為政策　復次凡政治固莫不以國利民福為鵠而國利民福決非一端而時且或相矛盾建樹政策者或向甲端或向乙端惟其所擇而決不取兩不相容之策以糅為一團果爾則其利必以相消而盡耳　是故必有一貫之系統者乃得稱為政策　復次凡一政策之實行則其直接間接影響於一國社會現象者不可紀極人民所蒙樂利固多而苦痛亦在所不免欲評政策之價值

惟以樂利能餘於苦痛與否以爲衡而苦樂之效往往發見甚遲其間接所波動抑非粗心淺識之人所易見及是故建樹一政策固甚難即批評一政策抑亦非易　而國會所以能於政治上有大作用者則在其能建樹政策批評政策而已苟國會議員不知政策爲何物其所討論不懸一政策以爲鵠　而徒東塗西抹雜提出許多無組織無系統之法案而擾擾焉贊成之反對之或枝枝節節以行其質問彈劾之權不探根本而摘枝葉　則雖有國會而其補於政治現象之進化者抑至微末耳　由此言之則國會旣開之後吾國民所需　政治上之智識其程度當若何若今日其能以自足耶

且吾更欲有言者吾近年以來默察時勢竊以天若相中國使得舉立憲之實者　則將來政權所趨其必成爲英國　式之政黨政　治而非復

時評

德國日本式之官僚政治焉矣　夫政黨政治官僚政治各有短長吾固未嘗漫爲軒輊且官僚政治整齊嚴肅之效與今日之時勢極相應而按諸我國歷史官僚政治之根柢極深因而利用之其於施治當較易故吾自昔固深望我國之政治現象能如德國日本而非欲其强效英國者也雖然以比年來事勢察之深恐官僚政治有絕對的不能維持之勢何也　當一國改革政體伊始苟其官僚於政治上之道德智識能力獨爲優秀者則將來政權恒在官僚而不然者則必移於政黨此徵諸各國已事而可見者也　今我國官僚强半闇於世界大勢無絲毫政治上之常識其智識較諸民黨之俊秀者實下數等（若新進少年初得一官者其中固不乏英才然未可具指爲官僚黨也）其職務上之經驗雖視民黨爲多然不過簿書期會之事非復適於新政體之用則其能力固未見有所特長也又彼輩雖自爲風氣儼然若成一所謂官僚社會者以自別於齊民實則不過無機的集合偶然的湊泊絕非有一共同之目的以相團結（此我國官吏社會與歐洲各國之貴族社會日本之藩閥社會最相異之

點也趨利則相軋過患則相陷絕無足以稱爲黨派者存論者或加之以吏黨之名其寵異彼輩抑太逾分矣夫中國現在之官僚既己若彼自今以往彼等固不敢作永遠蟠踞政權之妄想即時勢亦豈容彼輩之長爾爾耶。今責任內閣尅期建設矣。國會次第召集矣。自始組織此責任內閣者必爲現居要津之人。此自然之數也而試問其能提出一有組織有系統之政綱以與天下人共見否耶。即提出矣而試問其能一一按照之以見諸實行否耶五尺之童以有知其必不能矣。既己不能則現在之資政院及將來之國會苟空無人焉斯亦已耳若猶有人者則此鹵莽滅裂塗飾敷衍之內閣安能一日存立善夫各督撫聯銜電奏之言也曰、『既有國會監察權限明則責成專雖欲諉卸而不能才力薄則應付窮雖欲把持而不得數經更易以後求才者知非破格不爲功飽嘗憂患之餘任重者亦必審量而後進』蓋責任內閣既建國會既開以後無主義無統一之內閣萬不能存立此既爲自然之效必至之符而羣現在之官僚社會其必不能

時評 二十

**成一有主義有統一之內閣抑章章矣**於此時也若國會議員亦等是無主義無統一也則將國會與責任內閣兩者皆成爲無用之裝飾品政治現象混雜至不可名狀腐敗且日益甚而國遂以亡使於其時而國中有堂堂正正之政黨出焉揭健全之政綱以號召天下而整齊步伐以從事運動則國會勢力必爲所占以之與無主義無統一之官僚內閣相遇其猶以千鈞之弩潰癰也進焉則取而代之退焉則使官僚內閣唯唯服從也必矣吾故曰吾國將來之政治現象必變爲英國式之政黨政治勢則然也

夫然而我國民之責任抑更重而所以完此責任者抑更難矣　**凡天下事批評易而籌畫難籌畫易而實行難**　此事理之至易覩者也是故批評一政策則但有政治上普通之常識可以無大過矣籌畫一政策則非有圓滿之學識所不能也籌畫一政策則但有學識亦庶幾矣綜攬此政策而實行之非有相當之器量才技所不能也如彼德國日本者其官僚社會中人皆一國之秀又閱歷極深於政

務無所不燭故其所籌畫之政策率皆能與最大之國利民福相應而無甚可議而行之又無所閡滯國會之政黨則不過拾遺補闕匡其不及以濟其過已耳故爲道較易也我國不幸而官僚社會太紊亂無紀脆薄無力欲其負荷此艱鉅而饜天下之人心殆成絕望於是將來我國國會之政黨不惟負批評政策之責任也且不能辭籌畫政策之責任甚且不能辭實行政策之責任欲云完之豈其易耶嗚呼我國民其念之此責任之壓於公等之雙肩蓋不遠矣公等雖欲避之而固有所不得避而將來公等之能負荷此責任與否即國家存亡所攸判也由此言之則自今以往我國民所以自鞭策者當何如而此二三年之光陰其可以一寸一分擲諸虛牝也耶嗚呼我國民其念之哉

吾誦　明詔既感我　皇上之仁聖感輿論勢力之偉大復感吾國民將來責任之艱

鉅。輒雜述其所感如右。

宣統二年十月六日成

# 評一萬萬圓之新外債

滄江

吾所爲外債平議方始脫稿而政府向美國借一萬萬圓新外債之議據道路所傳言則契約已彼此畫諾矣是故吾欲有所評

評一 就政治上評此次外債之性質 政府借此外債將以供何項用途乎其用途當否乎此政治上之問題也聞諸道路謂將以爲改革幣制之用就中於施行虛金本位制一事尤所注重果爾則實吾黨數年來喁喁期待之要政不憚竭全力以贊成而辦此要政宜利用外債亦吾黨素所主張也(參觀本號外債平議第八節) 雖然今政府借債之目的未嘗宣明吾又烏知其果爲此事之用否耶即宣明矣誰又敢保其不以一部分挪用於他項耶即不挪用矣而現在辦理幣制之人果有公忠奉國之心而不至聚而咕嘬此款耶即有此心矣而其智識才能果足以善其事而不至擲款於虛牝耶此諸問題者無一能解決則吾雖欲據用途之當否以論斷借債之當否亦何所據**要之政府非人則無論何種外債在理皆當反對**而或

時評 二

者持某種外債可借某種外債不可借之論此在國會既開政府確負責任以後此固爲有價值之一問題若在今日則此決不成問題也

評二 就法律上評此次外債之性質 政府果有以單獨意思而借此外債之權能乎此法律上之問題也據資政院章程第十四條第三項凡公債事件資政院應行議決資政院章程非他 欽定之法律也今此一萬萬圓之新外債雖有巧辯亦不能强指爲非公債也明矣而其議借也固在資政院成立之後不能以法律效力未發生爲辭且正在召集開議期中更不容援事後解除責任之例而試問此次借債之案果曾提出院中而經議決乎豈惟未提出未議決蓋諱之莫如深也是明明視欽定法律爲無物苟有不便於己則蹴踏之如草芥也吾欲問政府凡我大清帝國臣民是否應有服從 欽定法律之義務違法者是否有罪若云無之則頒各種法律何爲若云有之則公等之罪該當何等 夫政府既不提出以求議決矣資政院

復不要求其提出以付議決是政府積極的蔑視法律而資政院亦消極的蔑視法律也吾誠非有所惡於政府有所愛於資政院吾惟知　欽定法律之神聖但使當已頒定而未經改正之時有犯之者則爲亂臣賊子而已政府而惡資政院之不便於己也則當其欲借債之前先請旨將章程第十四條第三項削去可也或更請旨將資政院停辦取其章程盡行燒棄可也資政院一日倘在　欽定資政院章程一日倘在而於應行議決之事不付議決是非侮資政院也侮　皇上耳侮國家耳

評三　就外交政策上評此次外債之性質　此次外債其結果能使外國將來對於我國之地位有無變動耶我國現在多數人所懷之外交理想果緣此而得實現耶此外交政策上之問題也據道路傳說謂此次借債無須抵押其種種條件亦比較的於我有利洵能如此寧非可慶然以我國現在財政紊亂之實情外人寧不深悉問將來何道可以償還本息在債務者固未嘗一念及在債權者則安能不念及

時評 國

**既念及而顧無抵押以貸諸我恐其所以爲抵押者別有在耳**此吾所爲不能釋然者一也吾借債不求諸他國而求諸美以美爲愛我也藉曰愛我而彼得獨行其愛乎夫各國之條約協商等公牘其對於我國莫不著有機會均等四字此我國人所最宜牢記也昔借債以應甲午償款而英俄德法互爭債權最近則借債築粵漢鐵路而英法德美互爭債權此前事之章章者也**今我固乞憐於美而不屑乞憐於他國而他國果遂許美以獨爲君子乎**苟紛紛憐我而周我則政府之財固不可勝用恐國命自此而斬耳此吾所爲不能釋然者二也

嗟乎此次一萬萬圓之新外債殆已在成事不說之數吾雖瘏口嘵音亦復何補雖然吾猶不能已於言者則以今茲之舉**實由國中號稱有識愛國之少數人士分尸其咎也**數月以來以拒款論反動之結果而歡迎外債論乃

無端而瀰漫於全國一若但得外債則可以立拔國家於九淵而登諸九天者此其迷妄視彼拒款論抑又甚焉矣吾請以一言正告彼輩曰外債之利公等所知恐尚未必能如我之深顧我所以不敢漫然附和公等者則以公等於百凡與外債相緣而起之現象一切忘卻耳夫拒款論雖拘墟可笑然以現在之政府其道德其才力豈足以運用外債者此如刀鎗誠爲利器若以授諸狂人或童孺則適以自殺或殺其所親愛之人而已矣**故拒欵論誠陋而在今日則猶爲消極的有益於國家者也**夫政府雖驕恣無等而其力本甚脆弱對於熱狂沸騰之輿論固不能無所憚彼欲借外債以自肆之日固已久然未敢悍然遽發者懼爲衆矢之的耳今一旦有輿論爲之後援則爲禍將安紀極夫國民而許現政府以借外債此猶父兄以銀行支票簿畀其飲博無賴之子弟其不立蕩其產焉不止也**故歡迎外債論誠當其在今日則實爲積極有害於國家者也**昔孔子謂有一言而喪邦今號稱愛國有識之士之特歡迎外債論者當之矣

夫今茲之一萬萬圓固成事不說矣然彼持歡迎外債論者固非以一萬萬圓而遂饜足也而政府之無饜足又不俟論債權者之無饜足亦不俟論三無饜相結合則不一二年而使我國爲埃及可也詩曰君子毋易攸言我有識愛國之君子其念之哉

要之外債之本性無善無惡而其結果則有善有惡善惡之機惟在舉債用債之政府嗟乎我有識愛國之君子乎公等而確信今日中國之當借外債乎則請竭全力以求得一可恃以舉債恃以用債之政府公等而謂外債早借一日則國家早得一日之利乎則必此可恃之政府早一日成立然後公等之理想可以早一日實現而非然者則恐亡中國之罪不在政府而在公等矣夫生

今日之中國不併力以求得一可恃之政府而東塗西抹撫拾一二不完不備之學理牽引情異勢殊之外國事實而侈言某事當辦某事當辦者皆亡國之言也又豈獨外債哉

宣統二年十月初六日稿

編者案此文由海外寄來去本號出版時已將一月據近日所傳外電有**美國派員監督我財政一事**良不敢遽信爲眞而此一萬萬圓之債權**由美英德法四國公同引受**則借款主動之美國人士德列氏在倫敦已經畫押此消息殆必確矣且聞其約款中尚有將來凡有中國借款皆須四國均霑等語嗚呼著者竟不幸而言中矣本報第二十五號載有著者所作中國外交方針私議一文其中有云『我今後如欲

借債。則各國資本家。豈患不趨之若鶩。寧惟美國。』又云。『及乎議訂貸借之時。他國仍必起而爭爲債主。』曾幾何時。此等語皆變爲事實矣。願我國人一省之。

宣統二年十月廿三日編輯部識

著譯

# 各國外交事件之大小觀

茶圃

今日之所謂世界平和者。一言以蔽之曰。此列强均勢之別名也。有譽之爲正義公正之和平者。有誹之爲腐敗穢濁之和平者。隨各人之所觀而異。故權力平均之說。謂能防止世界之動亂。不論何人不能定之。又今日之所謂確保均勢交換利益者。非特協約之新名詞以維持現狀乎。雖然有一輕微之砂石。於此置於槓桿之兩端。當其分置也。唯恐兩端之不平。若由此端而移於彼端。則一升一墜。失其均衡之勢。而亂端至矣。若均衡之勢依然無恙。縱令五嶽成於一夜。世界唯以一奇事視之。故無論若何問題。有影響於各列强者。雖小問題。即視爲大問題。無影響於列强者。雖大問題。亦化作小問題。謂予不信。請舉最近之三四事以證之。

著譯 二

日本之併吞韓國非釀東亞禍亂之源而爲覆亡一帝國之大事件乎世界之言論界對於日本之行動下非難之評議者夥矣乃一返觀列强政府對於此事若不甚措意一任夫日本之所爲者此何以故乎夫由列强之一方面觀之若以朝鮮爲日本領土外之一國本於商業關係甚有利益然無政治上之關係故歸併與否可漠然置之此無他與勢力平均之影響無甚牽動也若自日本之一方面觀之則謂今日列强雖無異議若事機一誤將來或有刼持以他種利益交換者故與其永以朝鮮爲保護國不唯統治權動多障礙且不能圖外交之發展故以今日併合爲最適當之時機蓋亦深知列强均勢之局者也

葡萄牙革命咄嗟而成倒君主政體而爲共和政體誠可謂今日之一大問題矣而列强乃絕不干預者此何以故乎其列强之對於此事其計之稔矣以爲若一干預而失葡人之期望則革命之事愈紛擾或至誤及將來對葡之方針故舊王政之能恢復與否與新共和政之能確立與否一聽葡人之自爲徐定將來對葡之計此乃列强用意之所在也今日之承認葡國新政體者除瑞士伯剌西爾之外又有楷些爾之[illegible]三八

矣瑞士爲共和民主國與新政體有特殊之趣味伯刺西爾爲葡人子孫所建設之國其率先而爭迎新政體也無怪其然至楷些爾者本爲葡萄牙前皇之快壻有傳位之意者今乃一舉而擲此希望於九霄之外則其意之別有所在可知且德國者近又先英法而市恩於新政府欲扶植勢力於葡萄牙就此二事以觀則將來列强均勢之有無增減尚在不可知之數也

近日法國對於匈牙利與土耳其之募債事件就財政上觀之不過一小問題而已然一涉及政治的意味則忽成爲一大問題法國若不允諾二國之募債則德國必樂爲引受而外交上遂多一荆棘何以故法國之所拒正德國之所與也今夫法國之承認匈牙利募債也豈惟市德於匈人而已哉匈牙利頻年以來久欲與墺大利分離財政徒以竭蹶無所措手耳若得新債助援則將來與墺大利之關係自必漸減而三國同盟之勢力亦因是而浸弱若毅然拒絕之則匈與法既傷感情勢不能不接近於德其對於土耳其之公債亦然土耳其近方處於德國之勢力圈中倘法國拒彼二國之要求則德國正可利用此二國以爲操縱之具故募集公債雖爲小事件然就列强均勢

之局面觀之。又不得不視爲重大之問題也。

希臘首相就任問題。不過極小之一事件而已。然今日屢次絞列強外相之腦汁者。則視爲一重大問題。初希臘皇帝。素仰克列特之政治家威尼些路氏之才。欲委以國事。召還而組織內閣。此本希廷用人之事。然自土耳其一方面觀之。則克列特者。爲生於其領土之臣民。若土人不以此事爲然。勢必提出此議。與希廷抗爭。如是則希土關係之葛藤至矣。當此之時。使當保護克列特之任。如英俄法諸國者。處置一誤。則外交之局。又動搖。彼英俄法者。將援助土皇乎。則希皇之召命爲無效。蒙不可雪之奇恥。而皇位且杌隉不安。時局亦因之而糾變。微論與希臘皇室素有姻戚關係之英國。固傷感情。即俄法亦有利害之關係。若援助希皇乎。勢不能不擢抑土耳其。既擢抑土耳其。則土更引而與德相接近。而英俄法將來之近東政策。無從發展。一任德國之長驅直進焉。此則英俄法之所大懼也。是希臘首相之就任問題。其牽動於列強均勢者。正自不必也。

觀以上各事實。則凡世界各事之大小。不以事件之性質爲衡。總以列強之眼光對之。

爲標準近日歐洲數大國無不包藏發展己國之野心就中尤以法國爲魁桀故各國之防之也亦愈至彼楷些爾之一言一動恰如外交界之忽翻一瀾必有千瀾相逐之而至故楷些爾之承認葡人新政府也世人莫不驚之此則目下外交之情態也

（刊誤）

前期本門德皇牽制三國協商之外交政策第二頁第六行至今當作至令第三頁十二行雖非當作雖然第四頁第十三行者字下在字當作除至今當作至令

著譯

十月新霜兎正肥
佳人駿馬去如飛
纖腰嫋嫋戎衣窄
學射山前看打圍

六

調查

# 海外僑民調查記（續念七號）

繫匏

## 各移住地我國移民之事情

### 第七暹羅

暹羅之與我國境相接。曾修職貢。關係素密。故我國人之移住者尤多。暹羅面積。約十九萬餘方里。其全國人口。六百餘萬人。暹人不過百七十六萬耳。我國人之僑居其地者。乃有百四十萬人。幾足當暹羅本國之人數。而占全國人口四分之一。其首府盤谷。人口六十萬。而華僑乃有二十萬人。勢力之大。亦可覩矣。

我國移民之在暹羅。悉皆閩粵之人。十年以前。赴暹人數。歲僅二萬餘人。比年以來。歲且六七萬。雖返國之人。居其三分之二。然僑暹人數。固自日增。在暹華僑所從事之職業。以農業為最盛。而商業次之。暹羅之富源。悉華僑所拓殖。暹羅之事業。亦强半華僑

所掌握。苟無華僑。則直謂之爲無暹羅可也。然邇來暹羅政府。亦漸倣美歐各國之苛禁，以壓制華僑

華僑在暹。三年一納人頭稅於暹政府。稅額四銖。後漸增至六銖。今年四月。改增爲歲額六銖，不完稅者倍罰。暹人之虐待華僑久矣。今以增稅之故。盤谷華僑，積怨發憤。同盟罷市。市民大鬨。暹政府執數百人下之獄。旋有人居間調停。罷市之事遂寢。然增稅問題，則猶未解決也。

暹羅郵便之制度未善。交通之機關未完，我國人自設信局四十餘家。以爲寄書寄金之用。寄回之金。雖不能得其確數。然約畧計算，歲當一千四百萬銖以上云。

第八俄屬西伯利亞

西伯利亞。固與吾國接壤，其一部分。曩固吾國之地也。我國人多移住於其地，亦固其所。然以自由入境之故。故人數日多。而無從詳知。今春俄國公使。告我外務部。謂我國人之在貝加爾者。已有八萬餘人。苟欲保護商業，不可不增設領事館於貝加爾，夫貝加爾僻在西鄙。其所毗連，實惟蒙古。人口稀少。而國人足跡所罕至者也，然赴彼人數。

且及八萬。況東方近地。則人數之衆可知。去年俄國政府之統計。謂東西伯利亞之華僑。二十八萬有奇。而來往諸地。爲彼統計所未及者。數尙不少。今現在西伯利亞之華僑。數蓋在五十萬以上矣。

西伯利亞未有限制華工之苛禁。浦鹽斯德頗已見端。然我國人服役勤而取庸薄。故一切工事。猶無不樂用華工。山東人自芝罘渡海至浦者。比年以來。歲三四萬。其遵陸入境者。人數尤多。約畧計之。歲可十萬。赴浦之人。以山東爲最多。東三省次之。寗波廣東又次之。華人之赴浦也。先於芝罘俄領事署。納二羅布二十五哥之費用。請其審證護照。旣抵浦港。復徵人頭稅三十哥。乃許登岸。我國人所從事之職業。固以農業工作爲最多。其經商者。亦復不少。我國商人。習於勤儉。其所消費。僅及外人十分之四。故商品之賤。恒廉於外人十分之一。工省價廉。購求者衆。故商業亦視外商爲較盛也。

第九脫蘭士哇爾

我政府以官約移民。惟脫蘭士哇爾一地而已。英人之經營南非。非一日矣。旣以莫大之勞費。血戰經年。一千九百年。乃舉其全土置之掌握之中。於是竭全力以開拓富源。

以期舉殖民之實。金剛石礦與金礦。脫中之利藪也。欲拓利源。不能不亟需勞力。華工固以耐勞庸賤聞於天下者也。欲濬南荒之地利。莫如用東方之勞力。前英公使薩道義。乃謀之我國政府。我政府乃令駐英公使張德彝。於光緒三十年。與英人訂立英屬南非洲招工章程十五條。是爲我國移民南非之始。當其時英人欲得耐勞庸賤之良工。亟於召募。而我國得此移民之新地。小民之生計亦可少舒。故其章程尙能平洽。既而英國政廳。恐我國移民之移入鄰境也。旋即制定南非英屬華工入境新例。以禁華僑之入岌朴哥勞尼諸地。今畧舉其新例如左。

第三條　發布條例之後。不許支那人移入岌朴。惟得總督之許可。不在此限。

第十六條　凡支那人自此地移居彼地。須報知兩地之知事。登記其往住之地。

第十八條　凡支那人非得總督及議政廳之特許者。不得從事經營礦山、販買酒類、及賣買輸入雜貨、之營業。

第十九條　支那人苟違反此例。則科百磅以下之罰鍰。無力繳罰鍰者。則監禁苦役一年以下。

第二十一條　支那人苟有設法謀助他支那人違犯此例者。無論直接間接。前罰以外。更科千磅以下之罰鍰。

第二十二條　船主載支那人至岌朴者。必先報告地方官。否則罰鍰五十磅。

由是觀之。其地之許華僑涉足與否、悉在英國政廳掌握之中。故苦瘠之地爲白人所掉頭不顧者。則驅華工爲馬牛、其地之稍腴而有利者、則不許華僑之移入。嚴懸厲禁、違者重罰。蓋其初歡迎華工者、不旋踵而禁制已嚴。於是華工之赴南非者。遂幾絕跡。然英人約束華工之苛例、日新月異。苟有犯者、下之於獄。或罰重金。南非華僑、不堪其苦。今年春間、遂結一大同盟。以反抗苛例、然禁之者意至堅悍。被禁者力極脆薄。今事雖未決。其效固可逆覩矣。

## 我國移民生計上之價値

移民與殖民異。殖民則含有政治上之意義。而移民則專在生計上之價値者也。今本此意以察我國之移民。

一　移民輸返之金額

我國移民。非如歐美諸國之移民。投資本以企業於所住之國者也。苟有所得、則貯蓄而輸返故國、故輸入金額至有可觀。夫我國之外國貿易、輸入之超過輸出、其額至鉅。十年以前。輸入超過輸出六千五百萬兩、十年以來。乃驟增二億一千九百萬兩。每歲之輸入超過、以何原因、而能保此貿易之平衡哉。試求其故。則實不外外資之輸入。與僑民輸返之金。今核光緒三十年海關之貿易平衡表、僑民輸返金額七千三百萬兩。於入欵十二條中、實列內國貨物輸出額（二億三千六百萬兩）之次。夫入欵全數。實四億二千八百萬兩。僑民輸返之金、已占六分之一矣。雖然。海外僑民之總數、都凡五百四十萬人。以輸入金額平均計之。人僅十三兩耳。彼日本明治三十五年之調查。移民輸入之金額、一千五百萬元。其時日本在外人數。都凡十五萬人。平均計之。人得百元。華僑勞力之勤、費用之省。積蓄之心。皆非日人所及。所得金額。豈能遠在日人之下哉、夫華工收益之數。其詳固不易知。然以各地勞役庸金計之。當可得其大較。

一八七〇年澳洲殖民地政廳調查華工業礦者一年之收入。

從事平易礦業者　年額　四十五磅至六十五磅

從事艱苦礦業者　年額　一百四十磅至一百六十磅

夏威夷植蔗者之收益月得二十元　年額　二百四十元　（約我國銀四百兩弱）

美國華工之收入

鐵道工　年額　三百八十元　（約我國銀五百餘兩）

農夫　年額　二百四十元　（約我國銀四百兩弱）

雜工　年額　二百八十八元　（約我國銀四百餘兩）

以數者折衷計之。則年入人可五百兩。費九餘一。人可歲餘五十兩。五百四十萬僑民之中。婦孺無所收入。卽減半計之。其總額年尙一億三千五百萬兩。蓋華僑寄金返國其途至多。非海關所能具悉。故其所列之數。未免失之過少。夫僑民輸入金額，歲至一億餘萬。其影響於生計界者。豈不大哉。

一　及於外國貿易之影響

移民海外。其影響於外國貿易者有二。一輸入外國之商品。蓋久居海外。習其風俗。雖返國以後。亦需其地之物品。一輸出本國之商品。蓋雖居外國。而故鄉之物產。固習用而不能盡離也。我國人雖在海外。無不樂用已國之物品。故第二之影響尤大。故其地華僑寡者。則輸出之商品亦寡。華僑衆者。輸出之商品亦多。今試舉華僑移住之地表列我國輸出貿易額、與移民之數。一為比較如左。

| 國名 | 年度 | 華僑數 | 輸出額 |
|---|---|---|---|
| 佛領印度 | 一九〇七 | 五三〇、〇〇〇人 | 一、七〇〇、〇七七兩 |
| 暹羅 | 一九〇二 | 一、四〇〇、〇〇〇 | 九三〇、七〇二 |
| 新嘉坡 | 一九〇八 | 三〇〇、〇〇〇 | 三、七八六、一六〇 |
| 非獵賓 | 一九〇八 | 七〇、〇〇〇 | 一七五、〇七八 |
| 合衆國 | 一九〇〇 | 九〇、一六七 | 一四、七五一、六三一 |
| 澳洲附新士蘭 | 一九〇六 | 一四二、五〇〇 | 二〇二、七九一 |
| 加拿大 | 一九〇一 | 一七、〇四三 | 一八一、三四八 |

凡此輸出。類皆我國人所直自輸出者也。由是觀之。影響於生計界者。其利固自不少

矣。

## 我國移民之被排

我國人之有功於世界也大矣。南洋之諸島。我華僑之所啓闢也。東印度之生命。我華僑之所保持也。北美太平洋鐵道。我華僑之所手成也。嘉里波尼亞之金礦。我華僑之所開採也。其他各洲之荒蕪。漸闢爲農耕之地。何者不出於我華僑之手。世界物質文明之進步。華僑之有所盡力。雖惡我者不能沒其功也。然逐客之令。遍於五洲四海。雖大。託身無所。其故何哉。究其原因。約有數事。

一由於人種之界限。嫌惡有色人種之偏見。固著於白人之心本而未易滌濯者也。曩者亞洲移民之入澳洲也。彼等昌言曰。澳洲者白人之澳洲也。一切有色人種必當逐之使去。拒不令來。即使爲游行之旅客。然苟使有色人種涉足吾地。是汚辱澳洲之神聖也。橫悍無理之言。實足代表白人之心理。我華僑則又黃種中之最足動彼忌惡者也。而又無國力爲後援。故荒穢待闢。則呼之使來。荊榛既開。則麾之使去。幾成爲各地之通例。而華僑遂無地以自容矣。

一由於職業之卑下、眷戀桑梓。人之常情。其輕去鄉井者。强半皆才智不高。不能自存於鄉黨之中。窮而遠適異國者也。出洋而後。又皆從事於農礦傭役。其職業卑下。則為人所賤惡、亦固其所。

一由於勞動之獨占。我國人之勤苦耐勞、其天性也、一人之力、足兼數人之役。且以節儉之故。傭直可以較廉、服役勤而取庸賤。二者皆非白人所敢望。故求傭役者、皆舍白種而求華工。白人工職見奪。固有失業之慘。即欲執一役。亦不能不賤直求售、移民苟無限制。則白人且無以自存。勞動者勢不相容。鬨然起相排斥。其有力者。欲得勞動者之歡心。以為選舉運動之地。且或鑒於小民生計之日窘、而為之寒心。遂力為勞動者之後援。而實行排斥之政策。力勤肅薄。實華僑被排之最重主因。而更無術可自解免者也。

一由於正貨之流出。我華僑有勤儉之天性、復富於積蓄之心。而其所積蓄。不肯營業於所住之地也。必儲而持之歸國。故華僑移入。則正貨流出。雖為排我者之讕言。然觀美人之所統計、則此論非必盡誣也。五十年前。我國人旅美者三萬五千人耳、從事礦業者。約三萬人。日値二元、年役三百五十日。則總額二千一百萬元。費九餘一。則歲已流出二百十萬元、數十年來。人數日增、則正貨輸出。不可數計、生計界中、不無影響。此固亦排我者之一口實也。

一由於不肯同化。我國人之性質、化人而不同化於人者也。富於保守之力。不肯輕易其俗。雖久處異國。而一切衣服飲食習俗嗜好、皆翹然自異。而不與人同、好同惡異。人之天性、華僑被排之故。此亦實其一端、

一由於不自檢束。外人之惡我甚矣。而吾人之僑居其地者。往往以賭博吸煙械鬭諸事。貽外人以口實。外人遂詆我爲劣種。汚壞彼之羣俗。而彼之排我。一若人道之正義。其侮我誠可憤。而吾人之先自取侮。則正不能不分其咎也。

## 我國移民之前途

五十年來。我國移民之數。如是其衆。移民之地。如是其廣。可謂盛矣。然比年以來。人數日減。範圍日狹。即現在以測將來。勢之所趨、恐有甚於今日者。不可不細審理由。而亟謀補救也。

一禁制華工之風潮。蔓延將遍於世界。風潮劇烈。日甚一日。以厲禁塞來者之途。以苛法驅留者使去。必使華工絕跡於其地。然後乃快於心。美洲澳洲之舉動。其明徵矣。我政府漠視其民。曾無保護之策。且國勢積弱。亦非空言交涉所能抗此風潮。不及十年。五洲之中。必無復華人廁足之餘地。勢有必至。所不能不預爲籌慮者也。

一勞力需用之減少。雖無人力之排斥。亦受天然之淘汰也。新地初闢。首需勞力。炎烈山澤。誅茅墾荒。浸而修造鐵道。開採礦山。無一事不待勞力。此二十年前美澳諸地所以歡迎華工也。墾荒修路。固非長期永續之事。土地既開。事漸就緒。勞力非復所需。欲求職業。則必稍有智能。然後適於機械工業之用。我華工之智用能。其能應此用者蓋寡。彼美國秘魯澳洲諸地之拒逐華工。雖爲彼族橫暴之舉。抑亦需用日減。供過於求。故能棄我如遺也。勞力之需日減一日。過此以往。事更可知。我華工誠有來日大難之歎矣。

一殖民性質之缺乏。此則我國移民失敗之一大原因。不能復自諱飾者也。我國人初非有經營殖民地之野心。徒以迫於生計之窘難。遠出而謀生於他國。苟有相當之積著。即謀歸老於故鄉。亦非有繼續永住殖民之性質也。故雖以數十萬人團聚於一地。絕無結合之思想。自治之能力。展布勢力。聯結團體。固植其立足之地。惟是戢戢受治。雖以百數十萬人之大衆。常見轄於他種之千數百人。而爲之牛馬奴隸。其聚也烏合。其散也萍飄。我國移民。雖遠在五六十年以前。以無殖民性質之故。所以至今日而曾無立足之地也。

總此三事而觀之。雖謂十年以後。海外無復華僑之足跡。誠非過論。我國移民之事業。其無復希望矣乎。然我國土地至廣、物產至豐。寶藏未開、貨棄於地。地力未盡、遺利正多。曩者政治不修。故窮而求之海外。乃者政治改革。已有見端。工業勃興、農事發達。交通機關亦日完備。行國內移民之政策。則徙民實邊。已足容海外之移民而有餘、工藝浸精。商業日振。然後出而競爭於外。我國人冒險堅忍之性、不後英人。今日能以勢力爭勝者。安見他日不以商業爭勝。恢復曩者移民之故地。而一雪今日失敗之恥也。

(完)

富貴功名　皆人世浮榮
惟胸次浩大　是眞正受用
（曾文正語）

## 文牘

# 資政院奏請速開國會摺

爲具奏請　旨事、前據順直各省諮議局及各省人民代表孫洪伊等。又僑寓日本橫濱神戶大阪長崎四埠中華會館代表湯覺頓等。各以陳請速開國會說帖。赴臣院呈遞、當由臣溥倫臣沈家本交陳請股審查陳請股於九月十六十九等日。開股員會審查兩次。均經該股全體議員表決。認爲合例可採。查資政院章程第二十七條。資政院於人民陳請事件若該管股員多數認爲合例可採者。得將該件提議。作爲議案等因。隨於九月二十日。開全院會議。全體議員合詞贊成。認爲應行具奏之件。表決之後。羣呼　大清國萬歲　皇帝陛下萬歲　大清國立憲政體萬歲。衆情踴躍。歡動如雷。合王公士庶於一堂。而表其一致。此中國數千年來所未見也。查順直各省諮議局說帖。稱立憲政體。根原於三權分立。若無國會則無立法機關。即無所謂立憲。籌備憲政。未

文牘 二

完全。由於立憲政體未確定。欲確定立憲政體。非速開國會不可。又稱資政院性質。與議院不同、以法制言。議院為獨立機關、而資政院不然、以効力言。議院議決之案。經君主裁可。大臣署名而實行。而資政院不然。以責任言、議院議決案。對之負責任者為內閣。而資政院不然。資政院以不能獨立之故、而喪失其議決之効力。於此而負其責任者、惟吾 皇上一人。按之立憲精神。猶無一當。故諮議局等以為資政院與議院居於反對之極端、非基礎之預備、欲豫備立憲基礎。非速開國會不可。此順直各省諮議局說帖之要義也。查各代表孫洪伊等說帖。稱求治莫要於審緩急先後。而緩急先後不能。徒徵諸理論。當以事實為衡。今中國非實施憲政。決不足以拯危亡。盡人而知之矣。憲政若何而始能實施、此最不可不審。比者籌備憲政之有名無實、天下共見。中外臣僚、塗飾敷衍。揑報成績。苟以塞責者。固所在多有。而一二忠勤憂國之大吏。亦嘗知虛名之不可以久、假欺罔之不可以公行。力陳現在籌備之失當。成績之難期。如督臣李經羲、陳夔龍、撫臣陳昭常、孫寶琦、藩臣王乃徵等。皆先後有所獻替。雖所籌補救之策各有不同、至其言現在籌備不舉實則一也。蓋立憲之眞精神。首在有統一之行政機關。凡百施設。悉負責任。而無或諉過於君上。所謂責任內閣者是也。責任內閣何以名。以其對於國會負責而名之也。是故有責任內閣。謂之憲政。無責任內閣。謂之非憲政。有國會則有責任內閣。無國會則無責任內閣。責任內閣者。立憲之本也。國會者。又其本之本也。本之不立。末將安麗。兩年以來。所籌備一無成績。而憲政二字。幾於為世詬病者。皆坐是也。是故他事皆可後。而惟國會宜最先。他事皆可緩。而惟國會宜最急。諭旨謂緩急先後之間。為治亂安危所繫者。豈不以此耶。此各省代表孫洪伊等說帖之要義也。吾僑寓日本橫濱等處代表湯覺頓等說帖。稱日本因開國會。財政始能發達。內亂始能消滅。外交始能平等。朝鮮以不開國會。監督機關不立。百事皆有名無實。庶政廢弛。民生彫悴。以至於亡。今我國欲統一財政。消弭內亂。維持外交。鑒於日本之所以興。朝鮮之所以亡。皆非有國會不可。此僑寓日本商民湯覺頓等說帖之要義也。臣竊維世界政體漸趨一軌。立憲者昌。不立憲者亡。歷史陳迹。昭然可睹。而立憲政體之要義。實以建設國會為第一。國會之作用。在協贊立法。監察財政。與政府法院鼎力並峙。而為國家統治機關之一。不可不備者也。今 朝廷實行立憲。不啻三令五申。籌備不可謂不密督責不可謂不嚴而未嘗有成效之可言者則以財政之未精確法制之未統一而實國會之不早建設有以致之也今各省諮議局及各代表等以臣院爲
朝廷取決公論預立上下議院基礎之地爰於開會之始持書陳請哀痛迫切遠近一致於國會不可緩設之故均已抉發靡遺無庸贅述惟臣等區區之愚尚有欲陳於
君父之前者則以近世東西各國除一二小國外其國會之制殆無不以兩院集合而成兩院制之善在議事之際必經兩次表決兩次通過甲院以爲可者乙院或從而否之乙院以爲是者甲院或從而非之必兩無異議而後致諸政府上奏施行其善一也兩院協商一再駁復而政府不預則彼此各有居間調和之用而政府與國會無直接衝突之嫌其善二也有此二善則與其維持現狀得偏遺全不如採取各國通法徑設兩院之爲愈也臣等內審國情外考成法竊以爲建設國會爲立憲政體應有之義務既不可中止何必斤斤於三五年遲早之間人心難得而易失時會一往而不還及今圖之猶可激發輿情乂安大局 朝廷亦何憚而不爲用敢合辭貸可披瀝上聞伏乞
皇上毅然獨斷明降 諭旨提前設立上下議院以維危局而安羣情不勝激切待

命之至。除將陳請說帖三件彙總封固恭呈御覽外。理合遵照臣院議事細則第一百六條。恭摺具奏。請旨裁奪。伏乞 皇上聖鑒訓示。謹奏。

## 度支部奏擬將國家稅暨地方稅章程同時釐定頒布摺

奏爲擬將國家稅暨地方稅章程同時釐定頒布。以便推行而資遵守。恭摺具陳。仰祈
聖鑒事。本年七月初一日。軍機大臣。欽奉 諭旨。御史王履康奏請變通釐訂國家稅地方稅年限並將國家稅提前規定一摺。著該衙門知道。欽此。欽遵抄交到部。查閱原奏所稱釐訂地方稅章程。當以國家稅爲標準。擬俟國家稅釐定以後。再行釐定地方稅各節。誠不爲無見。惟國家稅地方稅。名義雖分。徵權則一。查各國地方稅。多有附加之稅。自非與國家稅同時釐訂。則地方稅。即恐無所依據。以爲準則。且中國賦稅名目。既屬紛歧。性質尤爲複雜。將來劃分此項稅款。必須酌量時勢所宜。兼採各國規制。並先期與各督撫詳加斟酌。乃能擬訂辦法。若時期過於急遽。即節目難免闊疏。臣等再四思維。似應以本年爲調查國家稅地方稅年限。宣統三年爲釐定年限。宣統四年。

同時須布。庶推行無所妨礙。至　皇室經費。查籌備清單。第八年始行確定。惟國家稅地方稅劃分以後。所有一切經費。皆應分別支配。似　皇室經費。亦應同時規定。方臻完備。伏讀上年十月十三日　上諭。前奉　先朝諭旨。諄諄以籌備立憲爲要圖。業經據定年限。各事責成。期於計日程功。屆時頒布。若揆諸現在情形辦理。或有窒礙。亦准其剴切臚陳。並妥籌善法。仍一面持以毅力。務底於成等因。欽此。本年釐定地方稅。既查明確有窒礙、謹遵籌辦法。據實陳明、如蒙　俞允。擬卽咨明內務府憲政編查館稅務處。及各省督撫。遵照所有請將國家稅暨地方稅章程。同時釐定頒布各緣由。理合恭摺具陳。伏乞　皇上聖鑒訓示。謹　奏。

## 會議政務處奏會議度支部奏試辦宣統三年預算請　飭交資政院照章辦理摺

奏爲遵議度支部試辦宣統三年預算請　旨飭交資政院照章辦理。恭摺仰祈聖鑒事。本年八月二十七日。奉　諭旨。度支部奏遵章試辦宣統三年預算。繕表呈覽。並瀝陳財政危迫情形。請飭會議政務處會同集議奏請施行一摺。著會議政務處議奏欽此。原奏稱統計京署各冊。預算不敷二千五百餘萬兩。外省各冊。預算不敷三千六百餘萬兩。而籌備追加之款。尚不與焉。數月以來。悉心考核於各署表冊。凡出入相符者。暫仍其舊。至預算不敷之部院。自行删節。除認減外。仍不敷銀二千四百八十餘萬兩。其餘外省各冊。與各督撫電商增減。亦第就其不敷之多少以爲乘除。據各省認增歲入認減歲出外。仍不敷銀二千九百餘萬兩。惟三年籌備事宜。另列附冊。又有追加各冊。合之亦在二千萬兩以外。如照預算辦法。皆宣統三年需要之款也。現在試辦預算。端緒紛紜。誠不足語完全之式。然於全國財政。實已舉其大綱。以歲入之來源。遠遜東西各國。釐訂稅率。改良收支。其責自在臣部。至歲出之政要。權衡操自　朝廷。尤賴部院大臣。共體時艱。以治理之後先。酌財用之損益。庶不至竭蹶不遑。應否由政務處集議後。轉交資政院之處。恭候　聖裁等語。臣等遵查各國預算之法。與古者冢宰制用之意相似而不同者。一則量入爲出。於節流之意爲多。而政策常偏於保守。一則量出爲入。於開源之道爲重。而政策常主於進行。所謂積極與消極主義。既有不同。辦法遂以各別。大抵國家文明程度愈進。則其經費愈繁。歷觀往史。中外皆然。理

文牘

無可易。中國歲入之數。向稱一萬萬兩。經度支部奏派各省財政監理官。認眞清理。而登諸冊表者。歲入遂逾兩倍。非盡近年多取於民。亦由從前並無確實之調查。詳晰之報告。隱漏紛歧。難於統覈。一自上年分別清理。或本隱以之顯。或化私以爲公。內外洞然。至臻倍蓰。方今預備立憲之際。新政百端。非財莫舉。按照原奏所稱京外各冊。不敷銀數。固應亟籌彌補。卽其餘籌備事宜。另列追加各費。事關憲政。亦屬必不可少之需。

國家財政如此之艱。人民生計如此之窘。誠如原奏所稱存亡危急之秋。不可不急謀補救者也。查各國預算辦法。先由各部大臣預定各部經費概算書。送交度支大臣。度支大臣詳加覆覈。編成總預算案。請求閣議。而後提出於議院。如有不敷之數。或起公債。或加稅法。以補足之。必求出入相當。而後預算案乃能成立。今我 國家立憲甫經預備。按照籌備清單。試辦全國預算。應在第六年至第九年。制定確當預算案。向議院提議。此次預算。係度支部查照清理財政章程。先行試辦。誠未足語完全之式。惟現値資政院開院伊始。按照奏定該院院章。首在議決國家歲出入預算事件。該院職掌所在。必能恪遵權限。共體時艱。擬請 聖明裁奪。卽將度支部此次試辦預算原案表冊。飭交資政院照章辦理。再臣處正核辦間。復准度支部咨送法部預算修正案表冊一本。陸軍部咨送軍政費清單一件。應請 飭交該院併案辦理。所有臣等遵議緣由。是否有當。謹恭摺具陳。伏乞 皇上聖鑒訓示。再度支部係原奏衙門。是以臣載澤未經列銜。合併陳明。謹 奏。

## 度支部奏遵章試辦宣統三年預算并瀝陳財政危迫情形摺

奏爲遵章試辦宣統三年預算謹繕總表呈 進並瀝陳財政危迫情形籲懇 朝廷早定政策以維全局恭摺仰祈 聖鑒事。竊查清理財政章程第二十條。臣部自宣統二年起。逐年將京外各處預算冊。詳細覈定奏請施行等語。本年爲試辦預算初期。業經奏頒冊式在案。茲自五月以後。據各處將預算冊陸續咨送到部。臣等伏維預算之義。本周官制用之書。其精意失傳已久。在東西各國相沿辦法。於國家地方釐其稅項。歲入有區分之數。政費始可以開支。以治內防外。決於僉謀。歲出有趨重之途。稅課始從而加取。蓋必預定行政宗旨。然後以措施之孰急孰緩。酌劑其爲盈爲虛。其責任

文牘 十

統之內閣。又有國庫以經理之。所謂完全之預算也。今之中國不然。政權渙散。意見既不免紛歧。財用雜糅。清理尚難言精確。以此而試辦預算。誠非易易。何以言之。卽如在京各部院。職務所繫。彼此各不相謀。但求盡其在我者。爲極意經營之舉。以撥款委之計臣。以奏限責諸疆吏。不得議其逾分也。顧財力能否勝任。則非其所知矣。故統計京署各冊。預算不敷二千五百餘萬兩。若在外各督撫。固習知籌款艱難者也。然一收一支。假手於人。不敢信其盡實。冗事冗費。觸處皆是。不能必其盡裁。計各省常年所需已岌岌不可終日。又以頻歲進行新政。主管各衙門。督催孔急。張皇草創。以顧考成。自贍者藉以鋪張。無力者逼爲敷衍。兼營並騖之下。頓成鉅虧。故統計外省各冊。預算不敷又三千九百餘萬兩。而籌備追加之款。尚不與焉。此京外造送預算冊之情形也。數月以來。臣等督率臣部財政處提調總辦以次各員。悉心考覈於京署各冊。凡出入相符者。暫仍其舊。至預算不敷之部院。則司法行政各秉專章。非臣部所能置喙。惟有以款絀用繁之故。求曲諒於同官。是以文牘往還。皆乞其自行刪節。現除各部認減之數外。仍不敷銀二千四百八十餘萬兩。其餘外省各冊。稽覈尤難。地方之貧富不同。政理之弛張亦異。一入款也。或可溢收。或則寡取。一出款也。或相倍蓰。或甚細微。不特比例未能。即寬嚴亦難悉合。若新政奉行之事。章制非一。魄力相懸。有某省所支某費已逾百餘萬。而某省所支某費。不及數萬者。臣部實無從遙斷。迫欲展轉咨查。又虞延誤。故此次與該督撫電商增減。亦第就其不敷之多少。以爲乘除。其於准駁之間。並非有所歧視。幸各督撫深明其意。電允居多。現據各省認增歲入約一百六十萬兩。認減歲出約八百六十餘萬兩。抵除之外。仍不敷銀二千九百餘萬兩。惟三年籌備事宜。有另列附冊具報者。又有續報之追加預算各冊。合之亦在二千萬兩以外。大抵均無著之款。此臣部覆覈京外預算冊之情形也。統計全年歲入共二萬九千七百萬兩。以田賦爲大宗。鹽課、關稅、釐捐、官業收入、亦略相等。歲出以軍政爲大宗。已占入款三分之一。而還款償款。又五千一百萬。其留作行政等費應用者。不及歲額之半。故以京外各冊分數合算。共不敷銀五千四百萬兩。加以籌備事宜另列及追加各費。實共不敷銀七千八百萬兩。如照預算辦法。皆宣統三年需要之款也。臣等忝掌度支。引躬負疚。目覩艱危之狀。曷敢緘口不言。竊念庚子辛丑以前。論中國財政者。舉其收入。輒稱一萬萬兩。乃不十年之間。倍其數而遠過之。亦無非取之民間而已。說者謂各國通例。預算不敷。大率皆主增加租稅。中國稅率。輕於歐美。無妨量予加徵。然當實業未興之際。災荒屢大之餘。一時亦遽難收效。或又謂中國累於洋款。其理誠然。然以來年支出之虧計之。已不下五六千萬。且籌備之資。方興未艾。縱無洋款。中國果足以自立乎。歲計溢於曩時。而憂貧轉甚。其故可深長思已。日本之維新。原於勤儉。即歐美富厚。不聞以並舉爲雄。況當此存亡危急之秋。能不亟謀挽救。試以全年歲入而論。除支銷最要之京餉洋款外。尚有二萬萬兩以上。若於全國歲出各費。酌理準情。適中分配。即責成主管衙門與行政各督撫。通盤籌畫。除不急之務。袪浮濫之需。然後以騰挪餘款。於籌備宜先之事。擇要而行之。則重輕得序。次第觀成。庶可以仰副 先朝之 詔旨。如不計財力之盈虧。而一意進趨。將出入之數。必愈懸而愈遠。美其名若百廢具舉。稽其實則一事無成。憲政前途。殆不堪設想矣。此則臣等夙夜徬徨所不能已於言者也。現在試辦預算之初、端緒紛紜、誠不足語完全之式、然於全國財政。實已舉其大綱。以歲入之來源。遠遜東西各國。則釐訂稅率。改良收支。其責自在臣部。至歲出之政要。權衡操自朝廷。尤賴部院大臣。共體時艱。同心協力。以治理之後。先酌財用之損益。庶不至竭蹶而不遑。此則非臣部權限之所及也。總之處今日而謀國是。宜就量入爲出辦法。速圖擴充。舍此別無良策。伏望聖明剛斷於上。諸大臣襄贊於下。庶幾憲政克底於成。謹繕宣統三年試辦預算歲入歲出總表各一分。並京署外省各關各邊歲出入總表各一分。恭呈御覽。請旨飭下會議政務處。由軍機大臣會同各部行政大臣集議奏請施行。再査憲政籌備事宜清單內開第九年制定明年確當預算案。預備向議院提議。又資政院續擬院章清單內開國家歲出入預算事件。於開會時交議。此次試辦預算。應否由政務處集議後。轉交資政院之處。伏候聖裁。除將總分各表咨送政務處外。所有遵章試辦宣統三年預算並瀝陳財政危迫情形各緣由。謹恭摺具陳。伏乞皇上聖鑒訓示。謹奏。宣統三年八月二十七日欽奉諭旨。度支部奏遵章試辦宣統三年預算繕表呈覽並瀝陳財政危迫情形請飭會議政務處會同集議奏請施行一摺。著會議政務處議奏。欽此。

# 兩江總督張人駿奏試辦預算切實裁減情形摺

奏爲清理財政試辦預算切實裁減謹將辦理情形恭摺具陳仰祈　聖鑒事、竊查度支部奏定清理財政章程第十一條內開宣統元年起。各衙門局所出入各款報告冊。送清理財政局彙編總冊按季呈由督撫咨部。又第十四條內開宣統二年起。預算次年出入款項。編造清冊。由局彙編全省預算報告冊。呈由督撫於五月內咨送。又第十七條內開各省款項若有不足。於每年編訂預算報告冊時。由各該督撫商同度支部設法籌措各等語。並准度支部將預算例言冊式表式咨行前來。伏查財政爲庶政之基。而江南財政。頭緒紛賾，清理不易。預算尤難。臣上年六月抵任。詳加考察。始知外負賦政之名。內處困難之實。非及時梳剔。就事裁減。勢將坐困。當即明定功過。切實督催。據將宣統元年春季報冊造齊。隨將各季陸續造送。其中要政所關。固屬省無可省。而局所之僻立。員薪之冗濫。尤當極力裁併。爲目前節流之計。督飭司道局所通盤籌畫。先將營房工程局、工料總所、木釐總局、軍械局、萬頃湖屯墾局等處。分別併入財政等局。及改歸皖南道辦理。其餘督練公所、財政局、調查局、自治局、禁煙公所、法政學堂等三十八處。均將委員薪夫切實裁減。約計每年節省銀三十萬餘兩。本年春季報告冊即按裁減後實數查造。一面試辦宣統三年預算。據清理財政局遵限造呈冊表共經常歲入銀二千四百六十七萬四千七百五十一兩三分三釐。臨時歲入銀一百六萬七千一百八十六兩九錢二分四釐。經常歲出銀一千七百四十八萬五千七百六十一兩六錢八釐。臨時歲出銀六百八十三萬九千一百三十三兩二錢五釐。地方行政經費。經常歲出銀一百八十九萬八千六百三十二兩八錢八分九釐地方行政經費。臨時歲出銀五十七萬八千六百四十一兩二錢七分。統計宣統三年歲入銀二千五百七十四萬一千九百三十七兩九錢五分七釐。歲出銀二千六百八十萬二千一百六十八兩九錢七分二釐。出入相抵。計尚不敷銀一百六萬二百三十一兩一分五釐。就中鹽務款項。約餘銀十萬兩。不在地方經費之列。而丁漕災緩。亦未能預爲剔除。核實計之。宣統三年。不敷銀約一百五十萬兩。而籌備新政。尚不在內。部咨本期於收支適合。當此羅掘俱窮。騰挪乏術。即欲勉求相抵。驟亦無計可施。且據該局以部限嚴迫。款目紛繁。恐有複漏。惟勉依定限。立待專咨。當即照章將原造冊表由臣送部。一面分飭司道局所會同該局。各就事款力求籌補。旋准度支部電咨指令裁減歸併一百五十餘萬兩。復經飭行籌議。一面將臣衙門經費首先裁減七萬餘兩。以爲表率。隨據公同籌定。遵照部電將兩淮運司、江安糧道、財政局、洋務局、巡警局、江南製造局等二十六處。共裁減銀約四十三萬八千餘兩。連臣衙門所裁約共五十一萬兩。另有部電歸併。而節省尚無確數者。有部電裁減。而情形實難辦到者。萬不得已。復於部電所指之外。在鹽務各署局及軍學界共十四處。約裁銀三十一萬兩。復將財政局經費臨時款剔除銀十三萬九千餘兩。共計裁減剔除銀九十五萬餘兩。內有軍事費各款應否裁節。仍應遵照軍諮處陸軍部電咨。由部處核定。已於咨度支部單內聲明。即照現數統算。宣統三年。仍不敷銀五十餘萬兩。如此大加撙節。庶事已成。欲窒之機。即欲竭力搜羅。民力亦有難勝之勢。況新政籌備需款尤多。僅籌備五十萬。即能敷來年之用。在部定章程預算冊則由局核編。呈由督撫咨送。款有不足。則由督撫商同度支部設法籌措。原未嘗强疆臣以所難。然此時部庫各項同一窘絀。就江南而論。解款既無可停。協款又多無著。遑論再籌撥補。開源則緩難濟急。節流則搜剔已窮。若至縮行政之範圍。以就財力。終必因財力之困乏。致誤行政。籌思再四。殊切殷憂。臣惟有竭力盡心。隨時隨事。勉爲設法。咨商部臣。主持辦理。若夫塗飾以應目前。措克以傷元氣。則臣之迂拙不敢出此。所有清理財政試辦預算情形。除將冊表及裁減淸單咨送度支部查核外。理合恭摺具陳。伏乞

皇上聖鑒訓示。謹奏宣統二年九月二十六日奉

硃批度支部知道欽此

## 僑寓日本華商請速開國會書

具呈僑寓日本横濱神戶大阪長崎四埠中華會館中華總商會中華教育總會代表人職商湯覺頓等呈爲時局艱虞。人民望治。謹近鑑日本。籲陳早開國會之利。呈請代

奏事。竊職等僑寄海外。怙恃宗邦。伏讀

先朝大誥。定中國爲君主立憲政體。以

樹

國家億萬年有道之基。誠歡誠忭。惟是憲政與國會實相倚而不可離。無國會而言憲政。恐空談而終無實。去年十二月各省諮議局議員孫洪伊等呈請速開國會。實爲深探本源。嗣奉十二月二十日

上諭。奬其忠誠。戒其操切。職等跽聽之下。感激涕零。旋聞該議員等及各省商界學界諸團體。乃至南洋澳洲諸僑民。揆度時勢。紬繹

聖意。更爲第二次請願。職等聞風興感。深有同情。徒以疏逖謭陋。不敢妄有所建白。且

亦早開國會之義既已普天率土萬口同聲輿論所趨民情可見我 皇上視民如傷所欲與聚謂當必 俯如所請以慰民望無勞羈旅小民更贅一詞是以雖懷欲陳旋默而息恭讀五月二十二日 上諭以行政籌備尚未完成 諭令靜俟九年毋許再三瀆請仰見 聖謨宏深愼終於始反覆循誦欽佩莫名草莽庸愚更何敢摭拾陳言自干罪戾惟是職等旅居日本或三四十年或一二十年目覩其憲政過渡之際消息得失之林竊深有所感用敢不避斧鉞之誅敬効芹曝之獻爲我 皇上陳之一曰日本之財政因開國會而始能發達也考日本明治二十年以前其政府之歲入不及一百兆而收營業稅家屋稅印花稅民怨沸騰莫可名狀至於所得稅遺產稅通行稅以及鹽專賣稅等在歐美各國類皆以此爲政府收入大宗而日本無一能行故其時財政竭蹶萬狀一切政費惟恃不換紙幣以支給識者憂之謂其國將不免於破產及國會既開以後其第一年政府提出於國會之豫算案爲一百五十八兆九千七百九十餘萬其案竟能在國會通過自玆以往歲歲增進至今政府收入竟爲八百四十兆有奇財政基礎穩固不搖故能聿揚國威以有今日推厥所由皆緣人民既有出代議士

之權利卽樂於負納租稅之義務前此種種良稅不能實行者既有國會而次第克舉也二曰日本之內亂因開國會而始能消滅也考日本之宣布立憲實始自明治初元五條誓廟之文然因國會未開憲政徒託空言以故內亂紛起幾無安歲故明治七年則有江藤新平等作亂於佐賀九年則有上野謙吾等作亂於熊本十年更有西鄉隆盛等作亂於鹿兒島宗社幾爲顚覆僅乃獲安十一年更有片岡健吉林有造等作亂於高知同年有水野橋一郎等作亂於福岡三添卯之助等作亂於東京十五年有陸奧宗光等作亂於土佐其餘小亂不可枚舉而暗殺大臣之事則自明治十四年以後無歲無之若大久保利通森有禮之被刺而死大隈重信之被刺而傷其尤著也蓋當時日本人民憤國會之久不開設乃競倡民權自由之論主義日趨於急激民氣日趨於囂張當此之時日本皇室危若累卵及國會一開民始憬然於朝廷之眞意而嚮昔熱狂之態乃斂就範圍故林有造陸奧宗光片岡健吉等前此實爲亂民而後此乃爲大臣效忠皇室彼陸奧宗光卽曾以作亂下獄六年而甲午之役乃親爲外部大臣以與我國議和者也此無他故蓋既有國會之後則人民不平之氣自靖上下一心一德

文牘

內亂無自而生耳使日本國會而緩開數年則皇室之安危未可知也三曰日本之外交因開國會而始能平等也日本當明治以前與歐美各國所定條約其損辱國權之處不一而足最甚者則其租界內各國有領事裁判權而關稅則爲外國所掣肘不能自改稅率也日本君民上下深以爲恥日思改正條約而不能有成自明治十五年井上馨始開交涉至十九年前後與外國談判者亘二十八次莫之肯應二十一年大隈重信繼之二十二年青木周藏繼之二十三年榎本武揚繼之皆無成議及國會既開責任內閣確立其所制定各種法律實見施行乃由下議院上奏改正條約之議案外部大臣陸奧宗光持之以與各國交涉英國首先認可各國次第贊成然後領事裁判權得以全撤而稅權得恢復一部分使無國會之後援則此事之成不知期以何日也由此觀之日本之所以能安內攘外百廢具舉蒸蒸日上以有今日者其根源蓋無不在國會當彼國會未開以前政府方疑國會既開將有大權旁落之患不知立法行政範圍本不相妨而大權政治之精神愈得以發揮光大至今彼都元老每有集會演說常自述其前此壓制輿論之隱衷毫不自諱皆謂由今思之不禁啞然失笑也今我國

二十

頻年以來人心思亂加以水旱洊臻物價騰踊伏莽徧地在在堪虞而復有不逞之徒假泰西革命邪說以煽之愈益囂然不靖而考其煽動之口實不過曰專制政體未變也豫備立憲恐託空言也既開國會自足以杜莠民之口雖譸張爲幻而民聽不惑此國會之宜速開者一也自互市以來國權損失外侮憑陵屢思補救終無大效及今不振滋蔓愈深而推原外國所以不以平等相待實緣今世各文明國皆有國會我尚無之人乃羞與爲伍觀於土耳其自開國會後距今不過三年而撤回領事裁判權已將有成議其効果與日本相等是知外交之後援必藉輿論矣此國會宜速開者又一也然此猶得曰與國會非有直接之關係也獨至財政一項爲全國命脈所關而縱觀世界各國苟非國會既開之後則財政殆無整理之期今我國中央財政大半仰給於各省而據各省所奏報每省財政入不敷出之額少者百餘萬多者動數百萬中央之不敷者尚不在此數合計年年不敷之額在數千萬以上而新政之待舉經費之增加且未有已而欲加新稅則民怨沸騰欲辦公債則莫肯應募夫以私人生計而論苟一時偶然竭蹶尚可以設法彌縫若年年所入恆不足以供事畜之資則家之傾覆可立而

待矣國家亦何莫不然年年歲入不足以數千萬計苟非別有術焉以得確實之財源則岌岌之勢何堪設想然國家財政必取諸民民非樂輸財無由理故英吉利匍牙利兩國議院實爲今世國會之濫觴而動機皆起自籌欵蓋承認租稅之機關實理財家所最歡迎故也今使　朝廷能別有道焉以擴充稅源募集公債則國會開設之遲速原可置而勿論然今者司農仰屋之象亦既情見勢絀矣國會未開恐更無復籌欵之途恭讀　諭旨以籌備未完欲待其完而始開國會　皇上鄭重憲政之意職等敢不凛遵顧所最慮者則財政不理恐籌備斷無獲完之時而國會不開恐財政亦斷無獲理之日更閱數年竭蹶愈甚必至官俸兵餉無從給發而吏治之隳兵隊之變皆在意中事勢至此豈復臣子所忍言竊恐其時欲開國會以圖補救而亦有所不及矣此國會之宜速開者又一也抑職等更有欲陳者朝鮮今則亡矣識者推論其所以致亡之故則皆由庶政廢弛民生彫悴使然雖然朝鮮當甲午以後其主亦嘗郊天誓廟頒所謂大誥十二條者其中亦有採取輿論建設責任內閣之文復設一中樞院指爲發表輿論之機關謂將以爲議院基礎徒以無國會之故監督機關不立百事皆有名無實

官府混淆賄賂公行以致於亡職等聞之與治同道罔不昌與亂同道罔不亡願我皇上上察日本之所以昌下鑑朝鮮之所以亡而慎所擇焉則國家億萬年有道之長實賴之矣職等懋遷海外於政治學理毫未講求何敢妄陳大計況明諭煌煌宣示利弊凡有血氣皆已曉然於聖意所在宣統八年之必開國會已屬毫無疑義職等亦何必不忍須臾而曉曉然干冒宸嚴爲茲瀆請徒以財政危機之迫至今日而已達其極故就他種行政一面論之國會不宜速開誠如聖諭所言而就財政一面論之國會之速開又似屬萬不容已職等食毛踐土具有天良苟心所謂危而不以告諸君父之前罪莫甚焉用敢不避嚴譴再以瀆陳伏乞皇上外鑑鄰治內察輿情早頒召集國會之明詔天下幸甚職等經聯合橫濱神戶大阪長崎四埠中華總商會中華教育總會公同集議意見相同理宜闔埠商民齊集闕下瀝陳管見特以遠隔重洋不敢造次謹舉湯覺頓代表專呈貴院伏請代奏皇上聖鑒謹呈

## 江督請軍機處代奏電

伏讀本月初三日諭旨特准於宣統五年開設議院預即組織內閣臣民籲請之誠

開中外大同之治。聖謨丕煥。薄海同欽。伏念立憲之詔。頒自先朝。預備之期。定以九載。光緒三十二年　景廟欽奉懿旨。卽以憲政爲救時要策。深慮規制未備。無以對國民而昭大信。厥後明詔屢傳。念時局之艱危。痛事機之迫切。憂勤惕厲。無間宵旰。三十四年八月初一日上諭。明定籌備期限。且甚之日存亡危急之秋。殷殷於朝野同心以圖存。官民交勉以進步。何嘗不急於觀成。蓋必上有完備之法度。下知應盡之義務。行之方爲有效。相須殷相期乃不得不遠。誠不欲於政治法律一切整理保護機關未臻周妥之時。遽以無窮擔荷責之吾民。一變列聖相承薄賦輕徵之德意。特以籌備事宜嚴責官司。而議院基礎。則於資政院各省諮議局假之議權。寬其責任。俾資練習。覆幬之仁。鑑今照古。人駿前准各直省督撫電商閣會辦法。竊慮議院驟開。議員識解未抒擔負無力。政黨從違鮮據。監察多疏。內閣權位太重。不無流弊。通電各省躊躇商榷。茲閱錫良等電奏情形。各省諮議局及人民代表籲請速開國會各節。誠如皇上訓示。民氣奮發。衆論僉同。自必於人民應擔義務。確有把握。錫良等並援日本國會既開。歲入之數。自原額八千萬。允增至六萬萬元。以爲借證。我國地廣民稠。何止十倍於日本。以是謀國何謀不臧。乘此時機。正宜急起直追。統圖前進。惟各省歷年籌備事宜。雖尙循途可赴。究難日起有功。良以愚民惑於創見。每因調查戶口動輒滋事。其棘手尤在無米爲炊。度支部預算案。各督撫復陳籌備經費案。統計每歲不敷不下數萬萬。現須在兩年內提前趕辦。即使删繁求簡。移緩就急。而事以限迫見多。欵以急謀莫措。通盤籌畫應付實難。向固以籌備事宜爲國會之先導。今當以國會爲籌備事宜之權輿。可否請旨飭下政務處王大臣公同會議。將通國財政預算應加之數。提出就資政院未閉會各省人民代表暫未出京之時。交令决議。先舉各國通行之有期票無期票年利票各項國債辦法。訂定切實擔負發行條欵。藉以速集鉅欵。鞏固財用。一面分別國家稅地方稅將營業所得印花各稅。次第推行。務於民足與足會其通。斯以先憂後樂普其利。似此方有眞實把握。國會早開一日。可早收一日之效。組織內閣。正當與議院同時並舉。所有籌辦一切憲政事宜。均以大權統之朝廷。責任共之臣庶。爲不易之辦法。庶期上下相維。贊成郅治。愚昧之見。是否有當。伏候聖裁。謹請代奏。

文牘

昔之爲小人者　口堯舜而身盜跖
今之爲小人者　身盜跖而罵堯舜
（顧涇凡語）

# 中國紀事

**廟議預備召集國會之手續** 自縮短國會期限 諭旨頒布後。皇太后曾召見攝政王二次。攝政王面陳國會利益。慈宮頗爲允懌。並決定預備次第。准宣統三年七月頒布憲法議院法。並議院議員選舉法。以雲貴等最遠省分計算。九月底可一律達到。當即當始調查。以六個月爲限。宣統四年五月舉行選舉。期以兩月竣事。八月內卽降 旨召集。於宣統五年上半年實行開設議院。聞已將單 諭交政務處及纂擬憲法大臣。依限籌備。觀此則 廟議已定。從前之九年籌備清單。不必拘泥矣。

**魯撫電爭行政議事權限** 魯撫孫寶琦電致資政院云。政治官報載貴院致各省諮議局號電。以各省報告歲入數目。有無多少不符。或遺漏欵目。令各就所知查明電覆等因。查各國議會。斷無直接向行政官廳考查款目之權。諮議局於本省款目。何能得其確數。若僅以傳聞臆度之詞電覆。豈足爲憑。若該局執此電要挾官府。任意吹求。則行政與議事權限混淆。必多衝突。立憲國恐無此政體。貴院爲中央立法之地。將與國會並立發勅伊始。不可不將權限劃淸。用特電詢。請賜解釋云云。

**粵省諮議局反對禁賭之怪劇**　廣東禁賭。疊經大吏奏請在案。即去年諮議局開常時。亦曾提出議案。表決通過。不謂今年常會議員中竟有反對禁賭者。緣粵中賭類不一。番攤之外。又有所謂山票鋪票等名目。近因承辦山票舊商。以銷路日拙。稟請退辦。擬轉批與新商承充。然新商則不照舊商辦法。增加票價。將各票所投買之字編簿。以示取信於人。其法畧倣鋪票。惟鋪票則以一千條爲一卷之額。同中者。卽於一千條內均分彩銀。此則不限一千條。雖至一萬或十萬。亦同中同分。舊商辦時。票價定售一角五分。新商則有二角或三角者。層累遞加。竟至有五角一元者。同票價者即同卷同卷者卽同分。而別其名爲小鋪票。是實於山票鋪票外。另創一新賭博也。主張禁賭者。謂山票去而小鋪票又來。是無異前門拒虎。後門進狼也。反對禁賭者。謂山票成本輕則受害重。小鋪票成本重則受害輕。其意謂貧民小戶。不能購買也。豈知一角五分之山票。與二角或三角之小鋪票。相去幾何。既明知山票之害人。而猶謂小鋪票之愈於山票。則眞別有肺腸者矣。當日由副議長邱逢甲提出此禁小鋪票議案。竟有議員劉冕卿謂小舖票害輕。從而反對者。是時議場中議員出席者共六十四人。（按粵省議員額數九十一名、另旗滿駐防專額三名、共九十四名、今僅得六十四人、此三十人、不知何往矣、可歎）約分兩黨主張禁賭者僅二十人。反對禁賭者竟得二十五人。其餘之十九人。有乘紛議時潛避者，有可否並書者。於是反對黨竟占多數。而此議案遂不能通過。自此消息傳播後。粵中人士大憤羣集於廣州府學明倫堂會議稟請學督嚴禁。增留守攝督篆。以人心憤激。速即札飭諭令勿開。反對黨遂卒歸無效且爲衆矢之的。觀此則粵中議員之人格。可以窺見一班矣。

**魯省諮議局地方黨派之衝突** 山東地勢。登萊青三府。三面濱海。交通利便。近來屢受外界潮流之激刺。故民智開通。濟東泰武曹兗沂西七府。僻處內地。交通不便。故民智閉塞。去年諮議局所選出議員。東三府雖玉石幷投。然具有新智識者。尙居多數。至西七府之議員。尙有不知諮議局爲何物者。所以上屆開會所提議案。東三府多主張急進。西七府多主張保守。由是相激相盪。意見日深。西七府議員六十二人。結成一黨。以藉相抵制。局章決事。以多數取決。故東三府常蹈於失敗之地。一見於曲詩文案。曲詩文東三府產也。東三府議員。屢屢提議。爲民伸冤。而議長暨西七府議員等。則謂曲詩文志在謀叛。竟誣周樹標丁世嶧王志勛張介禮尙慶翰等五人。爲曲黨。爲阿附京官。五人憤不能平。遂一體辭職。又如登萊二府、向不食官鹽。將所有鹽課。攤入地丁之內。每正供一兩增納鹽金三錢五分。此法本爲蘇髯翁官登州所定。法良意美。歷宋迄明。行之數百年、皆稱爲利國便民者也。不謂西七府議員。欲破壞此善政。提出議案。迫令登萊二府、亦食官鹽。不准民間自製自售、登萊各界聞之。大動公憤。擬互相聯結以謀對待、觀此二事。則魯局府界之未能破除。於此可見。夫議會不能無黨。然所謂黨者。由政見而分。非由地方而分也。昔者晉省爲交文禁煙案。嘗有南北黨之爭。今魯省又有東西黨之爭。何所見之如出一轍乎。近有東京魯省留學生發起一維持會。致書申斥該局。勸其宜破除府界。協力共濟時艱。蓋亦不得已之苦衷也。未知該局能虛納否耳。

贛省諮議局抗爭統稅改徵洋碼之結果　贛撫於本年秋間。奏請本省統稅。擬改徵洋碼。據所預算。謂每年約可增收銀四十萬兩。贛局以此事爲增加人民負擔。照局章應交局議決。今贛撫不將議案交議。逕行出奏。實係侵權違法。應呈請資政院核辦。現據資政院審查員報告。謂統稅改徵銀元之說。已經度支部議駁。本院可毋庸置議。惟該撫於增加本省擔任義務事件。並不照章交議。應由本院具奏。請 旨飭下該撫。遵照本月初七日 諭旨。嗣後遇有應交局議之件。務必照章交議。以明權限而維法令云。

**外人對於粵川漢鐵路借款之會議** 粵漢川漢鐵路借款。西歷五月二十四號。各國大銀行家。會議於巴黎。其所決者約分兩端。對於借款之資金。英法德美四國各占四分之一。平均分配。無所偏倚。對於兩路之權利。若用人購料等事。則四國所得各有不同。粵漢一路。全段總工程師。當用英人。購料公司。爲英之專利。當一以英人組織之。川漢一路。分爲數段。其第一段。約長二百英里。總工程師。當用德人。購料公司。爲德之專利。當一以德人組織之。其餘各段總工程師及購料公司。則爲美法英三國均沾云云。

按後段語極含混。似合宜昌至成都一段亦併在內。蓋若僅指由漢口至宜昌。則爲程不過千里。似難區爲四段。且德於第一段。已占二百英里。則已合六百餘中里。其餘三國。均。分。不。已。少。乎。而中國於兩路借款。於粵漢則僅自湖南至湖北。而廣東至湖南。仍爲商辦。不在借欵合同之內也。於川漢則僅自武昌至宜昌。而成都至宜昌。仍爲商辦。亦不在借欵合同之內也。川督趙次帥得會議消息。深恐外人誤會。特函致遠東通信社。謂成都至宜昌之路。純係出本國商款自辦。業已開工。並無借洋款之事。亦不在川漢合同之內。屬爲聲明。已由遠東通信社宣布諸歐美各大報矣。

# 世界紀事

英國協議會解散　英國朝野兩黨首領之協議會。經二十餘回之會議。卒不能諧。頃以會議不協。經已解散。自由統一兩黨。重行宣戰。將解散議會。重行總選舉。以訴之國民輿論。最近消息。謂首相決於十一月下旬。奏請解散議會。

關稅問題之鼓吹　英國統一黨老雄張伯倫倡議。謂今日統一黨。當注合全力。貫徹黨中向所主持之殖民地特惠關稅主義。

德國豫算　德國明年度之豫算。經常費增二百五十萬磅。不足額四百九十萬磅。歲出之中。海軍費增八十二萬五千磅。殖民補助金。則減十九萬五千磅。歲入不足。擬借九億九千七百萬馬克以充之。將以其中七千七百萬馬克。爲膠州灣建築裁判所整理無線電信之用。

德國極東之布置　德國明年豫算案。定於浦鹽斯德設置領事署。在上海增置總領事領事一員。在橫濱亦增置領事一員。

**德太子游蹤**　德國皇太子偕其妃東游。行至亞丁。

**德俄路事**　俄國外務大臣撒佐那夫。豫報將來哈古塔鐵道。與北部波斯之俄國鐵道聯合之事。德俄兩國之間。商議經已妥協。

**縱貫波斯大鐵道**　俄國銀行仙治潔持。提議集資本金三千五百萬磅。建一自高加索至卑支斯坦之縱貫波斯鐵道。俄內閣總理士德里賓。及外務大臣撒佐那夫。皆極贊成其計畫。

**中亞鐵道計畫**　頃自歐洲經波斯達印度之鐵道敷設委員集會。擬以英德法三國之資本。建此鐵道。其工程師亦參用三國人。

**巴黎大水**　法國謝奴河溢。巴黎復被水災。配電所被水。全市之電力供給皆絕。

**意大利海嘯**　意大利之威尼士諸地海嘯。損害極多。

**塞王赴意**　塞爾維亞王彼得。定以十一月二十七日。訪意大利皇於羅馬。

**土耳其歲入不敷**　土耳其政府明年歲出入之豫算。歲入不敷六百五十萬馬克。擬專賣酒精石油。以補其不足。或將募公債以充之。

土國公債　土耳其向德國借集公債土人意極滿足此項公債墺國銀行實任其十分之二。

葡萄牙之交涉　列國對於葡萄牙政府已與之開始交涉。待其正式選舉大統領時。然後公承認其共和政府。

美國選舉之結果　十八年來於議院常制多數之共和黨。此次選舉竟大失敗。民主黨下院議員多於共和黨議員五十一人。前議會議員共和黨二百二十五人。民主黨一百六十九人。今適得其反。共和黨一百七十二人。民主黨乃得二百二十三人。紐約州知事亦爲民主黨候補者忒克士以六萬六千二百六十二之多數票當選。蓋共和黨近以黨中內訌。復以改正關稅之故。致有此失敗。

美造新艦　美國新造有一萬二千七百餘噸鋼鐵質之蒙馬士式戰鬥艦二艘。十四时砲十尊。業已動工。

運河竣工之期　美國礦師協會會員。一百二十五人。察視巴拏馬運河開鑿工事。據云今後五年。工程可以告竣。

●墨西哥排美暴動●　墨西哥共和國首府。忽有多數之暴徒蜂起。昌言排美。掠美人之商店。毆美人於通衢。復謀狙殺美國大使。且議抵制美貨。警吏戒嚴。擊斃暴徒三人。逮捕二百人。事始稍定。既而暴動蔓及格哇查拏市。暴徒數百人。鬨然與美人爲難。墨吏乃調軍隊以護美領事署。嗇暴動之原因。實美國狄歛撒士州之美人。以私刑加之墨人。墨人大憤。報館煽之。暴動遂起。首事者一學生。排美之聲。蔓延各地。今其焰未盡熄也。

●日本豫算●　日本明年度歲出入豫算。歲出約五萬四千二百萬。歲入如之。海軍省費八千六百餘萬。陸軍省費九千八百餘萬。共一萬八千四百餘萬。實占歲出中三分之一。

# 文苑

## 蜀游篇訊楊子

閔荷生

漢興維蜀稱文宗，相如絕學開褒雄。遂啓有唐陳射洪，太白以禪眉山翁，人言是得山水氣。浣花劍南皆寓公。楊子讀律秋曹空，詩心秀出香鑪峰。掉頭仰天忽大笑。西飀五馬規蠶叢。蠶叢開闢號天府。祇今鑿盡汶山銅。文翁石室化平地。窮邊藏衛夸元戎。楊子筆妙天無功。人言作吏當鞠躬，何如青城策短笻，江源一躡仙人蹤。或上峨眉看秋月。七十二朶青芙蓉。不然雪嶺千年松，星宿海接軒轅宮。便摩星球蹋西脊，燭龍銜火陰山紅。楊子十年冰雪匈，散原采葯甘長終。一麾萬里究非計，譬如絕塞驚漂蓬。相如文章非所忠，如花坐對嗟臨卭，子淵祇解諓便了，奇字未可酣千鍾，詩人萬古例寒餓，一一人厄仍天窮，嗟哉楊子詩才工。讀書且莫心侯封，弟兄頭白有交道，大名賴子扶衰翁。苦吟日夕豈無和，願我月蝕追盧同。國西門邊一杯酒，君心忍別燕山鴻。鴻飛冥冥聲嗌嗌，老來共托廬山中。胡爲遠適瞿唐東。嗟哉楊子今秋風。

文苑 二

## 送盷谷太守之官

胡思敬

故人天際去。六月似深秋。一路猿聲苦。孤吟上峽舟。江流吞白帝。謫宦擬黃州。君若懷京國。詩宜別集收。

## 下里詞送楊使君

趙熙

心感中年別故交。一官如芥共堂坳。西行卻有高僧意。萬水千山自打包。

十載東方鬢已新。散原無閣築延眞。扁舟此日還爲客。滿眼江湖綠戀人。

身外殘書塞兩扉。一舟搖入海天微。輕裝穩壓彭蠡碧。頭白匡山話早歸。

日照香爐生紫煙。知君於此潄瑤泉。醉中一浣銀河筆。大瀑如龍落九天。

老愛山房聽雨眠。送君心已到開先。此中禪味分明在。落月東林去眇然。

一月出山天色晴。中秋夜泊九江城。思君不見桂花發。水上之官明月生。

路轉樊山樹樹秋。維舟漢口又沙頭。彝陵訪過歐陽跡。一夜猿聲送峽州。

西陵水色勝新安。朝暮黃牛上峽難。人在空舲歌一曲。雁聲遙應弟三灘。

空舲峽上卽晉時新崩三灘也

小泊香溪到玉虛。洞中垂乳是仙居。祇緣心上明妃在。水味濃香滿漢書。

屈原廟前楓葉紅（歸州）平明打鼓上巴東。秋風亭下香火絕。手板無人謁寇公。

巫山峽影玉清冷。人在冰壺一色青。水響猿啼神女怨。雲晴雨淡楚王靈。

巫山窈窕復玲瓏。畫作圍屏玉作峰。一鏡桃花低綠水。瑤姬寫影在當中。

縹緲巫山十二峰。晴峰奇秀雨峰濃。美人峰更薰香立。如此巫山愁煞儂。

一舸瞿唐日易西。峽門鹽甲與天齊。千秋杜甫吟能健。白帝城高接瀼溪。

漢主征吳此路迴。連營一蹶使人哀。三分不續高光業。八陣遙當灩澦堆。

雲安縣前江水春。桓侯廟裏早梅新。盈盈石上浣衣女。何處淩波無洛神。

燕龕峽轉漸安流。南浦人烟出萬州。風便南賓三日到。翠屏山向白公樓。

（南賓今忠州翠屏山有陸宣公墓隔江即香山樓）

平都古寺風泠泠（今酆都）山木入天揚翠旍。仙人一去鹿無跡。日斜山鬼下空庭。

黃草峽晴魚翠飛。漁人支網石梁歸。山花紅入半江水。溪女采花歌翠微。

水折山紆一道青。春來巴峽滿啼鶯。王維此地曾經泊。際曉吟花憶上京。

文苑 四

巴山行近子規啼。巴水三迴折向西。巴曼墓隨荒草合。李嚴城枕石峰低。

浮圖大勢壯江州。二水朝天抱郭流。報賽無人尋禹廟。亂煙籠樹滿夷樓。

天晴三日出渝關。千里龍泉始見山。日與稻田高下轉。人疑桑墅有無間。

周孝懷觀察勸蠶桑之業期五年後歲增千萬已上

行盡青山見錦城。菊花天氣雨初晴。馬頭樹色殊秦棧。大野青浮一掌平。

一擔行囊半擔書。爭看太守到成都。知公公事崔丞樣。首問青城次桂湖。

九天開出一成都。華屋笙簫溢四隅。半壁由來天府重。獨憐劉禪是人奴。

張儀城接文翁室。逸少馳心廣異聞。不到成都爭識得。當鑪人有卓文君。

少城花木稱公園。冬日紅梅夏日蓮。莫向武擔尋石鏡。摩訶池水亦桑田。

自古成都四大寺。北門昭覺樹參天。老僧會得諳翁語。花氣薰人欲破禪。

寺僧取妻生子更主號姪以從事發到官自稱無後為大也

角巾閒訪二仙庵。斐冕交情問古柟。不為遨頭向花市。古來名士愛城南。

城南水竹最清暉。處處叢祠白鷺飛。前歲梅花三度宿。令人心澹不能歸。

靑羊一帶野人家。稚女茅檐學煮茶。籠竹綠於諸葛廟。海棠紅絕放翁花。

春水香流萬里橋。枇杷門巷倚橋高。井泉豔過花箋色。便恐桃花是薛濤。

周子能官愛草堂。臘中題壁贊公房。兩年不見頭增白。每對梅花憶故鄉。

萬事由天守一迂。春來花鳥覓郫沽。閒行泥飲遭田父。爲道耕田識字夫。

老愛耕田訪桂湖。升庵遺跡重新鄐。桂香濃到中秋夜。歷歷湖邊坐酒徒。

便道尋秋灌口涼。淘沙作堰歲功長。伏龍觀裏江聲殺。玉壘天晴一望鄉。

天師古洞豔山名。第一江源了上淸。仙迹試尋銀杏古。白雲紅葉畫靑城。

錦城東下路蕭然。九眼橋南綠接天。兩岸漸多黃竹子。女兒耕得華陽田。

江口彭山百里程。鸕鷀飛處閙洋名。水天一色玻璃碧。風蕩漁磯作玉聲。

眉州紗縠拜蘇祠。紅映荷花看打碑。蝯叟詩一雨中巖山盡活。綠波浮動一臺頭。

平羌風草媚于蘭。綠淨無人守釣竿。一邏龍泓山似玉。玉人臨鏡掃眉看。

漁歌梟梟荔枝樓。漢代犍爲定此州。人愛陸家官味好。江心一點畫烏尤。

太夷甚稱放翁嘉州詩

## 文苑

六

烏尤山是古離堆。沫水沙明一鏡開。竹外三峩九秋色。勸君莫掉酒船迴。

船頭掠水亂鷹飛。古佛凌雲坐翠微。人說海師遺蛻在。樹頭依約一僧歸。像高三十六丈

高望山前宿雨收。夕陽如畫滿城頭。雁聲搖曳江天遠。人在西南弟一樓。石湖語

斑竹灣頭客散遲。小船炊火集漁師。西行是入峩眉路。一角籬花露酒旗。

觀音一石水爭波。此地銅河入雅河。石外豁然平野綠。桃花源裏得春多。

傍竹人家盡種蔬。石邊蠻洞是秦餘。蕭然一灑鄉風異。兒白耕山女讀書。

五里沙原盡虎頭。水鄉一族占林邱。棗林桑墅看逾好。風物依依似鄭州。

青衣渡口飯蘇稽。竹繞行人百鳥啼。何處藐姑臨水立。仙山青出玉城西。

符文一水似江鄉。麥草青青菜子黃。老忤陳登求下策。峩眉山下問山莊。

南安四徼近烏蠻。地勢東來半土山。兩日行程香宋到。山城過雨百花間。

余家滎縣水田西。春至秧痕一剪齊。故老若詢游宦味。祇應留舌示山妻。

山妻一歲隔幽明。少婦嬌兒白髮兄。君儻到門應憶我。孤雲落日話京城。

古洞青陽九夏幽。昔年攜史洞中游。故人若聽重陽雨。野寺丹黃樹葉秋。

秋雨重陽最憶君。兩家風土各知聞。何堪八載長安住。水驛山程夢子雲。交君始癸卯

故人王相臨邊久。莫為浮雲歎此身。坐與岷峨為地主。當年揚馬是州民。

雪山西望苦邊籌。落日何人不旅愁。臨別慰君還一笑。詩人謫宦比黃州。漱唐語

萬山一一來時路。盡譜鄉心上竹枝。從古詩人多入蜀。花潭杜老望君時。

文苑

八

# 聖嘆選古文 一名天下才子必讀書

聖嘆批左傳一本
聖嘆批國策語一本
聖嘆批史記一本
聖嘆批漢書一本
聖嘆批唐文一本
聖嘆批宋文一本

幼時讀聖嘆批西廂讀法云音因兒子及甥姪輩要他做好文字曾將左傳國策莊騷公穀史漢韓柳三蘇等書雜撰一百餘篇依張侗初先生必讀古文舊名只加才子二字名曰才子必讀書云云當時讀西廂至此便急欲一讀此書而久覓不能得蓋所謂才子者不欲子弟爲讀八股之學究也時古文選本大都全爲作八股起見今八股既廢此本誠爲最相宜之讀本矣一則選擇精當一則批論透闢誠得未曾有之至文也　印成六冊共裝一套定價兩元

# 中國名畫集 已出十二冊

所有唐宋元明國朝諸大名家眞迹以及最著名之各畫均已搜集於內誠世界之大觀復經比利時賽會及日本畫會稱許其所以差堪自信者其中畫幅皆經多數賞鑒家審定始行登載其稍有可疑雖已印出亦不發行（本局現存廢置不發行之畫片有數十萬張之多誠以有心欺人以僞書亂眞倘稍知自愛者必不肯爲此）每冊零售一元半〇全年十冊定價十二元仍有木匣不加價〇第二年第二冊已出版畫片較前加倍要定十冊者當每期郵寄不誤

何蝯叟藏海內孤本

# 薛少保書信行禪師碑

薛少保書海內久無傳本所見者僅杳冥君碑昇仙太子碑年月書名數十字耳此宋拓海內孤本有王覺斯手跋目爲寶品洵非虛也昔常熟相國許價八百金何子貞太史以千金爭購得之因刻寶薛軒印章珍貴可想海內好古家僅此無雙妙墨當必以先睹爲快也

# 江左三大家詩畫合璧

吳梅村畫西湖圖卷錢牧齋題西湖雜感三十首此詩外間所未經見平等閣詩話中只選刊十首尚有二十首以有忌語未便選入茲將原蹟用珂羅版印出又有龔芝麓題詩跋於後江左三大家天然薈聚於一卷眞至寶也　定價一元

發行所　蘇州都亭橋　鎮江柴炭巷　南京勸業會內　天津東門外　漢口黃陂街　南馬路口　北京廠西門　有正書局

總發行所　上海望平街　有正書局

# 夢窗詞

宋吳文英著　　每部二冊

朱侍郎校刊　　定價六角

# 草窗詞

歸安朱侍郎用鮑氏知不足齋最爲完足之本校刻以蘋洲漁笛譜諸題附著詞後並仿查心穀勵樊榭絕妙好詞箋例爲之輯注皆取材草窗自著各書徵引精富勝鮑杜諸刻遠甚洵公謹之功臣也每部大洋五角

# 彊邨詞

歸安朱侍郎著　　每部一本　　大洋四角

# 彊邨詞前別集

前集皆庚子以前詞別集取庚子秋詞辛丑年春蟄吟兩集中之有關係者爲半塘老人所選定也每部三角

上海外交報館今遷四馬路書錦里口

庚戌年

# 外交報

十年紀念

增刊兩冊

本館延定留學外洋法政專家撰著國際法學論說並於正月臘月各增一冊逢五發行全年三十四冊自辛丑至庚戌適屆十年共三百冊預訂全年本埠四元五角外埠五元二角外國六元零售每冊一角六分補購辛丑壬寅癸卯甲辰百冊減爲十元外埠加郵費八角陝甘雲貴四川等省郵費加倍補購壬寅全份本埠四元外埠四元五角癸卯全份本埠四元三角外埠四元八角甲辰全份本埠四元外埠四元五角乙巳全份本埠四元二角外埠四元八角丙午丁未戊申每年各全份本埠各四元五角外埠各五元己酉全份本埠四元八角外埠五元五角外國六元二角歷年零冊一角六分

●上海外交報館　在四馬路盆錦里口商務印書館內

●第二十五號即二百九十一期九月十五日已出　要目列下

●論說　條約消滅與更新之研究（法政畢業生武進王倬撰）

●譯論　論美國經營遠東　論日本之改正條約及日英之關係　論巴拿馬運河成後之美國　論太平洋四大航路之刷新

●外交大事記　商務交涉　郵政交涉

●世界大事記　東洋之部　日本擬增土地人民　朝鮮總督府新官制之組織　西洋之部　萬國海法會議　國際捕獲審驗所將成　俄之豫算海軍費　俄獲德諜　德儲游歷遠東　德之近東外交　德與土同盟　德皇在奧之演說　德與俄之界務　德獲英諜　德人不滿意於其君　德製新艦　法之對土　荷王之勅語　荷國財政　衛之總選舉　衛國擴張陸軍　波斯決聘財政顧問官　波人催俄撤兵

●國際法　國際法與實際政策

●英國藍皮書（續第二十四號）

●第二十六號即二百九十二期九月念五日已出　要日列下

●圖書　籌辦海軍大臣洵貝勒肖像

●論說　論最惠國條欵（留學日本中央大學法科大學部無錫孫觀圻撰）

●譯論　論英國抗議中國治藏事　論中美與日俄之對敵　論日俄新協約之關係二則　論德日邦交

●外交大事記　路政交涉　礦政交涉

●世界大事記　東洋之部　日本設中樞院於朝鮮　西洋之部　英使至奧　英人同盟罷工　俄海軍大操之意向　德外相與奧外相之會談　土希交惡　布希修好　布內閣總辭職　美國將行英美百年平和大典　美願與故修好　美助律比利亞釐定國政　美國國防　美國魯司華爾將組織新政黨　美加省之最近政見　美將提議飛船通郵案　智利總統卒

韓國三十年史（續第二十二號）

●日韓交涉史

●日本併韓始末記

外交報館

# 擬辦合肥惠政學堂王君揖周讚証自來血有自服自效之神功

五洲大藥房主人鑒僕體素健任事不畏煩難不辭勞苦丁未之冬創辦私立惠政學堂距今已歷四學期去歲秋因伏暑致病月餘始起覺精神遠不如前四肢酸軟私心深慮不能勝任後常至鉅康隆周君斗青處聚談遇友人李君德三來購 尊製自來血大瓶一打幷稱道其靈效不可比喻復見北鄉高塘集務本學堂壽春孫琴舫君致斗青書託其轉謝 尊處函中盛稱自來血功效之神且速無異仙芝僕遂深信即於鉅康隆購取小瓶半打每日照服果然未及旬日强健如初樂甚噫海內古今補品其於斯爲盛矣特肅蕪箋以鳴謝忱手此順頌 利祺 合肥王揖周頓正月念六日

小瓶一元二角 每打十二元

大瓶二元 每打二十元

託局函購原班回件諸君光顧請認明商標全球爲記每瓶內附有精工五彩認眞劵一張方不致誤

總發行所上海四馬路老巡捕房對門五洲大藥房抄登

# 人造自來血乃人身之活寶

人生百體所賴以生長者血也如血多則百體強壯血少則百體衰弱設遇血盡則百體自枯是故凡人不能無血

**血者誠乃人身之活寶也**

然吾人欲究身壯力健之術者必以多血爲適宜若近今之衛生家雖常服各種補品而未得十分健壯者何也其故因我

**此即吾身不強之由來**

國理化未精藥物一道素鮮研究故自古迄今絕未發明不知以多血爲要義噫

**也邇者神州睡獅抖擻初醒努力鼓盪我同胞之熱血奮振我同胞之精神**

無庸疑義速請嘗試

**能壯民力強國勢之人造自來血已經及時出現**

故再行謹告同胞凡有心虧血虛破金吐血面黃肌瘦頭暈眼花耳聾腎虧陽萎精枯四肢無力手足酸軟身虛腳腫胃弱脾薄以及婦女經水不調白帶赤帶頭痛腰酸五勞七傷諸虛百損之症者服之自然

**壯心經多血液**

請將下列服法試驗之自能奇功立見幸勿輕視蓋其中實有絕大之能力也我同胞凡購服自來血

**須先試驗究有功效若何**

可用小針刺破皮膚出血一滴滲在白紙上待服過七日之後再用前法將前者滴血之紙與七日後滴血之紙兩相比較後者之色必紅於前此則

**最易最明之確證也**

倘能多服

**則血愈紅而人之體力愈健**

又如腎虧耳鳴眼花者連服數日眼目自覺清爽耳鳴耳聾自可並除此即顯明有補腎之功效又如年老血衰或壯年勞傷過度體質虛弱面無血色者自必畏寒驟遇冷風即發寒噤者服之半月之後

**血氣漸充體質自固**

雖遇箭風

**亦不覺寒冷矣**

又有明見之確證如久患爛瘡而不易收口者自服自來血之後即瘡內之

**肉刺日漸增紅**

如能常服收口亦易如婦女之經淡白者服到一月經水當即增紅

**如患冷經痛經亦能並除**

凡患破金吐血者服之補血則可以之止血則不可然患吐血之人血愈虧少若不培補則體質愈弱病勢日重尤宜常服以補之當時雖無止血之功然久服之心經壯

**而吐血之患可以除根也**

如腳氣水腫者步履蹇滯亦血虛不充之故須連服旬日則腫自消而步自健矣又

**如患瘧疾者**

服之旬日

**立可除根**

不發以上一切功效皆最易試驗者也

●小瓶一元二角大瓶二元**每打**小瓶十二元大瓶二十元託局函購原班回件海內諸公如蒙惠購請認明全球商標爲記內附五彩認眞券一張値洋一角方不致悞

**●總發行所上海四馬路老巡捕房對門靑花石三層大洋房五洲大藥房幷南北兩京以及各埠大藥房均有經售**

# 高枕安眠

硤石當商自述夜不成寐胃不消化腰腎虧損如何爲韋廉士大醫生紅色補丸所治愈

夜不成寐爲胃部之腦氣筋失其消化功用之現狀也夫胃部若失其消化之功用則一切各症如大便燥結頭痛頭暈肩背疼痛心忡驚悸等病亦將接踵而來本藥局業已言之又言韋廉士大醫生紅色補丸爲二十餘年來天下馳名補血補腦之聖藥亦爲醫治胃不消化及夜不成寐所起各症之良方玆又從浙江硤石大街豐和典東翁汪松如明證其實驗云○去夏余猝患夜不成寐纔入睡鄉即被惡夢驚醒甚至自背達且輾轉反側不成一夢從此胃口漸減身弱無力小便短促左臂酸疼日甚一日適閱新聞紙見載有韋廉士大醫生紅色補丸之奇效遂立意試服之即於硤石華美大藥房購到數瓶按法吞服大有影響胃口尚進夜睡安帶晨起爽健接連服之臂痛即止小便如常飲食滋補氣力復原韋廉士大醫生紅色補丸服後不過月餘而身體強健覺更勝於未病以前余感激良方無以爲報敬呈數言聊鳴謝悃

硤石汪君松如玉照

韋廉士大醫生紅色補丸所造濃鮮紅之新血能使輭弱之力之胃部得生新力使一切消化之功用復原以至康健之地步也是丸常如此法已曾醫治

能治疾者爲韋廉士

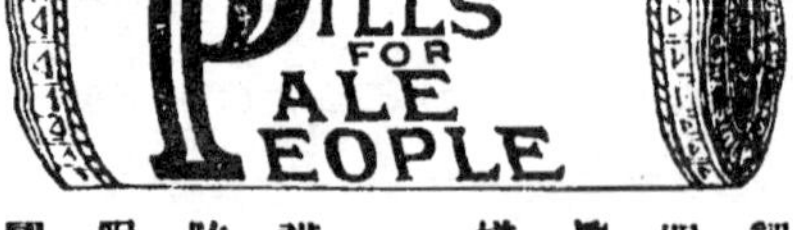


大醫生紅色補丸也

認明真樣　謹防假冒

胃不消化　夜不安睡　肝經失調　膽汁不化　頭痛頭暈　大便寒結　並各種因大便寒結與血弱不潔所致之病以及腦筋失調等症　韋廉士大醫生紅色補丸又爲醫治　血薄氣衰　諸虛百損　少年斵喪　陽萎不舉　左癱右瘓　腳氣衝心　臂尻酸痛　風溼骨痛　山林瘴氣　乾溼癬癩　瘰癧疔疹　皮膚諸症　以及少壯婦女月信不調經來腹痛老婦天癸將絕一切等症之聖藥也　中國各處藥房凡經售西藥者均有出售如內地無從購買可直向上海四川路捌拾肆號韋廉士醫生藥局中國總發行函購或向重慶白象街分行函購亦可價銀每一瓶大洋一元五角每六瓶大洋八元遠近郵費一律在內

# 國風報

大清郵政局特准掛號認為新聞紙類
日本明治四十三年二月十三日第三種郵便物認可

每月三期逢壹日發行

年十月念一日

年第念九期

# 愛理士紅衣補丸

治愈腦力薄弱精神痿頓承李君漢生惠來証書照登

逕啓者鄙人幼年素喜光學悉心研究者十餘年以致心思過度腦力薄弱常覺精神痿頓春初聞得　貴廠發行之愛理士紅衣補丸能治諸虛百損卽託巾友代購半打

照仿單試服之下不到兩月卽飯量倍增今絡續服完向之所謂腦力薄弱精神痿頓者茲全然不覺矣可見　貴廠實心濟世斷非市上所售他種補丸所能及于萬一敬貢數言以告世界並附服丸後小影一紙以作左証

揚州新勝街美眞照像館主人李漢生謹識

外埠各大藥房均有發售倘內地無從購買處請函至上海四川路一百十七號總批發所購買卽班回件郵費不加

震寰藥廠啓

# 各埠代理處

北京桐梓胡同廣智書局　保定萃英山房　官書局　天津原創第一家派報處　公順
京報局　李茂林　羣益書局　奉天振泰報局　圖書館　盛京振泰報局　吉林
文盛報房　濟南維新書局　開封茹古山房　文會山房　大河書局　教育品社
總派報處　彰德茹古山房　武涉永亨利　西安公益書局　萃新報社　太原
文元書局　書業昌記　貴州崇學書局　雲南天元京貨店　安慶萬卷書樓　廬
州神州日報分館陳福堂　閱報館於炳章　漢口昌明公司　蕪湖科學圖書社
成都正誼書局　輸文新社　華洋冬報總派處　安定書屋　長沙羣益圖書公司
常德申報館　南京啓新書局　莊嚴閣　崇藝書社　圖南書社　神州日報分
館　南昌開智書局　廣益派報社　廣信益智書局　福州教科新書館　廈門新
民書社　溫州日新協記書莊　廣明書社　揚州經理各報分銷處　蘇州瑪瑙經
房　常熟朱乾榮君　海虞圖書館　廣州國事報　廣智分局　廣生印務局　日
本中國書林　星架坡南洋總匯報　澳洲東華報　金山世界日報　紐約中國維
新報　溫哥華日新報　香港致生號　商報

宣統二年十月念一日出版

編輯兼發行者 何國楨

發行所 上海福州路 國風報館

印刷所 上海福州路 廣智書局

定價表

| 項目 | 報費 |
|---|---|
| 全年三十五冊 | 六元五角 |
| 上半年十七冊 | 三元五角 |
| 下半年十八冊 | 三元五角 |

費須先惠逢閏照加

| | |
|---|---|
| 零售每冊 | 二角五分 |
| 本國郵費 | 每冊四分 |
| 歐美郵費 | 每冊七分 |
| 日本郵費 | 每冊一分 |

廣告價目表

| | |
|---|---|
| 一面 | 十元 |
| 半面 | 六元 |

# 國風報第一年第二十九號目錄

臥龍崗武侯躬耕處

## 諭旨

十月二十日 上諭陳夔龍奏查明災歉州縣請蠲緩糧租一摺本年順直入夏以來雨澤愆期至六七月間陰雨連綿河水漲發以致灘臨各淀窪地禾稼均多被水天時不齊各屬有被雹被蟲被旱之處若將應徵錢糧照常徵收民力實有未逮加恩著照所請所有武清等三十一州縣廳成災五六分村莊應徵本年錢糧著蠲免十分之一成災七分村莊應徵本年錢糧著蠲免十分之二各項旗租著蠲免十分之一成災八分村莊應徵本年錢糧著蠲免十分之四各項旗租著蠲免十分之二成災九分村莊應徵本年錢糧著蠲免十分之六各項旗租著蠲免十分之四成災十分村莊應徵本年錢糧著蠲免十分之五各項旗租蠲免十分之五應徵屯米穀荳草束灶課學租旗產錢糧河淤海防經費儲備軍餉廣恩庫租通津二滯屯租一併分別蠲緩其陸軍部馬館租欒與衛租永濟庫租代徵租及出借倉穀籽種口糧牛具等項著一體緩徵並分別減免差徭又薊河等十八州縣應徵卸年糧租並歉收三分村莊應徵節年糧租屯米穀荳草束灶課學租旗產錢糧河淤海防經費儲備軍餉廣恩庫租陸軍部馬館

租變與衞地租通津兩帮屯租永濟庫租代徵租並出借倉穀籽種口糧牛具等項均著緩至宣統三年麥後啓徵並減免差徭以紓民力餘著照所請辦理該督即刊刻謄黃徧行曉諭務使實惠均霑毋任吏胥舞弊用副朝廷軫念民艱至意該部知道欽此

上諭陳夔龍奏查明開州等三縣災歉情形分別蠲緩糧賦一摺直隸開州東明長垣三州縣瀕臨黃河村莊本年被水秋禾歉收若將應徵糧賦照常徵收民力實有未逮加恩著照所請所有開州等三州縣成災五六分村莊應徵本年錢糧著蠲免十分之一成災七分村莊應徵本年錢糧著蠲免十分之二成災八分村莊應徵本年錢糧著蠲免十分之四其成災五六分村莊蠲賸錢糧著緩至宣統三年秋後起分作二年帶徵成災八分村莊蠲賸錢糧著緩至宣統三年秋後起分作三年帶徵至被災各村莊未完節年錢糧及歉收四分村莊未完本年節年錢糧同歉收三分村莊未完節年糧銀暨出借倉穀等項均著緩至宣統三年秋後啓徵仍減免差徭以紓民力餘著照所議辦理該督即刊刻謄黃徧行曉諭務使實惠均霑毋任吏胥舞弊用副朝廷軫念民艱至意該部知道欽此監國攝政王鈐章軍機大臣署名

二十三日　上諭內閣學士那晉著賞給二等第一寶星欽此監國攝政王鈐章軍機大臣署名

二十四日　上諭前任正白旗蒙古副都統王英楷由新建陸軍右翼領官洊升統制官迭經剿辦土匪出力卓著賢能署陸軍部侍郎簡授副都統克勤厥職前因患病准其開缺茲聞溘逝軫惜殊深加恩著照副都統例賜䘏任內一切處分悉予開復應得䘏典該衙門察例具奏欽此監國攝政王鈐章軍機大臣署名

二十五日　上諭陳夔龍奏北運河旅遂鎮漫口大工合龍一摺北運河上游漫口冲三百餘丈工程極鉅經該督督飭各員相機進堵併日程功現在大工告蕆在事出力人員不無微勞足錄署通永道寶延馨著仍以道員交軍機處存記山東候補道潘煜補用道鄭敦慈候補知府陸榮棨均着交軍機處存記鄭敦慈並着賞加二品銜候補知府沈寶賢着仍以知府補用俟歸道班後加二品銜候補知府吳繼盛著俟補缺後以道員用並加二品銜補用知縣裴晛宋着俟補缺後以知府在任候補北河候補知縣錢金生着以同知仍留北河補用北河試用縣丞程光楹着以知縣補用並加同知

銜又片奏已革候補知縣劉本清請開復原官等語劉本清著准其開復原官該部知道欽此監國攝政王鈐章軍機大臣署名

諭旨 四

論說

# 滇督商改外官制通電書後

元瑜

自縮國會期限之　詔下。責任內閣制度。不日將見之實行。然今日官制。散亂梗澀。雖有責任內閣。必無成效之可言。雲貴總督李經羲。首先建議。謂官制必當速改。而外官制之改革。視內官制為尤難。且恐內議不明外情。改措失宜。則乖於事實。更增窒礙。乃陳其行政組織之計畫。電商各省督撫。將欲商定完備之制。聯合陳請。以期實行。賢哉滇督。其謀國可謂忠矣。其慮事可謂審矣。乃者各督撫復電。議論頗有異同。他省督撫。尚未發表意見。然則滇督之政見。其能得督撫之贊成與否。雖未可知。即滇督之計畫。其盡適於實行而無弊與否。亦未敢言。然茲事關係至為要重。固今日所亟當決定。而亦吾儕所樂為討論者也。

我國議改官制有最難解決之問題則督撫之制是已督撫之制植根於我國歷史最

深且遠。遠者且勿具論。自元主中夏。疆域遼闊。其勢難於統攝。而又不知治體。乃劃分其地。畧用封建之意。置親臣以鎮守之。但欲防亂。非以求治也。故置行中書省十有一。立於各路監司之上。領以省官。總持軍國大政。有明因此謬規。遂相沿而成爲今制。夫擁數千里之廣地。而軍事財政黜陟生殺之權。一切在其掌握。固不啻一國之專制者矣。重以咸同軍興之際。中興諸帥。皆以疆吏而綰兵符。各藉一省。建立殊績。朝廷用人。乃至徵詢其意見。於是督撫之權愈大。而積重之勢愈成。夫各省督撫。固皆握軍事財政黜陟生殺之全權者也。則各自爲政。不相聞問。政令錯出。法制紛歧。中央政府無從過問。時或有所干涉。彼可置之不理。指揮不靈。絕無統一。一國之中。儼如二十餘國之分立。全國之中。血脈阻塞。政務梗澀。至今日而不勝其弊矣。乃者政府諸公。頗欲行中央集權之制。然斟酌不得其宜。行之又非其道。故比年以來。部臣疆吏之間。爭權衝突。日有所聞。政府則苦疆吏之梗阻其命。疆吏則憤政府之侵奪其權。覘還來督撫之章奏。其齟齬之勢。大畧可覩。內外齟齬。政務梗阻。是豈國家之福哉。事勢至此。固不得不思變計者也。

是故分明政務之統系以劃定中央地方之權限固今日釐改官制之第一要義矣夫劃定權限則必狹小督撫職權之範圍不能復如曩者有無限之權力督撫權力之不能不縮減固矣然則仍如今日之制與各部大臣立於同等之地乎抑當置之國務大臣監督之下乎此固我國行政組織最重之問題我國人所當悉心研究者也夫督撫之制植根於我國之歷史者至深且遠且我國幅員廣闊政務繁雜交通未便鞭長莫及今日制度似習不能不稍畸於分權然則爲今之計宜不易現行之制督撫悉仍其舊除劃出應歸中央總攬之政務以外其統治一省之全權悉委之督撫之手督撫之地位與各部大臣同爲君主之代理人立於同等之地位而無命令服從之關係國務大臣不掣其肘使之得盡其才以經營地方之事然握全省廣大之職權復無上級長官之監督則濫用權力以自肆事之至危者也則當張拓省議會之權限使爲督撫之監督機關督撫之對於省議會猶內閣之對於國會對於所治之省代君主而負責任此吾黨夙昔之所主張竊謂不更制而可以致治者也（其說詳見政論第二第四號可參觀）夫督撫無所掣肘得展布其政畧以善一省之事有所監督不得縱弛其職權以重其責任之心而

軍事外交國家財務一切行政之大者。總之中央足相控馭。而不至有危及統一之慮。是誠可謂適於事勢簡而易行之良制矣。然任行一事。他日流弊恒出於當時計畫之外。故即欲實行此制。固有不能不預爲深慮者。各國地方行政之區劃。其領地至狹。其事務不繁。彼爲地方長官者。皆受國務大臣之監督。奉行上級長官之命令。指臂相聯。無他慮也。我國省制。本爲各國之無所。地域之廣。人口之繁。政務之殷。名雖曰省。實足以當他人之一國。爲一省長官之督撫。握廣大之職權。其所經營措施。必常涉於政治之全體。而影響於國家者甚大。固非僅如各國普通行政之分機關而已也。而所謂督撫者。又與國務大臣立於同一之地位。位均勢敵。不相統攝。政策苟有同異。則意見必至紛歧。比者部臣疆吏之衝突。日接於耳矣。今雖劃定中央地方之權限。然中央地方之政務。固非劃若鴻溝。犂然而絕不相涉者也。督撫之職權既大。政務之範圍亦廣。則其涉於政治之全體。而影響於國家者。必多興革舉措之間。豈能必出於一致。政見既異。勢足相持齟齬。既多呼應不靈。政令之統一既艱。則國務之進行多阻。此當深慮者一。或謂我國督撫。當列之國務大臣之中。意見相通。可無齟齬。然國務大臣。必負連帶責任督撫苟列於其中責任亦必相連帶如是則政府更易二十餘省之督撫勢必隨之而悉行更易其制煩擾而必不能行可無論矣然國務大臣之責任督撫可不連帶負之而督撫之失職則國務大臣不能盡免其責任蓋督撫之地位對於所治之省代君主而負責任者也督撫施政苟不饜乎人心監督督撫之省議會得訴之君主劾使去職君主苟從省議會之請則督撫免官無他事矣君主苟信任督撫則省議會之術窮不能不訴之國會以求其解決國會而左袒省議會督撫不得不去官督撫而尚不去官則國會必進而糾詰國務大臣之責任蓋督撫之任命由於君主而君主任命督撫之詔敕則國務大臣實負副署之責劾督撫而不去遂至糾詰閣臣此法理之當然亦事勢所必至者也然既糾詰閣臣則更易內閣之事緣之而起夫二十餘省之督撫其以失職而被劾者當必無歲無之其舉措爲議會所反對相持而至成衝突者則更往往而有雖非必釀成大鬨皆至訴之國會而糾詰閣臣然二十餘省之多歲有一二則內閣將牽於督撫已無歲不更易也政府之更迭頻煩則政策不能繼續而國政遂蒙其損害此不能不深慮者二由是觀之則以督撫而立於與國務大臣平等之地位

論說

雖政權之均配得宜固不能不預慮其弊者也

然則置督撫於國務大臣監督之下其果能實行而適於今日之事勢乎滇督之所主張者欲分行政組織爲三級第一級爲內閣與各部其權責在計畫國務統一政綱第二級爲督撫其權責在秉承內閣計畫主決本省行政事務第三級爲州縣各治一邑不相統轄其權責在稟承督撫命令整理本屬行政督撫對於內閣完全負責任固將置督撫於國務大臣監督之下者也夫各國地方行政長官無不受國務大臣之監督幾爲大地之通制矣我國之省領地廣闊絕非各國行政區域之比若舉而直隸之中央誠恐鞭長莫及必不能舉監督全國地方行政之實此各國府縣之制所以不能移用於我國也然我國以是之故缺於統一血脈不通全國麻木滇督議以督撫置之國務大臣之下政府統籌全局總挈大綱督撫爲之樞機推行政務三級相承指揮靈敏如身使臂如臂使指將以去梗澀之害而奏統一之功其所規畫固亦成於事勢而足救時弊者也然我之一省領州縣者以百數地廣人稠之省足當一大國而有餘行政區劃失之過大實爲艱於統治之莫大原因壤地遼遠道路艱阻耳目不及利害不能

周知政令梗咽推行不能盡利不特隸之中央未易舉監督之實即專之督撫亦不能奏治理之功曩者以督撫之制根據已深未易搖撼且因陋就簡故憚改革耳今滇督建改革之宏規不憚移易督撫之地位置之閣臣之下以期收指臂之效舉統一之功矣然但移易督撫之地位而不改劃督撫之轄地則政策猶未完備也

欲實行滇督之政策則改劃行政區域不可緩矣日本地方制度下級爲市町村上級爲府縣兩級而達於中央歐洲各國之制大率類是我國以歷史地方皆有特別之關係故中央政府之下普通地方團體之上不得不多一大行政區劃以爲之樞紐此我國特殊之制必不能廢者也然現行之制因用前朝之謬規其區劃過大艱於統治遂爲行政之梗我國地之廣博諸國皆無其比今欲從事改革各國之地方制度皆不能移爲我用也則試稽之於古我國漢制其地方之制有三曰鄉曰縣曰郡下級爲鄉鄉有鄉官三老嗇夫皆鄉官也鄉之上爲縣縣之長官爲令下有丞及諸曹大縣之令秩千石縣之上爲郡郡之治地大者隸二三十縣約當今日之一道小者裁當一府耳郡有太守佐以丞尉諸曹得自辟署太守秩二千石入爲三公九卿去御史大夫僅一階

耳漢郡百有三皆下督諸縣上隸於國蓋漢世地方之制三級略與今日各國之制相同今日改劃行政區域謂宜略師漢制破除省制縮其領域而以今之一道當今之一道其屬約二三十縣略如漢之一郡全國七十餘道直隸中央日本政府直隸四十六府縣以我例之數固較多然視漢之百郡則其數已小中央政府直轄七十餘道勢固足以為治也道下為縣縣之大者或稱為府或析為兩府縣同為一級不相統轄今之所謂府者裁而去之道之長官可仍舊名稱為督撫而稍殺其品級使署與各部之次官相當夫我國地方制度最足為行政之梗者有二一曰級數太多一曰區域過大滇督主行三級之制舉中間冗隔之道府兩級撤而去之誠為至當之論然仍此不衷於法不適於治之省制梗於其間則雖冗級盡去然以一省直隸百數十之州縣則地廣勢隔指揮固治有未周即監督亦勢所不逮惟廢省存道則領縣較少政務不煩米鹽瑣屑可以周知指導政務便於呼應承上逮下自恢恢乎游刃有餘況夫近日省界之謬見漸入人心不亟破除他日恐為地方黨派之漸今廢省制則省界自無所附麗不待撲滅而自銷除其利於統一殊非小補夫劃疆置吏凡以求治耳求治而反為治

梗亦何取而存此大而無當之省制為也

雖然我國即廢省存道隸之中央亦必不能適用他國普通府縣之制者也各國府縣知事皆受內務大臣之指道監督執行政務奉行上官之命令而已不能自有設施我國版圖至廣即廢省存道一道所轄之地且千餘里其間民生之利病法制之宜否風俗習慣之殊異事業興革之緩急一切政務之殷亦足當一小國必待中央之干涉不特勢有不及措置亦必失宜竊謂中央但總攬大綱而統治地方之全權仍以委之督撫俾有經營布置之餘地得以行其志而盡其才日本之臺灣總督雖受內務大臣之監督而統治之重權實委之臺督之手雖彼屬地之制不能以例吾之內地然其意可師其制可採監督之權亦且委之最高地方議會其權限之大小則視督撫行政權之大小以為比例如是則輕重足相維繫矣至於屬僚之進退必當得督撫之同意滇督之論誠為至當不易若夫現行各司之職掌如司法交涉國家財務諸政則皆當直隸中央不必用督撫承轉權限分明然後不相牽掣今日釐定官制必先當劃分政務之統系滇督謂司道補助總督略如部中各司之長則猶牽混於現行之制而未能明辨中央地方之權限者也

論說　十

# 論資政院之天職

滄江

明詔以資政院爲上下議院基礎。議院最大之職權有二。曰參預立法也。曰監督行政也。其在今世實施憲政之國。則以前者爲重。既參預立法。則監督行政之實自舉也。其在我國今日。則以後者爲重。非監督行政。則參預立法之效。悉虛也。歐美諸先進國法治主義久已深入人心。舉國上下。咸認法律爲神聖不可侵犯。是故凡百事項。不著諸法律則已。既已著諸法律。經裁可。而宣布之。雖君主且恪守罔越。而政府斷不敢發違法之命令。苟其發之。屬僚可以不奉行也。苟其奉行。人民可以起行政訴訟也。故立法一善。而國利民福。思過半矣。中國不然。大淸會典。大淸律例。以及歷年。詔敕與奏定章程。其位置本與各國法律等也。而各行政官。視同無物。今者號稱預備立憲。一一襲外國之形式。於是變其名曰法律。然而視同無物。如故也。頒布自頒布。違反自違反。上下恬然不以爲怪。而國家威信。益掃地以盡。非匡正此弊。則法治安有成立之期。而今日匡正之責。舍資政院信無屬也。

比年以來新頒法規多如牛毛其內容大半皆鹵莽滅裂固無論也然就令悉臻完善又將何爲蓋有法而不行則良法與惡法之效等耳英法德美日諸國其法曷嘗不粲然具備然於我何與者比年法規之著於官府者高可隱人究其實則官民視之其與外國法典相異者幾何今憲政編查館及各部院養無量數之冗員除酒食博奕外則惟以鈔譯他國法規爲事充其量雖將萬國所有之法用天吳紫鳳之式割裂綴合悉以中國文字著錄之可也而試問於國利民福有絲毫之痛癢相關者否今者資政院開彼等方且一一提出其割裂綴合之譯本以求協贊資政院議員則日日疲於奔命相與磨勘於其字句之間最上者能比較法理使實質稍稱善良極矣及其議定則又編入故紙堆中與大清法典大清律例同爲殭石議員之精神日力雖不足貴抑亦何不値一錢若此耶嗚呼是可以知返矣

今日之要最要使政府知法律之非同兒戲當其未頒也先預計將來所以實施者如何苟財力不能實施人才不能實施事勢不能實施則毋寧勿頒也則法雖不完不備而有一法即可收一法之効然則今日資政院所當率之職如何一日調查將已頒之

法規一一調查其曾否實行也二曰質問於其不實行之事項嚴重詰責問其所以不實行之故也三曰彈劾揭政府違法大不敬之罪求　君上裁判也若資政院議案能注重於此方面乎則國其或有瘳不然者政府方提出無數法案議員復提出無數法案而其結果不過併九十日之力孳孳以製造殭石甚無謂也

（念七期刊誤）

論說一第一頁第七行各貨當作外貨第二頁十一行能以當作率以第十七頁第八行能力上漏獎字

論說二第三頁十二行挾於當作挾其第六頁第八行寓當作康第九頁十三行是患當作足患第十一頁第五行校當作較第十二頁第二行則尤當作則非第十二行自繩當作自絕第十三頁十一行莫能當作眞能第十四頁第五行決無當作決難第十行同業當作企業第十五頁第一行貸以當作貸諸第十六頁第四行不復當作不後第二十四頁第五行國以當作用以第二十六頁第三行旣過當作旣建

播譯壹

# 日本勢力之增進

茶圃

日本以區區一島國三十年間縣琉球割臺灣吞朝鮮國土之擴張乃幾倍於其舊鯨呿鼇擲遂以雄視亞洲乃者劍及履及萃全力以規我滿洲解衣磅礴以鼾睡於我臥榻之側勢力膨脹咄咄逼人夫琉球朝鮮曩固我之藩屬而臺灣滿洲則固我之土地惟我國之勢力消縮然後日本之勢力乃得增漲日人成功快意之歷史皆我國痛心汗顏之歷史也然而同此一地何以方爲我有則荒蕪穢亂幾若石田及他人厠手其間則地闢人治駸以富盛無亦我國人政治能力之弱乏故坐視膏腴之荒亂而曾無統治之方歟夫擁有廣土而不亟求統治之方則强鄰窺伺何地非朝鮮滿洲之續然則鑑察日本經營諸地之方略匪特增我國民之戒懼抑亦可爲後事之師資也日之縣琉球舊矣置不復論請輯述其統治臺灣之成績經營朝鮮

之方略。與其規畫滿洲之布置。略舉梗概。以備我國民省覽焉。

## 第一節　統治臺灣之成績

甲午戰役既終。訂立馬關條約。我國遂割臺灣以與日本。日本於是始有屬地。方臺灣之隸我國。雖設立郡縣。列於行省。然幾視若磽确之荒島。未嘗注意經營。迨入日人之手。乃竭力以經營之。不及十五年。而成效則已大著。國之盛衰。事之成敗。信乎其在人也。今略述臺灣之成績約有數端。

一財政之充裕　日人之初有臺灣。其財政窮蹙甚矣。萬事草剏。百廢待舉。而其時臺灣之收入。以地稅關稅爲一大宗。然地租稅七十五萬元。關稅六十六萬元耳。其他收入。樟腦三十九萬元。郵電二十二萬元，官地租二十萬元。製糖二十萬元。鐵路礦稅十萬元。合之雜款所入。經常歲入。乃僅二百六十一萬六千六百六十元。助以六百九十六萬二百七十六元之巨額補充金。其經常臨時之歲入。總額則九百五十六萬一千三百九十四元。此明治二十九年之歲計也。至三十一年。兒玉源太郎爲總督。後藤新平爲民政長官。乃腐心竭力以謀整頓財政。其所計畫。第一。行用專賣之制。樟腦煙草及鹽、曾由官專賣尚將以增進收入亦將以獎厲生產也至今日而三專賣之成效昭然竟如其豫者之所期第二淸查土地以從事於整理田產確定所有權增加地租之事第三則設備交通機關鐵道郵政電報一切交通機關皆極力擴張以助產業之發達使臻繁盛以裕財政之源其他生產之業無不力爲擴充當兒玉受任之年歲入總額一千、一百餘萬而補充金尚四百萬元及三十八年歲入驟增至二千五百四十一萬四千一百四十五元不須一錢之補充金臺灣之財政遂可獨立其後日益發達至今年歲入總額已增至三千七百八十四萬四千三百七十四元十五年間歲入之增幾十五倍昔日我之臺灣幾一荒島今日彼之臺灣乃一富源則兒玉後藤之功大矣

二交通機關之進步　日本之初有臺灣僅有基隆臺北數十里之鐵路工程管理皆極草率其他道路港灣類皆荒梗至今日而官設鐵道有三百四十餘哩私設鐵道有六百五十哩其道路之平治港口之浚築海陸之連絡倉庫之設備電線之敷設無不整備鐵道電話乃至能達於村落其治績燦然可觀矣

三金融之整備　臺灣交易主用生銀及銅錢由來久矣及其隸日日本銀行即設分

行於其地行用鈔票。然流通之區域至狹。通貨固不能及全臺也。三十二年。設立臺灣銀行。發行鈔票。然信用未著。流通之額不及百萬。市中貿易仍用生銀。三十五年。鈔票之行用稍增。然不過二百四十九萬元。以是之故。存貸之款。皆不能多。三十三年。臺灣銀行貸出金額僅七十八萬七千四百三十一元。存款之額。郵局儲金五十五萬八千四百七十八元。臺灣銀行存款七十六萬三百十八元。其微甚矣。越十年而至今日。工商發達。諸業勃興。其鈔票之行用。遍及全島。雖山僻之地。皆可通行。臺灣銀行。遍設支店。其他小銀行蹶起。金融益以緩和。故三十三年之際。息率五分二厘者。今乃減至二分五厘。四十二年下半期。臺灣銀行鈔票發行額一千二百五十萬元。存款一千七百餘萬元。其資本自五百萬元倍增為一千萬元。蓋財政清釐而後。生計日益展發。勢固然耳。

一貿易之增盛　臺灣之島外貿易。當明治二十九年。輸出入總計。不過二千萬元耳。既而產業日以增殖。金融之制度漸完。交通之機關浸備。島內之產業。亦日以增殖。以行用保護關稅之故。外國貿易。雖不能異常增進。而母國之貿易。則固絕塵而馳矣。試稽明治四十二年之歲計。外國貿易。輸出入總額。二千四百二十七萬九千零四十六元。母國貿易輸出入總額。六千零三十一萬六千三百零三元。都凡八千四百五十九萬五千四百四十九元。蓋臺灣因以工業上之原料供給日本。而日本爲其生產品之消費地。故其母國之貿易特盛也。

一產業之勃興　臺灣者。物產甚富而未經開闢之地也。日本既獲此屬地。乃并力以經營四大產業。四大產業者何。則製糖樟腦米茶是也。日人嗜糖。其消費之額年須五萬萬斤。而其國中製糖至少僅能供十分之一。其他則皆自中國香港瓜哇飛獵賓德墺諸地輸入者也。臺南平原。宜於植蔗。明治三十三年。兒玉督臺。規立糖業政策。設立臺灣製糖公司。刱辦新式製糖。然未能獲利。三十五年。乃大拓規模。凡蔗苗之改良。培蔗之肥料。耕地之糞溉。排水製糖之新法。無不極力研求。且復厚集資本。於是糖業驟盛。明治三十六年。製糖額僅得五千零六十八萬餘斤者。至今年而增至三萬二千五百萬斤。增收之數。五倍有奇。自茲以往。日增月盛。今新式製糖器械之能力。僅有九千七百六十噸。期於後年。卽可增至二萬五千噸。而產糖之額。卽年可五萬萬斤。需之食糖仰給於外國者行可取給於臺灣而盡收外溢之利矣至於樟腦當明治三十一年其產額百十萬斤斤値四十元價固甚賤也自施行專賣之法生產賴其保護於是產額驟增價亦上騰今年樟腦產額七百餘萬斤十二年間已增七倍臺灣產米由來久矣今以水利之興糞肥之善歲穫五百萬石增於舊額百分之一臺北之茶歲入亦二三百萬其他鹽田鑛產無不增拓若夫製造物品昔日所絕無者今以獎厲工業之故工藝日興十五年間臺灣之富盛迥異疇昔矣

一移民之繁盛　臺灣之初隸日本日人赴臺者寥寥乃大加獎誘以期移民之發達於是赴臺者衆至今日而移民之數已達十萬彼其移民政策固將移殖其智識移用其資本舉土人所不能舉之業爲之指導以期臺灣之發達者也乃果十餘年間而成功昭著於是其實力漸充而其國勢亦日展矣

## 第二節　經營朝鮮之方略

日人之謀朝鮮也三十年於茲矣今一旦併而吞之國勢驟以膨脹闢疆拓地其害可知夫朝鮮之人口三倍於臺灣而當日本全國人口五分之一土地之面積五倍於臺

灣。而當日本全國面積之半。衆民廣土。足容舞袖之迴旋。且日人之割臺也。士人抗拒。鎭撫七八年。其亂乃始克靖。而生番梗抗。至今尚未敉平，朝鮮被併以來。未聞有激烈之抵抗。其統治當視臺灣爲較易。今合幷之始，其統治之政策。雖未表見。然考彼中人士之論議。及其曩者拓殖之布置。則其經營之蹟，固可略見一斑也。

日人之經營朝鮮，其視爲最急之務者，在於整理物產。以濬發其富源。然交通機關之不備。則物產未易整理也。朝鮮之農業物產。米豆蠶絲之外。綿花煙草食鹽。皆足爲收入之大宗，徒以交通不便。轉運維艱。有無不能相通，故貨棄於地。彼木浦之綿花。朱安之製鹽，日人試驗，皆有成績。交通苟便。則朝鮮之農業。必可立增數倍。彼東洋拓殖公司之從事墾植興辦水利。養柞蠶以製絲。栽甜菜以製糖。凡百事業。皆植其基。至朝鮮之漁業。彼廣島福岡諸縣。嘗撥縣費以作漁村於朝鮮沿海矣，曩以艱於交通。故效未大著。而拓殖公司。得鴨綠江口至濟川江口百八十哩之漁業特權。廣設漁村。復營立販賣之市場，貯藏之倉庫，整理物產，不遺餘力。今得其政府之力，以修備交通之機關。則水陸之產業漸興。濬發富源。展發國力。固當不後於臺灣耳。

著譯　八

日本之經營朝鮮固不始於今日。三年以前。即有東洋拓殖社會之設立。其社會之資本。定額一千萬元。分爲二十萬股。日本朝鮮之皇室皆占資本於其中。而舊朝鮮政府之資本實占十分之三。其舊政之出資則土地也。拓殖社會之宗旨則移殖日本之人民。以墾有朝鮮之土地。即無合邦之舉。但設此會社。而朝鮮已不啻在日本掌握之中矣。今雖併韓。而拓殖會社固未裁撤。彼會社重要之事在於移殖農民。改良農業。而貸農民以農業資金。然以日人之移殖不多。韓人之貸金者亦少。故其事業未能發達。彼朝鮮曩者其地方官固亦貸金於小農耕時貸而穫時收之矣。自日人目賀爲朝鮮財政顧問。則以其制爲不善。乃由財政顧問部設農工銀行六所以貸資於農民。政府以三百萬元爲其資本。邇來日漸發達。於農工銀行之下。爲金融組合。以與之聯絡。以輕率之利息。假組合員以籽種之資。農業有此機關。則資本既便於措施。農事自易於增進。拓殖會社復能補銀行之不逮。今雖草創。成效未著。然他日開發朝鮮之富源。則此固與有力焉者也。

第三節　規畫滿洲之布置

日俄之戰其爭端雖起於朝鮮其爭點固亦在滿洲也日人既勝遂承受關東洲之租借權且獲有南滿洲之鐵路頃者併有朝鮮益思固其屏藩務集勢力於滿洲先立深固不拔之基以伸張勢力於大陸乃者北守北進之說囂然於其國人之口其經營之政略不一端而南滿洲鐵道會社之措置則顯而可見者也南滿洲鐵路會社之開辦實始於明治四十年(我光緒三十四年)四月資本金共二萬萬元分百萬股股二百元日本政府先占其股本之半以南滿既成之鐵道(昔屬於東清鐵路之長春旅順本線及支線)及其附屬之財產與撫順煙台之炭坑充之其餘一萬萬元則募之民間彼會社之設立委員知日人生計之未裕未易驟集巨款也則先募二千萬元而先收股銀十分之一故其會社未集之股尚有八千萬元未收股銀一千八百萬元彼會社經緯萬端僅恃此區區股本必不足以集事乃謀舉社債由政府保證以五厘息率募社債八百磅於倫敦其債以三次發行明治四十一年十二月債額畢集除去扣用印稅等費五十一萬磅會社實收金額七百四十九萬磅其所經營之事業鐵道、海運、港灣、礦業、電氣、煤氣、地方經營及試驗所皆其重要者也請略述其梗概

著譯　十

一鐵道之經營　彼會社接受政府之鐵道。大連長春本線四百三十七哩。旅順支線二十八哩。柳樹屯支線三哩六。營口支線十三哩。煙台支線九哩。撫順支線三十九哩。安奉線百八十九哩。除安奉線爲二尺六寸之輕軌鐵道外。餘亦皆三尺六寸之狹軌式。會社開辦而後。乃謀改全線爲四尺八寸之廣軌式。（除安奉線）且謀增大連蘇家屯間二百三十八哩之路爲雙線。旅順支線之廣軌先成。明治四十年十一月行車。踰年六月。本線及撫順營口兩支線皆成。一年之間。改築、五百哩之軌道。成二百有餘之大機關車。二千五百之車輛。其劍及屨及之概。可想見矣。既而大連蘇家屯雙線工竣。去年十月。全部通車。彼受政府命令。改全路爲廣軌。至是而告厥成功。去年八月。復改安奉線爲廣軌。期以後年全部完成。煙台炭坑產炭日增。則亦改築廣軌。以便運輸。今年三月工竣。柳樹屯之支線。則以轉運物少。停不行車。其工場初設於大連。爲製造車輛修繕器械之用。遼陽安東皆有分場。然以規模狹小。不足供會社之所需也。乃於大連之側。北沙河口建大工場。其工場之廣。一時可容機關車二十輛三十噸貨車四十六輛之修繕。規模宏遠。足見一斑。至其收入。則日增月盛。四十年度上半期。乘車人數七十萬四千三百人。貨物五十三萬七千五百五十噸。收入四百九萬三千四百二十五元。至四十二年度下半期。乘車人數百十四萬九千六百四十四人。貨物百八十一萬二千三百二噸。收入九百十五萬八千四百十元。三年之間。數已倍增。輸送之貨物。大豆其一大宗也。

一海運及港灣之經營　廣軌車路通車而後。乃僱用郵船會社之神戶丸。定期航行大連上海間。連絡滿洲鐵路。以圖交通之便。四十一年八月。航路始通。去年五月。復增僱西京丸。四十一年下半期。乘客千五百三十六人。貨物一萬二百六十四噸。收入六萬六千七百五十元。至去年下半期。則有乘客二千三百四十人。貨物一萬七千八百二十一噸。收入十萬千七十五圓。其海運事業。固遠不如鐵道之發達。然固不能謂之無進步也。至港灣之設備。彼大連之築港。嚮者俄人計畫而未成者。今皆從事補修。一東防波堤。延長千二百二十一尺。工已過半。二東埠岸壁。接續於俄人所成之岸壁。南北九百九尺。東西百四十尺。築造直立岸壁。三北防波堤。距東防堤之終端。隔離千二百尺。開爲港口。西間延長二千八百五十尺。工未及半。其他浚渫港內。置備小輪。新築

著譯

倉庫。乃至搬運輸送之業。皆會社自營辦之。彼爲百年大計。瑣屑勞費。固不避觸。

一礦業　會社經營之礦業。撫順炭坑。其最腴者也。撫順炭坑在奉天府東九里而近。其炭田沿渾河而走。袤延五里。炭層之厚。最厚者百七十五尺。薄者不下八十尺。平均約可百三十尺。中夾雜物約二十尺。含有炭量八萬萬噸以上。採掘四分之一。產炭已二萬萬噸。政府獲得之時。出炭日僅二百六十噸。今加改造。合千金寨三坑楊柏堡二坑老虎台二坑而計之。出炭日可三千噸。頃更開二坑。及其成也。每日出炭日可增五千噸。煙台炭坑方在探礦之中。三坑所出之炭。日不過五六十噸。煤炭之用日廣。去年銷售於滿洲之數。二十四萬六千六百噸。其運販於中國內地者。亦十萬三千噸。當四十年下半期。撫順煤炭。始試售於上海。其時售額僅千二百噸耳。今則專備二船從事運送。此業之盛。方興未艾也。

一電氣煤氣　會社初立。自政府接受產業。僅大連有一不完全之發電所而已。四十年十月。始爲供給電氣之營業。銳意改良。業益發達。乃更增容量極大之發電機。且謀於大連市內。布設延長十三餘哩之電車鐵道。以利交通。於是建設車庫。整備車輛三十輛。去年九月。軌道工事漸竣。即先通車營業。大連之外。奉天長春諸地。皆設發電所。奉天以去年六月。長春以今年六月。電燈營業。皆次第開辦。又以燈火暖房及一切工事。需用煤氣。乃於大連設立煤氣製造所。今年三月。始行開業。蓋一晝夜可製二十八萬立方尺之煤氣也。

一市街　鐵道附屬地內之居民。會社得徵收公費。日本政府。以此特權委託鐵道會社。而會社藉以便宜行事者也。會社既有特權。遂制定公費規則。及附屬地住民規約。附屬地公共事業。剏設之費。會社任之。經常費用。則取給於住民所納之公費。彼先萃全力以經營市街。鐵道附屬地之戶口。年益增加。四十年之戶數八千六百四十七。人口二萬九千五百二十四。至四十二年。戶數一萬二千七十九。人口四萬二千四百三十八。其設立市區。爲瓦房店、熊岳城、蓋平、大石橋、海城、遼陽、奉天、鐵嶺、開原、昌圖、四平街、公主嶺、范家屯、長春。凡十四所。道路溝渠。皆爲整飭。公園則有大連、瓦房店、大石橋、遼陽、公主嶺、長春六所。市場則有遼陽、公主嶺二所。屠獸場、火葬場、墳地。皆已營立。其他衛生救火一切地方事業。無不釐然畢具。小學、醫院、以至旅館。皆遍設於各地。其政府之布置。且勿論。但觀其會社所經營。其措置之周備。勢力之完滿。已隱若一敵國矣。其會社所經營。尚有試驗所三。一曰中央試驗所。隸於關東都督府。今年五月始移而屬之會社。專任殖產工業及衛生上之試驗者也。一曰地質試驗所。隸者屬於礦業課。今則分離獨立。專任調查研究滿洲地質之事者也。一曰製造試驗工場。於關東都督府中央試驗所所研究之柞蠶漂白製絲及織染法。加以實際試驗。今年四月開辦。繰絲機械二十五座。其動力用電氣。其工女皆日人。共一百六十人。頃方汲汲從事於研究。他日成績。亦未可量耳。

彼會社設立三年以來。統計其興業之費。除政府資本一萬萬外。用之鐵道者。四千零七萬二千元。用之工場者。一百七十一萬元。用之港灣者。三百七十一萬七千元。用之礦山者。五百四十八萬七千元。用之電氣者。二百八十三萬三千元。用之煤氣者。六十萬二千元。用之經營地方事業者。四百一十四萬六千元。用之一切建築各物者。五百八十四萬一千元。都凡六千四百四十二萬元。彼三年之間。百業畢立。而日人猶皇皇汲汲。併力猛進。凡可以鞏固其基礎。增拓其勢力者。無不幷心進取。宜其勢力彪綳而不可遏制也。

日本今日殖民之政策，固北進以擴拓勢力，以滿洲為集中之地者也。試更將日人之在滿洲者表列於左。

| 地名 | 農業 | 工業 | 商業 | 交通業 | 公務 | 自由業 | 雜業 | 合計 |
|---|---|---|---|---|---|---|---|---|
| 吉林 | — | 一四人 | 六七人 | — | 一五人 | 七人 | 九七人 | 二一〇 |
| 長春 | 二 | 一、八二四 | 九九〇 | 四八九 | 二六〇 | 七五 | 八五三 | 四、五〇二 |
| 鐵嶺 | 二 | 五四五 | 六七四 | 二八 | 一〇〇 | 五八 | 五〇〇 | 一、九一二 |
| 鐵嶺鐵路附屬地 | 四 | 一六 | 二三 | 五 | 六五 | 一一 | 五六九 | 六九三 |
| 開原及鐵道附屬地 | 二 | 三六 | 八一 | 六二 | 一九 | 一 | 一一 | 三一八 |
| 昌圖及鐵路附屬地 | — | 一七 | 五二 | 一九 | 三四 | 一〇 | 一六四 | 二九六 |
| 法庫門 | — | 三 | 二一 | — | 四 | 三 | 一一 | 四二 |
| 雙廟子 | — | 九 | 一四 | 九 | 三 | — | 四五 | 八〇 |
| 新臺子 | 一 | — | 一 | 四四 | 四 | — | 一 | 五一 |

| | | | | | | | | |
|---|---|---|---|---|---|---|---|---|
| 新民府 | ｜ | 五 | 四五 | 六 | 二四 | 一 | 三四 | 一一五 |
| 奉天 | 一八 | 五三六 | 八八九 | 一六 | 一九七 | 八一 | 四六九 | 二、二〇六 |
| 奉天鐵道附屬地 | ｜ | 二一〇 | 一六五 | 九一 | 一〇八 | 八 | 七五二 | 一、三三四 |
| 遼陽 | 二 | 六二 | 一三二 | 二一 | 三二 | 一四 | 一一三 | 三六六 |
| 遼陽鐵道附屬地 | 七 | 四五四 | 五八一 | 九二一 | 一〇〇 | 三九 | 三一六 | 二、四一八 |
| 安東 | 三三 | 七一三 | 一、八五九 | 九二 | 一九〇 | 一三一 | 一、一二〇 | 四、一五〇 |
| 安奉鐵道附屬地 | 一六 | 一三 | 五四 | 六九四 | 二七 | 二 | 二四八 | 一、〇五四 |
| 其他各地 | 四 | 三七 | 三二 | 八 | 九 | 二 | 一〇 | 一〇二 |
| 合計 | 一三八 | 七、〇二五 | 一五、〇七四 | 五、九一六 | 二、八三三 | 一、三八一 | 一〇、七一〇 | 四一、一二七 |

嗚呼日人之在滿洲者區區四萬餘人耳然其事業之發達勢力之圓滿滿洲遂爲其所獨占雖藉戰勝之威力故其勢力縱橫而漲溢無亦其經營之得宜故乘勢趨利沛乎莫之能禦乎陰平鷄冠非難禦如此江山坐付人我國人其知愧歟其知懼歟

著譯 弍

# 論翻譯名義

民質

滄江曰。譯事之難。久矣。國於今日。非使其民具有世界之常識。誠不足以圖存。而今世界之學、術、什九非前代所有。其表示思想之術語。則並此思想亦爲前代人所未嘗夢見者。比比然也。而相當之語。從何而來。而譯者之學識。既鮮能溝通中外。又大率不忠於其所學。苟勦說以取寵而已。故滿紙皆曖昧不分明之語。累幅皆詰鞫不成文之句。致使人以譯本爲可厭可疑。而以讀之爲大戒。夫其學既已爲吾儕曩昔所未嘗習。則雖衍以至工之文。猶未易使讀者一展卷而相悅以解也。況以今之譯本。重人迷惑者哉。準此以談。則舉國不悅學。誰之罪也。翻譯名義。譯事之中堅也。吾治歐文淺。殊不足以語此。著者英年夙慧。於本國文學所造至邃。今復游學英倫。覃精斯業。今遠寄此篇。其所以光寵本報者至矣。輒識數言。以論譯者。

翻譯名義之事。至難言矣。欲詳論之。余識既有未逮。篇幅亦不吾許。故本篇僅就一狹而最要之問題。稍發揮之。以論點所關。乃竟有指摘時賢處。然人或罵余浮淺。余因以問其致訓。所深願也。

余之問題。在討論義譯、音譯之得失。即此問題分之。可作六層。

(一)以義譯名。果能得脗合之譯語乎。

(二)以義譯名。弊害何在。

(三)縱得脗合之譯語。果即爲適用之譯語乎。

(四)如不能得脗合之譯語。吾寧擇其近似者。抑將棄擲義譯之法乎。

(五)如欲得義譯之良譯語。有不可犯者何病。

(六)以音譯名。利弊何如。

答此諸問。敢以譾陋所及著之左方。

(一)以義譯名。謂取原名之義。譯之。而因以其義爲其名也。如譯邏輯(Logic 本篇所舉昔譯各名、皆本（侯官嚴氏）爲名學或論理學之類今試以邏輯言論理學者非確譯也其字乃根 Science of Reasoning 而來嚴氏斥爲淺陋（見名學淺說）誠哉其然也然名學果即邏輯其物乎是亦一疑問也嚴氏以「名」名此學未嘗詳告人以其定義從而評騭未易中肯然姑妄言之則「名」字所含義解足盡亞里士多德之邏輯未能盡倍根以後之邏輯也愚謂譯事至此欲於國文中覓取一二字與原文意義之範圍同其廣狹乃屬不可能之事嚴氏曰『不佞常戒後生欲治物理稍深之科爲今之計莫便於先治西文於以通之庶幾名正理從於所思言不至棼亂必俟既通者來還取吾國舊文而釐訂之經數十年而後或可用也』（見名學淺說四十九頁）斯言也愚疑其微涉誇矣嚴氏治西文而既通之者也今之言此在揣擘動植二名之不可用則還質之嚴先生請釐訂吾舊文改造此二名何如愚恐即以先生用力之勤與思之密於吾舊文中殊未易施此釐訂之法名正理從談何容易即求之西文且往往而不可必況欲得之於理想懸殊之吾舊文乎

（二）以義譯名其弊害之最顯者則無論選字何如精當其所譯者非原名乃原名之

定義是也如日人曰邏輯者論理學也則論理學三字明明爲邏輯下一定義嚴氏曰邏輯者名學也則名學二字又明明爲邏輯下一定義是吾人本欲譯其術語其結果乃以其定義爲其術語既譯之矣吾人以新術語公之於世勢必更加定義使人共喻其爲何物則此定義者果仍前次定義而擴充之乎抑更覓新字以釋之乎如從前說則是使術語與定義相複簡而舉之則不啻曰論理學者論理學也名學者名學也名爲與人以定義而人之所得乃不出術語字面之外亦何取乎定義爲以邏輯定義條例繩之是謂 Tautology or definition in verbo（譯言語贅）如從後說則立陷前次覓取定義於無意識若前次定義誠當則欲避去且有所未能雖然其缺點猶不止此也

譯名之萬難脗合既如前說矣如此種譯名沿用既久則其趨勢之所至將首生歧義次生矛盾義

歧義何以生乃望文而生之也蓋此種名詞最易使未治其學或治其學而未精者本其原有之字義牽强解之吾嘗讀近日之新聞紙而發見此例不少矣如曰「政府將

起用某樞臣。故以徐世昌入軍機爲之前提。」此前提者。意謂張本。按以邏輯之義。未可通也。而在作者則或以其爲新名詞、而誤用之。他如言「前提不正」者。吾屢屢不解其所謂前提乃胡指也。又曰「政黨由一團體而分爲衆團體。是謂演繹的政社。由衆團體而總爲一團體。是謂歸納的政社」此演繹歸納之用法與日人用之於所謂論理學者相去。殆若風馬牛。而作者則或喜其爲術語。而羅致之也。此固半爲作者空疏之咎。而譯名之易使人迷亂。從可知也。

矛盾義之生。則常譯名不精確時。吾人欲更正之。其現象必至於此也。如以論理詁邏輯。吾人曰非也。則於未樹新義之先。必曰邏輯者非論理學也。即不啻曰論理學者非論理學也。其爲形式上之矛盾不難立見。縱不至往往至是。而學術者進步者也。定義亦因之而進。吾人必先強取一時一己之界說。因以爲定名。予後來作新界說者以無窮之障。翳因陋就簡。則阻學術之進程。翻陳出新而又爲定名所縛。勢必使之生矛盾義。而後止。此風胡可長也。如斐洛索非。(Philosophy)嚴氏謂日譯哲學爲未安。以愛智學代之。治此學者稱之爲愛智家。意謂易愛智二字。足以舉斐洛索非之全。此嚴氏之偏見也愛智(Love of Wisdom)者茲學最初之定義也茲學之發展既經二千餘年界說之變遷奚止十次今日之治此學者無或更持愛智之義者也(各定義可在Davidson's Logic of Definition第八頁得之)縱或有人持之亦不過衆說紛挐中之一說吾今舉一說以概其全名爲愛智是謂不智

(三)術語有在原文爲未當者如 Political Economy 日人譯作政治經濟學經濟二字之可攻擊自無俟論今且假定爲與原文無背矣而此名仍未可恃何也原語未可恃也以有學者頗謂此學寧名爲 Economy or Social Economy 也原語之本且搖而吾即而繩其適合與否此亦不智之事也故譯語即有時脗合不必即爲適用之語

(四)茲一問也當從實際上決之無能下十成之死語也今所可言者則在認義譯爲必要時脗合之譯語既不可得則惟有取其近似者之一法在義譯極困難而又認爲不必要時則宜訴之他法所謂他法者可從某文問得之要之余非絕對排斥義譯者也故且欲以義譯之防弊說進

(五)義譯不可犯之弊最顯者約有四端

(一)關字　文法中有字性曰 Neuter Gender 非陰非陽。嚴氏因譯之曰「罔兩」巧則巧矣。如作無情割截題。然未可以爲訓也。(見英文漢詁)

(二)傅會　邏輯中有所謂司洛輯沁 (Syllogism) 者。嚴氏謂卽陸士衡之連珠體。其言曰「連珠前一排言物理。後一排據此爲推。用故字轉……不佞取以譯此。無所疑也」雖然竊有疑焉。連珠之義在「假喩以達其旨」(語出傅玄)司洛輯沁無假喩之事也。就連珠本義言之。乃頗與安奈羅支 (Analogy 此名非嚴譯者) 相類。而五十首中又多有與之相發明者。安奈羅支者。畧如詩中之比。以他物比此物。而得其所以類似之道也。換詞言之。以他物與第三物之關係。比此物與第四物之關係。頗相類似也。其關係之類似處。卽安奈羅支。如「頓網探淵。不能招龍。是以巢箕之叟。不盼丘園之幣」是謂龍之於網。猶巢箕之叟之於幣也。其關係相類也。此安奈羅支也。非司洛輯沁也。嚴氏殆以爲用故字轉。卽合於司洛輯沁之 Therefore 殊不知「故」字或「是以」字。有時乃等於 As……so 之 So 也。後者卽安奈羅支也。然嚴氏之言亦非不確。如「祿放於寵。非隆家之舉。是以三卿世及。東國多衰弊之政」以司洛輯

著譯

沁釋之固自可通今作一司洛輯沁式如下。

例　祿放于寵非隆家之舉。

案　三卿世及祿放于寵也。

判　是以三卿世及非隆家之舉。東國多衰弊之政。

此正嚴氏所謂前一排言物理（齊曰公例）後一排據此爲推用故字（或「是以」）字Therefore）轉者也雖然此種公例（或物理）有時乃置在後一排而得此公例則由於觀察物狀如「鑽燧吐火以續陽谷之晷揮翮生風而繼飛廉之功是以物有微而毗著事有瑣而助洪」此明明由著觀鑽燧揮翮種種事實而因以得微毗著瑣助洪之公例也此其術乃內籀之事「內籀云者察其曲而知其全也觀其微而會其通也」（見天演論序）此正察曲知全觀微會通之事斷斷非外籀也非司洛輯沁也夫連珠本一詞章之體無與於明理見極之道如必謂其與邏輯有連則其範圍又不止及於司洛輯沁一部嚴氏之談終傳會而未有當嚴氏又曰「日本呼連珠爲三斷竊以爲不及吾譯其所彙三詞僅成一斷名爲三斷轉或誤會不可以東學通用而從之也。

八

一嚴氏所謂三斷日人通作三段論法斷字又不如嚴氏之所釋嚴氏鄙賤東學或未暇詳察東人用字之意也

(三)選字不正　此條當分甲乙言之

(甲)字義　譯名忌用濫惡之字此不待言然亦忌用僻字或修詞之字如邏輯中之 Fallacy 嚴氏惡「謬誤」等字之濫惡也名之爲眢詞其說曰「有眶無睛者謂之眢井無水者謂之眢井然則徒有形似而無其實者皆眢也」此微涉詞章家烟障矣邏輯家之言曰凡一理想即應有一字表之引申假借之字多乃治此學者之第一困難處今爲邏輯立名奈何自蹈其弊

(乙)字面　論理二字他弊且不論即言字面已不甚妥論理者論其理以論字爲動詞抑論之理以論字爲名詞乎愛智二字亦然是果以愛字爲動詞乎抑兩字同爲懸名乎以吾文搆造之體言之如欲其字面之明曉有時或竟不能然執筆者總須注意此點

(四)製名不簡潔　如邏輯中之 Convertion 嚴氏譯作調換詞頭未能較日譯換位二字有特長而簡潔轉遜之

(六)以音譯名乃如 Logic 直譯作邏輯 Syllogism 作司洛輯沁 Philosophy 作斐洛索非之類吾國字體與西方迴殊無法採用他國文字以音譯名卽所以補此短也語其利也則凡義譯之弊此皆無有卽爲其利至語其害則人或覺其生硬不可讀外可謂無之且此不過苦人以取不習終不得謂之爲害此種苦處習之旣久將遂安之佛經名義之不濫者譯音之法乃確爲一絕大之保障至今涅槃般若等字未聞有人苦其難讀者故愚以爲自非譯音萬不可通而義譯又予吾以艱窘吾卽當訴之此法如 Public International Law 以音譯之爲字當至十一且本名亦無甚深義無取乎音譯至 Logic 則吾儕訴之於此而曰邏輯也吾觀嚴氏好立新義而有時亦不得不乞靈於其音如希卜梯西(Hypothesis)譯言設覆吾未見彼可以設覆二字行文而無迷路也他如幺匿拓都之類亦然擴而充之是在明達之士嚴氏者余所深佩者也夙昔於泰西學術畧見一斑且彼譯述之賜今之妄議實欲以狂悖誘其啓發闡彼方領名詞館于京師而從事者又皆一時名儁其能爲新學術開一紀元固無疑義然茲事體大偶有所見仍自忘其不肖附於士衡吡著助洪之義嘵嘵言此余固有言人或罵余浮淺余固以聞其教訓所深願也

## 法令

# 陸軍部會奏遵限釐訂卹廕恩賞章程摺 併單表

奏爲遵限釐訂卹廕　恩賞章程繕單列表恭摺會陳仰祈　聖鑒事本年正月二十八日臣部奏設憲政籌備處摺內聲明　恩賞卹廕各章程於五六月間擬訂奏辦完竣等語自應遵限辦理竊維致身効命原軍人責任所歸　憫節　褒忠實　聖主哀矜之典我　朝以武功定天下偉烈殊勳昭垂史冊舉凡同仇敵愾之夫臥甲枕戈之衆臨陣捐軀有卹被戕身死有卹因公殞命積勞病故莫不有卹卽至殘肢廢體被創負傷者亦必區分其等第而賞以周之當時衆志成城同心一德其所以作士氣而勵軍心者端由於此目今大地交通軍器日形猛烈是以東西各國獨於軍人恩給一節駢蕃稠疊不吝巨貲非徒卹以重金兼且撫其遺族我　國錫類推恩罔周且渥然時殊勢異自應通籌彼此以斠隱協機宜蓋一優一絀之間實軍隊安危

所繫臣等揆度情形公同商擬酌東西之成法本定例而折衷除剿辦國內土匪捕拏盜賊以及一切事故所有陸軍官兵之䘏廕 恩賞請照旗營最優例章成案辦理旗綠營仍各按各例核辦外爰就國際戰爭起見擬訂䘏廕 恩賞章程都爲八章計四十八條謹繕清單附列四表恭呈 御覽敬候 欽定俟 命下之日即由臣部欽遵通咨各省旗遵照轉飭一體祇悉以資感奮今日者雖海牙大會環球競倡平和而山立軍容䘏政尤宜籌備此項章程係審度現時財政斟酌規定擬請作爲暫行辦法將來餉項充裕應如何增加改變之處再行續訂奏明辦理所有遵限釐訂䘏廕等章程緣由謹繕單列表恭摺會陳伏乞 皇上聖鑒訓示遵行再此摺係陸軍部主稿會同軍諮處辦理合併陳明謹 奏宣統二年八月十九日奉 硃批依議欽此

謹將釐訂䘏廕 恩賞章程繕單列表恭呈 御覽 計開

第一章 總則 第一條 當國際戰爭之時如有左列事故之一者均應分別議䘏

一陣亡 二傷亡 三因公殞命 四積勞病故 五臨陣受傷 第二條 凡陣

亡傷亡或因公殞命或積勞病故其邮賞之類約分左列之四項　一世職　二廕監三恩邮金　恩邮金止於議准時給予一次　四恩撫金　恩撫金係按年給予死亡者之寡婦或其孤兒或其父母祖父母至其停止註銷之處詳見後開恩撫細則

第三條　凡官兵陣傷之等第約分左列之三項　一頭等傷　二二等傷　三三等傷　第四條　凡臨陣受傷之賞約分左列之二項　一頭二三等傷賞金　傷賞金止於議准時給予一次　二頭二三等恩賞金　恩賞金按年給予以終其身至其停止註銷之處詳見後開第二十二條

第二章　陣亡細則　第五條　當國際戰爭時無論官兵凡有左列事故之一者皆爲陣亡　一臨敵死綏　二臨敵受傷旋卽殞命　三戰地防守受傷旋卽殞命　第六條　陣亡官兵之邮賞應按照第一表分別辦理

第三項　傷亡細則　第七條　官兵傷亡應按其受傷之等第定以期限分別議邮開列如左　頭等傷　因傷殞命以一年內爲期限　二等傷　因傷殞命以十月內爲期限　三等傷　因傷殞命以六月內爲期限　第八條　官兵當臨敵或防守或

出征後受傷如在限內傷發身亡者其卹賞應按照第一表分別辦理在限外傷發身故者按照第二表分別辦理並非傷發確係因病身故者應照後開積勞病故分別辦理

第四章 因公殞命細則 第九條 當國際戰爭時無論官兵凡有左列事故之一者皆爲因公殞命 一戰爭防守時因公差委忽罹水火等項災害或誤受彈藥因而殞命者 二戰爭防守時因公差委在洋海江河以及各處危險之地失事因而殞命者 第十條 因公殞命官兵或即時殞命或在傷亡期限之內傷發殞命者其卹賞均按照第二表分別辦理 第十一條 因公殞命官兵如在傷亡期限之外傷發殞命者其卹賞應按照第三表分別辦理並非傷發確係因病身故者應照後開積勞病故分別辦理

第五章 積勞病故細則 第十二條 當國際戰爭時官兵出征染病身故或在軍營立功後病故者或在戍防守及陸軍各衙署辦理軍務勤勞卓著染病身故者其卹賞均按照第三表分別辦理若未曾立功在營病故者應照第三表減半分別給予恩

卹金毋庸給廕亦毋庸給予恩撫金　第十三條　當國際戰爭時凡官兵派赴他處要隘或邊省戍守在防病故者應照第三表給予恩卹金毋庸給廕亦毋庸給予恩撫金

第六章　陣傷細則　第十四條　當國際戰爭時凡官兵因戰鬬受傷或出征後因公受傷者均按其受傷等次分別照第四表給賞　第十五條　官兵當國際戰爭防守時或因差委而罹水火危險等災或誤受藥彈以及各項傷痍者均按其受傷等第分別照第四表給賞　第十六條　凡官兵受傷並未損折肢體將來尙堪服務不在陣傷等次之內者則照三等傷減半給以傷賞金毋庸再給恩賞金　第十七條　凡官兵因出征或在防戍感染疾病以致一時難愈者照三等傷減半給以傷賞金毋庸再給恩賞金　第十八條　凡雇募之工役傭人及官員子弟人等有冊可稽者如有前項各事故照第四表正兵減半分別給賞　第十九條　凡官兵如有前項傷病者須經軍醫診視之後定爲何等傷給與證書出具切結申由該管長官給與執據該管長官一面加具切結轉咨陸軍部核辦倘於退伍後一年以內傷病日增致成殘廢者

應由本人或家族將證書執據呈由該管長官核驗相符報部查核酌量給與相當之賞金　第二十條　凡陣傷官兵業經給與陣傷賞金復因傷身故者則將應得之傷亡邮金減去三分之二　第二十一條　陣傷之等次分列如左　頭等傷　雙目失明者　兩手脫落或兩足脫落或兩手兩足傷廢不能展動者　一手脫落或一足脫落舉動需人者　與前項相當之一切傷病者　二等傷　盲一目者　一手或一足傷廢其他之肢體尚完全者　兩耳傷廢而無聞者　脫落鼻部或一耳者　兩手或一手脫落三四指者　與前項相當之一切傷病者　三等傷　兩足或一足脫落三四指者　身受傷痍在三處以上致全身舉動不便者　一手或一足受傷致舉動艱難者　一手脫落一二指者　與前項相當之一切傷病者　第二十二條　凡受傷官兵應受恩賞金者如有左列事故之一卽將其金停止並註銷執據　一失軍人之分位者（軍人分位見陸軍軍官考試任用等項章程內）　二削奪公權者　三再入常備或改就文職而領受俸薪者　四本人身故　第二十三條　恩賞金證書執據不得賣讓典質亦不得以之抵償貨財債務等項違者查明註銷

第七章　卹賞細則　第二十四條　當國際戰爭時陣亡等項官兵如有生前功勳卓著或臨陣首先遇害或死事極慘被害極烈等情均得分別按照各表奏請從優議卹或指照何官從優議卹　第二十五條　查向來陣亡等項文武各大員其生前職任重要卓著勳勞者除照例優卹外仍復渥荷　天恩　予諡立傳　賜其祭葬　官其子孫及　准予建祠列祀並　給以治喪銀兩等一切　特加之飾終典禮嗣後陸軍一二品大員應請按照職任勳勞一律　加恩以示褒榮而彰功勸至陣亡官員有立功最著死事最烈者卽非一二品大員亦得邀予諡附祀諸盛典嗣後陸軍官佐無論中次等級如有立功最著死事最烈者均應查照向例一律辦理　第二十六條　凡陣亡等項官員如奉　特旨優卹或請優卹奉　旨允准者均應欽遵辦理　第二十七條　陣亡等項官員如有奏請指照何官階議卹或指照何官階從優議卹者只准大於原官原銜一級概不得超越至二級以上其有超越指請者由陸軍部查核奏駁卽經奉　旨允准亦應由部聲明定章請　旨辦理

第二十八條　陣亡及限內傷亡官員請從優議卹者均各照應升之階給金贈銜

仍照原銜原官議給世職如係從八品則照正八品給金贈銜各項兵可以類推至王以下各宗室世爵及大將軍將軍品秩尊崇應如何加增給金及優予　恩施之處臨時請　旨遵行其餘限外傷亡等項從優議卹者祇照本條分別給金及世職廕監毋庸贈銜若正一品之將軍以上應否增加給金抑如何從優之處仍應請　旨辦理　第二十九條　陣亡等項官員如有記名升階職銜等項請照章議卹者均各照其記名升階職銜品級分別按照各表辦理如請從優議卹者則各照其記名升階職銜品級分別議給世職或給廕加一級給金　第三十條　陣亡等項官員如奏准指照何官階議卹與第二十六條相符者卽照所指官階辦理其指照何官階從優議卹與第二十六條相符者所指官階如係從二品以下卽照所指官階從優加一級辦理倘所指係正二品官階亦僅照正二品辦理毋庸從優加至從一品以示限制　第三十一條　陣亡等項官員議卹其有官階兼有世職者世職大照世職辦理官階大照官階辦理　第三十二條　陣亡等項官員議卹有以小銜署大銜如係奏署照所署品級辦理如未奏明仍應照原銜辦理　第三十三條　陣亡等項官員或緣事革

職留在軍前効力者如先經奏明署理員缺者則照其所署品級分別按表辦理若未經奏明署理員缺或未經署缺者均按其原銜分別照各表減半給金其應行給與世職或給廕之處亦分別降一等辦理均於議邺時聲明賞還原銜　第三十四條　凡降調暫停開缺仍留原營効力人員請照章議邺者則照所降職銜分別按表辦理　第三十五條　凡暫予撤職並未開缺仍留原營効力人員請邺者仍應照其官階分別辦理　第三十六條　凡軍營僱募之工役傭人及官員子弟人等有冊可稽者如有各項事故均分別照正兵減半給予恩邺金毋庸給予恩撫金　第三十七條　凡陣亡等項官員履歷聲叙有記名委署職銜各項經部已註冊者即照其委署職銜各項品級議邺如未經註冊者仍照原銜原官辦理　第三十八條　凡請邺之案須將各該員詳細履歷三代並各項切結隨案送部如未送履歷先行奏邺之案自奏准之日起予限二年如逾二年之限履歷等件仍未到部者即將邺案由部奏請撤銷　第三十九條　凡襲廕各員子弟須在陸軍小學堂或普通高等小學堂以上之各學堂畢業得有畢業憑照者始准襲廕若未經入學須令補入學堂畢業後再行核准至請襲請廕各項事宜應暫照舊例辦理

第八章 恩撫細則 第四十條 各表所列之恩撫金均係年額應按年照數給予其恩撫金憑證由該督撫大臣於二年以內咨部由部查核發給 第四十一條 恩撫金係給予死亡者之寡婦或其孤兒如無寡婦又無孤兒應移給其父母或其祖父母 第四十二條 恩撫金給其寡婦或其父母祖父母應終身給之 第四十三條 恩撫金給其孤兒於十八歲以內給之 第四十四條 應受恩撫金如有左列事故之一者卽行停止並註銷執據 一入外國籍 二被處重罪之刑獄 三寡婦死亡或再醮或去其戶籍 四孤兒死亡或爲他人之養子或滿十八歲以外 五父母祖父母死亡或去其戶籍 六自恩撫金議准之日起二年以內未曾呈稟申咨到部請領者 第四十五條 既無寡婦孤兒又無父母祖父母應將此項恩撫金註銷 第四十六條 凡給予恩撫金應由死亡者之本籍地方長官或本旗佐領詳細查明取具宗圖履歷並出具切結詳由該督撫大臣於二年以內咨部由部查核相符然後照章辦理 第四十七條 恩撫金憑證不得賣讓典質亦不得以之抵償貸財債務等項違者查明註銷 第四十八條 以上所列各條如有未盡事宜及應行增改之處隨時斟酌具奏請 旨遵行

# 第一表



| 品級 | 世職 | 恩卹銀額 | 恩撫銀年額 |
| --- | --- | --- | --- |
| 正一品 | 騎都尉兼一雲騎尉世襲次完時給予恩騎尉世襲罔替 | 二千兩 | 一千二百兩 |
| 從一品 | | 一千六百兩 | 一千兩 |
| 正二品 | 騎都尉世襲次完時給予恩騎尉世襲罔替 | 一千四百兩 | 八百兩 |
| 從二品 | | 一千二百兩 | 七百兩 |
| 正三品 | 雲騎尉世襲次完時給予恩騎尉世襲罔替 | 一千兩 | 六百兩 |
| 從三品 | | 九百兩 | 五百兩 |
| 正四品 | | 八百兩 | 四百兩 |
| 正五品 | | 七百兩 | 三百兩 |
| 正六品 | | 六百兩 | 二百五十兩 |
| 正七品 | | 五百兩 | 二百兩 |
| 正八品 | | 四百兩 | 一百二十兩 |
| 從八品 | | 三百兩 | 四十四兩 |
| 正九品 | | 二百六十兩 | 四十二兩 |
| 從九品 | | 二百二十兩 | 四十兩 |
| 正兵 | | 一百八十兩 | 三十兩 |
| 一等兵 | | 一百四十兩 | 二十八兩 |
| 二等兵 | | 一百兩 | 二十六兩 |

# 第二表

| 品級 | 世職 | 恩郵銀額 | 恩撫銀年額 |
|---|---|---|---|
| 正一品 | 騎都尉襲次完時毋庸給予恩騎尉 | 一千五百兩 | 八百兩 |
| 從一品 | 騎都尉襲次完時毋庸給予恩騎尉 | 一千二百兩 | 七百兩 |
| 正二品 | 雲騎尉襲次完時毋庸給予恩騎尉 | 一千一百兩 | 六百兩 |
| 從二品 | 雲騎尉襲次完時毋庸給予恩騎尉 | 一千兩 | 五百兩 |
| 正三品 | 恩騎尉承襲一次 | 九百兩 | 四百兩 |
| 從三品 | 恩騎尉承襲一次 | 八百兩 | 三百五十兩 |
| 正四品 | 恩騎尉承襲一次 | 七百兩 | 三百兩 |
| 正五品 | 恩騎尉承襲一次 | 六百兩 | 二百五十兩 |
| 正六品 | 恩騎尉承襲一次 | 五百兩 | 二百兩 |
| 正七品 | 恩騎尉承襲一次 | 四百兩 | 一百五十兩 |
| 正八品 | | 三百兩 | 八十兩 |
| 從八品 | | 二百五十兩 | 三十六兩 |
| 正九品 | | 二百兩 | 三十四兩 |
| 從九品 | | 一百五十兩 | 三十二兩 |
| 正兵 | | 一百兩 | 二十六兩 |
| 一等兵 | | 八十兩 | 二十四兩 |
| 二等兵 | | 六十兩 | 二十二兩 |

# 第三表



| 品級 | 廕監 | 恩郵銀額 | 恩撫銀年額 |
|---|---|---|---|
| 正一品 | 廕一子給與六品頂戴 | 一千兩 | 五百兩 |
| 從一品 | | 八百兩 | 四百兩 |
| 正二品 | | 七百兩 | 三百五十兩 |
| 從二品 | | 六百兩 | 三百兩 |
| 正三品 | 廕一子給與七品監生 | 五百兩 | 二百五十兩 |
| 從三品 | | 四百五十兩 | 二百兩 |
| 正四品 | | 四百兩 | 一百八十兩 |
| 正五品 | 廕一子給與八品監生 | 三百五十兩 | 一百六十兩 |
| 正六品 | | 三百兩 | 一百二十兩 |
| 正七品 | 廕一子給與無品級監生 | 二百五十兩 | 一百兩 |
| 正八品 | | 一百六十兩 | 六十兩 |
| 從八品 | | 一百四十兩 | 二十四兩 |
| 正九品 | | 一百二十兩 | 二十二兩 |
| 從九品 | | 一百兩 | 二十兩 |
| 正兵 | | 五十兩 | 十四兩 |
| 一等兵 | | 四十兩 | 十三兩 |
| 二等兵 | | 三十五兩 | 十二兩 |

# 第四表

| 品級／傷等／賞額 | 頭等傷 傷賞銀額 | 頭等傷 恩賞銀年額 | 二等傷 傷賞銀額 | 二等傷 恩賞銀年額 | 三等傷 傷賞銀額 | 三等傷 恩賞銀年額 |
|---|---|---|---|---|---|---|
| 正一品 | 一千八百兩 | 一千五百兩 | 一千四百兩 | 一千兩 | 八百兩 | 五百兩 |
| 從一品 | 一千六百兩 | 一千二百兩 | 一千二百兩 | 八百兩 | 七百兩 | 四百兩 |
| 正二品 | 一千四百兩 | 一千兩 | 一千兩 | 七百兩 | 六百兩 | 三百五十兩 |
| 從二品 | 一千兩 | 八百兩 | 八百兩 | 六百兩 | 五百兩 | 三百兩 |
| 正三品 | 九百兩 | 七百兩 | 七百兩 | 五百兩 | 四百兩 | 二百五十兩 |
| 從三品 | 八百兩 | 六百兩 | 六百兩 | 四百兩 | 三百五十兩 | 二百兩 |
| 正四品 | 七百兩 | 五百兩 | 五百兩 | 三百兩 | 三百兩 | 一百六十兩 |
| 正五品 | 六百兩 | 四百兩 | 四百兩 | 二百五十兩 | 二百五十兩 | 一百二十兩 |
| 正六品 | 五百兩 | 三百兩 | 三百兩 | 二百兩 | 二百兩 | 八十兩 |
| 正七品 | 四百兩 | 二百兩 | 二百兩 | 一百六十兩 | 一百五十兩 | 六十兩 |
| 正八品 | 二百五十兩 | 一百四十兩 | 一百五十兩 | 一百二十兩 | 一百兩 | 四十兩 |
| 從八品 | 一百六十兩 | 八十兩 | 一百兩 | 六十兩 | 六十兩 | 三十五兩 |
| 正九品 | 一百四十兩 | 七十兩 | 八十兩 | 五十兩 | 五十兩 | 三十兩 |
| 從九品 | 一百二十兩 | 六十兩 | 六十兩 | 四十五兩 | 四十兩 | 二十五兩 |
| 正兵 | 八十兩 | 四十兩 | 五十兩 | 二十八兩 | 二十五兩 | 十二兩 |
| 一等兵 | 七十五兩 | 三十五兩 | 四十五兩 | 二十四兩 | 二十二兩 | 十兩 |
| 二等兵 | 七十兩 | 三十兩 | 四十兩 | 二十兩 | 二十兩 | 八兩 |

●又會奏嗣後陸軍人員　恩廕擬比照文職片　再此次擬訂卹廕事宜係專指陣亡等項難廕而言至　恩廕一節未便攙雜其間致蹈混淆之弊恭查　欽定大清會典內載凡　覃恩予廕者文職京官四品而上外官三品而上皆得廕一人在告而食俸者亦如之等因竊思陸軍官佐一切體制　待遇等項業經軍諮處於上年九月間奏請一律比照文官當蒙　允准欽遵在案擬請陸軍京外官佐人員凡遇　覃恩予廕各按品級比照文官一律辦理如蒙　俞允應請　飭下內閣軍機處立案仍由臣部通咨各省旗一體遵照所有陸軍　恩廕請照文官辦理緣由理合附片會陳伏乞　聖鑒訓示遵行謹　奏宣統二年八月十九日奉硃批依議欽此

[illegible]合

行衢道者不至
事兩君者不容
目不兩視而明
耳不兩聽而聰

## 文牘

# 滇督李經羲懇請速設內閣國會詳加解釋摺

奏爲時危勢急懇請速設內閣國會以定國是安人心謹詳加解釋恭摺仰祈 聖鑒事、竊臣於議覆御史趙炳麟布政使王乃徵條陳摺內謂挽救財政之困難。必歸本於內閣國會。臣非敢置疆臣之責於不盡。徒責難於 朝廷也。蓋萬事非財莫舉。財政支絀。危殆立形。故趙炳麟等就財政發其端。欲內外諸臣爲根本之解決。臣以爲今日大局之困。無事不與財政相類。且有較財政爲尤重要者。不必遠徵 祖宗之世。但觀光緒之初。歲入幾何。今日歲入幾何。昔何以粗安。今何以益危。守舊者遂竊議憲政紊淆。有不如其初之訕。是知其已然而未求其當然也。 先朝頒布立憲詔書。豈好爲是更張哉。誠以時勢所趨。雖聖人不能與之力抗。故運機觀變。毅然決行。第時勢之變。日異而月不同。我 皇上 監國攝政王膺負之艱。非獨中國五千

文牘 二

年所無。亦大淸三百年所未有。非獨與前十年大有逕庭。卽前三年亦未可並論。蓋非常之時。正所以待非常之人。建非常之業也。今籌備已三年矣。其實績若何。內外諸臣。當自知之。充此以至九年。將來功效若何。 皇上如天之明。更無不知之。而默驗今日之情形。不獨不能從容以待九年。直岌岌焉不可終日。援諸 孝欽顯皇后 德宗景皇帝在天之靈。當必不泥於前定之期限。而深冀我 皇上有以因時順勢。轉危爲安者。卽使時猶我待。因仍以至九年。彼時將謂籌備無效。收回立憲成命乎。抑謂籌備未完。將內閣國會之事再議延緩乎。臣竊知其不能也。夫閣會之義。已成常談。臣本年四月初三日一摺。亦蒙 留覽。而 聖心猶遲迴有待者。知必非於可否之間有所疑慮。第於遲速之間尙須審擇耳。果其速而有害。則誠不宜求速。果其遲而無害。則亦何妨稍遲。臣謹就當世之所辨難。愚慮之所一得。決其斷不可遲。斷不可不速者。詳加解釋。爲 陛下陳之。一曰主極。議者謂中國治法。咸統一尊。庶人不議。乃稱盛世。內閣立。則大臣專擅。憂在蕭墻。國會開。則太阿倒持。變騰羹沸。此可慮也。臣則謂惟欲尊主極。而內閣國會不可不速設也。今之言立憲者。不曰中央集權乎然天下未有綱不立而紀能理者未有情不通而法能行者更未有責限不分明而權能集者今則十一部之法令各自爲謀細至一章一則莫不秉　朝命而須於省而地方能實行與否此部彼部背馳與否非其責也廿二省之政策亦各自爲謀細至一司一舉莫不請　朝命而復於部而中央能統籌與否此省與彼省抵觸與否亦非其責也部下之省省下之州縣事之不能行者則抗議之抗議不允則延宕之延宕不能則僞應之督撫雖罪百州縣而猶吾大夫也部臣雖劾十督撫而於事無濟也此不僅內外權限之關繫殆於　詔書之威靈不無有毫末之損矣夫督撫州縣豈好爲是抗飭哉身負地方之責不能不先其所急耳中興以來督撫權責較重因之州縣權責亦重惟其權責較重故地方猶可稍安至於今日督撫州縣亦非眞有權也一縣之事率於全省而不行一省之事累於全國而不舉其所謂保安者不過徼倖無事冀其禍不自我發耳我　皇上焦勞殿陛之上控馭萬里之外左覽練兵之奏右披節餉之書朝發撥帑之章夕來停協之告散漫者誰爲收之牴牾者誰爲正之亂眞行僞者誰爲辨之當其無事也內外諸臣莫不自以爲功一旦大局潰敗諸臣之過

文牘 四

無可指名皆以　官府爲避卸之地雖有士民呈訴臺諫彈參多摭枝節之微鮮關政策之大兇發伏摘姦者倘百不獲一乎臣以爲有國會　皇上乃不孤立於上有內閣諸臣乃不互諉於下閣臣進退公之天下其權仍我　皇上操之國會集散本諸憲法其權亦仍我　皇上操之尊　主集權無過於此夫德之興也歌頌威靡日之强也歸美明治我　朝深仁厚澤　皇上濬哲文明臣民敬畏更無踰越即政策偶有誤失責望自有所歸不至舉天下怨咨咸集於　君上此不負責任之說愈足以鞏固　皇基尊崇　神聖而非詖辭所能淆聽也一曰人心議者謂民者易聚難散今國家地方經費皆紳民不顧大局一意爭攘分之既不足多取又不能鑛業鐵路大利待興新進不爲遠圖但拒外債聽之則誤要政遏之愈激囂爭此可慮也臣則謂惟欲定人心而內閣國會不可不速設也夫民猶水也方其靜也可掬可玩及其既動若江河之一瀉千里雖以神禹之功祇可刋山奠川導之順軌不能倒挽直塞致其橫流臣默觀近日人心戊戌庚子以後動機大啓革命邪說潛流江海自先朝立憲詔下民氣爲之一靜今籌備三年艱危日甚人民遂謂籌備之不可恃蓋

蓋潮流。又趨激於請願國會之中。自答旨再頒。皆以籌備未完爲慮。彼等終疑湛露雖醲。猶是密雲不雨。又見公卿大夫。公誠未布。宗旨游移。更疑在上之對於輿論。終不免膜視之心。於是草野之徒。妄議朝政。或逞孤憤以鳴高。或出疑難以相詰。國家地方之稅本易區分。彼則謂不知國家財政若何出納。地方事務若何措施。而擔負統在人民。乃並其不應爭者而亦爭之。借軼息之外債。辦有利之路礦。本有補償。彼則謂不知訂約者若何。主計者若何。辦事者若何。而擔負仍在人民。乃並其不必拒者而亦拒之。充其所至。國家之政難施。地方之政亦莫舉。借債之路礦難辦。不借債之路礦亦莫興。儲蘊醲日深。刺謬日甚。天下洶洶。何堪設想。然人心終未忘陛下也。近聞人民將爲第三次之請願。意在得請乃止。其情可矜。其氣可用。夫國以民爲天。民以國爲本。猶之一家父子也。意疏者扞格不入。情親者痛癢相關。吾國聰明士紳。純駁淺深。原非一致。屏之度外。則言論無貢。偏激易生。收之局中。則曲折漸知。甘苦已共。及其經驗既深。疑誤盡解。向之爭持以爲不可者。轉可出心力以爲正助。觀各省諮議局議論即有偏頗。已不能過爲謬妄。同於市井荒談。草茅邪說。蓋導之軌轍。範我馳驅。歸於正用。卽不爲外奪也。侈陳民義者。輒謂國會一開。卽可擔任賦稅。論目前民力。臣恐未必遽能。然議員來自田間。多知民隱。果於財賦權衡輕重。去其隱累。以增附有益。又見內閣所措施者。實爲國務所急。輿論所同。漸摩稍久。誠意相孚。卽 列祖不加之田賦。官吏難行之稅法。未嘗不可變通研究。補濟艱難。此外如募集公債之事。又豈肯終甘貧困。久無發生。且識者徒知民氣易聚而難散。亦知人心難得而易失乎。今旣天時人事。交逼而來。形格勢禁。終難爲力。則與其聽人民再三瀆告。爲試可乃已之咈吁。何若由 皇上渙汗先頒。沛自天特降之 恩澤。求而得之。與不待求而施之。其沒世不忘之感。更深入於人心矣。司馬遷論管仲霸業。謂能窺天下之大勢而善用。因成敗禍福。消息至微在我 皇上一轉移間耳。一曰人材。議者謂內閣可立而責任重大。稱職難得其人。國會可開。而教育未敷。程度猶嫌不及。此可慮也。臣則謂惟欲造人材而內閣國會不可不速設也。夫人材非可倉猝致也。程度不足之病。官與民各居其半。豈九年籌備所能期哉。臣聞因辦事以求材。未聞因乏材而不求也。因程度不足而施補救。未聞因程度不足而遂可坐待也。國是不定。責任不明。卽偶得其人而用之。事事。易。生。阻。力。賢。能。之。困。等。於。庸。愚。時。時。可。起。變。端。功。效。未。彰。先。形。過。失。故愈求人材。人材愈不出。古今中外。莫不賴有治人以行治法。先得治人。再求治法。其勢順而易。策之正也。先立治法。再得治人。其勢逆而難。策之變也。時局既日趨於變。國家求少數治人。猶不易得。求多數治人。其何能待。惟因其困難而變通之。先於治法中立其主腦綱領。操之爲求材研理之具。今日之內閣國會是也。處大臣於不容諉卸之地。非材不立。人材乃以磨練而成。納羣倫於率由軌範之中。非理不存。眞理乃以駁論而見。在昔朝廷先有眞賞罰。天下乃有眞是非。今日則必天下先有眞是非。朝廷乃能行其眞賞罰。有眞是非。有眞賞罰。而人材出矣。臣以爲內閣國會。即將來是非賞罰可以見眞之地也。雖出之以困頓紆折。而究其終極。仍歸於以治人而行治法。所不同者。順逆正變之分耳。捨是不圖。別無良法。雖有人材。又誰爲我　皇上出其死力者。即如臣最不肖。徒有愚忠。材則短拙。此時尸位。猶可藉口。若內閣立則政綱既定。奉行必力。國會開則責成所在。監察尤嚴。能力不副。欲不避賢而不能。奧援雖多。欲爲解釋而不得。權限分明。欲不奮勉而亦有不可。是閣會之設。非獨閣臣部臣聯合負其責任。即疆臣亦斷難濫等。臣敢料他日之人材。必漸多於今日也。一曰外交。議者謂今日國勢。以外交爲最難。內訌若起。外患立乘。政界紛爭。干涉將至。此可慮也。臣則謂惟欲固邦交。而內閣國會。不可不速設也。物必先腐而後蟲生。國雖貧而政府法令足以自完。則他國不能侮之。國雖小而人民團體足以自固。則他國不敢輕之。竊觀外交大勢。甲午庚子之間。瓜分諸說。傳播中外。國勢亦岌岌殆矣。洎西安　回鑾之後。民氣一新。朝議有爲。而外人對我情狀。忽焉稍異。今則情勢又變矣。此後列國對我方鍼若何。臣管蠡之愚。誠未敢測。若以目前景象。長此因循。經濟之恐慌日甚。則監督財政。難息羣疑。拒款之風潮未平。則保護債權。轉資口實。倘嫉外愈以自雄。內强一無所恃。猜嫌日積。隱患尤深。是惟內閣國會。同時建成。君臣上下。聯爲一體。化無益之憤懣。爲有用之綢繆。元氣一充。外邪自解。即偶有外交困難。亦可恃閣議爲中堅。藉國會爲後盾。而折衝樽俎之危。以全國當之。不以　皇室當之。計未有善於此者。綜此四難。實無二解。而議者猶有疑曰。內閣國會。不必並設可乎。臣則謂二者如車兩輪。如鳥兩翼。組織可分。後先功用斷難偏廢。有內閣無國會。則誰與監察內閣。不爲跋扈。即爲疲萎。有國會無內閣。則誰與執行國會徒成鬨市之爭反樹　朝廷之敵以內閣綱紀百官以國會消納羣言各有會歸主義本非放任老成富於經驗新進銳於理想兩相調劑國步益見和平此臣所以閣會並請之意也議者又有疑曰立法行政司法三權並立憲政基礎乃成今司法機關尙未一體獨立縱有閣會憲政仍未完全此膠執法理而非詳審國勢者也夫司法精神在保護人民權利閣會作用在改良政治根本根本不立權利何存論憲政綱目則三權並重論今日國勢則閣會爲急閣會不設雖法院已備仍無救于危亡閣會既設卽法院未備不妨妥爲規畫況全國審檢各廳斷非數年所能徧舉若必待司法一體獨立而後議開閣會恐時機不我與矣臣非敢謂有閣會憲政卽能猛進然必如此憲政始有下手之方亦非敢謂有閣會中國卽可立強然必如此中國乃有圖存之望非敢謂閣會竟無流弊也然弊可漸去利可漸興非敢謂閣會不勞而理也然勞在一時逸在萬世古之定大計決大疑者但有一斷之功決無萬全之策必求萬全將無一全臣蚤承忠訓素性迂愚年逾五十竊位五省斷不敢襲少年耳食之談以　國家爲孤注一擲惟見　朝廷所處深入難境　先朝明詔昭垂　皇上不能反

文牘 十

況立憲必無中止之理。各省財源枯竭。憲政端緒紛紜。籌備又必有中阻之勢。欲辦則舉棋不定。百年決其無成。欲不辦則全局俱隳。一蹶何能復振。臣反復思之。進中求決困而可通。退中求解困而益殆。猶之病誤雜方。此時藥固難投。不藥則坐視危殆。定藥求主醫。終愈於不藥也。又若漏舟在海。此時行固非穩。不行則必致沉淪。趁風行漏舟終勝於不行也。膠而不變。恐時勢阽危日甚一日。至於彼時。仍不能不出於設閣會之一途。而艱難情形。將求如今日而不可得。我 皇上必不忍有此後悔也。臣非不知震撼當前。危疑在後。百世之利賴未形。一朝之困難先見。乃人情所最易動者。此時縱口不言。則臣他日可立於無過之地。即大局敗壞。禍非釀于一日。罪豈歸于一人。爲臣私計則巧矣。如 國事何。 國初議撤三藩。有諫阻者。 聖祖曰。與其遲而養禍大不如早撤。 廟謨英毅。誠萬世之準繩矣。伏祈我 皇上沉幾獨斷。力排異議。 齊心告 廟。尅期舉行。 親簡大臣組織責任內閣。定於明年召集議員。開設國會。 早頒痛切詔書。昭示天下。并 敕下憲政編查館。將議院選舉各法。從速編定奏請 施行。俾瀛海臣民。咸曉然於 朝廷實行憲政。力拯危亡之宗旨。庶幾政策從此統一。人心不至解體。目前大局。乃有轉機。此實我　國家億萬年有道之丕基。而神州億兆人無窮之幸福也。臣憂憤所積。不知其戇。望　闕萬里。中夜流涕。干冒　宸嚴。不勝隕越待　命之至。所有懇請速設內閣國會詳加解釋緣由。謹具摺瀝陳。伏乞　皇上聖鑒訓示。謹　奏。

## 江蘇諮議局議長張謇豫備資政院建議通改各省鹽法草案

自憲政九年籌備之　詔頒行。二十二行省凡千七百餘州縣地方自治之事。按憲政館所定條目。其須增加之經費。較其相沿五百年來輸納之數。或以數倍計。或以十數倍計。能否遽增。現在不可豫必之列。而關係地方行政。若司法。若警察。以及定官俸。籌海陸軍。大約視國家向時所入。殆加倍而不可以遽限。遽增則非所習而拂民情。不增則無所資而妨憲政。欲求一舉兩全。官得平準寬簡之名。而轉可以多其收數。民得生計通變之利。而不至於病其多。輸舍亟變鹽法。更無可以獲捷效者。　今度支部歲收鹽課鹽釐。凡一千七百餘萬。既有定數矣。（此尚非確數或云二千三四百萬）　直東奉晉蘇浙閩粵滇蜀十省產鹽之地。亦既委員四出。約畧調查其大概矣。歲月以來。所聞大部唯一最高之政策。曰官專賣。豈不曰中國有此故事。（漢明帝用尙書張林言曾行之）各國有此成例歟。（日本自頒鹽專賣法議會以爲三惡稅之一）又豈不曰昔所行者商專賣。今猶是專賣也。但易以官而利權可集於中央。則當反覆究之。而知其不可行。必行之。則非集權而集禍。請言不可行之理。勿論鹽爲生人日食所必需。刼而持之。非世界之公理。是以泰西英比及瑞皆不稅。美俄蘇丹那秘。惟收入口一稅。稅重者僅一意大利。約畧考之。尙輕於我國甚遠。然就所謂良稅惡稅言之。民之所謂惡。即官之所謂良。官之所以能謂良有極嚴其法。而因以極重其稅。使民被我之刦而不敢議。然稅愈重。則窮困豪猾之民。千方百計以逃稅。即以所逃之稅。爲其利。而嚴法愈無所施。自唐以來歷史所謂私梟之害。畧可覩矣。然惟其爲商專賣也。猶有無數之商。爲之耳目。爲之喉舌。爲之羽翼。爲之腰膂。爲有相關之利害者。尙有此少數之商也。若專於官。則官之外皆敵矣。將益增稅。因益增緝私之兵乎。官養兵之餉。出於稅額。即多。而有限。而爲之敵者。不難利用所逃之稅。加於官所給以餌兵。是兵適爲梟用。而其用。常。處。於。贏。緝私之効。至於今日。又可覩矣、至於增設官吏員役。所增之耗、尙不與焉。果甚刲之民。皆食甚貴之鹽。而不能堪。則羣天下窮困豪猾之民。必有起而決其藩籬者。今既收督撫之權。則分設之機關、効用且益不靈。而禍且益大。而養兵之費且益長。夫集利權於中央者。大部之所樂為也。集權而適得禍、必非大部之所樂、而以中國鹽政之歷史。合之各省今日之情形。則其結果必至於是。然則變鹽法而但變為官專賣。寗非所謂知二五而不知十。知蛇蝎之傷人。而不知豺虎傷人之尤劇也。善夫韓愈駁張平叔官自賣鹽之說曰。國家鹽榷。糶於商人。商人納榷、糶於百姓、是天下百姓。無貴賤貧富。皆已輸錢於官。不必與國家交手付錢。然後為輸於官。何其切深而著明也。故推論事實。斟酌公理。竊以為變鹽法之大綱有七。大綱維何。曰設廠聚製。就場徵稅。曰合場運之力以設廠。分場運之界以任稅。曰去官價。革丁籍、破引地。曰減課之額以增收之數。曰度支部平均鹽課之高下。統計收入之盈虛。曰改散駐緝私為鹽場警察。曰裁監督無實之司道。留稽征切近之鹽官。就場征稅之策。始於劉晏。自宋而後、迄於本朝。大儒碩彥。主張其說者至多。惟不學無術得君最專之李衛。反對最力。此則古今小人剝民奉上之通轍。不足深怪。其以爲不然。而所持之說較有意識者。惟王守基。以爲濵之產鹽。聚於一方。獨濵可行。其言良是。今就其說而申之。則產鹽之區。皆可濵也。各省凡煮鹽晒鹽。其地率瀕海散處。散則便於私煮私賣。而不便於稽察。今宜於產鹽素著之塲，擇鹵氣較厚之地。闢塲聚之。煮則雇工淋鹵。蓄之以池。晝夜番煮。晒則雇工蓄潮候日以晒。鹽成則商收而儲於廩。販者就塲而買。計其成本加稅與息及所用度計其賣數納稅於官。（今論者或慮灶丁納稅未便論事理固不能令灶丁任稅）收稅之官給販商以運單。聽其所之。經過關津。不復課稅。（唐鹽亦有通過稅劉晏奏罷）其販者數自一石至於百。至於千。人自本塲至於本省。至於他省。皆視同等。凡十省產鹽之區。所產之鹽，無不如此。則私販甯有可得之鹽。食戶甯有不及之稅乎。設慮一時不能齊一。則規畫之新塲，與原有之舊塲。暫可並行。運商亦自有舊鹽可運。限以一二年。新塲漸熟。舊塲悉裁，此以設廠聚製輔成就塲征稅之計也。自鹽政變法之事發生。塲商運商皆有杌隉不安之想。以中國舊商論。鹽業實爲大宗。數百年來所報効於公家者。數亦至鉅。且同一塲運商也。時勢遷變，贏虧不同。設一旦官盡收之。自煮而自賣。在已贏者可視同鹽地之甑。彼方斷者何處求刻舟之劍。況聚製云者。非集合資本。建設公司。不克有濟。合產鹽最多之場論。煮者需本重。晒者需本輕。重者或需一二百萬。輕者亦需四五十萬。即使官爲提倡。力與維持。知識較舊之商。且不免於觀望。是宜明示規程。曉以法度。庶通力合作。易告成功。夫場商既任納課之事。至於任運。自別一途。除近場百里內外。小商隨時赴場現買外。其銷鹽省分。或新商或舊商。各自組織一運鹽公司。以利轉輸。悉可聽便。但須公司成立之先。報明大部。得其認可。註冊給照。或參照農工商部特別規定。亦無不可。此合場運之力。以設廠分場。運界以任稅之計也。雖然官價不除。則場私不能絕。私苟盡絕。則煮晒鹽必無人。煮鹽之製二。以沙淋鹵者。每斤眞實工本八九文。以灰淋鹵者。每斤眞實工本十一二文。晒鹽之製三。板晒者。每斤眞實工本八九文。磚池晒者。每斤眞實工本不及二文。土池晒者。每斤眞實工本不及一文。近十年來。衣食所需百物騰貴。視四十年前。或幾一倍。或不止一倍。而所定官價。率仍四十年前之舊。格以兩淮論。凡有章程。鹽官必奉曾文正公爲神聖。不知文正復生於今日。不能使米麥仍三四千錢一石。柴薪仍一二百錢一石也。況文正定章之日。明

文牘　十六

明白言數十年後。不能以此爲例乎。是宜按煮鹽晒鹽人一日工食之價給之。俾一身得飽之外工資所入畧足顧及其家人亦孰不畏犯法者如是則安有私煮丁籍云者。昔以最薄之值。任人以最苦之役。明知其必不能堪而逃也。則重法以繩之。其人逃則累及其稍有衣食之族。其人死則累及其子孫。無子孫則及其女夫外孫。故煎丁之被虐於鹽官胥役。與浙之墮民。泰西之黑奴無異。今商既給以相當之值。官又爲用此不仁之施。致害文明而悖公理也。引地本唐俵配之法。行之既久。愈苛愈密。其法乃專圖官之罔利。不顧民之受害。往往一省畫引數區。同一納稅之鹽。儼有敵國之勢。又以不一之價。誘民於非辟之途。一觸法網。身家破隕。是何異刖趾適屨。爲阱陷人。質言之則姦儈之舞智。劇盜之行強耳。世苟文明。豈容有此政體。無論督銷之官。任引之商。禁私而賣私。惡私而挾私矣。此官價必除丁籍必革引地必破之計也。顧如此一孔之士。必嘵嘵然曰。課將大絀。敢直應之曰。課入必增。課不能無自而增也。則請自減課額始。曷言乎額減而課增。中國鹽志之舊說曰。人日需食鹽三錢。終年三百六十日。合六斤十二兩。今世界各國。研究一人食鹽之數。意大利至少爲十一斤。日本在臺灣。統計每人實食十三斤十兩。以日本每斤十五兩八錢。合我每斤十六兩。爲十二斤十一兩八錢。嘗考之。濱海人食鹽之數。多於內地。則以鹽價貴賤相差爲之準。嘗就一家一方。合終年細考之。一人日需約四錢至五錢。即以此推算。每人每年亦需十斤二兩。西人稱我國人口四萬二千六百餘萬。乃據道光年間之戶口冊。非確數也。即光緒初名爲五百六十餘萬萬。亦非確數、就江蘇一省。按方里平均推之。每一方里五百四十畝。人口大小一百五十人。每一州縣平均以五千方里計。七十六廳州縣。有人九千七百五十萬萬口推之。其他二十一行省。應有人口二十萬四千七百五十萬。爲二千四十七兆四十萬。所謂四百兆者。裁五分之一。而不足我之二十二行省。除奉吉黑新甘肅外。豈有一廳州縣平均計算。一方里中僅有二十七八人者乎。我國昔日方志所載輿圖戶口。官文書粉飾之資。詞章家敷陳之料。豈足盡據。今姑就五百六十兆人。人食鹽十斤計。爲總額五千六百萬石。合計各省煮曬鹽丁製鹽。眞實成本。至輕者每斤一文。至重者每斤十一二文。各省徵收課釐。視成本有加十倍者。有十六七倍者。加以場商所出於官及地方之規費。公捐所自用之開支。運商所出於官地地方之規費。公捐所自用之開支。道遠者更加以水販展轉之費、由是銷鹽省分。有貴至每斤一百二三十至一百四五十文者、近場州縣未立食岸。未徵課釐、其眞鹽本值一文者。民間或五六七文一斤可買。若有食岸。有課釐。其眞鹽本值七八文或十一二文者。民間非三十文不能買一斤。惟其課釐規費之重也。鹽貴而私乃益暢。今如合十省煮晒鹽之眞實工本平均一。與十二。為每斤六文。煮之地少。晒之地多。則且不及六文。所徵之課。平均值十抽二五。與十。亦每斤六文。將來煮之鹽。精而銷少。曬之鹽。粗而銷多。則且不止六文。姑以平均。每斤抽十文計。每一石。得徵錢一千。合五萬六千萬石。應得課錢五萬六千萬千。核之。現徵一千三四百萬兩。(銀價每兩以一千六百文計比較普通調查所得之數)已贏。三千三百六十萬。而鹽課減。則價自一。鹽商多。則價自平。平則人無多求。一則人無他望。人人食有稅之鹽。而課自增矣。此以減課為增課之計也。夫課必視乎其本。又必視其消耗之多寡。煮鹽晒鹽。其本懸殊。以工本最輕之晒鹽。與工本最重之煮鹽相較。不啻一與十。若執值若干征若干之例。渾同施之。則本輕之鹽銷必大暢。本重之鹽銷必大滯。而土池之晒鹽。其色味遠不及以灰淋鹵之煮鹽。一暢一滯。則煮鹽之區。人必失業。又無以敵輸入精好之洋鹽矣。以產鹽省分論。惟淮南浙東與四川用煮。略當十省六分之一。以鹽之色味論。淮南爲上。（前陸建瀛奏淮南呂餘貢粱色味甲於天下。近日技師化驗。謂他鹽之佳者鹹而不苦。呂四則鹹而帶甘）四川次之。浙東又次之。而舊時之引地。則自唐以來。淮南所占獨多。推其由來。大都因其鹽之美而銷售利貴。因其銷之利。而征課多。因其課之多。而占引廣。今湘鄂贛皖引地之價。惟淮南鹽獨奇貴。因其奇貴。乃亦兼運東蘆之鹽。以供其求。人情愛好而惜財。列美與惡於前。則取美。立廉與貴於前。則取廉。明計學者。正宜於此用畸輕畸重之衡。酌巨屨小屨之準。謂宜本重之鹽。値百征二十五至五十。本輕之鹽。値百征七十五至百二十五。一則以本旣重而輕其課。以防滯。一則以本至輕而重其課。以劑利。此平均鹽課之計也。煮鹽省分旣當晒鹽省分八分之一。煮鹽省分之課。則當晒鹽省分十分之六。煮鹽美於晒。晒鹽廉於煮。此事理之最顯著者。旣破引地。就場征稅。而聽商所之。則二者列前。聽人自擇。此又各視乎食鹽區域人民生活之程度財力豐嗇之計較。若必執舊籍某省向銷若干引。納稅若干萬。引繩而批其根。截流而張之網。是自弊矣。今鹽政旣統於部。何所畛域、宜綜各省收入。商鹽合計。以目前贏縮之乘除。爲將來盈虛之消息、此統計收入之計也。私鹽無出。緝可已乎。曰不可。一廠之設。日備數十百人。或以夜繼晝。爭偸惰事必常有。且焉知傍海之人。不私煮晒漏稅以爲利也。其改從前之緝私爲鹽廠警察。乎約計一廠少或三四十人。多或百人。駐廠巡視。晝夜更替。一旬之內。又傍海一周視。亦與鄰場聯合。按季會操。按年更調。以策其惰而新其氣。根本既治。則江海關隘一切緝私之營。皆可裁撤。裁撤之人。但得資遣費一二十千。亦可公然販鹽爲活。不至流爲梟盜。計官所省。抵除之外、亦必數十萬。此項警費既出於官。則州縣濱海地方行政警察之費亦可以省、此改散駐緝私爲鹽場警察之計也。昔之設都轉鹽運使。爲官自賣及俵配引地與銷額也。運判所以承運使之命令。而監督大使也。唐朝道遠。不易得鹽之地。又設倉儲而官以司之。又今督銷局之所昉、今若設廠聚製。而就場徵稅。抉去引地。聽販商運、則此等斛撥之官。皆可去之。然各場留一大使。專管稽鹽徵稅。隷於場所屬之各州縣、受其督察、而稅則由大使解各州縣、彙解藩司。酌貼州縣督察之公費。綜計官鹽司道十缺。運判二十口缺。他運內經歷知事口十口缺。督銷局自道員至佐雜委員。

差使殆以數百計。司事胥役巡丁。殆以數千計。悉與掃除。陽所省於官者。總計十省。必數百萬。陰所省於民者。總計全國。亦必數百萬。夫官無可得錢而多取於民。猶可言也。有可得錢而任病民之人相與藉官以多取於民。不可言也。一出一入。而官民所省又累兆計矣。此裁鹽督無實之司道。留稽徵切近鹽官之計也。夫鹽法之弊極矣。論救弊者亦夥矣。或務為高世之談。慕世界社會之影響。或局於一孔之見。為朝暮三四之異同。其於今日上紓國難。下恤民艱者。迥乎未之有當。故為今日計。與其另立一名。重人之駭。而所得無當於困窮。何如亟去太甚。濡人以沫。而寡取轉資於多助。執政者誠采所辦而酌度行之。宏綱既舉。細目自張。救弊之宜。無以過此。若希足用而又畏繁難。處危世而尚圖逸獲。保弊不舍。與梟相持。則淠彼舟流。不知所屆。古今之傷。豈惟詩人云爾哉。

狐裘臥載錦駝車
酒醒冰髭結亂珠
三尺馬鞭裝白玉
雪中畫字草軍書

# 中國紀事

**變通旗制問題之困難**　自變通旗制設立以來。無所設施。旗人等積不能平。日前京師八旗憲政會。乃假振華學校。籌議進行方法。並議定質問變通旗制處書一通。當衆朗讀。舉定廕德賀領銜。業於本月二十日上書。簽名者約三四百人。該書內容。責備政府疲玩。恐將來以不了了之。其立言甚爲痛切。又聞該會近得政府消息。擬以十年旗餉作押。借外債九千萬兩。建築鐵路一道。即將股票分給旗人。俟十年後。旗人即可以此爲產業。八旗憲政會諸人。以爲不必俟十年之久。即一年不放餉。旗人五百萬生靈。即有滅種之慘。政府出此。是圖簡單辦法。而於旗人生死。置之不問。本會同人。不能認可。刻已派人至各軍機宅第。痛陳利害矣。

**蒙古鐵路教育案之大計畫**　資政院蒙古議員。日前提出鐵路教育兩議案。有足供研究之資料者。(甲)爲修築蒙古鐵路議案。一張恰鐵路。由張家口經庫倫。以達恰克圖。爲貫通內外蒙古第一要道。計長二千三四百里。於軍事商業極有關係。二張綏鐵路。由張家口經多倫廳赤峯州朝陽府。以達錦州。爲內蒙古要道。計長千餘里。於軍事交通。最關緊要。三庫伊鐵路由庫倫經烏里雅蘇台科布多。至塔爾巴哈台伊犁。爲外蒙通西藏要道。於國防運輸。皆有關係。(乙)爲籌辦蒙古教育議案。其教育之法。一蒙文教育。應以蒙文行之。二按照初等高等小學科目。用蒙古編成教科書。初等全用蒙文。而附淺近漢字於各課之後。高等用蒙漢文對照。三養成初等高等小學蒙文教員。其入手辦法。一在京師設立蒙文師範學堂。二在京師編定蒙文教科書。三在內外蒙古各路。酌設小學教員養成所。四先行酌設初等小學。以爲試教之地。五逐漸增設初等小學。其教員以養成所之畢業生充之。六酌設高等小學。以後逐漸推廣。俟小學辦有頭緒。卽行籌設中學堂。似此既有議題。又有辦法。與前此理藩部所提出之議案。眞相去徑庭矣。

**部覆贛省統稅改徵銀元之結果**　贛撫奏將統稅改徵銀元一摺。已由度支部駁覆。其措詞大意。謂此舉比照市價。不啻驟加三四成。商力恐有未逮。且益張子口單之勢。隘土貨出口之路。又按本部奏定幣制則例。已將折合辦法。詳細聲明。今該撫藉推行國幣之名爲加增收入之計、援之改定幣制宗旨尤屬不合。應令遵照前奏則例內折合辦法。按照市價折合銀元。不得意爲增減。並將某項貨物原徵銀錢若干。現在改徵銀元若干。分晰詳列。刊布施行。至預算不敷。當另案核議辦理云。此摺上後。業經奉旨依議。先是資政院據贛省諮議局來電。曾將此事作爲核議事件。該省京官亦有函電力爭。今有此結果、一切自可作爲能論矣。

學部再行奏請推廣私立法政學堂　學部片奏畧云。本年四月間。議覆浙撫增韞奏變通部章。准予私立學堂專習法政一摺內開。所有各省私立法政學堂。應在省會地方。經費充裕。課程完備者。方准呈請設立。奉　旨允准在案。嗣據該撫咨稱浙江之甯波法政學堂暨東湖法政學堂。均係私立。而在省城之外。惟其設立在新章頒布以前。且曾咨部核准有案。可否准其仍舊設立等情。查東湖學堂。設於紹興。其距浙江省垣。僅一水之隔。交通便利。稽察甚易。甯波爲通商口岸。按照憲政籌備清單。省城及商埠地方等處各級審判廳。須於第三年內一律成立。則通商口岸。須用司法人員。實與省城同關緊要。嗣後自應將私立法政學堂。限於省會一節。酌量推廣。凡繁盛商埠及交通便利之地。經費充裕課程完備者。一律准予呈請設立云云。此摺業經奉　旨依議矣。

**直督又有侵權違法案**　直督陳夔龍。於夏間時。曾奏請募集公債三百萬兩。此事按照諮議局定章。應交諮議局議決施行。乃直督不交局議。逕行出奏。殊爲不合。且値此財政紛亂之時。此欵究歸何用。人民尚不得知。聞諮議局全體議員。決不承認。謂此與湖南公債案相類。爲督撫違背定章侵越權限之事云。

**汴人與福公司之大交涉**　福公司密圖修武鐵礦一事。曾經汴紳力爭。不意福公司近忽遣人入京。向外部運動。以期達貪得無厭之目的。去月底汴紳忽聞此消息。當即電禀外部。懇求力拒。近又接得京中同鄉密電。謂當道及外部。已爲其所動。恐修武鐵礦不爲汴中所有。全省人士聞此。無不驚懼異常。紛紛開會。又公電政府外部。詳陳利弊。詎料電禀三次。無一回音。於是各團會議。集資數千。選舉代表入京。以便就近與之交涉。查此事爲汴中最大之得失。倘修武鐵礦再失。則不獨河北三府之利益爲福公司所得。即河南一帶人民之一線生機。亦均無望。刻下各紳學商界人員。已舉定王君摶沙。杜君友梅。爲力爭修武鐵礦全省代表。聞兩君到寓後。除將陳請書向資政院請求議決外。廿一日又與福公司代表。在石橋別業開始交涉。惟福公司代表、措詞甚嚴强。謂條約中確有懷慶左右歸彼採掘之一條。河南人無權干預此事。王杜兩君與之力爭、幾至決裂而別。

郵部報告鐵路之最近調查 郵傳部籌備成績。據最近之調查。其最大者爲鐵路政策。而其方法則分補救與擴充二者。(甲)補救之政策(一)自前年贖回京漢以後。所有大賠欵。擔保欵項一事。經該部飭鐵路局長、與比公司爭辯未決、又經外部與駐京比使公斷。始將憑函作廢。本年業經部飭結(二)正太舊因窄軌之故。以致稅繁貨細。歲受鉅虧。經部飭令路員。製用活軸貨車。俾得轉運煤斤於京漢。旋復裁撤本路華洋員役。巴黎公司之工程參贊等員。計歲省三萬一千七百餘元。並省法幣十五萬四千七百佛郞。兼令該路將月解公費二千五百兩亦折半解部。以資表率(三)汴洛之洛河橋墩。亦於六月間攢築蕆役。(四)吉長軌線。與南滿軌線交接之法。業已議訂聯絡營業章程。其大要則西起吉長之伊通河。東起南滿之頭道溝。別築一聯絡之線。劃定區域。以便裝卸客貨。所有兩站界內建築之費。彼此分任。(乙)擴充之政府(一)張綏自張家口至柴溝堡六站之內。橋墩涵洞。先後竣工。近且接展而前。冀達天鎮。(二)廣九則購地局已撤。第一段通車。約六十里之譜。第二段大橋三座。築墩早畢。第三段路基一律告成。(三)吉長則全路土工。除橋洞外。完者居十之八。(四)津浦北段從天津抵濟南。軌木土方。將次竣事。其餘五段。亦經逐段興工。南段自浦口至於臨淮。料車早已暢駛。自臨淮至於固鎮。路基亦既築完。而固鎮宿遷嶧縣各段之間。或初施鋪軌之功。或甫竣購地之役。現正兼程趕造。不久可以觀成矣。

**京外行政公費之預算**　資政院預算股員會。現已將京外各官行政公費草案擬定。計京官一年度　軍機二萬四千兩。尚書一萬兩。侍郎八千兩。丞四千兩。參三千六百兩。候補丞參及丞參行走不支薪水。有主管事項者。各以其事項開支。至各衙門附設局所。比各司辦理。各司等級。一等二千四百兩。二等一千九百二十兩。三等九百六十兩。四等六百兩。五等四百八十兩。六等三百六十兩。七等一百八十兩。司長參事僉事在內。多者照減。不足者(兩江直隸奉天)不加。　外官一年度　總督繁二萬四千兩、簡二萬兩。巡撫繁一萬八千兩。簡一萬四千兩。布政繁一萬兩。簡八千兩。民政交涉度支提法提學鹽運各司皆六千兩。各道繁五千兩。簡四千兩。各府繁四千兩。簡三千六百兩。州縣照原案不加修正。督撫司道各科員。科長月支八十兩。副科長月支六十兩。一等科員月支五十兩。二等科員月支四十兩。三等科員月支三十兩。繁局所長四人。員十六人。司事八人。書記三十二人。簡局所長四人。員八人。司事六人。書記二十四人。

**司法官俸給之預算**　資政院預算股員。近又將全國司法官吏俸給酌定。以省之大小。分爲三等。各以歲入之多寡爲衡。並參酌各該省生計之程度。以定高下。奉吉直蘇浙鄂蜀粵爲大省。黑晉魯豫贛湘桂皖爲中省。陝甘新閩滇黔爲小省。其各級官吏之俸給數目如下。　高等審判廳丞。大省四百元。中省三百五十元。小省三百元。高等檢察廳長。大省三百元。中省二百八十元。小省二百四十元。高等推事長大省二百元。中省一百八十元。小省一百六十元。高等推事。大省一百六十元。中省百四十元。小省一百二十元。高等檢察官。大省一百六十元。中省一百四十元。小省一百二十元。高等典簿。大省八十元。中省七十元。小省六十元。高等主簿。大省七十元。中省六十元。小省五十元。地方審判廳長大省一百八十元。中省一百六十元。小省一百四十元。地方檢察廳長大省一百六十元。中省一百四十元。小省一百二十元。地方檢察廳長大省一百六十元。中省一百四十元。小省一百二十元。地方推事長大省一百六十元。中省一百四十元。小省一百二十元。地方推事。大省一百四十元。中省一百二十元。小省一百元。地方檢察官。大省一百四十元。中省一百二十元。小省一百元。地方典簿大省七十元。中省六十元。小省五十元。地方主簿。大省六十元。中省五十元。小省四十元。初級監督推事。大省一百元。中省九十元。小省七十元。初級推事。大省八十元。中省七十元、小省六十元。初級檢察官。大省八十元。中省七十元、小省六十元、各級錄事。大省二十四元。中省二十元。小省十六元。看守所官大省五十元。中省四十元。小省三十六元。檢驗吏。大省三十元。中省二十四元。小省二十元。承發吏。大省十二元。中省十元。小省十元。書記生。大省十二元。中省十元。小省十元。

●宣統元年海關貿易進出差　宣統元年份土貨出口東三省計銀七千七百九十二萬六千六百十三兩。天津秦王島。計銀三千一百八萬九千八百十二兩。山東省計銀三千二百九十七萬九千七百兩粵省計銀九千二百三十二萬八千三百十兩長江一帶計銀一萬五千二百二十九萬一千三百六十二兩。內除轉運各口。其出口總數實共計銀三萬三千八百九十九萬二千八百十四兩。而洋貨進口。則共計銀四萬一千八百十五萬八千六十七兩。出入相抵。不敷已八千萬以外。而海關征稅定例按值而抽各國於此又往往縮短其價。以圖少納。故雖曰四萬萬。而實則不啻五六萬萬矣。加以歲需賠款五千三百七十萬兩。正貨之輸出。如此其多。年復一年。中國母財安得不竭哉。

●滇省開埠經費有著● 滇督李經羲請撥省城商埠開辦經費一片。刻由度支部議覆。略云查原奏內稱雲南省城南關外商埠地多空曠。諸待經營布置。就最急要之馬路工程暨建築審廳、貨場各項料費、撙節估計。至少亦須二十餘萬金。請照濟南商埠成案。飭部先行借撥開埠經費銀二十萬兩等語。查各省開辦商埠。多係自籌經費。是以臣部前經議駁。惟該省地處邊瘠。商埠經營伊始。用款較多。現在滇越鐵路已漸通行。開埠之舉。所以保護主權。維持商業。自須撥解款項。俾資開辦。刻下京外庫欵均屬支紬。擬請由該省崇自騰越思茅各關稅項下借撥銀五萬兩。由膠海關稅項下借撥銀十五萬兩。統作爲該埠開辦經費。仍俟徵有稅捐。趕緊陸續歸還。庶濱埠得及時開辦。而借欵亦不致久懸。乃爲妥善。至局用巡警等費。應照原奏由該省自行籌辦。十月初八日奉旨依議。

## 世界紀事

英國解散議會　英國兩黨協議會自六月迄今經二十餘次之會議。欲解決廢去上院案及牽動之憲法問題。卒以兩黨相持不下。協議無效。遂罷會議。頃其首相阿斯葵斯在下院演說。將以十一月二十八日解散議會。

英國上院兩案之通過　英國豫算案已通過於上院。上院保守黨首領蘭士達文卿所提出之上院改革案。亦已通過。此次決議案與羅士瓦里卿之決議案。皆已移交下院。

英國之選舉運動　英國之總選舉競爭日益劇烈。保守自由兩黨皆已開始運動。演說各地。保守黨極力攻擊愛蘭自治案及一院制度。且痛陳明年帝國議會開會之日。必當立統一黨政府之故云。

德國議會開會　德國議會。經已開會。以十二月八日。始行討議豫算。

荷蘭發行公債　荷蘭政府核算。自千八百九十五年。至千九百九年。十五年間。豫算之不足。定以二釐半息率。發行五千萬之公債以充補之。

承認葡國新政府　瑞典政府已承認葡萄牙共和政府。令駐葡總領事為正式之通告。

俄國派兵波斯　俄國派兵百名。通過波境焦爾法。波斯外務大臣。詰問俄國駐波公使。抗議新派軍隊及俄國兵隊屯駐嘉士賓市塔夫律市之事。俄使答以俄兵屯駐波斯。俄公使不受何等之抗議。頃俄又有兵隊六百人。派赴波斯於裏海沿岸之溫謝里港登岸。各外交家評議。多謂俄人之占領。有永久之性質云。

大文豪去世　俄國托爾斯泰伯爵。以家事有所不快。避地於阿士他那河驛。頃罹慢性肺炎病。勢極危篤。以二十日去世。

土希之危機　格里特島議會。復宣言與希臘合并。土耳其希臘之間。復生轇轕。土耳其樞密院。希望保護列國之干涉。倘列國置之不問。則必有戰事。

太平洋會議　美國太平洋會議。開會。十州之知事代表。兩院議員。商業團體代表。及軍官數百人蒞會。決議。於太平洋補充戰鬥艦隊。以為沿岸之防備。且倍加陸軍兵力。

增步兵二十五師團。

**墨國排美**　美國以墨西哥有排美之暴動。故隣近墨境之提欽沙士諸州。咸相驚以墨國決死隊之來襲。人心洶洶。然墨國排美之事。實已漸歸鎭靜。

**墨西哥之革命**　墨西哥革命黨約於十一月二十日。全國大起革命。方在準備之間。爲警察官所偵發。逮捕黨人數名。於普耶普拉圍搜革命黨人之住宅。黨人與警察格鬥。彼此互有死傷。死傷百有餘人。首府戒嚴。於是諸地之革命軍。繼踵蜂起。拿撒士河側之三市。遂落革命軍之手。革命軍二千餘人。與官軍六百人。大戰於德列堪。官軍不利。墨國首府與南部間之要隘。已爲革黨所奪。毀斷橋梁。焚壞汽車。交通隔絕。消息不通。支夫亞符亞革黨之衆。已有萬餘人。其勢浸盛。革命軍既占北部三州多數之市。亦爲革黨所奪。應革黨而起事者。蔓及七州。革黨之首領。實前候補大統領瑪直羅。革黨之計畫。將暗殺多數之達官。以大統領支阿士有勛勞於國家。擬捕繫而不加暗殺。旋有別報。謂革黨與官軍戰於站爾列羅。革黨不利。首領瑪直羅負重傷。墜馬云。

**智伯二國大統領就任**　智利十四日讌集。巴羅士被選爲大統領。十一月十四日就任。伯剌西爾大統領耶美士。亦新就職。同時內閣更易。惟外部大臣如故。

伯剌西爾亂事　南美伯剌西爾之軍艦。聯合謀亂。以十一月二十二日夜半舉事。砲擊首府。首府港口之商民大擾。其倡亂之原因。與政治絕無關係。軍艦各員。但求增俸減役而已。茍蒙特赦。即將降服。陸軍不與亂事。頃其政府極力鎮撫。其首府亦安堵如故。

叢錄

# 春冰室野乘

春冰

## 和珅供詞

宣統庚戌秋。北游京師。從友人某楓尚處。獲覩嘉慶初故相和珅供詞。用奏摺楷書。猶是進呈舊物。惜僅存四紙。不過全案中千百之一。其訊與供亦多不相應。蓋又非一日事矣。錄而存之。以見當時獄事之梗槩。

一紙係奉　旨詰問事件。凡兩條。

一問和珅。現在查抄你家產。所蓋楠木房屋。僭侈踰制。並有多寶閣及隔段樣式。皆仿照　寧壽宮安設。如此僭妄不法。是何居心。

一問和珅。昨將抄出你所藏珠寶進　呈。珍珠手串有二百餘串之多。　大內所貯珠串。尚祇六十餘串。你家轉多至兩三倍。並有大珠一顆。較之　御用冠頂者龍敎子大珠更大。又眞寶石頂十餘個。並非你應戴之物。何以收貯如許之多。而整塊大寶石尤不計其數。且有極大爲　內府所無者。豈不是你貪黷証據麼。

紙係和珅供詞。凡三條。

奴才城內原不該有楠木房子。多寶閣及隔段式樣。是奴才打發太監胡什圖。到寧壽宮看的式樣。仿照蓋造的。至楠木都是奴才自己買的。玻璃柱子內陳設。都是有的。總是奴才糊塗該死。

又珍珠手串。有福康安海蘭察李侍堯給的。珠帽頂一個。也是海蘭察給的。此外珍珠手串。原有二百餘串之多。其饋送之人。一時記不清楚。寶石頂子。奴才將小些的給了豐紳殷德幾個。（豐紳殷德爲和珅子、即尙和孝公主者）其大些的。有福康安給的。至大珠頂。是奴才用四千餘兩銀子。給佛寧額爾登布代買的。亦有福康安海蘭察給的。鑲珠帶頭。是穆騰額給的。藍寶石帶頭。係富綱給的。

又家中銀子。有吏部郎中和精額。於奴才女人死時。送過五百兩。此外寅著伊齡阿都送過。不記數目。其餘送銀的人甚多。自數百兩至千餘兩不等。實在一時不能記憶。再肅親王永錫襲爵時。彼時緜住原有承重孫。永錫係緜住之姪。恐不能襲王。曾給過奴才前門外鋪面房兩所。彼時外間不平之人紛紛議論。此事奴才也知道。以上俱是有的。

又一紙亦係供詞。而問詞已失之九十四條。

大行太上皇帝龍馭賓天。安置 壽皇殿。是奴才年輕不懂事。未能想到從前聖祖升遐時。 壽皇殿未曾供奉 御容。現在 殿內已供 御容。自然不應在此安置。這是奴才糊塗該死。

又六十年九月初二日。 太上皇帝冊封 皇太子的時節。奴才先遞如意。洩漏旨意。亦是有的。

又 太上皇帝病重時。奴才將宮中秘事向外廷人員敘說。談笑自若。也是有的。

又 太上皇帝所批 諭旨。奴才因字跡不甚認識。將摺尾裁下。另擬進呈。也是有的。

又因出宮女子。愛喜貌美。納取作妾。也是有的。

叢錄 四

又去年正月十四日。太上皇帝召見時。奴才因一時急迫。騎馬進左門。至壽山口。誠如 聖諭。無父無君。莫此爲甚。奴才罪該萬死。

又奴才家貲金銀房產現奉查抄，可以查得來的。至銀子約有數十萬。一時記不清數目。實無千兩一定的元寶。亦無筆一枝墨一匣的暗號。

又蒙古王公原奉 諭旨是未出痘的不叫來京。奴才無論已未出痘，都不叫來。未能仰體 皇上聖意。太上皇帝六十年來。撫綏外藩，深仁厚澤。外藩蒙古原該來的。總是奴才糊塗該死。

又因腿痛。有時坐了椅轎，擡入大內。是有的。又坐了大轎。擡入 神武門。也是有的。

又軍報到時。遲延不即呈遞。也是有的。

又蘇淩阿年逾八旬。兩耳重聽。數年之閒。由倉場侍郎用至大學士。兼理刑部尙書。伊係和琳兒女姻親。還是奴才糊塗。琳珅弟也

又鐵保是阿桂保的。不與奴才相干。至伊犂將軍保寧升授協辦大學士時。奴才

因係邊疆重地。是以奏明不叫來京。朱珪前在兩廣總督任內。因魁倫參奏洋盜案內。奉　旨降調。奴才實不敢阻抑。

又前年管理刑部時。奉　勅旨仍管戶部。原叫管理戶部緊要大事。後來奴才一人把持。實在糊塗該死。至福長安求補山東司書吏。奴才實不記得。

又胡季堂放外任。實係出自　太上皇帝的旨意。至奴才管理刑部。於秋審情實緩決。每案都有批語。至九卿上班時。奴才在圍上。並未上班。

又吳省蘭李潢李光雲。都係奴才家的師傅。奴才還有何辨呢。至吳省欽聲名狠藉。奴才實不知道。只求問他就是了。

又天津運同武鴻。原係卓異交軍機處記名。奴才因伊係捐納出身。不行開列。也是有的。

又清單一紙開列　正珠小朝珠三十二盤　正珠念珠十七盤　正珠手串七串。

紅寶石四百五十六塊。共重二百二十七兩七分七釐。　藍寶石一百十三塊。

共重九十六兩四錢六分八釐。　金定金葉二兩平共重二萬六千八百八十二

叢錄　六

兩。金銀庫所貯六千餘兩。

按此單與世傳籍沒清單。多寡迥殊。當是初供。未肯吐實。惟正珠小朝珠一事。傳抄本無之。

## 道光時南河官吏之侈汰

銅瓦廂河決以前。治河有兩總督。北督駐濟寧。南督駐清江浦。北河事簡費絀。繁劇迥遜南河。方道光中葉。天下無事。物力豐厚。南河歲修經費。每年五六百萬金。然實用之工程者。不及十分之一。其餘悉以供官吏之揮霍。一時飲食衣服車馬玩好。莫不鬥奇逞巧。其奢汰有帝王所不及者。河防如是。普通吏治。益可想見。宜乎大亂之成。痛毒遂遍於海內也。某河帥嘗宴客。進豚肉一簋。衆賓無不歎賞。但覺其精美迥非凡品而已。宴罷。一客起入厠。見死豚數十。枕藉院中。驚詢其故。乃知頃所食之一簋。即此數十豚背肉集腋而成者也。其法閉豚於室。屠者數人。各持一竿。追而挾之。豚負痛。必叫號奔走。走愈亟。撻愈甚。待其力竭而斃。亟刲背肉一臠。復及他豚。計死五十餘豚。始足供一席之用。蓋豚背受挾。以全力護痛。則全體精華。皆萃於背脊一處。甘腴無比。而餘肉則皆腥惡失味，不堪復充烹飪，盡委而棄之矣。客聞之，不覺慘然。宰夫夷然笑曰。窮措大眼光何小至是。吾執爨甫兩月。已手刲數千豕矣。此區區者。曾何足顧問耶。其烹鵝掌之法。用鐵籠籠鵝于地。而熾炭其下。旁置醯醬之屬。有頃地熱。鵝環走不勝痛。輒飲醯醬自救。及其死。則全身脂膏。萃於兩掌。厚可數寸。而餘肉悉不堪食矣。有食駝峰者。選壯健橐駝，縛之於柱。以沸湯澆其背。立死。菁華皆在一峰。而全駝可棄。一席所需。恒斃三四駝。又有吸猴腦之法。尤爲慘酷。選俊猴，被之錦衣。穴方桌爲圓孔，納猴首孔中，拄之以木，使不能進退。乃以刀剃其毛。刮其皮。猴不勝痛楚，叫號聲極哀，然後以沸湯灌其頂，用鐵椎擊破顱骨，諸客各以銀勺。入猴首中。探其腦吸之。每客所吸，不過三二勺而已。此不過畧舉一二。其他珍怪之品。莫不稱是。甚至食一豆腐，而製法至有數十種之多。且須於數月前。購集材料，選派工人。統計所需，非數百金。不能餐來其一箸也。食品既繁，一席之宴。恒歷三晝夜不能畢。故河工燕客。往往酒闌人倦。各自引去。從未有終席者。各廳署自元旦訖除夕。非　國忌無日不演劇。每署幕客數十百人。游客或困頓無聊。乞得上官一刺，以投廳汛。各署無不立即延請。有賓主數年。曾未一謀面者。幕

叢錄　七

友終歲無事事。主人夏饋冰金。冬饋炭金。佳節饋節敬。逾旬月必饋燕席、幕中人爲擇備戲者。得赴帳房支費。皆有常例。防汛緊急時。有一人得派赴工次三五日者。同人爭羨。以爲至榮。其歸也。主人必有酬勞。百金至數百金不等。其久駐工次。與署中有執事之幕客、沾潤尤肥。非主人所親厚者。不能得也。新翰林携朝貴一紙書謁河帥。河帥爲之登高一呼。萬金可咄嗟致。舉人拔貢携京員一紙書謁庫道者。千金可立致也。驕奢淫泆。一至于此。此眞有史以來所未聞者。釀成大刼。不亦宜乎。

## 湯海秋之死

益陽湯海秋道光時以少年捷科第。登言路。高才博學。聲華藉甚。一時勝流如曾文正公。及王少鶴、魏默深、邵位西、梅伯言、諸君子。皆與之交。海秋氣甚豪。甫入臺。旬日閒數上封章。忤朝貴意。回部曹行走。鬱鬱不自得。乃研精箸述。所爲浮邱子。尤自憙、一日諸友集其寓齋。或言大黃不可輕嘗。如某某者。皆爲庸醫所誤。服大黃致不起者也。海秋獨曰。是何害。吾向者雖無疾。猶常服此。謂予不信。請嘗試之。趣命奚奴。速購大黃數兩來。諸友苦止之。不可。及購至。海秋卽連取六七錢許吞之。諸友競起奪之。海秋猶攫得最巨者一塊。入口。且嚼且嚥者。遂不歡而散。抵暮、遂泄瀉不止。黎明。諸友趨往問疾。則已於中夜逝矣。時年僅四十有四。文正集中祭海秋文有曰。一呷之藥。椓我天民。蓋紀實也。

## 聯語彙錄 三條

張文和輔政時 世宗御書春聯以賜曰。天恩春浩蕩。文治日光華。傳寫者改天字為皇字。今此聯遍天下。而無人知為 御製者矣。

曾文正之克復安慶也。張廉卿 裕釗。自書一聯往賀。其詞曰。天子預開麟閣待。相公新破蔡州回、文正大喜。立贈五百金。幕中人有言聯語雖壯麗。而麟閣蔡州、字面未甚工穩者。文正莞爾曰、以靈對靈。雀燕之平。有過於此者乎。言者乃悟。

張文襄之薨也。有集其公子哀啓中詞句為輓聯者曰、無一日不辦事。無一事不用心。疆寄三十年。僅乃如此。行治術十之六。行學術十之四。存詩五百首。嗚乎哀哉。亦殊雋妙。

## 前輩愛才之篇

嘉慶朝士之以博洽聞于時者。北則張石洲穆、南則俞理初正燮。一時學人。無及之者。理初舉于鄉。數困公車、某科阮文達典會試、都下士走相賀曰。理初登第矣。王菽原禮部爲同考官。得一卷。驚喜曰。此非理初不辦。亟薦之。是日文達適有小疾、未閱卷。副總裁汪文端公廷珍。素講宋學、深疾漢學之迂誕、得禮部所薦卷。陽爲激賞、俟禮部退。亟鐍諸笥中。亦不言其故。及將發榜、文達料理試卷、詫曰。何不見理初卷耶。命各房搜遺卷、禮部進曰。某日得一卷。必係理初手筆。已薦之汪公矣、文達轉詰文端、堅稱不知。文達無如何。浩歎而已。榜後、理初往謁禮部。禮部持之痛哭。折節與論友朋。不敢以師禮自居。且贈詩四首。有云、如是我聞眞識曲、最難人說舊知名。又云。冥鴻已分翔寥廓。暮雨蕭蕭識此心、其傾倒也至矣。理初所箸書、初名米鹽錄。禮部爲鳩貲選刻其半。易名曰癸巳類藁。

道光丙戌會試。劉中受先生爲同考官。邵陽魏默深。仁和龔定庵。皆出其門。先生狂喜。賦詩贈之。曰、無雙國士長沙子。孕育漢魏眞經神。指默深。又曰。紅霞噴薄作星火。元氣蓊蔚輝朝暾、指定庵也。先生爲公羊專家。故龔魏皆治公羊學云。

## 吳穀人遺事

吳穀人祭酒垂老詩稾。未刻入有正味齋全集。其子清鵬、裝爲長卷、阮文達跋其後云。乾隆末。先生館阿文成家。余時在京師。先生時有教益、爲之泣下。人不知也。數語頗回隱。似有不可明言者、世頗傳文達進身由和珅、祭酒教益之言、殆爲和氏發乎。和相貴盛時。慕祭酒名。欲招致門下。卒謝不往。和甚恨之。祭酒某科考差、卷入他大臣手。已入選矣。和重加披閱、見詩中有照破萬家寒語。大言曰。此卷有破家語、可進呈乎。遽撤其卷、祭酒遂終身不得一差、

## 吳梅村身後之文字獄

國初南潯莊氏私史之獄。罹禍者至數十家。其始末人皆知之。吳梅村綏寇紀畧一書。身後亦幾成大獄。則無人能言之者。考是書本名鹿樵紀聞。不箸撰人姓名、或以此疑非梅村所作。向莫明其故。後讀施愚山致金長眞書。始知當時危栗情狀、其不至蹈力田赤溟之覆轍者。亦云幸矣。書畧云。梅村鹿樵紀聞一編。鄒流騎以故人子弟之義賣屋爲任剞劂、一備放失舊聞、一以表章前輩箸述、良爲勝事。但不合輕借當時名流姓

氏參訐致有此舉。蓋懲前史之禍。案此語卽指莊氏史獄、不得不申明立案。非有深求於鄒也。聞書中絕無觸犯。惟凡例所列。有大事記。似爲蛇足。今拘繫赴解、舉家號哭。恐焚他書。笥棄爲空。毘陵士大夫。莫不憐之。鄒既貧且老。莫爲援手。萬一決裂。不特鄒禍不測。且恐波及梅村。遺孤惴惴。巢覆是懼。夫東天下文士之手。與先輩地下之心。或亦當世大賢所不忍爲也云云。案此則梅村箸述。其熸於一炬者。正自不少。而世傳紀畧之本。亦必非纍時原稿可知。

## 四庫全書之濫觴

乾隆朝脩四庫全書、從永樂大典中輯佚書七百餘種。人皆知其議之發於朱笥河學士。而不知徐健庵尙書、已有此議。學士特因其成說耳。考健庵所爲高詹事刻編珠序云。皇史宬永樂大典。鼎革時亦有散失。往語詹事、皇上稽古右文。千古罕遘。當請命儒臣。重加討論。以其秘本刊錄。頒布川表揚前哲之遺墜於萬一。余老矣。詹事孜孜好古。幸它日勿忘此言也。案大典中佚書、實不止此七百餘種、當時館臣蒐輯、大抵取其卷帙畧少者、宏編巨册、尙不暇甄錄、後來徐星伯先生所輯、宋中興禮書、政和五禮新儀諸書、皆從大典中錄出、張洲石實佐其役、石洲什爲人言、其中秘本尙夥、惜無此暇日、盡錄成書、以

補四庫之闕、（此語見某說部中、今忘其名矣、）庚子拳亂、翰林院被焚、大典一書、遂無片紙留遺矣、惜哉、

## 私家藏書樓

舊槧音學五書前有徐健庵兄弟三人啓云。亭林先生年逾六十。篤志五經。欲作書藏於西河之介山、聚天下古今書籍藏其中。以詔後之學者。先達明公。好事君子。如有前代刻板善本及抄本經史有用之書。或送堂中。或借錄副。庶傳習有資。墳典不墜。其後此舉竟不果成。朱竹君學士嘗議建書藏於曲阜孔氏。廣庋古今墳籍。亦僅有此語。阮文達嘗舉所藏書分儲於浙之靈隱。潤之焦山。亂後靈隱毀于兵火。焦山書亦多散佚。聞後來梁按察鼎芬有意規復。嘗謀諸丁松生。松生慨捐所藏數百種以付之。故梁題松生箸書圖有焦山靈隱存雙藏猶記秋鐙遞信時之句。竊謂名山古刹將來都不可保。謀建私家書藏者。究以 孔林爲第一、好事者盍圖之。

## 南下窪水怪

光緒甲午三月。京師南城外陶然亭畔葦潭中。忽有怪聲如牛鳴。余時在都下。嘗親聞之。確如牛鳴盎中。其聲嗚嗚然。有疑爲蛟蜃之屬者。有謂盜竊此中者。市井人妄繪其

形。名之曰大老妖。謂其物專嚍洋人。稍有識者。皆哂其無稽。而圖說刊板流傳。遍布大江南北、乃至新疆塞外、官吏示禁。竟不能止。福文愼錕、時爲執金吾。調兵窮搜。卒莫得端倪。內務府至召僧道設壇諷經以禳之。數月後始寂然。眞異事也。張豫荃（其銓）夢痕仙館詩抄中一首。詠此事云。右安城門當晝晴、野畦淺水蘆葦平。忽有怪物如牛鳴。路人千萬皆聞聲。喧傳遠近草木腥、衚衕入夜無人行。或圖其狀如鮫鯨。似虎搖尾龍轉睛。巨鱗脩鬣腹彭亨。罔兩罔象莫識名。日午健兒敲銅鉦。戈矛森立車衝輣、擊以巨砲雷霆訇、如臨大敵心怦怦。登刀蹈火道侶、迎救召六甲與六丁。呼星喚鬼與怪爭。怪殊不懾反自矜。若鳴得意聲無停、健兒咋舌雙目瞠。拖泥帶水如履冰。道人執劍走野亭、護身符呪嗟無靈。我亦隨衆來郊坰、鳳城景物爭春榮、麥芒漸綠柳眼青、輕風轉蕙晚照明。鶯歌燕語調鳳笙。萬人如海身伶仃。枳籬蘺隴側耳聽。鳴蛙噪蚓集衆蠅、心知其誕笑語傾。嗟哉危坐高官形。柳陰歧路支涼棚、藉資彈壓列衆兵、更欲紛調神機營。擧國若狂誰使令。解人難索繫我情。石言蛇鬥傳所稱。妖不自作由人興。見怪不怪眞典型、諸公袞袞來槐廳、紛披宮錦帶雀翎、口蜜腹劍利是征。誤人家國傾人城。此眞怪物是咎徵。災祥在德天所憑。反德爲亂妖災生。嘻嘻出出聞於庭。我欲射之弓陰弸。檮杌饕餮服上刑。天爲一笑河爲清。人妖既除邦乃寧。物妖有象禹鼎呈。何至妖異喧神京。無乃小怪作大驚。暨朝鮮戰事起。議者乃曰是兵象也。

戳錄

百種弊病　皆從懶生　懶則弛緩
弛緩則治人不嚴　而趣功不敏
一處遲則百處滯矣　曾文正語

# 江介雋談錄

野民

## 寶竹坡侍郎詩

寶竹坡侍郎廷。系出　顯祖宣皇帝第三子舒爾哈齊支下。舒爾哈齊生九子。第六子曰濟爾哈朗。以開國功封和碩鄭親王。卒謚曰獻。次子濟度襲爵。改封簡親王。卒謚曰純。五子雅布襲爵。卒謚曰修。三子阿札蘭以支子別封輔國將軍。生十一子。第十一子德崇未仕。卒。有子廣敏。官盛京兵部侍郎。生六子。興隆居長。早卒無嗣。以季弟興定子常祿為嗣。常祿字蓮溪。以進士官翰林院侍讀。即公之父也。公於道光二十年庚子正月十五日生。七歲喪母。八歲父蓮溪先生罷職家居。公幼處窮約。敏悟善讀經。庚申兵燹。避地西山寺中。亂定歸來。家貧彌甚。簞瓢屢空。至擷院中野菜以療飢。同治三年甲子舉於鄉。戊辰應禮部試。名列第一。為會元。是歲登洪鈞榜第六人。為進士。授翰林院庶吉士。歷官編修侍講侍讀。癸酉充浙江鄉試副考官。光緒元年乙亥大考左遷中允。明年授國子監司業。累官左右庶子。侍講侍讀學士。詹事府少詹事。詹事。轉內閣

叢錄 二

學士。擢禮部右侍郎。壬午充福建鄉試正考官。十二月歸舟抵淸江浦。以途中買江山船人女汪氏爲妾上疏自劾癸未正月免官。是冬祝　嘏。賞三品職銜。十六年庚寅十一月十一日卒。年五十有一。娶夫人那羅氏。前丹族女也。先公卒。有四妾李胡盛汪。二子。壽富（小字一二 字伯茀）戊戌進士。富壽（小字二一 字仲茀）筆帖式。三女。新篁荀卿穉秋。皆殤。有冢孫伯揆。亦蚤殤。次孫橘涂。壽富出也。壽富富壽既同殉庚子之難。宣統己酉橘涂（年十七）與從弟某某相繼以喉疫逝。公遂乏祀。彌可傷已。公形貌俊偉。天資豁達。平生視人世禍福利害權勢毀譽舉無足動其心。遇人接物。一出以誠。與肅邸之裔盛伯希祭酒（昱）同爲宗室名賢才彥。後先驂靳于同光之際者三十餘年。初號難齋。晚年自號偶齋。有偶齋詩草及奏議行於世。茲錄其古近體詩數首。大考左遷戲作云。老娘三十倒繃兒。獻賦　金鑾色忸怩。中允左遷天有意。小臣詩筆近王維。飲酒學陶云。瓶中尚有酒。夜寒且飲之。酒盡身已溫。即我當眠時。人生天地中。貧富皆如斯。隨時可行樂。樂盡何必悲。乘化以待盡。感慨欲胡爲。春日感懷云。少年不如意。自慰未遽老。轉瞬老已近。奢心望壽考。富貴憂患多。貧賤歡樂少。人生不蓋棺。世事何日了。不如且飲酒。醉臥溫且飽。

五日讀離騷云、閒居無所事、令節仍閉門、反舌已無聲。鳴蜩猶未聞。蜀葵放階下。獨守舊日根。感時驚物候。且自開蒲樽。離騷少所喜、年來久未溫、姑作下酒物、絕勝肴饌陳、愈讀飲愈豪、酒盡杯空存。聊復效名士。豈爲哀忠臣。雨中又登南嶺靜室云。冒雨登南山。行行雨漸歇。憑高試一望。山迥風逾烈。俯見滿澗花。仰見滿山雪、華山謠送黃子壽先生之陝西按察使任云。顥天肅殺金維偏。秋氣降地凝華山。華山學地不學天。上下一直方不圓。山形若古司寇冠。峭然坐鎮秦隴間。一石入土上出雲。其高三萬尺五千。其廣四十周井田。河伯東行山神闞、巨靈手快工解紛。劃山讓河山爲分。山肉流盡山骨存。金波萬丈滋雲根。化生一朵瑤池蓮。濁流照影清絕塵。華山志士兼仁人。南峯主雨西主乾。肥𧍸徵旱四海歎。都龍作霖天下歡。興雲產物益下元。災祥互降威下民。（見漢碑）維嶽有神威兼恩。收斂清汰天付權。天刑坐執天秋官。（見許讀張壎二賦）送公陳臬西之秦吏民。瞻仰山嶽尊、風骨峭厲私莫干。淤泥不染貴愈貧。官符地位秋氣全。寬裏猛表秋兼春。蓮池講學宏陶甄。（曾爲蓮池書院山長）濂溪提刑徵淵源。蓮峯顧王蹟未湮。公餘敎士追前賢。小子𢋯山自幼年。岱宗兩登華未攀。故人西歸惠瑤編。披覽悵觸心更殷。閉門四載辜此

叢錄 三

叢錄　四

閑。婚嫁累多遊遠難。夢中蓮花縈吟魂。希夷教我學睡仙。廉車行經當駐輪。爲我一登落雁巔，望擱俚句問九閽，但恐隔絕天難聞，得善汝明書寄懷云。人生難得惟少年。瞥眼一去不復還。少年難得常溫飽。及此良時讀書好。功名事業可晚成。胸中經濟儲須早。我生年少狂過君。癡情壯志心平分。誤疑名士即豪傑。游戲已可稱傳人。熊魚豈識莫同取。名樂兼收天不許。年來始歎作人難。可惜年華不吾與。海風捲日天生波。中華四顧餘幾何。杞憂誰抱太平世。攬鏡忽驚頭雪多。宗支縱有親疏異。汝明疊羅休戚相關本無二。男兒若欲報　國家。莫待中年方立志。蹉跎轉瞬已成翁。衰病例學癡與聾。窮途妄想倘難盡。不朽惟有求詩工。燕山雲霧淸淮水。南北迢迢二千里。停杯遙望夜蒼茫。眼中之人吾老矣。五言斷句飛來峯題壁云。澗冷泉聲澀。雲寒山翠乾。下葉句云。危徑壓流水。奇峯帶亂花。始登盤山云。巖懸樹立空。坡側路在澗。苦旱云。日灼山翠枯。泥坼溪流斷。春日感懷云。有名身後累。不死老來憂。寄懷羅椒生夫子云。人生無百年。飢寒焉足悲。寄焦山芥航上人云。寒濤截四面。無路來紅塵。六言焦山定慧寺醉後書帶戲贈芥航上人云。金帶非同玉帶。竹坡敢望東坡。七言二月二日紀恩恭賦云。學淺不知言語。宦位卑自覺死生輕。送汝明之鳳臺云。老近生離如死別。途窮作客勝居家。三月三日遊昆明湖云。上巳風光宜過雨。北方韶景在殘春。初夏雨晴云。欲落棗花隨雨墜。半舒蕉葉借風開。擷秀山房雨中夜坐云。濕雲浸樹滴成雨，秋氣滿山旋作風。蘆溝橋云。桑乾東下二千里。穿破太行山萬重。公詩早年雄傑自憙。晚年多尚沖澹，尤嗜韋柳白傳諸家云。吳北山先生嘗學詩于公。述公五十自書春聯云。人見惡猶如往日。自知非豈獨今年。觀此則當時邪枉醜正，實繁有徒。公特默燭于幾先。假辭以自求退耳。

康步崖舍人詩

賓門多當代豪俊。閩人則有鄭蘇堪廉訪。陳叔伊學部。林琴南主政。康步崖中書詠。卓芝南觀察孝復。高嘯桐太守。方雨亭大令澍。浙人則有夏滌菴主政震武。皖人則有吳北山法部師。茲錄康君詩于此。康君汀州人也。爲人和雅靜穆。爲詩恪守偶齋榘矱蓋僑寄京師。親炙竹坡先生最久。故其詩多神肖焉。五律送春云。春果家何處。頻年別我歸。故人今落落，相送亦依依。日暖草爭長。風顛花亂飛。杜鵑聲又急，惆悵立斜暉。戊戌感事云。城上飢烏啄。長安慘不春。乾坤餘正氣。風雨泣孤臣。周勃應忠漢。商鞅豈誤秦。

叢錄

天涯聞見亂。左袒竟何人。由汀往潮云。東風吹宿草。綠意滿汀洲。故老幾歡會。滄波更、遠遊、浮雲出孤岫。暝色入扁舟。莫近桃花岸。閩人正倚樓、五絕採蓮曲云。儂如池上蓮。郎似蓮中子。風吹花不開、裏子入心裏。經戇園云。落落原頭草。悠悠地下心。夜闌山鬼哭、猶作故鄉音。七絕由汀往潮舟中作云。盈盈江水自南流。鐵鑄梢公低作舟。（汀水南流舊有低舡鐵梢公之諺）三百灘頭風浪惡。鷓鴣聲裏下潮州。五古春日閒居云。靜坐消百慮。庭花媚幽矚。春風到階除。草色忽然綠、烹茶汲清泉。詩腸浣塵俗。笑渠白雲忙。來往青山曲。哭壽伯茀太史云。生才非偶然。一死何容易。君抱楨榦姿、摧折豈天意。 天子方西巡。牧圉甯非事。胡甘殉溝瀆、不爲中興地。哀哀北邙路。回首應自懟。痛予千里遙。不獲臨哀次。停酒聊奠君。中有故人淚、斷何羊牯關阻雨云。積雨鳴春澗。陰雲裹亂山。古北口旅舍題壁云。風花臨塞靄。雲霧出關愁。密雲道中云。亂風撩石門。激電劃山開。冬日寄范耀辰云。峭巖飄積雪。枯樹擁寒雲。自辭江上月。不見嶺頭梅。清雋雄奇。雅得唐賢三昧。

六

文苑

## 憶岱游圖序

袁昶遺稿

余往還燕秦。周歷嵩華。徒以邱壑在望。蠟屐未遑。居蜀後始稍稍爲百里之游。烹荼莪頂。見侵晨之佛光。尋碑中巖。辨皇宋之殘刻。然戒途密邇。陟巘未周。不足以定游之樂也。今年春汎舟彭山。得訪同里杜克丞大令。語次始見所爲憶岱游圖者。子猷適越。必窮其幽。躋康樂登山。不疲於險。陟巖壑之美。筆述所不能詳焉。徒觀其圖之所繪。則邮然足以駭矣。見其所攀陟者。所眺聽者。所駭愕者。所瞑眩者。呀之窿。如聳之崒。如硅碫。嵺⿰山秋汨淈成岫。其峭拔直上。若垂虹出澗而升於天。其幽邃遞轉。若奔淼下空而擊於地。其磴級欒紆。若蚓曲蛇盤。而入迴崖。其垠崿斗絕。若熊蹲豕突。而踞要害。丹梯盆[illegible]。琳宮比櫛。燈火入夜。則星辰出海。梵唄答響。則飈輪嚻空。決雲萬重。捫漢幾尺。日出脊半。天容闚其櫕巒。霞生鳥間。雲光湧乎金闕。烟嵐積岫。與空翠並浮。寒暄殊峰。與晴雨互召。陰壑吐秀。赤白之氣成川。陽光匿波。青紅之曛殷壁。其東則介邱峻特。日觀高標。

遠噓蓬壺。俯混沂泗。人海斂夕。天宮近通。雞籌未報。烏輪已䌾。西則魯邦所瞻。長安可望。輕雷隱谷。竇中震乎豐隆。激電穿戶。咸池失其晃曜。南臨吳會。則閶門白馬可俯而窺也。北瞰青齊。則黃河如綫。可指而瞭也。飄飄然有淩雲之氣歟。洋洋乎與造物者游歟。尤復扣石闖。探金策。眺稷邱之洞。敲鉏父之扉。青芝萬本。遊鹿嚙如群羊。長松百尋。老鶴馴於雛鷺。穹碑盈仞。吮墨而能摩。得句盈囊。捫天而可問。蓋游興至此。繄焉即令忽忽屢易寒暑矣。而安道之懷。弗去於剡縣。少文之夢。益切於匡廬。爰命丹青懸之篋笥。庶乎嘉陵可畫。仍留道子之蹤。赤城有詩。不忝興公之作。予賦招隱。而情移讀游仙、而心慕洞天、石籙。正快清譚。布韈青鞵。期酬夙願。既羨君游山之樂。而又興觀斯圖。知君之留意乎此。則膚寸之雲。崇朝之雨。必有以被乎彭之人者。因樂而識之。而追爲之敘云爾。

# 曾大父家傳

劉光第遺稿

吾武平劉氏自入蜀來居富順縣東三十里之盧家嘴百餘年而遷觀音灘去盧家嘴四十里又二十年而遷趙化鎭去觀音灘三里其閒居盧家嘴者二世自吾太高祖始觀音灘一世自曾大父趙化鎭今且三世自吾大父始曾大父諱祖湖即徙觀音灘者也世勤隴畝年六十八以卒葬觀音灘西二里毋豬石焉光第五歲時先父卽攜之展祭其墓繇觀音崖津口踏沙路行見有瓦茅相次之屋隱隱林樹中當門刺竹數十本大如兒腰其高五六十尺先父指而謂光第曰此正北瓦屋吾先大父所手葺者也汝伯及吾及汝大姑實生于是竹樹大父之所植也迤西爲新屋基卽今之夷爲麥土者是也汝二姑生焉記吾爲兒時夏水漲江舟接門前竹根之下吾偶逃學藏瓜棚中夜不敢歸吾父及諸父然火照江望流而歎豈斯子遂當爲水漂去耶吾從瓜棚中望見之遽出而吾父殊不見責今忽忽四十年回憶瓜葉自蔽時若前日事也又指竹間桐樹曰此樹道光中忽生一木刀長可半丈遠近聚觀其兆滇匪之亂乎又過江邊沙渚而笑徐而指之曰吾少與諸兄弟浴於此吾次妹方一歲抱而浴焉墜水幸不死卽此

文苑 四

地矣當是時吾家六房同居人繁浣曬衣服日嘗十數竿舟人過者羣指呼吾屋左爲晾衣灣云凡此皆居觀音灘時事然吾之生也已不及吾大父之存但傳其性剛疾惡伯父中有吸煙葉者年長矣輒命長跪予杖吾聞大父性情落落如是但恨不得一見大父之顏色也嗚呼先父此言今亦何可再得哉因念吾高祖卒之十三年而大父始生曾大父卒之一年而吾父始生光第之生去吾大父之卒亦十二年光第之子乃更生在吾父之卒之十八年矣凡四世之孫皆不得見其大父四世之爲大父者亦皆身後有孫而生前無孫古所謂含飴分甘之樂蓋若斯之難乎亦足傷爲人孫子思親之心者矣光第往來道塗間見彼七葉五世之坊乃往往而是也

# 巴黎麗人傳

法國　白華哥比　原著
香山　張萬宇氏　譯述

## 第一回　涉劇場麗人逢舊識　訪羅句綺閨話新聞

春光向晚。淑氣微暄。正是巴黎賽馬時候。他邦士女多來游集于此。巴黎有公園曰霜西里斯。中有大劇場。每逢星期六日。爲貴婦游女駢集之地。劇場向例。高門婦女坐於右廂、游女則坐於左廂、然旅客驟覩之。則殊難辨別。蓋因劇場中。婦女皆爭妍鬥靡。彼風月場中之領袖。其服御之奢麗。直無殊於公侯命婦。而彼公侯眷屬。或且慕此輩之妝飾而轉效顰焉。以故良莠之分。惟老於巴黎者始能無所迷惘耳。劇場正廳則爲諸風流裙屐少年坐位。諸少年每乘樂劇暫輟之時。迭就左右廂諸女殷勤共語。無或敢少形軒輊于其間。亦巴黎之風會使然也。日者正當星期六日。劇場中觀者闐溢。時方樂劇暫歇。場中人役紛紛就客座收取賞貲。高處坐客。多下至地上游行。一舒展其肢體。正廳中諸浮浪少年。亦循諸階梯升降上下。覓取諸女之願與夜飲者。從而展其慇歎。時則左廂最上層之座位處有婦女二人在焉。其一姓斐拉特氏名馬甸年可二十。容貌娟好。時作笑靨向人。每見其同伴與上流男子頷首酬酢。輒私詢此爲何人。此足徵其爲新進之人物。其同伴者姓陸麗氏名娟娜。此爲箇中老斲輪手。巴黎中之浮華子弟。彼能歷歷數之。其人洵足稱世間之尤物。雙眸如點漆。容光照人。秀慧之氣。溢於面目。容止殊有高貴氣。知其出身非微賤者。使非少年不幸。失身風月之場。則其人方且作名門之貴婦。而置身於右廂諸姊妹間矣。蓋其人本系出高門。且飽受教育之澤者也。今雖年三十有七。風貌猶都。不知者尚以爲二十許之麗人。以故聲價猶冠其曹偶。門前車馬殊未冷落。然彼亦無烟花習氣。不自諱其年歲。每向知交中人實道之。近且大有厭倦風塵之想。將次閉門謝客。凡游觀之地。皆不復涵跡。今日之來此劇場中者。徒欲爲此初上場之馬甸作同行伴侶。不過偶一破例之舉耳。二人坐近階梯處。往來諸人。皆得見之。娟娜交游廣多。識面者時與點首作酬答。忽有一上流人士。身材高大。儀容俊好。曾見彼二人。欲相就語。便排衆而進。馬甸問曰。此君非迪詩頓氏之羅畢耶。其人非素著馳譽者耶。娟娜曰。是也。子何自識之。曰。吾昨與途中相遇。彼隨吾車後行久之。惟未交一語耳。曰。羅畢固純粹之上流人。人亦和藹可交親。然吾恐終非子之所欲求者。子盍聽我言。少安毋躁。勿自召懊惱也。曰。吁。子毋過慮。吾固常樂奉子之教矣。言次。羅畢已至前。與妠娜握手作禮。歡呼曰。奇逢哉。吾儕知子今夕來此。將多方圖謀一座位。務與子相近也。妠娜曰。吾之摯友。子果如是。轉恐令君不怡。吾今夕抑鬱殊甚。不耐久坐。行且歸去。殆不能待終劇也。曰。似此甚愜我意。我曹可共往寶隴園林散步共話。遣此良夜也。曰。子毋然。此種游觀之樂。吾已悉屏之矣。曰。近聞人言。子潛自籌畫。欲轉適他鄉。以作退休之計。不識此語果信然乎。曰。殆已近是。他去與否。此時固未有定計。然吾之生涯。則決意舍之。吾之高車駟馬。今晨已付牙人家間。惟餘草騮一。輧車一。以吾宅舍待售。故未悉斥去之耳。曰。何哉。子乃欲售其宅耶。癡哉子也。苟非欲與有情人成眷屬。當必不至於此。曰。吾老大如是。豈復有他想。子其癲矣。曰。然則子欲舍巴黎而就窮鄉。殆欲爲樂善好施之現身優婆夷耶。吾將審子之蹤跡所在。而欣然奉訪也。然吾謂子決計如是。終非子之朋好所樂聞。子苟寧冥遠涉此邦。惟碌碌牖餘子己耳。馬甸遽顧笑曰。有是哉。吾謝君品題矣。羅畢知失語。急謝曰。小娘子。吾偶失言。誠千萬抱歉。然吾意固非指小娘子而言。今觀小娘子之詞鋒。已知非等閒人。吾誠拜倒于石榴裙下矣。姍娜曰。羅畢君毋嘵嘵、且聽我言。對座時與某男爵命婦坐位遙遙相對之夫人行爲誰。君知之否耶。曰。子詢此穿業服之夫人耶。此中固大有故事者。曰。盍爲我言之。曰。吾亦未深知其底蘊、惟見其每夕獨來此間。頗聞人言。謂彼爲異邦之貴婦人。近方來至巴黎。伊欲訪一男子者。曰。得非覓其情好之人耶。曰。殆非也。沙提里胖子。曾趦趄近之。欲招與語。大遭其呵斥。然彼實屢舉其遠鏡、瞻矚諸上流社會男子。則固衆目共睹者。一夕未終劇竟去。人以爲彼已獲見其意中人。然究卒未有得。次夕復子然獨來矣。子不觀其手持遠鏡、窺視座客。愈益頻數乎。吾請問子。彼夫人行何以令子關懷如是之深耶。曰。數年前吾曾遇一英吉利婦人。與彼殊相肖。今欲察其果爲斯人否耳。曰。是不難。沙提里曾於劇場散後。躡跡其所往。謂彼行至般提之衢、入於羅句娘子宅院中也。曰。誠如是。則此異邦之貴婦。不過一放蕩之人耳、曰。是亦未可必者。羅句娘子之生涯固有多途。彼不獨開設游戲之場。以供士女娛樂。亦不獨私設窩頓處。以爲冥冥墮行者幽會之區。亦別有鋪陳之房舍。以供旅客停止。羅句娘子之生涯。惟此一途可以明告諸人者。行旅之託其宇下者。故亦不鮮。德望中人也、曰。此事吾殊未之敢信。曰。子何不自往詢之耶。子往昔固常與諸朋從臨彼球場中者。吾亦其中之一人也。今復往就之。彼必以再得見子爲幸、此夫人行之事跡。彼必能爲子歷歷數之也。咄。子其諦覘哉。此夫人行今且又歸去矣。吾爲子尾跡之可耶。曰。毋然。此不免太近於選事。且吾亦不耐久坐。將次歸去也。此刻劇又將開始。殆不容久立于階梯間。子其復卽子之座位乎、曰。吾明朝當至翳梛巷拜訪、當子未改轍之先。子之宅院。固猶容朋儕聚語者。吾今欲一再親臨之。不知肯復與我周旋否。果許之耶。則深謝子矣。洵足慰我無可奈何之離別矣。言已。乃復與馬甸話別而去。馬甸目逆而送。心殊結想其人。姌娜則更無心觀劇、心念此異邦之貴婦人。不覺追維前事。百感交縈。馬甸此際亦覺觀劇無甚趣味。心中暗怨姌娜徑拒縱畢之招邀。不爲作成。至不得與於夜游之局。遂言劇甚乏味。不如歸休。于是姌娜乃與馬甸俱出。姌娜之車馬。已待於馬忒農巷。時馬甸尚無車馬。姌娜遂與共載。送之歸去。車中默無一語。心念羅甸娘子之居。久已絕跡不去。今可否破戒一臨之。其始尚作猶豫、蓋深知羅甸娘子所作生涯之污穢。有非彼回頭向岸人所宜再近之者。然心念此異邦之婦人。終不能放下。遲迴久之。乃決計私訪羅甸之家。既送馬甸歸去後。姍娜命其御人繞道至昆離之衢。既下車。囑待於歧路。乃自趨般提衢路。徑造羅甸娘子之居。蓋不欲使御人知其所往也。羅甸娘子之宅。前有園林。後有庭院。正座之外。復有左右兩廂。皆直臨般提衢路。樓高三層。各有宏壯麗之門戶。以自達於外。此兩廂之房室。蓋以供暫駐巴黎之殊方人。俾借作逆旅者。其招待賓客。則以正廳之房室。且臨近宅後庭院。釐然與兩廂隔絕。其中常設舞蹈會博塞場。每夕來會之士女。座常滿焉。其局面之宏偉如是。知羅甸娘子之生涯。固大有可觀者也。凡欲獨見娘子者。須就左廂之旁門。振其呼鈴。便可直接進見。不須擾及座客。又凡交情摯密者來訪。則當振鈴三次。閽者知為主人心腹。便不復詰問。姍娜因深悉之。乃一一如法行之。則見雙扉遽闢。悄然無聲。姍娜入內。見其中為一小廳。廳前有階梯。滿布氍毹。且綴以瑪瑙之瓶。樽中插香花。惟並無人肅客入。姍娜亦不之異。拾級登至第三層樓。見一中年侍女。狀貌靈敏。其人給事此中者已十有餘年。普能認識諸客面目。姍娜亦識之。其名曰約斯甸。見客來。遽作呆臉相迎曰。羅甸娘子得開陸麗娘子之枉顧。

# 時中書局書目

|  |  |  |
| --- | --- | --- |
| 黃梨洲遺著彙刊 | 連史本<br>尋常本 | 價洋四元<br>價洋二元八角 |
| （邃漢齋校訂本）龔定盦全集 | 連史本<br>尋常本 | 價洋一元五角<br>價洋一元 |
| （原版影印）王漁洋詩鈔 | 連史精本 | 價洋一元六角 |
| 黃陶菴全集 | 連史大本<br>竹連大本 | 價洋二元五角<br>價洋二元 |
| 陳臥子先生安雅堂稿兵垣奏議合訂 | 尋常大本 | 價洋二元 |
| 陳臥子先生兵垣奏議 | 尋常大本 | 價洋六角 |
| 錢牧齋全集 | 連史大本<br>尋常本 | 價洋念八元<br>價洋拾六元 |
| 錢牧齋箋杜工部詩（精名家評點） | | 即日出版 |
| 錢牧齋尺牘 | 連史本<br>尋常本 | 價洋一元二角<br>價洋八角 |
| （精寫本）柳河東詩集 | 連史本 | 價洋八角 |
| 吳次尾先生遺書 | | 價洋二元 |
| 章實齋先生遺書 | | 價洋二元 |
| 王陽明先生集要三種 | 洋裝精本 | 價洋二元四角 |
| （孟浩然　王昌齡　高常侍　岑嘉州）四唐人集 | 連史本 | 價洋一元二角 |
| 劉隨州詩集 | 連史本 | 即日出版 |
| 楊忠愍公集 | 尋常本 | 即日出版 |
| 陳洪綬寶綸堂集 | 尋常本<br>連史本 | 即日出版 |
| 張文襄公書目答問 | 尋常本 | 價洋四角 |
| 吳愉庭先生兩罍軒尺牘 | 連史本 | 價洋八角 |
| 胡文忠公全集 | 尋常本 | 價洋一元五角 |

# 時中書局書目

**上海外交報館今遷四馬路書錦里口**

**庚戌年 外交報 十年紀念 增刋兩册**

本館延定留學外洋法政專家撰著國際法學論說並於正月臘月各增一册逢五發行全年三十四册自辛丑至庚戌適屆十年共三百册 預訂全年本埠四元五角外埠五元二角外國六元零售每册一角六分補購辛丑壬寅癸卯甲辰百册減爲十元外埠加郵費八角陝甘雲貴四川等省郵費加倍補購壬寅全份本埠四元外埠四元五角癸卯全份本埠四元三角外埠四元八角甲辰全份本埠四元外埠四元五角乙巳全份本埠四元二角外埠四元八角丙午丁未戊申每年各全份本埠各四元五角外埠各五元己酉全份本埠四元八角外埠五元五角外國六元二角歷年零册一角六分

●上海外交報館 在四馬路書錦里口商務印書館內

●第二十七號即二百九十三期十月初五日已出 要目列下 ●圖畫 萬國外部大臣散其利亞洛侯爵 ●論說 論戰時禁止品（留學日本中央大學法科大學部無錫孫觀圻撰） ●譯論 論英人對藏之政策 達賴喇嘛之出奔印度 革里底島之隱患 英人對于日本新關稅之輿論及其調查 德國新外相 美國政界二則 美國國民政策之眞相 ●外交大事記 借欵紀聞 ●世界大事記 西洋之部 萬國海法會議已妥 英王加冕有期 英國擴張海軍 澳洲新內閣成立 德殖民大臣游東 德開殖民會 德皇訪問德國軍艦 法荷之互惠稅率 法在土之經濟地位 奧外相自述政見 奧外相與土相之會談 俄國募集公債於德 義奧兩相會見 義外相與奧外相之會談 衛之海軍 土國募集公債 土希交惡 土羅修好 土國諸港之對希 布王及妃至法 希布協議陸軍同盟 美總統將赴巴拿馬 美之經營國防 ●德外部大臣克特倫希德傳略 ●門的內哥升國小記 ●日本併韓始末記（續二百九十二期）

●第二十八號即二百九十四期十月十五日已出 要目列下 ●論說 論各國之國際商業政策（法政畢業生武進王倬撰） ●譯論 述俄國之經營滿洲 論美國觀光團與中美之親交 論中國之中央集權問題 論德以三國同盟破三國之均勢 論英美漁業問題 論日英關稅問題 論朝鮮與美法借欵問題 論葡國革命 論美國兩政黨 論巴拿馬運河之防備 各國新聞記者會議 論朝鮮之統治與總督 ●外交大事記要事彙誌 ●世界大事記 西洋之部 俄國更換駐法大使 俄國對土擴張黑海艦隊 俄將合併希哇 俄擴海軍 德之財政 法國禁止埃及民黨開會 法以飛行機聯絡領土 比王及妃至法 尼人疑德皇之貽書總統 尼總統出奔 美將合併巴拿馬國 美之於巴拿馬運河 美國民政黨之政見 美國共和黨大會 美屬非律賓土人叛 ●日韓交涉史（續二百九十二期） ●日本併韓始末記（續二百九十三期）

# 商務印書館發行

# 東方雜誌 第七年第九期 目錄

月出一冊 每冊三角
預定半年 一元六角
全年三元 郵費外加

本雜誌創辦以來業已六閱寒暑戊巳之間一再改良體裁益臻完備銷數日見增加自本年起復聘深通法政洞明時局諸君分任論說記載兩類翻譯事宜議論必求公正記述務極精詳其餘各類亦復小有增減茲將第九期目錄開列如左



此外文件調查附錄各類子目繁多不及備載卷首冠以圖畫數帙精美悅目末附職官表及金銀時價表尤便檢查

# 漱玉詞斷腸詞合刻

詞至宋而極盛而李易安朱淑眞尤爲閨閣雋才易安能詩文尤工於詞其議論前輩之詞皆能洞中窾竅自所爲詞天才超逸清麗芊綿朱文公謂有宋一代婦人能文者首推易安其推重可想淑眞才力充足與易安抗行惟漱玉斷腸二集世少傳本臨桂王半塘侍御曾輯補精校刊入四印齋詞中半塘歸道山後其板庋藏不復印布今將其初印本重付石印合爲一書俾成雙璧世欲讀才媛之詞者幸勿交臂失之每部大洋五角

寄售處上海四馬路廣智書局

# 影宋本花間集

詞莫盛於兩宋而實導源於唐季五代詞之有唐季五代猶文之有周秦諸子詩之有漢魏樂府也詞選之古莫古於花間唐季五代之菁英咸萃於此陳振孫書錄解題稱爲倚聲之祖久爲詞林寶貴無庸贅述顧世少刻本購求極艱此爲四印齋影宋精刻本今以泰西石印法用最上等連史紙精印與原本無豪厘之別海內倚聲家當必先覩爲快

每部定價一元

寄售處上海四馬路廣智書局

# 二十世紀大著作名家童君愛樓實驗自來血保証書

明州童君愛樓著作等身生平擅長詩文書畫小說戲曲等一切撰作大江南北久噪文名歷在本埠各譯局各報館秉筆多年海內文學界中莫不知有此君其爲文莊諧並作獨闢町畦寶爲近今二十世紀著作家中有數人物因其朝夜著作操勞過甚以致心血大衰精神困憊時患嗆咳百藥無功今讀其來書知其服本藥房自來血後其病如失精神倍增仍能深宵著述不知勞倦深讚本藥房自來血有起衰扶弱之功今特將其悉書照登於下藉見自來血大有功於人之以思慮致疾云云〇五洲大藥房主人雅鑒今啓者鄙人向以筆墨餬口歷在廣學會山西大學堂譯書院萬國商業月報館字林滬報娛閒日報文娛報鶴鳴報春申諸處辦事多年自顧不文著書至數百萬言一人精神有限終日埋頭窗下竟成了肺喘之症近更書寫稍久神志易昏不能如舊時深宵著述莫知苦辛鄙人亦稍諳醫理念小恙之來多由心血暗耗致陽氣飛越成神衰咳喘痰多內熱之症服多方均不見效後自去秋八月間服貴藥房自來血後不覺喘平痰少仍得耐勞蓋由補血而得能若此也心感之餘爲作此書聊伸謝悃幷告學界諸君之抱有同病者即頌財安

寓本埠大馬路德仁里六弄志強學堂內童隱頓

海內諸公如蒙惠購請認明全球商標每瓶內加附五彩認眞券一張値洋一角方不致誤

小瓶一元二角每打十二元 大瓶式元每打二十元 託局函購原班回件

總發行所上海四馬路老巡捕房對面五洲大藥房抄登

# 人造自來血乃人身之活寶

人生百體所賴以生長者血也如血多則百體強壯血少則百體衰弱設竭血盡則百體日枯是故凡人不能無血血者誠乃人身之活寶也然吾人欲究身壯力健之術者必以多血為適宜若近今之衛生家雖嘗服各種補品而未得十分健壯者何也其故因我國理化未精藥物一道素鮮研究故自古迄今絕未發明不知以多血為要義噫此即吾身不強之由來也邇者神州睡獅抖擻初醒努力鼓盪我同胞之熱血奮振我同胞之精神能壯民力強國勢之人造自來血已經及時出現無庸疑義速請嘗試故再行謹告同胞凡有心虧血虛破金吐血面黃肌瘦頭暈眼花耳聾腎虧陽萎精枯四肢無力手足酸軟身虛腳腫胃弱脾薄以及婦女經水不調白帶赤帶頭痛腰酸五勞七傷諸虛百損之症者服之自然壯心經多血液請將下列服法試驗之自能奇功立見幸勿輕視蓋其中實有絕大之能力也我同胞凡購服自來血須先試驗究有功效若何可用小針刺破皮膚出血一滴滲在白紙上待服過七日之後再用前法將前者滴血之紙與七日後滴血之紙兩相比較後者之色必紅於前此則最易最明之確証也倘能多服則血愈紅而人之體力愈健又如腎虧耳鳴眼花者連服數日眼目自覺清爽耳鳴耳聾自可並除此即顯明有補腎之功效又如年老血衰或壯年勞傷過度體質虛弱面無血色者自必畏寒膝冷風即發寒噤者服之半月之後血氣漸充體質自固雖遇箭風亦不覺寒冷矣又有明見之確証如久患爛瘡而不易收口者自服自來血之後即瘡內之肉刺日漸增紅如能常服收口亦易如婦女之經淡白者服到一月經水當即增紅如患冷經痛經亦能並除凡患破金吐血者服之補血則可以之止血則不可然患吐血之人血愈虧少若不培補則體質愈弱病勢日重尤宜常服以補之當時雖無止血之功然久服之心經壯而吐血之患可以除根也如腳氣水腫者步履蹇滯亦血虛不充之故須連服旬日則腫自消而步自健矣又如患瘧疾者服之旬日立可除根不發以上一切功效皆最易試驗者也

●小瓶一元二角大瓶二元每打小瓶十二元大瓶二十元託局函購原班回件海內諸公如蒙惠購請認明全球商標為記內附五彩認貨券一張值洋一角方不致悞

●總發行所上海四馬路老巡捕房對門青花石三層大洋房五洲大藥房并南北兩京以及各埠大藥房均有經售

# 一家二人同占勿藥

有夫妻皆病同服韋廉士大醫生紅色補丸而獲全愈康健者還書致謝云

男女老幼所患各疾大半皆爲血薄不潔腦筋衰弱所致韋廉士大醫生紅色補丸所以嘉惠於男女老幼有特別之神奇者以其所施之功能使薄弱之惡血潔淨稠紅衰殘之腦筋強健有力故能袪其所有一切病源也茲有安徽候補知縣余君惠貞爲江西南昌府世家富有田產家道豐盈嘗述其夫妻二人服韋士大醫生紅色補丸而獲病愈之情形下云○余三年前嘗患胸膈手足疼痛殊甚劇烈常痛更甚以致身體羸弱胃口失調夜不成寐形容憔悴志氣昏庸神思懶倦屢延名醫診治毫無寸效體漸尪羸面無血色因此心甚焦急後承友勸試服韋廉士大醫生紅色補丸甫服二瓶略覺轉機爰接服之體日強健各疾全消一日諸友來訪見余病痊皆爲欣喜且其稱奇今則身體肥胖精力充盈遠勝曩昔矣○此余君惠貞自述其患病獲愈之情形也試再觀其敘述其妻之病狀云○余妻曾氏亦極贊天下馳名韋廉士大醫生紅色補丸之奇功因其曾補血薄氣衰心胃患痛己歷數年無氣求痊亦服韋廉士大醫生紅色補丸而獲愈者也去春余妻身體衰弱異常血薄若水氣虛無力延醫服藥絕無效驗察其情形恐難療治余甚驚惶幸遇南洋大藥房經理葉君壽慶立勸余妻試服韋廉士大醫生紅色補丸余曾親受是丸之益故敢深信無疑即囑余妻服之一瓶告瘥功效立見耐心久服月經有序身體加重精力強健諸疾全消迄今稠紅新血充溢血管得享康健之樂此皆全賴韋廉士大醫生紅色補丸之神功也恐夫婦感激深恩願將實情登諸報牘俾世之患同病亦可共受其益也韋廉士大醫生紅色補丸能生稠濃鮮紅之新血故能醫治各種所患 血薄氣衰 腦筋失調 陽萎不舉 山林瘴氣 胃不消化 肝經各病 心忡驚悸 頭痛頭暈 風溼骨痛 脊尻痠痛 左癱右瘓 皮膚諸症 發熱病後 紅白痢疾等症至於醫治婦科各症奏效更爲神速誠有特別之奇功也韋廉士大醫生紅色補丸中國各處商居藥局凡經售西藥者均有出售如內地無從購買可直向上海四川路八十四號韋廉士醫生藥局中國總發行函購或向重慶白象街分行函購亦可 價銀每一瓶大洋一元五角每六瓶大洋八元遠近郵費一律在內 假冒隱戤之藥斷不能療治疾故購者須當認明韋廉士大醫生紅色補丸之眞樣

南昌余惠貞君自述夫妻二人皆服韋廉士大醫生紅色補丸而獲痊

認明眞樣 謹防假冒

此眞韋廉士大醫生紅色補丸也